부모교육

PARENT
EDUCATION

부모교육

김승희 저

동문사

머리말

현대사회는 핵가족이 보편화하면서 자녀의 성장과 발달에 미치는 부모의 영향이 점점 더 커지고 있다. 대가족이 일반적이던 과거에는 다양한 가족구성원이 자녀의 성장과 발달에 영향을 미쳤지만, 핵가족이 보편적인 현재에는 부모가 자녀에게 미치는 영향이 지대하다. 그래서 대부분의 부모는 자녀의 현재와 미래에 대한 무거운 책임감을 느끼며 힘겨운 나날을 보내고 있다. 심지어 자녀가 잘하고 못하고를 자신의 탓으로 돌리면서 자존감이 낮아지고 삶의 의욕을 잃는 현상이 나타나기도 한다. 부모 자신의 삶을 지나치게 자녀와 결부시키면서 부모와 자녀 모두 자유롭지 못한 결과를 초래하는 것이다. 달리 말하면 많은 부모가 평등한 부모-자녀 관계를 형성하지 못한 채 힘들어하고 있다.

평등한 부모-자녀 관계는 부모의 일방적인 희생과 헌신으로 이루어지지 않는다. 부모와 자녀 모두 서로를 온전한 인격체로 인정하고 수용하며 존중할 때 평등한 부모-자녀 관계가 형성된다. 부모와 자녀가 서로에게 바라는 것과 섭섭한 것, 싫은 것과 좋은 것 등을 솔직히 이야기하고 해결책을 마련할 때 평등한 부모-자녀 관계가 형성될 수 있다. 자녀의 출생으로 부모가 되지만, 모든 부모가 자신의 역할을 잘 알고 수행하는 것은 아니다. 부모로서 자신이 무엇을 어떻게 해야 하는지를 끊임없이 고민하고 다른 부모와 의견을 나누면서 최선의 해결방안을 마련하는 과정을 통해 부모는 성장하고 발달할 수 있다. 즉, 자녀가 성장하고 발달하려면 부모 자신이 지속적으로 성장하고 발달해야 한다.

결국 급변하는 현대사회에서 부모가 자녀양육과 교육에 대한 나름의 가치관을 확립하고 자녀와 원만한 관계를 유지하기 위해 부모교육이 요구된다. 부모와 자녀 모두 자신의 역할을 이해하고 수행하기 위해 부모교육이 필요한 것이다.

그러므로 부모교육은 단지 교과목으로 존재하는 것이 아니라 현실에서 제기되는 다양한 문제를 해결하기 위해 요구된다. 부모교육은 학교에서만 이루어지는 것이 아니라 지역사회기관에서 다양한 형태로 시행되며, 한시적으로 시행되는 것이 아니라 자녀가 성장하고 발달함에 따라 지속해서 이루어져야 한다. 부모와 자녀가 끊임없이 노력하지 않으면 부모-자녀 관계는 언제든지 나빠질 수 있기 때문이다.

이러한 시대적 상황과 부모교육의 특성에 기초하여 이 책은 가정과 기관에서 시행될 수 있는 다양한 부모교육의 이론과 실제를 제시한다. 이 책은 부모교육이 무엇이냐는 질문을 시작으로 발달단계에 따른 부모역할, 장애 유형과 가족 유형에 따른 부모역할, 부모교육의 이론과 실제, 과제 등의 순으로 구성된다. 부모교육에 관한 기초적 지식을 바탕으로 현실에서 부딪히는 문제를 해결할 방법을 제시하는 것이다. 특히 이 책은 부모교육의 과제로 아동권리 존중, 아동학대 예방, 부모-교사 관계 증진 등을 언급함으로써 사회구성원의 인식개선이 이루어질 때 효과적인 부모교육이 가능함을 보여준다. 부모교육은 개인뿐만 아니라 사회를 위해 필수적으로 요구되는 것이다.

2020년 2월

저자 김 승 희

차례

Chapter

01

부모교육 기초

부모는 양육자, 보호자, 교육자로서 자녀의 성장과 발달에 지대한 영향을 미치는 인적 환경이다. 현대사회에서 자녀에 대한 부모의 영향은 점점 더 커지고 있는데, 왜냐하면 핵가족이 보편화하면서 자녀가 부모 외의 다른 가족구성원을 만날 기회가 매우 적기 때문이다. 부모와의 관계에 절대적으로 의존하면서 자녀는 새로운 경험을 쌓고 여러 가지 문제를 해결한다. 특히 유아는 부모의 언행을 쉽게 모방하면서 타인과 관계를 맺기 때문에 자녀의 신체적 · 인지적 · 정서적 · 사회적 발달에 미치는 부모의 영향은 지대하다. 부모의 가치관이나 생활양식, 사회적 관계 등이 유아의 성장과 발달에 영향을 미치는 것이다(이숙, 우희정, 최진아, 이춘아, 2009). 따라서 일상적 양육을 비롯하여 일관성 있는 훈육을 통해 부모는 유아에게 다양한 욕구를 충족할 수 있는 환경을 제공해야 한다. 아울러 부모 자신의 자아실현을 통해 자아존중감을 높이는 것이 필요하다. 부모의 태도가 형식적 · 비형식적 교육을 통해 유아에게 전달되기 때문이다. 그러므로 자녀의 성장과 발달이 원만히 이루어지려면 부모가 끊임없이 변화하고 발전해야 한다. 특히 급격한 사회변화로 가치관이 혼재하는 상황에서 부모는 능동적으로 부모역할에 대한 새로운 지식과 기술을 습득하는 것이 필요하다.

1. 부모교육의 개념

부모는 최초의 교사로서 자녀의 교육을 책임지고 있다. 부모가 자녀의 성장과 발달에 긍정적 영향을 미치려면 끊임없이 변화하고 발전해야 한다. 즉, 부모는 능동적으로 부모역할에 대한 새로운 지식과 기술을 습득하고 실천하며 반성적 사고를 통해 자신의 행동을 지속해서 되돌아보아야 한다. 그러나 부모 스스로 자신을 되돌아보면서 새로운 지식과 기술을 습득하기는 쉽지 않다. 시간상 여유가 없고 지식과 기술을 취사선택하는 것이 어렵기 때문이다. 이러한 어려움은 현대사회에서 점점 더 심화하는 만큼 부모가 효과적으로 자녀를 교육할 수 있도록 다양한 프로그램이 제공되어야 한다. 실제로 유치원이나 어린이집과 같은 교육기관을 비롯하여 문화센터나 도서관 등의 지역사회 기관에서 자녀 양육과 교육에 관한 프로그램이 다양하게 제공되고 있다. 이는 자녀 양육과 교육이 더는 부모 개인의 문제가 아닌 사회의 문제임을 보여준다. 부모의 노력만으로 자녀를 교육하는 데 한계가 있기 때문이다. 모든 영유아에게 양질의 교육을 제공함으로써 영유아가 온전한 사회구성원으로 성장하고 발달하는 것은 국가 차원에서 매우 중요하다. 그러므로 국가와 지역사회는 부모가 행복하게 자녀를 교육할 수 있는 사회적 환경과 시스템을 마련하는 데 모든 노력을 기울여야 한다.

1) 부모교육의 정의

부모교육(parent education)은 부모가 부모역할을 효율적으로 수행하도록 도와주는 체계적인 교육이다. 부모로서 해야 할 행동과 태도, 기술 등을 교육함으로써 바람직한 부모가 될 수 있도록 도와주는 것이 부모교육이다(이은화, 김영옥, 2000). 부모교육을 통해 부모는 자녀의 성장과 발달에 관한 지식과 정보를 습득하고, 자녀 양육과 교육에 대한 효과적인 방법과 기술을 개발하고 적용하게 된다. 부모교육을 통해 부모는 자신의 사고와 감정, 행동 등을 파악하고 습관적으로 나타나는 잘못된 태도와 언행을 발견하는 등 인격적으로 성숙할 기회를 얻게 된다.

과거에는 체계적이고 형식적인 부모교육이 없어도 가족구성원이나 지역사회를 통해 자녀 양육과 교육에 관한 지식이나 기술이 한 세대에서 다음 세대로 자연스럽게 전달되었다. 하지만 현대에는 핵가족이 보편화하여 세대 간 문화전달이 미미해지면서 자녀 양육과 교육에 관한 지식이나 기술을 자연스럽게 배우기가 어려운 실정이다. 더군다나 사회가 급변하면서 다양한 가족구조가 나타나고 가족 유형에 따라 이해와 요구가 달라서 가족의 특수성을 고려한 부모역할이 강조되고 있다. 즉, 부모역할이나 부모–자녀 관계를 한마디로 말하기가 어려운 것이다.

따라서 현대사회에서 부모교육의 정의는 고정적·획일적인 것이 아니라 가족 유형에 따라 다양하게 논의되고 적용되는 것이다. 또한 시대와 사회가 변함에 따라 끊임없이 부모역할이 변하므로 부모교육은 지속적이고 장기적으로 시행되어야 한다. 부모교육에 참여함으로써 부모는 자녀 양육과 교육에 필요한 지식과 기술, 태도, 가치 등을 습득하여 자녀의 성장과 발달을 도와주게 된다. 부모교육은 단지 이론에 그치는 것이 아니라 일상생활에서 적용하고 실천함으로써 실질적인 성과가 나타날 때 의미가 있다. 이러한 성과를 바탕으로 새로운 방법과 기술을 적용하고 실천함으로써 부모는 자신의 처지에서 최선의 부모역할을 수행할 수 있다.

2) 부모교육의 필요성

(1) 자녀 측면

자녀 측면에서 부모교육의 필요성은 첫째, 자녀의 전인적 발달을 도모하기 위해서다. 발달에는 결정적 시기가 있으며, 특히 영유아기는 모든 발달의 결정적 시기에 해당한다. 다시 말해 신체발달을 비롯하여 인지발달, 언어발달, 정서발달, 사회성발달 등이 가장 쉽게 이루어지는 최적의 시기가 영유아기다. 이 시기에 적절한 자극을 받지 못하거나 경험하지 못하면 발달에서 영구적인 손상이나 결함을 초래할 수 있다. 따라서 부모는 자녀에게 적절한 자극과 경험을 충분히 제공하여 결정적 시기에 특정 발달과업을 성취할 수 있도록 도와주어야 한다. 게다가 영유아기의 경험이 성장 후의 삶에도 영향을 미치는 만큼 부모는 자녀가 해로운 환경에 노출되지 않도록 주의를 기울여야 한다. 결국 적절한 자극과 경험을 제공함으로써 자녀의 전인적 발달을 도모하기 위해 부모교육이 필요하다.

둘째, 자녀의 안정애착 형성을 도와주기 위해서다(이원영, 이태영, 전우경, 강정원, 2019). 부모와 안정애착을 형성한 자녀는 타인과도 긍정적 관계를 형성하면서 친밀한 인간관계를 맺게 된다. 또한 부모를 안전기지로 생각하고 적극적으로 새로운 환경을 탐색하면서 발달한다. 하지만 안정애착을 형성하지 못한 자녀는 타인을 배려하거나 공감하지 못하고 공격적·충동적 행동을 보이는 경향이 있다. 부모로부터 신뢰와 지지를 받지 못한 경험 때문에 타인에 대해서도 믿음을 갖지 못하는 것이다. 특히 애착은 세대 간 전이가 되는데, 예컨대 영유아기에 부모와 애착을 형성하지 못한 사람은 결혼 후에 자녀와 안정애착을 형성하기가 어렵다(Goldberg, 2000). 그러므로 자녀의 행동에 적극적으로 반응함으로써 자녀가 안정애착을 형성할 수 있도록 도와주기 위해 부모교육이 필요하다.

셋째, 자녀의 행복감을 높이기 위해서다. 행복감은 일상생활에서 느끼는 만족이나 기쁨으로, 신체적·정신적·사회적 안녕을 통해 만족스러운 삶을 꾸리면서 느끼는 감정이다(Seligman, 2000). 그러나 삶에 대한 만족도는 개인적 가치나 사회적 기대에 따라 개인마다 다르게 나타난다. 예를 들어, 사회가 바람직하다고 간주하는 가치를 더 많이 가질수록(Coan, 1977), 자신에 대해 부정적 정서보다 긍정적 정서를 더 많이 느낄수록(Bradburn, 1969) 행복감은 커진다. 자녀는 부모로부터 인정받을수록, 자신에 대해 긍정적으로 생각할수록 행복감을 더 많이 느낀다. 더 나아가 자녀가 행복하려면 부모가 신체적·정신적·심리적으로 건강하고 행복해야 한다. 부모는 자녀에게 가장 중요한 타인이면서 자녀의 행복을 결정짓는 주요 요인이기 때문이다(김명소, 한영석, 2006). 따라서 자녀의 행복감을 높이기 위한 부모역할을 수행하기 위해 부모교육이 필요하다.

(2) 부모 측면

부모 측면에서 부모교육의 필요성은 첫째, 부모역할을 올바르게 수행하기 위해서다. 부모는 자녀의 성장과 발달에 지대한 영향을 미치는 사람으로, 자녀와 다양한 경험을 공유하면서 평생 지속적인 관계를 유지한다(조성연 외, 2019). 그러나 부모가 자녀와 원만한 관계를 유지하면서 자녀에게 긍정적 영향을 미치기는 쉽지 않다. 자녀가 태어나는 순간 부모가 되지만, 모든 부모가 따뜻한 양육자가 되는 것은 아니기 때문이다. 따뜻한 양육자가 되려면 자녀 양육과 교육에 관한 지식과 정보를 많이 습득하고 자기감정을 조절하는 능력을 길러야 한다. 자녀에게 해야 할 말과 하지 말아야 할 말을 구분하여 사용하고, 자신의 언행이 자녀에게 미치는 영향을 항상 고려하여 바르게 행동해야 한다. 타인과의 관계에서도 행동 하나하나에 주의를 기울이고 배려하는 태도를 보여야 한다. 결국 부모역할을 올바르게 수행하는 데 필요한 지식, 기술, 태도, 가치 등을 기르기 위해 부모교육이 필요하다.

둘째, 부모로서의 자신감을 높이기 위해서다(이원영 외, 2019). 현대사회에서 많은 부모는 자녀에게 물질적·정신적으로 풍부한 환경을 제공하지 못한다는 죄책감을 느끼기가 쉽다. 자본주의가 심화할수록 경쟁이 가속하면서 다른 부모와 자주 비교되기 때문이다. 더군다나 장시간 근무와 늦은 귀가로 자녀와 함께 하는 시간이 부족한 맞벌이가족은 자녀에게 항상 미안한 마음을 갖는 경향이 있다. 양육자로서 자신이 부모역할을 제대로 수행하지 못한다는 자책감을 느끼는 것이다. 이는 자녀에게 떳떳한 부모의 모습을 보여주지 못하는 등 적절한 역할모델이 되지 못하는 결과를 초래한다. 절대적이고 이상적인 부모역할은 존재하지 않으며 모든 부모는 자신의 처지에서 올바르게 부모역할을 수행할 뿐이다. 따라서 자신이 처한 조건과 상황에 맞는 부모역할을 경험함으로써 부모역할에 대한 자신감을 느끼기 위해 부모교육이 필요하다.

셋째, 자녀 양육과 교육에 대한 가치관을 확립하기 위해서다(조성연 외, 2019). 사회변화가 급속히 이루어지면서 많은 부모는 가치관 혼란을 경험한다. 자신이 옳다고 알고 있는 것이 더는 옳지 않을 수도 있기 때문이다. 이는 자녀 양육과 교육에서도 일관된 태도를 유지하기 어려움을 가리킨다. 부모의 비일관적인 양육태도는 자녀의 성장과 발달에 부정적 영향을 미치는데, 왜냐하면 자녀가 바람직한 행동을 형성하기가 어렵기 때문이다. 가령 집에서는 떼쓰기가 통하지 않고 백화점에서는 떼쓰기가 통하면 자녀는 부모의 눈치를 보면서 떼쓰기를 반복하므로 바람직하지 못한 행동이 수정되지 않는다. 해야 할 일과 하지 말아야 할 일에 대한 원칙이 분명할 때 자녀는 자기 행동의 기준을 정하고 가치판단을 할 수 있다. 그러므로 자녀 양육과 교육에 대한 가치관을 확립함으로써 자녀의 바람직한 행동형성을 도와주기 위해 부모교육이 필요하다.

(3) 기관 측면

기관 측면에서 부모교육의 필요성은 첫째, 기관에 대한 부모의 신뢰를 높이기 위해서다. 과거 대가족에서 부모는 다양한 가족구성원으로부터 자녀 양육과 교육에 관한 정보를 자연스럽게 들으며 자녀와의 관계를 형성하였다. 하지만 대부분 핵가족인 현대사회에서 부모는 가족구성원으로부터 자녀 양육과 교육에 관한 정보를 듣기 어려우며 도움을 받기도 힘든 실정이다. 이러한 상태에서 자녀를 유치원이나 어린이집에 보내기 때문에 부모는 기관에 대한 지나친 기대나 불만이 생기기 쉽다. 자녀 양육과 교육의 상당 부분을 기관이 해주기를 바라고 부모로서 자신이 할 일과 기관이 할 일을 구분하지 못하기 때문에 기관에 불만이 쌓이는 것이다. 기관에 대한 부모의 신뢰는 기관의 역할과 부모의 역할을 명확히 구분하는 데서 시작한다. 부모교육을 통해 부모는 기관에 대한 요구와 참여의 적절한 수준을 파악함으로써 기관을 신뢰하고 협력적인 관계를 유지할 수 있다.

둘째, 교육의 일관성을 유지하기 위해서다. 유아교육의 목표와 내용, 방법 등은 시대적·사회적 요구에 따라 끊임없이 변화하였으며 앞으로도 계속 변화할 것이다. 지금 여기에서 유아에게 무엇을 어떻게 하는 것이 가장 최선인지를 고민하면서 유아교육은 계속 변화하고 있다. 유아에게 일관성 있는 교육이 제공되려면 부모도 변해야 한다. 유아의 성장과 발달을 위해서는 가정과 기관의 연계가 필수적이기 때문이다. 기관이 아무리 발 빠르게 시대적 추이에 따라 최상의 교육을 제공하더라도 부모가 이해하지 못하고 가정에서 전혀 다른 방향으로 자녀를 교육하면 기관에서 추구하는 교육은 이루어지지 않는다. 따라서 기관은 부모교육을 통해 자신이 추구하는 교육의 목표와 내용, 방법 등을 지속해서 부모에게 설명하고 논의하는 것이 필요하다. 부모교육을 통해 교육의 일관성이 유지될 때 자녀는 혼란스러워하지 않고 원만하게 성장하고 발달할 수 있다.

셋째, 지역사회와 효과적으로 연계하기 위해서다. 기관과 지역사회와의 연계는 유아의 성장과 발달을 위해 필수적이다. 유아교육기관의 행사나 현장학습의 상당수가 지역사회에서 이루어지기 때문이다. 예를 들어, 소방서나 우체국과 같은 공공기관을 방문함으로써 유아는 공공기관에서 하는 일을 파악하고 일하는 사람에게 고마움을 느낄 수 있다. 영화관이나 박물관을 방문하여 다양한 활동에 참여함으로써 유아는 민주사회 시민으로서 살아가는 데 필요한 지식과 기술, 태도, 가치 등을 경험할 수 있다. 그러나 지역사회 기관을 방문할 때는 부모의 동의가 우선이며 자원봉사자로서 부모가 도움을 제공해주어야 한다. 부모가 동의하지 않으면 유아는 어디에도 갈 수 없으며, 부모가 도와주지 않으면 성공적인 기관 방문은 기대하기 어렵다. 그러므로 기관 방문에 대한 부모의 적극적인 지지와 참여를 끌어냄으로써 지역사회와 효과적으로 연계하기 위해 부모교육이 요구된다.

(4) 사회 측면

사회 측면에서 부모교육의 필요성은 첫째, 다양한 가족의 이해와 요구를 수용하기 위해서다(정계숙 외, 2018). 현대사회는 이혼율의 증가와 가족해체의 가속화 등으로 가족구조가 변화하면서 한부모가족이나 조손가족과 같은 다양한 가족 유형이 나타나고 있다. 특히 한국사회는 급속히 다문화사회로 진입하면서 다문화가족이 급증하고 있으며, 다문화가족 자녀의 교육문제가 심각하게 대두하고 있다. 한국어가 미숙한 부모가 자녀에게 적절한 자극을 제공하지 못하여 자녀의 학교생활 적응이 어렵기 때문이다. 이처럼 각각의 가족이 처한 상황과 문제가 달라서 부모역할도 다르게 나타난다. 각 가족의 문제를 해결하기 위해서는 일반적인 부모역할이 아니라 각 가족의 특수성을 고려한 부모역할이 수행되어야 한다. 따라서 각 가족의 문제를 효과적으로 해결하면서 원만한 부모-자녀 관계를 형성할 수 있는 부모교육이 요구된다.

둘째, 인적자원을 효율적으로 개발하기 위해서다. 부모가 부모역할을 올바르게 수행하는 것은 그 자체로 사회에 이바지하는 바가 크다. 자녀가 원만하게 성장하고 발달하여 온전한 사회구성원으로서 자신의 권리와 의무를 수행함으로써 사회발전에 이바지하기 때문이다. 부모가 부모역할을 올바르게 수행하지 않으면 자녀는 자신의 잠재력을 개발할 수 없을뿐더러 문제행동을 일으키기 쉽다. 부모로부터 보호받지 못하여 학교생활에 적응하지 못하고 학업을 중단하거나 비행을 저지를 수도 있다. 부모교육을 통해 부모역할을 올바르게 수행하는 부모가 많아질수록 자녀의 문제행동이나 비행 청소년의 수는 감소하여 비행 청소년을 교화하고 치료하는 데 드는 사회적 비용이 줄어들 수 있다. 그러므로 자녀가 온전한 사회구성원으로 성장하고 발달함으로써 불필요한 사회적 비용의 지출을 줄이고 효율적으로 인적자원을 개발하기 위해 부모교육이 요구된다.

셋째, 유아교육의 질을 높이기 위해서다. 대부분 부모는 부모역할에 대해 충분히 고민하지 않은 채 부모가 된다. 이는 자녀 양육과 교육에 대한 지식이나 기술 등이 부족해서 자녀에 대한 자신의 태도나 가치 등을 신뢰하지 못하고 유언비어처럼 떠도는 여러 가지 이야기에 현혹될 수 있음을 가리킨다. 이를테면, 부모는 확인되지 않은 채 떠도는 많은 이야기에 혹해서 발달수준과 맞지 않는 프로그램에 자녀를 참여시키게 된다. 떠도는 이야기에 현혹되는 부모가 많아질수록 유아교육의 질이 떨어지면서 유아에게 적합한 교육은 점점 더 실현되기 어려워진다. 하지만 정보가 홍수처럼 쏟아지는 현대사회에서 부모 스스로 정보의 진위를 파악하기는 쉽지 않다. 따라서 부모가 정보를 취사선택하고 자녀에게 적합한 교육을 제공하기 위해 부모교육이 이루어져야 한다. 현명한 부모가 많아질 때 유아교육의 질은 담보될 수 있다.

3) 부모교육의 목적

부모교육의 목적은 부모가 자녀를 효과적으로 양육하고 교육하는 데 필요한 지식, 기술, 태도, 가치 등을 습득하도록 도와주는 것이다. 이를 통해 부모는 자녀와 원만한 관계를 유지하면서 자녀의 전인적 발달을 도모할 수 있다. 아울러 부모는 자녀 양육과 교육에 대한 자신감을 느끼고 효율적으로 부모역할을 수행할 수 있다. 부모-자녀 관계를 개선하는 다양한 방법을 습득하고 실천함으로써 부모는 양육 스트레스를 줄이고 행복감을 느끼게 된다. 자기조절능력이나 문제해결능력과 같은 다양한 능력이 증진함으로써 부모의 자아존중감이 향상하게 된다. 결국 부모교육을 통해 부모와 자녀 모두가 행복한 삶을 꾸려가기 때문에 부모교육은 궁극적으로 사회 전체의 발전과 안녕을 도모하는 데 이바지하게 된다.

그러나 부모교육의 정의가 시대적·사회적 요구에 따라 끊임없이 변화하듯이 부모교육의 목적도 지속해서 변화하고 있다(이원영 외, 2019). 종교적 가치가 사고의 중심을 차지하던 중세에는 부모교육이 자제력 있고 신앙심 깊은 자녀를 기르는 데 목적을 두었다. 17~18세기에는 최초의 교사로서 부모가 일상생활을 통해 즐겁게 자녀를 교육하는 것이, 19세기에는 부모가 자녀에게 놀면서 자신의 잠재력을 발견하고 개발할 기회를 제공하는 것이 부모교육의 목적이었다. 21세기에는 자녀교육에 대한 부모의 적극적인 참여가 강조되면서 부모교육의 목적이 원만한 부모-자녀 관계를 효과적으로 형성하는 것이다. 이처럼 시대적·사회적 요구에 따라 부모교육의 목적은 계속 변화하고 있다.

2. 부모교육의 역사

부모교육은 그리스 시대부터 19세기까지 유아교육에 이바지한 여러 사상가의 업적을 바탕으로 20세기에 심리학이 발달함에 따라 본격적으로 논의되었다. 예를 들어, 프로이트(Sigmund Freud)의 이론은 부모와의 초기경험이 영유아의 발달에 미치는 영향을 강조함으로써 부모역할과 자녀 양육에 관한 관심을 유발하였다. 왓슨(John B. Watson)과 스키너(Burrhus Frederic Skinner)의 행동주의 심리학에 기초한 행동수정이론은 보상이나 처벌, 모델링 등을 통해 자녀의 행동을 변화시키는 것이 부모역할이라고 주장하였다. 드라이커스(Rudolf Dreikurs)는 아들러(Alfred Adler)의 개인심리학을 교육현장에 적용하여 민주적 부모교육이론을 정립하였다. 이렇듯 심리학이 발달하면서 부모교육에 관한 논의가 활발히 전개되었다. 특히 미국에서는 1957년 스푸트니크(Sputnik) 충격으로 자녀 교육에 대한 부모의 적극적인 참여가 강조되면서 부모교육이 체계적으로 시행되었다. 최근에는 여러 연구결과에 근거하여 원만한 부모-자녀 관계를 효과적으로 형성하는 데 중점을 둔 다양한 부모교육 프로그램이 활발히 개발되고 있다. 결국 그리스 시대부터 현재까지 이어지는 부모교육의 역사는 자녀 양육과 교육에 관한 시대적·사회적 요구를 반영한다.

1) 그리스 시대

플라톤(Plato)은 유아의 본보기로서 성인의 역할을 강조한다. 유아가 주변 사람들의 말과 행동을 모방하면서 성격이 형성되기 때문이다. 따라서 유아가 바람직한 인간으로 성장하고 발달하려면 유아 주변의 모든 사람이 유아에게 본보기가 되어야 한다. 유아교육에 대한 플라톤의 관점은 유아의 영혼에 충분한 영양을 공급하는 양육으로 특징지을 수 있다(김병희, 2008). 플라톤은 인간의 영혼을 동식물과 같이 살아있는 것으로 간주한다. 동식물이 충분한 영양을 공급받으면 튼튼하게 자라듯이 인간의 영혼도 양질의 보살핌을 받을 때 선하게 성장하게 된다. 영혼은 후천적으로 길러지는 것이므로 유아의 영혼이 선하게 성장하려면 양질의 보살핌이 제공되어야 한다. 플라톤의 교육론은 이상 국가를 건설하기 위한 인재를 양성하는 데 그 목적이 있다(팽영일, 2017). 체계적인 교육을 통해 국가의 정의를 실현하는 인재를 기르는 것이 교육의 목적이다. 그러므로 플라톤은 국가가 책임지고 유아에게 양질의 보살핌을 제공하기 위해 공동탁아소를 제안하였다(Barrow, 1976). 공동탁아소는 국가가 지정한 보모가 운영하는 것으로, 자녀 양육에 대한 국가의 책임을 강조하는 플라톤의 주장을 보여준다.

아리스토텔레스(Aristoteles)는 플라톤의 가장 뛰어난 제자로, 훌륭한 인간이 되기 위한 실천적 지식을 강조하면서 유능한 시민을 기르기 위한 적극적인 교육정책 수립을 주장한다(팽영일, 2017). 아리스토텔레스는 특히 가정교육의 중요성을 강조하는데(곽노의, 2015), 왜냐하면 대부분 습관이 가정교육을 통해 형성되기 때문이다. 교육을 통해 올바른 습관이 형성되어야 하며, 올바른 습관 형성을 위해서는 무엇보다도 양질의 교육환경이 제공되어야 한다. 아리스토텔레스의 교육론은 궁극적으로 영속적이고 행복한 생활을 누리는 자유인을 양성하는 데 그 목적이 있다(곽노의, 2015). 자유인은 오직 진리 자체를 위해 지식을 추구하며, 건강한 신체를 단련하고 도덕적 습관을 형성함으로써 길러진다. 또한 국가는 개인의 행복과 도덕적 삶을 실현하기 위해 교육에 전념해야 한다. 행복은 교육을 통해 보장되기 때문이다. 국가가 도덕적이려면 시민이 도덕적이어야 하며, 시민이 도덕적이려면 이성이 본능과 습관을 통제하는 교육이 시행되어야 한다. 결국 아리스토텔레스는 자유인을 기르기 위해 양질의 교육환경을 제공하는 것이 부모역할임을 강조한다. 플라톤은 자녀 양육에 대한 국가의 책임을 주장하지만, 아리스토텔레스는 자녀의 잠재력 개발에 이바지하는 가정교육을 중시한다.

2) 로마 시대

키케로(Marcus Tullius Cicero)는 웅변가이자 법률가로서 플라톤이 꿈꾸던 철인정치를 몸소 보여준 철학자다. 키케로는 덕(virtue)을 인간이 행복하게 살아가는 데 필수조건으로 간주하고 덕을 쌓음으로써 행복한 생활이 가능하다고 말하였다(팽영일, 2017). 덕은 조상 대대로 로마에서 강조하는 것으로, 부모를 존경하고 신중히 행동하며 근엄하게 자신을 통제하는 로마의 전통이 담겨있다(박영희, 2011). 키케로는 성선설에 기초하여 유아의 타고난 본성을 중시하였다(계영희, 2011). 유아는 선천적으로 사랑이나 감사 등을 선호하고 반대의 경우를 혐오하는데, 이러한 본성은 주변 사람들과의 긍정적인 상호작용을 통해 유지되고 발전한다. 그래서 키케로는 가정교육을 중시하면서 유아에 대한 부모의 인식이 바뀌어야 한다고 주장하였다. 부모는 자녀에 대해 현실적인 기대를 하고 올바른 언어를 사용하면서 자녀에게 모범을 보여주어야 한다. 또한 키케로는 놀이의 중요성을 강조하면서 유아의 재능이 충분히 발현되도록 놀이와 학습의 적절한 배합을 주장하였다(계영희, 2011). 당시에는 부모나 교사의 체벌이 만연하였는데, 이러한 체벌이 비교육적임을 지적하면서 키케로는 체벌금지를 주장하였다.

퀸틸리아누스(Marcus Fabius Quintilianus)는 웅변가, 수사학자, 교육자로서 어린 시절 교육의 중요성을 강조하였다. 항아리에 처음 밴 냄새가 가장 오래가듯이 어릴 때 몸에 밴 잘못된 습관은 교정하기가 매우 어렵기 때문이다(박영희, 2013). 어떤 환경에서 어떻게 교육받고 어떠한 가치관을 형성하느냐에 따라 인품은 달라진다(김지은, 2018). 그래서 좋은 인품을 기르려면 어려서부터 양질의 교육을 받아야 한다. 특히 퀸틸리아누스는 가정교육의 중요성을 강조하였는데, 왜냐하면 태어나서 처음 듣고 모방하는 말이 오래 기억되기 때문이다(곽노의, 2015). 그러므로 부모는 자녀가 배우지 않아야 하는 말은 아예 하지 말고 자녀에게 모범이 되도록 언행에 주의를 기울여야 한다. 특히 퀸틸리아누스는 체벌이

유아에게 공포심을 조장하여 정서를 해치는 등 비교육적임을 지적하면서 체벌 금지를 강조하였다(김지은, 2018). 심지어 체벌이 반복되면 유아는 자신의 잘못을 깨닫기보다 체벌에 무감각해지게 된다. 따라서 퀸틸리아누스는 유아를 자신의 소유물로 여기고 노예처럼 다루는 체벌을 금지하고 칭찬과 격려를 통해 유아의 학습동기를 자연스럽게 불러일으키는 교육을 주장하였다(김덕수, 2016).

3) 중세 시대

아우구스티누스(Aurelius Augustinus)는 위대한 철학자로서 중세의 새로운 문화를 탄생시킨 선구자다. 아우구스티누스 교육론의 핵심은 교육이 인간의 내면에서 이루어진다는 내재설이다. 교육은 강요나 체벌과 같은 외재적 요인에 의해 강제적으로 이루어지는 것이 아니라 동기가 유발되어 자발적으로 이루어지는 것이다(김동렬, 2001). 이러한 아우구스티누스 교육론은 삶의 목적이 행복이며 진정한 행복은 신을 소유하는 것이라는 그의 행복론과 연관된다(곽노의, 2015). 인간은 행복하려면 신을 소유해야 하고, 신을 소유하려면 지혜를 가져야 하며, 지혜를 가지려면 진리를 인식해야 한다. 아우구스티누스는 유아가 장차 기독교도로서 살아가는 데 필요한 교육내용과 도덕적 · 지적 도야의 교육방법을 제시하였다(팽영일, 2017). 결국 도덕적 도야와 지적 도야를 통해 기독교도로서 살아가는 데 필요한 내용을 습득함으로써 행복한 삶을 꾸려나가는 것이 아우구스티누스가 주장하는 교육목적이다. 또한 아우구스티누스는 교부 중 최초로 혼인에 대한 체계를 제시하였다. 그는 혼인을 교회생활의 부분으로 간주하고 부부의 상호신뢰와 자녀의 출산을 강조하였다(강병모, 2005).

아퀴나스(Thomas Aquinas)는 중세 시대의 가장 위대한 철학자이자 신학자로서 혼인에 대한 종합적인 이론을 체계화한 사람이다. 아퀴나스는 아리스토텔레스의 주장에 근거하여 혼인의 주요 목적을 자녀 출산과 교육에 두었다(강병모,

2005). 아퀴나스는 지식을 결과로 산출하는 행위로 교육을 정의하였다(이경재, 2011). 학습자가 몰랐던 것을 습득함으로써 새로운 지식을 쌓는 과정이 교육인 것이다. 따라서 교사는 학습자가 자신의 본성에 따라 나름의 방식으로 지식을 습득함으로써 자기 존재의 의미와 가치를 분명히 깨닫게 도와주어야 한다. 아퀴나스의 교육론은 학습자의 개별성과 능동성을 강조함으로써 유아교육에 많은 시사점을 던진다. 개별성은 유아마다 가지고 있는 각기 다른 본성이 최대한 발현하도록, 능동성은 유아 스스로 자신의 불분명한 지식을 분명하게 인식하도록 교수-학습이 이루어져야 함을 의미한다. 교사는 억지로 지식을 불어넣는 것이 아니라 유아의 흥미와 요구에 맞는 교수-학습 방법을 사용하여 유아의 학습동기를 유발해야 한다.

이러한 아우구스티누스와 아퀴나스의 주장과 다르게 실제로 중세에는 자제력 있고 신앙심 깊은 자녀를 기르기 위한 부모역할이 강조되면서 부모의 엄격한 훈련과 체벌이 만연하였다(정옥분, 정순화, 2019). 중세에는 종교적 가치가 사고의 중심을 차지하면서 성서를 바탕으로 인간행동이나 부모교육에 대한 논의가 이루어졌다. 성서의 성악설에 근거하여 자녀가 악하게 태어나므로 부모는 고된 훈련을 통해 자녀의 바람직하지 못한 행동을 없애야 할 책임이 있다. 자녀의 악한 본성을 선하게 교화하는 데 부모의 책임이 막중한 것이다(정계숙 외, 2018). 따라서 중세에는 부모가 자녀를 독단적이고 부당하게 다루었으며 체벌을 필수적인 것으로 간주하였다. 더군다나 중세에는 인간발달을 질적인 차이가 아니라 양적인 팽창으로 보았기 때문에 같은 과제가 성인과 아동에게 양적으로만 다르게 제공되었다. 부모는 발달단계에 따라 나타나는 자녀의 본성에 관심을 두지 않고 성인이 수행하는 가사와 노동을 양적으로만 축소하여 아동에게 적용하였다(정옥분, 정순화, 2019).

4) 근세 시대

에라스무스(Desiderius Erasmus)는 북유럽 최고의 인문주의자로서 인간의 본성을 발현하는 것을 교육의 목적으로 간주하였다(정은주, 장사형, 2015). 자신의 본성을 발현함으로써 인간은 지적이고 도덕적인 존재가 될 뿐만 아니라 신과 같은 존재가 될 수 있기 때문이다. 이러한 교육의 목적을 달성하기 위해 에라스무스는 어려서부터 교육이 이루어져야 함을 강조하였다(김성훈, 2015). 특히 에라스무스는 말하기 교육을 강조하였는데, 왜냐하면 말하기가 모든 학습의 토대가 되기 때문이다(김성훈, 2015). 에라스무스가 유아기의 말하기 교육을 강조한 것은 이후 코메니우스의 『대교수학』에 그대로 전수되어 어머니 무릎학교로 나타난다(정은주, 장사형, 2015). 에라스무스는 체벌을 부정하고 칭찬과 격려를 통한 훈육을 주장하였으며, 매질 그 자체가 수치스러운 행위임을 부각하였다(김성훈, 2015). 에라스무스는 부모와 교사의 역할을 강조하였는데, 왜냐하면 부모와 교사가 긴밀하게 협력할 때 유아가 온전히 발달할 수 있기 때문이다(정은주, 장사형, 2015). 부모는 유아가 고귀한 덕성을 함양하도록 자녀교육에 힘써야 하며, 교사는 뛰어난 학문과 온화한 성품으로 유아의 학습동기를 유발해야 한다.

루터(Martin Luther)는 종교개혁자이자 신학자로서 교육에 지대한 관심을 가진 사람이다. 루터는 누구나 신 앞에 평등하다고 주장하면서 가정과 교회, 국가가 요구하는 인간 양성을 교육의 목적으로 간주하였다(박영희, 2014). 가정에서는 유용하고 행복한 구성원으로서, 교회에서는 경건하고 성실한 봉사자로서, 국가에서는 책임 있는 시민으로서 권리와 의무를 다하는 인간을 양성하는 것이 교육의 목적이다. 특히 루터는 자녀에 대한 부모의 교육적 권위와 책임을 강조함으로써 부모역할의 중요성을 역설하였다(팽영일, 2017). 부모는 하느님의 대리자로서 자녀에게 하느님의 말씀을 전하고, 자녀가 하느님의 말씀에 따라 생활할 수 있도록 교육해야 한다. 부모는 하느님으로부터 교육적 권위를 부여받은 만큼 자녀를 올바르게 교육할 의무가 있다. 그러므로 부모는 신뢰와 충성, 사랑 등의 덕목이 길러지도록 엄격함과 너그러움으로 자녀를 교육해야 한다(박영희, 2014). 또한 루터는 가정을 교육의 우선적인 장소로 간주하였다(Noll, 1980). 교육을 통해 자녀는 자신의 재능을 활용하여 행복하게 살 수 있으므로 자녀교육에 대한 부모의 책임완수는 자녀뿐만 아니라 부모 자신에게도 영원한 보상을 가져오는 것이다. 이처럼 루터가 가정교육을 강조하였음에도 실제로 그 결과는 루터의 기대에 미치지 못하였다(김선영, 2012).

5) 17~18세기

코메니우스(Johann Amos Comenius)는 체코의 철학자이자 신학자, 교육자로서 근대교육의 선구자로 불리는 사람이다. 코메니우스의 교육사상은 그의 저서 『대교수학(Didactica magna)』에 잘 드러난다. 『대교수학』은 총 33장으로 구성되며, 제27장에는 코메니우스가 구상한 교육제도로서 영유아기, 아동기, 청소년기, 청년기 등의 발달단계에 따른 학교가 제시된다(이상욱, 2008). 영유아기는 어머니 무릎학교, 아동기는 모국어 학교, 청소년기는 라틴어 학교, 청년기는 대학과 외국 여행 등으로 구분되며, 어머니 무릎학교에서는 어머니가 교사가 되어 살아가는 데 필요한 모든 것을 감각훈련을 통해 가르친다(김선미, 2018). 『대교수학』에 나타나듯이 코메니우스는 발달단계에 따른 적극적 교육론을 주장하였다(팽영일, 2017). 코메니우스는 아동을 성인의 축소판으로 간주하고 주입식으로 교육하던 중세의 소극적 교육론을 부정하고 발달단계에 따른 인격 형성과 지식 습득을 강조하는 적극적 교육론을 주장하였다. 코메니우스는 최초의 교사로서 부모가 일상생활을 통해 즐겁게 자녀를 교육할 것을 강조하는 등 구체적이고 체계적인 부모교육 원리를 제안하였다(강인향, 조인상, 임진숙, 2018).

로크(John Locke)는 영국의 철학자이자 경제학자, 정치가로서 교육에 깊은 관심을 두고 인간의 타고난 마음이 백지와 같다는 백지설(tabula rasa)을 주장하였다(고경화, 2000). **백지설**은 인간의 모든 관념이 후천적 경험을 통해 형성된다는 것으로, 교육의 중요성을 보여준다. 로크는 모든 지식이 경험으로부터 나온다고 주장하면서 후천적 경험이 지식의 원천임을 강조하였다(Locke, 1690/2009). 특히 유아기 경험이 인격 형성에 지대한 영향을 미치는데, 왜냐하면 유아기에 받은 인상이 장기간 지속하는 경향이 있기 때문이다. 따라서 로크는 올바른 습관 형성을 유아교육의 핵심으로 간주하였다(팽영일, 2017). 습관 형성을 강조하는 만큼 로크는 습관 형성에 지대한 영향을 미치는 가정교육을 중시하였다. 유아의 마음은 백지상태이므로 좋은 품성을 기르기 위해서는 부모의 언행이 무엇보다 중요하다(고경화, 2000). 로크는 아버지 역할을 강조하였는데, 왜냐하면 아버지가 교육적 권위를 가지고 자녀를 대할 때 가정교육이 원활히 이루어지기 때문이다. 다시 말해 아버지가 자녀를 엄하게 대할 때 자녀가 아버지를 존경하면서 아버지의 말을 잘 따르게 된다. 아버지의 엄격함은 자녀가 성장함에 따라 점차 완화하여 마침내 충고자와 상담자로서 아버지 역할이 자리매김하게 된다.

루소(Jean Jacques Rousseau)는 18세기 프랑스 계몽주의의 대표적 사상가이자 철학자로서 아동 중심 교육을 주창한 사람이다. 자연의 교육을 중심으로 전개되는 루소의 교육론은 인간의 발달단계에 따른 교육을 제시하는 것으로 나타난다. 유아기는 5세까지로 신체발달에, 아동기는 12세까지로 감각발달에 중점을 둔 교육이 이루어진다(곽노의, 2015). 발달단계에 따른 교육은 소극적 교육으로, 마음을 악덕으로부터, 정신을 오류로부터 지키기 위한 교육이다(Rousseau, 2012). 루소의 소극적 교육은 유아에게 악영향을 미치는 모든 유해 환경을 차단함으로써 유아를 유아답게 교육하는 것이다. 로크와 마찬가지로 루소도 가정교육을 중시하면서 부모역할을 강조하였다(팽영일, 2017). 특히 어머니는 수유를 통해 양육하므로 어머니 역할이 강조되었다. 어머니가 자녀에 미치는 영향은 지대한 만큼 어머니가 어머니로서 자녀에 대한 의무를 수행하는 것은 모든 미덕의 근원이 된다. 또한 루소는 인류에 대해서는 인간을, 사회에 대해서는 사회인을, 국가에 대해서는 시민을 만들 의무가 아버지에게 있다고 주장하면서 아버지 역할을 강조하였다(Rousseau, 2012). 이러한 의무를 수행하지 못하는 아버지는 아버지가 될 자격이 없다고 할 정도로 루소는 자녀에 대한 아버지의 책임을 강조하였다. 가정교육에 대한 루소의 관점은 모든 교육의 기초가 가정에 있다는 페스탈로치의 주장으로 이어져 더욱 발전하였다.

6) 19세기

페스탈로치(Johann Heinrich Pestalozzi)는 스위스의 교육자이자 사상가로서 교육만이 사회 불평등을 해소할 수 있다는 믿음으로 일생을 교육에 바친 사람이다. 페스탈로치는 인간의 행복에 가장 결정적 영향을 미치는 도덕력을 중심으로 지능력과 도덕력, 기술력 등의 조화로운 발달을 주장하였다(Pestalozzi, 1999). 도덕력은 태어나는 순간부터 가정에서 길러지며, 특히 어머니의 사랑과 신뢰를 바탕으로 발달한다(구경선, 2002). 훌륭한 교사로서 어머니는 자녀를 품에 안는 순간부터 무한한 사랑으로 가르치기 때문에 자녀는 어머니와의 관계에서 사랑과 감사, 신뢰 등을 발견하면서 도덕력이 발달한다. 그래서 페스탈로치의 교육론은 가정교육을 강조한다. 가정교육을 통해 유아의 모든 잠재력이 개발되고 예의범절과 규율, 책임감 등을 배우면서 인격의 기초가 형성된다. 가정교육을 통해 유아는 내면의 소리에 귀 기울이고 머리, 가슴, 손의 조화로운 발달이 이루어지는 것이다. 머리, 가슴, 손의 조화로운 발달을 위한 교육내용은 지식교육, 도덕교육, 신체교육 등으로 구분된다. 이 중에서 유아기에 가장 중요한 교육은 신체교육이다(구경선, 2002). 지식교육은 유아가 사고하는 습관을 기르는 데, 도덕교육은 도덕적 습관을 형성하는 데 중점을 둔다. 도덕적 습관 중 가장 중요하고 기초가 되는 것은 자기부정의 습관이다(Pestalozzi, 1999). 자기부정의 습관이 형성되려면 어머니 스스로 자기부정의 모범을 보이고 유아의 어리광을 받아주지 않아야 한다.

프뢰벨(Friedrich Wilhelm August Fröbel)은 독일의 교육자이자 유치원의 창시자로서 유아교육의 아버지로 불리는 사람이다. 프뢰벨의 교육사상은 인간의 본성이 신성(神性)이라는 관점에 근거한다. 프뢰벨에게 만물은 신에게서 나오고 신에 의해 규정되며 신성을 발현함으로써 존재한다(Fröbel, 2015). 신성은 종교적 의미의 전지전능함이 아니라 인간의 내면에 있는 영원한 법칙을 의미한다(팽영일, 2017). 프뢰벨은 발달의 첫 단계가 인간의 현재와 미래를 위해 가장 중요하다고 말하면서 유아교육의 중요성을 언급하였다. 또한 생의 과업인 내면의 신성을 발현시킬 과업이 유아에게 주어져 있음을 강조하였다(Fröbel, 2015). 인간은 태어나면서부터 신성을 소유하고 있으며 인간의 본성이 선하므로 신성은 곧 선(善)이 된다. 인간은 신의 형상대로 창조되었으므로 신처럼 활동해야 한다(Fröbel, 2015). 따라서 유아가 방해받지 않고 자유로이 활동할 때 그 움직임은 선(善)이 될 수밖에 없다. 유아는 외적인 구속이나 억압을 받지 않을 때 자신의 신성을 자유로이 표현함으로써 올바르게 성장하고 발달할 수 있다. 이러한 신성을 개발하도록 도와주는 것이 바로 부모역할이다. 부모는 자녀에게 자신의 잠재력을 발견하고 개발할 기회를 제공하며 노래와 율동, 게임 등을 통해 자녀를 교육해야 한다(정옥분, 정순화, 2019).

7) 20세기

몬테소리(Maria Montessori)는 이탈리아 최초의 여의사이자 교육자로서 몬테소리 교육법을 창안한 사람이다. 몬테소리는 직접 ‘어린이의 집(Casa dei

Bambini)'을 운영하면서 몬테소리 교육법의 효과를 확인하였다. 몬테소리의 교육사상은 유아가 성인의 축소형이 아닌 온전한 인격체로서 존중받아야 한다는 관점에 그 뿌리를 둔다(Lillard, 1972). 몬테소리는 유아를 스스로 자신의 잠재력을 탐색하고 발전하는 능동적 존재로 간주하고, 유아의 성장과 발달을 위한 환경 제공을 교육이라고 생각하였다(Montessori, 1967). 이러한 맥락에서 몬테소리는 자녀의 잠재력을 발현할 수 있는 준비된 환경을 제공하는 등 자녀의 성장과 발달을 도와주는 조력자로서의 부모를 강조하였다. 부모는 불필요하게 간섭하지 않고 자녀에게 직접 경험할 기회를 제공하며 자녀 스스로 문제를 해결하도록 도와주어야 한다. 몬테소리 교육법에서 부모의 역할은 자녀 스스로 활동하고 질서를 지키며 작업할 수 있는 준비된 환경을 제공하는 것이다(조성자, 2012). 따라서 부모는 자녀의 행동을 세심히 관찰하고 자녀의 본성을 발견하며 자녀가 살아가는 데 필요한 생활양식과 규범을 학습하도록 도와주어야 한다. 몬테소리 교육법에서 부모는 지배자나 소유자가 아닌 자녀의 잠재력 발현을 도와주는 안내자이자 촉진자로서 자녀의 성장과 발달을 위해 가장 중요한 존재다.

듀이(John Dewey)는 미국의 철학자이자 심리학자, 교육학자로서 민주주의를 구현하기 위한 교육의 중요성을 강조하였다(김승희, 2018). 듀이의 교육사상은 진보주의에 근거하며 전통적인 권위주의와 성인 중심 교육에서 벗어나 아동 중심 교육을 추구한다. 진보주의는 생활 그 자체를 교육으로 간주하기 때문에 유아의 일상생활을 중시한다. 하찮게 보이는 유아의 행동 하나하나에 주의를 기울이고 유아의 흥미와 경험을 중시하는 것이 진보주의다. 따라서 듀이의 교육사상은 유아의 충동과 욕구를 중시하고 유아의 경험과 연관되며 유아의 흥미를 촉진하는 교육을 지향한다. 듀이의 교육목적은 유아가 경험을 통해 지속해서 성장하는 것이다(Dewey, 1916). 성장의 과정이 연속되면서 습관이 형성되고, 형성된 습관은 다시 성장과 결합하여 더욱 성숙한 행동으로 나타나게 된다. 그러므로 부모는 자녀가 바람직한 습관을 형성하도록 도와주어야 한다. 부모는 자녀의 습관 형성을 위해 적절한 환경을 제공하고, 자녀가 환경 속에서 자신의 본성을 최대한 발현하도록 안내하고 지도해야 한다. 인간의 본성은 본능적 욕구와 사회적 욕구가 통합되어 있으므로 개인의 욕구 충족뿐만 아니라 사회구성원으로서 자신의 책임을 다할 수 있도록 교육이 이루어져야 한다. 결국 듀이의 교육론은 자녀가 환경과의 상호작용으로 자신의 본성을 발현함으로써 바람직한 습관을 형성하도록 도와주는 부모역할을 강조한다.

Chapter

02

태내기 부모역할

모든 인간은 자연에서 생존하기 위한 보편적 특성과 나름의 특성이 있으므로 개개인은 세상에서 유일무이한 존재다. 각 개인이 가지고 있는 신체적·심리적 특성은 부모로부터 물려받은 유전자(gene)와 환경과의 상호작용으로 이루어진다. 이러한 상호작용은 수정되는 순간부터 일어나는 만큼 유전적·환경적 요인이 태내발달에 지대한 영향을 미치며 출생 이후의 발달에도 많은 영향을 미친다. 이를테면, 정상적인 수정란이 모체의 질병에 의해 안면기형이나 지적장애가 있는 아기로 태어날 수 있으며, 큰 신장의 유전자를 가지고 있어도 영양결핍으로 원만한 성장이 이루어지지 않을 수 있다. 즉, 출생 이전에 태내에서 이루어지는 발달이 출생 이후의 발달에 큰 영향을 미친다. 특히 태아는 모체와 연결되어서 모체로부터 영향을 직접 받는다. 예를 들어, 바쁜 일상과 만성적인 피로, 과도한 스트레스 등으로 인한 모체의 불안정한 상태가 태아에게 부정적 영향을 미친다. 과거에는 결혼한 부부가 아기를 낳고 기르는 것이 너무나 당연하고 자연스러운 일이었지만, 현재에는 여러 가지 이유로 아기를 갖는 것 자체가 힘든 상황이다. 따라서 건강한 아기가 태어나려면 모체의 신체적·심리적 안정을 위해 주변 사람들이 적극적으로 협조해야 한다.

1. 태내발달

태내발달(prenatal development)은 수정에서 출생까지 태아가 태내에서 변화하는 과정을 말한다. 태내발달 역시 발달의 원리에 따르므로 예측 가능한 순서로 일어나며, 유전정보와 태내 환경의 영향을 받는다. 과거에 태내발달은 단순히 신체성장으로 이해되었기 때문에 출생 후 경험이나 사회정서발달에 영향을 미치지 않는 것으로 생각되었다. 그러나 오늘날 태내발달은 단순한 신체성장이 아니라 출생 후의 신체적·인지적·정서적 발달에 영향을 미치는 것으로 이해됨으로써 태내발달의 중요성과 그 가치에 대한 논의가 활발한 상황이다. 태내발달은 약 38주에 걸쳐 진행되며, 크게 발아기(germinal period), 배아기(embryonic period), 태아기(fetal period) 등의 세 단계로 구분된다. 단계별 발달의 주요 내용과 특징은 궁극적으로 건강한 아기라는 목적을 향한다. 특히 배아기는 유해환경의 영향을 민감하게 받는 시기이므로 발달단계 중 가장 중요한 시기로 간주한다. 태내발달에 해로운 영향을 미치는 요인은 매우 다양하며, 그러한 요인에 모체가 언제 얼마큼 노출되느냐에 따라 그 영향의 정도가 달라진다. 따라서 건강한 아기라는 태내발달의 궁극적 목적을 달성하려면 최적의 태내 환경을 유지하는 것이 매우 중요하다.

1) 발달단계

(1) 발아기

태내발달의 첫 번째 단계인 발아기(germinal period)는 수정 후 2주까지로, 수정란이 자궁벽에 착상함으로써 모체에 대한 의존관계가 형성되는 시기다. 수정(fertilization)은 여성의 난자와 남성의 정자가 만나서 하나가 되는 현상으로, 새로운 생명이 만들어지기 위한 첫걸음이다. 여성의 난자는 한 달에 한 번 배출되며, 배출된 후 생존 기간은 약 24시간이다. 정자의 생존 기간은 약 72시간이며, 대개 수정은 정자가 생존하는 기간인 3일 안에 이루어진다(Wilcox, Weinberg & Baird, 1995). 그러므로 난자와 정자가 만나는 것은 확률적으로 매우 어려운 일이다.

수정란(zygote)은 정자와 난자가 합쳐진 것으로, 새로운 생명의 시작이다. 수정란은 수정 후 약 30시간이 지나면서부터 분열을 시작한다. 하나의 세포가 둘,

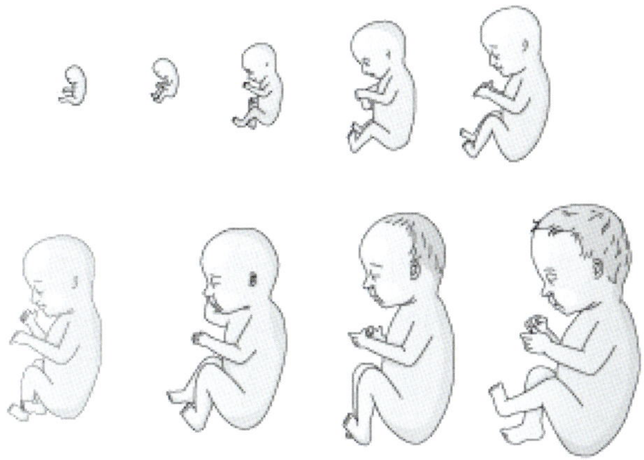

둘이 넷, 넷이 여덟으로 분열되고, 수정된 지 3~4일이 지나면 60~70개의 세포로 분열되어 자궁에 도달하게 된다. 수정된 후 7~8일이 지나면 수정란은 자궁벽에 착상하기 시작하여 10~14일 사이에 완전히 착상된다. 난자와 정자가 합쳐져 수정란이 되면서 난자와 정자의 염색체에 들어있는 유전자가 자식에게 전달되어 외모나 신체적 특징이 결정된다.

발아기에 태아를 둘러싸는 양막(amnion), 태아와 모체를 연결하는 태반(placenta) 등 태아를 보호하고 영양을 공급하는 구조가 형성된다. 양막은 형성된 후 장막으로 바뀌며, 장막 일부가 모체의 자궁벽과 합쳐져 태반이 형성된다. 태반은 탯줄(umbilical cord)을 통해 태아에게 필요한 산소와 영양분을 공급하고 태아의 노폐물을 배출하는 임무를 수행한다. 양막 속은 외부 충격으로부터 태아를 보호하고 태아의 체온조절을 도와주는 양수(amniotic fluid)로 차 있다. 이러한 구조가 형성되면서 수정란은 자양분이 풍부한 모체의 혈액으로 둘러싸여 본격적으로 자라기 시작한다.

(2) 배아기

태내발달의 두 번째 단계인 배아기(embryonic period)는 수정 후 3주부터 8주까지로, 인간의 성장 과정 중 성장률이 가장 높은 시기다(최외선 외, 2008). 배아기는 놀랄만한 속도로 성장이 빠르게 이루어지는 시기로, 이때 신체의 모든 주요 기관과 조직이 형성된다. 이처럼 주요 신체기관과 신경계가 모두 형성되므로 배아기는 모체의 질병이나 영양결핍, 약물 등 유해 환경에 의한 영향을 민감하게 받는다. 또한 바이러스나 방사선과 같은 기형 유발 인자에 의해 선천성 기형이 발생할 가능성이 크므로 배아기 동안 태내 환경이 특히 중요하다. 만약 발달을 저해하는 사건이 발생하면 배아는 영구적인 손상을 입게 된다(정계숙 외, 2018).

이 시기에 배아는 외배엽과 중배엽, 내배엽 등 세 개의 층으로 분리된다. 외배엽은 신경계와 피부 등으로, 중배엽은 순환계와 근육 등으로, 내배엽은 소화계와 허파 등으로 발달한다. 신경계가 가장 빨리 발달하며, 신경계가 발달하는 동안 심장은 펌프질을 시작하여 혈액을 퍼 올리고, 근육과 척추, 갈비뼈, 소화기관 등의 모습이 드러나기 시작한다. 5주가 되면 눈과 귀, 코, 턱, 목 등이 형성되고, 팔과 다리, 손가락, 발가락 등이 생겨나기 시작한다. 이렇게 외형이 차츰 정돈되면서 배아기 말경에 인간의 모습이 뚜렷해진다. 신체기관은 창자와 심장, 간, 비장 등으로 분화되어 각각의 기능을 수행하게 되고, 이러한 과정을 통해 배아는 외부 환경을 지각하고 움직이게 된다(Moore, Persaud & Torchia, 2012).

(3) 태아기

태내발달의 세 번째 단계인 태아기(fetal period)는 수정 후 9주부터 출생까지로, 기관이 급속히 성장하는 시기다(정계숙 외, 2018). 태아기는 큰 폭으로 성장하여 세상으로 나가기 위한 모든 준비가 이루어지는 시기다(Berk, 2008). 태아기는 배아기만큼 유해 환경의 노출에 민감하지 않은데, 왜냐하면 주요 신체기관과 신경계가 모두 형성된 상태기 때문이다. 하지만 태아기 동안 유독성 물질에 노출됨으로써 종종 생리적 비정상이나 미세 기형을 가진 아기가 태어나기도 한다. 그러므로 거의 열 달에 걸쳐 하나의 세포가 자라서 인간이라는 생명체로 세상에 나오기 위해서는 마지막 순간까지 최적의 태내 환경이 유지되어야 한다.

태아기 초기에 약 3cm, 3g 정도이던 태아는 태아기 말기에 약 50cm, 3.3kg 정도로 자라게 된다. 배아기에 형성된 기관들이 더욱 커지고 분화되면서 각각의 신체기관이 나름의 기능을 발휘하게 된다. 9주가 되면 근육과 신경계가 조직적으로 연결되기 시작하며, 12주가 되면 생식기가 완전히 형성되어 초음파로 성별이 구분된다(Sadler, 2011). 17~20주가 되면 골격과 근육의 지속적인 발달로 팔과 다리, 어깨 등의 움직임이 활발해지면서 모체는 태동을 느낄 수 있다. 21~24주가 되면 눈과 눈썹의 형성이 마무리되지만, 폐가 아직 미성숙하고 뇌가 호흡과 체온을 조절하지 못하므로 태아가 이 시기에 태어나면 생존 가능성은 거의 없다.

25~28주가 되면 뇌와 신경계의 발달이 급속도로 이루어진다. 눈꺼풀을 뜨고 감는 등 신체기능을 조절하는 능력이 향상하고, 폐는 공기를 들이마실 수 있을 정도로 충분히 발달한다. 그러나 산소와 이산화탄소를 교환할 정도로 폐가 발달하지는 못한다. 태아가 이 시기에 태어나면 인큐베이터 안에서 길러져야 생존이 가능하다(Moore, Persaud & Torchia, 2012). 36~38주가 되면 모든 기관계가 나름의 기능을 수행한다. 38주가 되면 자궁의 형태와 자신의 머리 무게 때문에 대부분 태아는 스스로 몸의 위치를 바꾸어 머리와 발이 뒤바뀐 자세를 취하게 된다. 이러한 자세는 자궁 내에서 많은 공간을 확보하게 함으로써 분만을 쉽게 도와준다(정옥분, 2012).

2) 태내발달에 영향을 미치는 요인

(1) 유전적 요인

태내발달에는 유전적 요인과 환경적 요인 모두 영향을 미친다. 유전적 요인은 난자와 정자가 결합하여 수정이 이루어질 때 영향을 미치고, 환경적 요인은 수정이 이루어진 후부터 영향을 미치기 시작한다. 유전적 요인은 부모가 자식에게 물려주는 유전자에 의한 것으로, 난자와 정자가 결합함으로써 어머니와 아버지의 특성이 새로운 생명체에 나타나는 것을 말한다. 유전적 요인에 의해 새로운 생명체의 머리카락 색이나 피부색, 기질, 지능 등의 특성이 결정된다.

유전자는 유전의 기본 단위로서, 부모가 자식에게 물려주는 형질(character)을 규정하는 인자다. 모든 생물체는 세포로 이루어져 있으며, 세포는 중앙에 통제와 조절기능을 담당하는 핵이 있고, 그 안에 유전정보를 저장하고 변환하는 염색체(chromosomes)가 있다. 생식세포인 난자와 정자는 각각 23개의 염색체를 가지고 있으며, 수정란이 되면서 다시 46개, 23쌍의 염색체를 가지게 된다. 각각의 난자와 정자는 다른 염색체를 가지고 있어서 같은 부모에게서 태어나더라도 일란성 쌍생아가 아니면서 유전적으로 같은 자녀가 태어날 확률은 3조 분의 1 정도로 매우 낮다(Gould & Keeton, 1996).

같은 부모에서 태어난 형제자매도 닮은 부분보다는 닮지 않은 부분을 더 많이 가지고 있다. 외모뿐만 아니라 기질이나 성격, 취향, 재능 등에서 서로 제각각인 것이다. 같은 유전자를 가지고 태어나도 서로 다른 환경에서 살아가기 때문에 개인마다 나름의 특성을 가지게 된다. 같은 유전형(genotype)을 가지고 있어도 환경에 따라 다른 표현형(phenotype)이 나타나는 것이다. 유전형은 세포나 조직, 개인의 구체적 특성을 결정하는 유전적 구성이며, 표현형은 모양이나 행동과 같이 눈으로 관찰할 수 있는 모든 형질을 말한다. 유전형과 환경 사이의 상호작용에 의한 결과로 표현형이 나타나는 것이다.

태아의 성(sex)은 난자와 정자가 가지고 있는 23개의 염색체 중 23번째인 성 염색체에 의해 결정된다. 모든 난자는 X염색체만을 가지지만, 정자는 X염색체 또는 Y염색체를 가진다. X염색체를 가진 정자와 난자가 결합하면 XX 염색체의 여아가 태어나고, Y염색체를 가진 정자와 난자가 결합하면 XY 염색체의 남아가 태어난다. 새로운 생명체의 성별은 Y염색체에 의해 결정되는 것이다. 수정 시에는 남아 대 여아의 비율이 130:100으로 남아가 여아보다 훨씬 많지만, 남아의 높은 태내 사망률 때문에 출생 시에는 남아 대 여아의 비율이 106:100 정도 된다(정옥분, 2012).

X염색체는 Y염색체에 비교해 크며, Y염색체는 길이가 짧고 유전정보를 적게 담고 있다. 여성은 X염색체에 결함이 생기면 나머지 X염색체가 이를 보완하거나 대체할 수 있지만, 남성은 X염색체가 하나밖에 없어서 X염색체에 결함이 생기면 문제가 발생한다. X염색체의 유전자 돌연변이로 인해 혈액 내 응고인자가 부족하게 되는 혈우병(hemophilia)이 그 예다. 이렇게 어머니로부터 물려받은 X염색체에 의해 일어나는 유전 현상을 반성유전(sex-linked inheritance)이라고 하며, 혈우병이나 색맹은 대부분 남성에게 발생한다. 영아 사망이나 출생 시 감염, 학습장애, 품행장애, 지적장애 등도 남아에게서 더 많이 나타난다(Halpern, 1997).

염색체 이상으로 나타나는 유전 질환으로 다운증후군(Down syndrome), 클라인펠터증후군(Klinefelter syndrome), 터너증후군(Turner syndrome) 등이 있다. 다운증후군은 염색체 이상의 가장 흔한 예로, 21번 염색체가 정상인보다 하나 더 많아 세 개다. 다운증후군은 지적장애나 신체기형, 성장장애 등을 일으키는 유전 질환으로, 1,000명당 1명의 비율로 나타난다. 또한 왜소한 체구에 얼굴이 둥글고 납작하며 코가 낮고 눈꼬리가 올라가 있는 등 특징적인 얼굴 모습을 가지고 있다. 클라인펠터증후군은 남아이면서 성염색체가 XXY이거나 XYY인 경우로, 인지능력이나 신체발달 등에서 다양한 이상이 발생하는 질환이다.

터너증후군은 여아이면서 23번째 X염색체가 하나인 경우로, 난소기능과 심장, 골격 등에 이상이 발생하는 유전 질환이다.

유전자 이상으로 나타나는 유전 질환은 우성인자(dominant gene)에 의한 것과 열성인자(recessive gene)에 의한 것이 있다. 부모가 자식에게 물려주는 형질은 우성과 열성으로 구분되는데, 우성인자는 우세하게 표현되는 형질의 인자이고 열성인자는 그 효과가 잘 드러나지 않는 형질의 인자다. 질병과 장애 대부분은 열성인자에 의한 것으로, 가장 많이 나타나는 열성인자에 의한 질병은 두뇌의 전두엽을 훼손해 인지기능 저하나 지적장애를 유발하는 페닐케토뉴리아(Phenylketonuria)다. 우성인자에 의한 질병은 헌팅턴병(Huntington disease)으로, 주로 30~40대에 발병하며 자신이 의도하지 않는 움직임이 신체 여러 부분에서 불규칙하게 나타나고 치매를 수반하는 경우가 많다. 발병된 후에는 점차로 자신을 돌보지 못하고 걷는 것이 불가능해지며, 음식을 삼키지도 못하고, 인지기능을 완전히 상실하면서 결국 죽음에 이르게 된다.

(2) 환경적 요인

태내발달에 영향을 미치는 환경적 요인은 주로 모체와 연관된 것으로, 모체의 건강이나 정서 상태 등이 태내발달에 많은 영향을 미친다. 태내는 외부 자극이 어느 정도 차단된 비교적 안전한 곳이지만, 적절하지 못한 태내 환경이 태아에게 미치는 영향은 치명적이다. 태내발달에 부정적 영향을 미치는 환경적 요인으로 모체의 질병이나 영양결핍, 약물, 음주, 흡연 등이 있다.

영양(nutrition)은 태내발달을 위한 가장 중요한 요인으로, 태아는 모든 영양을 모체로부터 받아들이므로 모체의 영양 상태는 태아에게 직접적인 영향을 미친다. 태아에게 필요한 영양소는 단백질과 비타민, 엽산, 철분, 칼슘 등이다. 이러한 영양소를 모체가 적절히 섭취하지 않으면 태아는 영양실조에 걸리고, 저체중아나 허약아로 태어날 확률이 높으며, 때로는 선천성 기형아로 태어날 수도 있다. 특히 두뇌발달이 급속히 이루어지는 태아기에 영양이 제대로 공급되지 않으면 태아의 인지발달에 문제가 발생할 수 있다. 다행히도 모체의 영양결핍은 이후에 모체가 충분한 영양을 섭취함으로써 어느 정도 회복될 수 있다. 그러나 태내에서 영양실조를 경험한 태아는 출생 후에도 영양이 충분히 공급되는 환경에 놓일 가능성이 작다는 점이 문제다(유혜순, 원혜경, 김정희, 2013).

모체의 질병(disease)은 태아에게 치명적인 영향을 미치는 것으로, 홍역이나 수두, 매독, 후천성면역결핍증(acquired immune deficiency syndrome) 등이 있다. 임신 초기에 모체가 홍역에 걸리면 태아의 시각이나 청각에 장애가 생기며, 심장이상이나 뇌 손상이 나타날 수 있다. 수두는 태아의 뇌 손상이나 지적장애, 신체기형 등을 일으킨다. 매독은 성관계를 통해 감염되는 질병으로, 매독균이 태아에게 전달되어 대부분 유산이나 사산되며 태어나더라도 청각이 상실되거나 안면기형, 지적장애 등의 결함을 가진다(Moore & Persaud, 1998). 후천성면역결핍증(AIDS)은 최근에 관심이 집중되는 질병으로, 태아의 성장지연과 안면기형, 두뇌 이상 등을 유발한다(Cook & Cook, 2004).

약물(drug)은 복용 시기나 빈도, 양 등에 차이는 있지만, 거의 모든 약은 태아에게 영향을 미친다. 가령 1950~60년대에 입덧을 줄이기 위해 처방된 탈리도마이드(thalidomide)라는 약은 배아의 팔과 다리, 귀, 신장, 생식기 등에 심한 장애를 유발하는 것으로 판명되었다. 전 세계적으로 약 7,000명의 영아가 탈리도마이드의 영향으로 고통을 받았으며(Moore & Persaud, 2003), 성장 후에도 평균 이하의 지능점수를 받았다. 이 외에도 마리화나, 코카인, 헤로인 등이 태아에게 치명적 영향을 미친다. 마리화나는 태아에게 적절한 산소가 공급되는 것을 방해하여 저체중과 시각장애 등을 유발하며, 출생 후에는 신경질적이고 쉽게 흥분하는 등 정서적 문제를 일으킨다. 코카인은 성장지연, 뇌와 생식기 기형 등을 유발하며, 출생 후에도 수면장애와 지나치게 예민하고 고집이 센 기질 등의 문제를 발생시킨다. 헤로인은 저체중과 황달, 호흡기 장애 등을 유발하며, 출생 후 짜증이나 수면장애, 한시도 가만있지 못하는 등의 문제로 이어진다.

음주(drinking)는 모체가 섭취한 알코올이 태반을 통과하여 태내발달에 영향을 미치는 것으로 나타난다. 임신 중 모체가 알코올에 노출됨으로써 태아의 신체적 · 인지적 · 심리적 장애가 발생할 수 있다. 이는 태아 알코올스펙트럼 장애(fetal alcohol spectrum disorder)라고 불리는 것으로, 증상의 심각성에 따라 태아 알코올 증후군, 부분 태아 알코올 증후군, 알코올 관련 신경 발달장애 등으로 나뉜다. 가장 심각한 증상을 보이는 태아 알코올 증후군은 태아에게 신체적 · 정신적 결함이 나타나는 선천성 증후군이다. 그 결함 정도는 개개인에 따라 다르지만, 보통 성장지연, 안면기형, 두뇌 이상 등의 신체적 기형과 정신적 장애가 나타난다. 뇌와 신경계의 손상은 출생 후 운동 협응이나 정보처리, 주의집중, 지능 등 인지능력 전반에 부정적 영향을 미침으로써 학습장애나 행동장애를 유발한다(Burden, Jacobson & Jacobson, 2005; Mattson, Calarco & Lang, 2006).

흡연(smoking)은 모체의 혈액 내 산소량을 감소시키고 일산화탄소량을 증가시킴으로써 태아에게 필요한 산소 공급을 방해한다. 담배에 들어있는 타르(tar)와 니코틴(nicotine), 노르니코틴(nornicotine) 등은 그 자체의 독성보다 연소 시 생성되는 질소화합물과 일산화탄소 등이 더 큰 피해를 준다. 특히 일산화탄소는 적혈구 속의 헤모글로빈에 대한 친화력이 산소보다 230배나 크고, 일단 결합하면 쉽게 해리되지 않아 산소운반을 방해한다. 즉, 모체의 흡연으로 태반이 손상되고 자궁으로의 혈액공급이 저하되면서 태아에게 산소와 영양분이 제대로 공급되지 않는다. 모체의 흡연으로 발생하는 가장 큰 문제는 태아의 영양실조로 인한 저체중이며, 유산이나 사산, 주의력결핍과잉행동장애 등의 발생 확률이 높다(Fogelman, 1980). 간접흡연에 노출된 모체의 태아 역시 저체중이나 호흡기 질환, 주의력결핍, 학습장애 등의 문제를 보인다(Hanke, Sobala & Kalinka, 2004).

2. 출생

분만은 태아와 모체 모두 생명에 위협을 느낄 만큼 충격적이고 험난한 일이다. 그러나 인간의 경험 중 가장 감격스럽고 경이로운 것이기도 하다. 약 38주간의 태내발달을 무사히 마친 태아라 할지라도 분만이 어떻게 진행되어 태어날지는 아무도 예측할 수 없다. 즉, 분만이 진행되는 동안 태아와 모체의 상태에 따라 그 진행 상황이 매우 다양하므로 단 일 초도 긴장을 놓을 수 없다. 탯줄이 태아의 목을 감거나 태반이 자궁경부를 막는 등의 문제가 발생하여 자연분만이 어려울 수 있다. 그래서 분만에 대한 정신적인 준비와 분만 시 발생할 수 있는 문제에 대해 실질적인 대비책을 마련하는 것이 필요하다. 분만이 반드시 예정일에 이루어지지 않으므로 부모는 미리 신생아에게 필요한 물건을 장만하여 분만을 준비해야 한다. 분만 후 태아는 세상에 나오면서 급격한 신체적·심리적 변화를 겪으며 많은 스트레스를 받는다. 그러므로 태아가 스트레스를 덜 받고 새로운 환경에 잘 적응하기 위해서는 따뜻하고 세심한 부모의 보살핌이 절대적으로 필요하다. 항상 아기를 안고 어루만지면서 신체적으로 접촉하고 아기의 눈을 바라보면서 이야기함으로써 정서적 안정감을 느낄 수 있도록 해야 한다. 이러한 부모의 관심과 보호는 신생아가 생존하기 위해 필수적이다.

1) 분만

분만(delivery)은 자궁 내 태아와 태반이 밖으로 나오는 과정으로, 분만 후 태아는 모체와의 연결을 끊고 독립적인 개체로 생존하기 위한 긴 여정을 시작한다. 태내발달이 이루어지는 37주 동안 일정한 성장을 이룬 태아는 38주가 되면 스스로 몸의 위치를 바꾸어 머리를 자궁경부 쪽으로 향하는 자세를 취한다.

태아는 몸 전체를 자궁경부 가까이 이동함으로써 분만이 쉽게 이루어지도록 도와준다. 태아가 거꾸로 서 있거나 몸집이 너무 큰 경우, 자궁경부의 위치가 이상한 경우는 난산이 예상되므로 제왕절개분만(cesarean delivery)이 시도되기도 한다.

분만이 언제 시작되는지를 정확히 알기는 어렵지만, 대체로 모체의 아랫배가 불러오거나 하복부가 당기는 느낌, 가벼운 요통, 불규칙한 통증 등으로 분만이 가까워짐을 알 수 있다. 태아가 밑으로 내려와 방광을 누르기 때문에 소변을 자주 보게 되고, 여러 가지 호르몬의 영향으로 질 분비물이 많아진다. 분만예정일은 태아의 크기, 자궁의 크기, 호르몬의 수준, 모체의 신체적 · 심리적 상태에 따라 달라지지만, 보통 마지막 월경의 첫째 날부터 280일째 되는 날로 정한다. 그러나 분만예정일에 분만하는 경우는 드물어서 예정일을 전후하여 2주간은 정상적인 분만으로 본다. 임신 37주 미만의 분만은 조기분만, 임신 37주 이후의 분만은 만삭 분만, 임신 42주 이후의 분만은 과숙 분만에 해당한다.

분만은 크게 세 단계에 걸쳐 이루어진다. 첫 번째 단계는 진통이 시작된 때부터 자궁경부가 완전히 열릴 때까지로, 자궁이 수축하면서 자궁경부가 팽창하는 단계다. 이 단계는 초산일 경우에 평균 12시간에서 14시간 동안, 출산 경험이 있는 경우에 평균 4시간에서 6시간 동안 지속하는 등 세 단계 중 가장 오랫동안 지속한다. 간헐적으로 이루어지던 자궁수축과 자궁경부의 팽창은 점점 더 빈번하고 강해지면서 진통의 간격은 점차 줄어들고 그 강도는 커지게 된다. 자궁수축과 자궁경부의 팽창은 10분에서 20분 간격으로 시작되다가 15초에서 20초 간격으로 규칙적으로 이루어지며, 점차 좁혀져 2~3초 간격으로 진통이 오고, 수축의 힘이 절정에 이르게 되면 자궁경부가 열리게 된다. 만약 자궁경부가 완전히 팽창되기 전에 모체의 근육이 긴장하게 되면 자궁경부에 상처가 생겨 분만이 지연될 수 있다(Berk, 2004).

두 번째 단계는 자궁경부가 완전히 열린 때부터 태아가 모체 밖으로 나올 때까지다. 자궁이 열리면서 양막이 터져 양수가 나오고, 자궁수축의 강도와 빈도가 증가하며, 복근수축이 일어나 태아를 밀어내는 단계다. 초산일 경우에 50분, 출산 경험이 있는 경우에 20분 정도 지속하며, 이 시간이 길어지면 태아는 뇌 손상을 입거나 질식사할 수 있다. 태아는 자궁경부를 통해 나오는 동안 높은 압력을 받는데, 이때 태반으로부터 산소를 일시적으로 공급받지 못하면서 산소 부족을 경험하기 때문이다. 그러므로 두 번째 단계는 모체의 적극적인 노력으로 시간을 줄이는 것이 필요하다.

세 번째 단계는 태아가 나온 후 필요 없게 된 태반이 자궁으로부터 분리되어 배출되는 단계로, 보통 5분에서 10분 정도 걸린다. 분만 후 일시 정지되었던 자궁수축이 다시 시작하고 힘주기가 이루어지면서 태반이 배출된다. 자궁 속에 찌꺼기가 조금만 남아도 감염되거나 출혈이 일어날 수 있으므로 태반을 완전히 배출하는 것이 중요하다. 이렇게 세 단계를 거치면서 분만은 끝나게 된다. 초산의 경우, 분만에 걸리는 시간은 자궁경부가 3~4cm 정도 열린 후부터 평균 9시간 정도다.

2) 신생아

(1) 감각과 호흡

신생아(newborn)는 출생 후 첫 4주 동안을 말하며, 이 기간에 신생아는 자궁 밖에서 독립적으로 생활할 수 있게 된다. 그러나 신생아는 아직 미성숙하기 때문에 신체비율이나 호흡, 맥박 등에서 성인과 다른 특징을 보인다. 신생아의 신장은 약 50cm, 몸무게는 3~3.5kg 정도이고, 보통 남아가 여아보다 약간 더 크다(최외선 외, 2008). 신생아의 몸은 신체에서 머리가 차지하는 비율이 매우 높아서 신장의 약 1/4을 차지하고, 가슴의 모습은 원통형이어서 앞뒤와 좌우의 폭이 거의 같다.

신생아의 감각기관은 매우 발달해 있는데, 예컨대 신생아의 후각은 꿀이나 초콜릿과 같이 좋은 냄새에 만족스러운 표정을 짓고, 썩은 달걀이나 암모니아와 같이 불쾌한 냄새에 얼굴을 찌푸리며 고개를 돌리는 것으로 나타난다(Mennella & Beauchamp, 1996). 신생아는 모유와 같이 익숙한 냄새를 구별할 수 있으며(Porter & Winburg, 1999), 짠맛이나 신맛, 쓴맛, 단맛을 구별할 수 있을 정도로 미각이 발달해 있다(Rosenstein & Oster, 1997). 신생아는 단 음식에 미소를 지으며 입술을 빨거나 핥는 반응을 보인다(Steiner, Glaser, Hawilo & Berridge, 2001). 그러나 쓴맛이나 신맛이 나는 음식을 먹으면 신생아는 얼굴을 찌푸린다(Kaijura, Cowart & Beauchamp, 1992).

신생아의 피부는 붉고 주름이 있으며, 머리는 크고 몸통은 짤막하다. 허리와 무릎을 구부리고 있으며, 성인보다 심장박동이나 호흡이 빠르다. 신생아는 태내에서 모체로부터 산소와 영양분을 공급받다가 자궁 밖으로 나와서 자력으로 호흡하고 영양을 섭취하면서 일시적으로 체온이 떨어지고 체중이 감소하게 된다. 그러나 5일째부터 다시 체중이 증가하여 10~14일이 되면 출생 시 체중으로 회복된다. 신생아의 피부는 지방층이 얇아서 보온이 잘 안 되고 체표면에서 대부분의 열 손실이 발생한다(최외선 외, 2008).

생후 2~3일경에는 피부와 눈 흰자위의 색이 노랗게 변하는 신생아 황달(neonatal jaundice)이 나타난다. **신생아 황달**은 신생아의 간이 미성숙해서 나타나는 것으로, 대부분 큰 문제 없이 5~7일경에는 좋아진다. 그러나 원인에 따라 언제든지 다시 나타날 수 있고, 치료를 받고 퇴원한 후에도 다시 심해질 수 있으므로 항상 주의를 기울이는 것이 필요하다. 영양이 부족하거나 탈수 등으로 신생아 황달이 악화할 수 있으므로 신생아에게 충분한 모유나 분유가 제공되어야 한다.

신생아의 머리에는 대천문(anterior fontanelle)과 소천문(posterior fontanelle)

이 있는 것이 특징이다. 대천문은 앞이마 위에 머리뼈가 없이 말랑말랑한 부위로, 생후 18개월경에 닫힌다. 소천문은 머리 뒤쪽에 있으며, 생후 2개월경에 닫힌다. 하지만 대천문은 머리뼈 내부의 압력이 높거나 비타민 D가 부족하면 생후 18개월 이후에도 닫히지 않는다. 대천문과 소천문이 처음부터 막혀있거나 너무 일찍 닫히면 뇌가 자라지 않아 두뇌발달에 문제가 생길 수 있다. 대천문의 닫히는 시기가 지연되면 구루병이 의심되고, 일찍 닫히면 소두증이 의심되는 등 대천문은 신생아의 이상 증후를 발견할 수 있는 중요한 부위다.

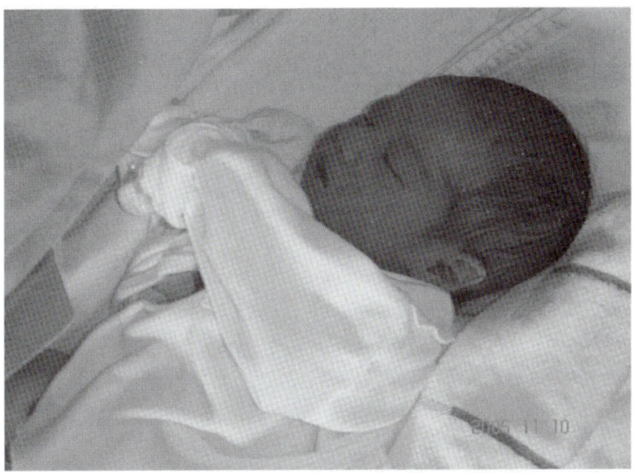

(2) 소화와 배설

신생아는 소화가 잘되는 모유를 먹는 것이 여러 가지 면에서 바람직하다. 모유는 모체에서 분비되는 젖으로, 신생아에게 모유에 맞먹는 영양물은 없다. 모유는 인공유에 비교하여 영양학적으로 우수하고(정옥분, 2012), 비피더스균이 많아서 다른 유해균의 번식을 억제한다. 그래서 모유는 구토나 설사, 변비, 알레르기 등의 발생을 줄인다. 특히 모유는 질병에 대한 항체를 다량으로 함유하고 있어서 신생아를 감염성 세균으로부터 보호하는 역할을 한다. 항체가 소장의 공간에 세균을 묶어 둠으로써 세균이 소화기관이나 다른 신체기관으로 이동하는 것을 차단하기 때문이다. 게다가 모유를 먹으면서 신생아는 어머니의 심장소리를 듣고 어머니와의 피부 접촉을 통해 심리적 안정감을 느끼게 된다. 즉, 모유는 신생아의 인지발달·정서발달·사회성발달을 도모하는 데 매우 효과적이다.

탯줄은 태내에서 모체로부터 영양분을 공급받고 노폐물을 배설하던 통로였지만, 태아가 자궁 밖으로 나오면 더는 필요하지 않아서 자르게 된다. 잘라내고 남은 탯줄은 10일 정도 지나면 거무스름하고 딱딱하게 변하면서 저절로 떨어진다. 이렇게 탯줄이 떨어진 후 흔적으로 남은 자리가 신생아의 **배꼽**이다. 배꼽은 그냥 말리는 것이 원칙이므로 신생아를 목욕시킨 다음에도 바로 배꼽을 싸두지 말고 배꼽의 물기를 완전히 마르게 해야 한다. 배꼽 주위에서 냄새가 나거나 진물 또는 피가 나오는 경우, 3~4주가 지나도 배꼽이 안 떨어지는 경우, 배꼽 주위가 붉어진 경우, 배꼽에 살이 자라는 경우 등은 의사의 진찰을 받아보는 것이 필요하다.

신생아는 출생 후 1~3일 동안 태변을 본다. 태변은 끈적끈적하고 냄새가 없는 암녹색의 변으로, 4~5일이 지나면 황색의 보통 변으로 변한다. 태변은 장운동에 의해 배설되며 모유에 의해 더욱더 순조롭게 배설된다. 생후 어느 기간이 지나도 태변이 배출되지 않으면 소화관폐쇄와 같은 문제가 의심되며, 혈액이 배출되면 신생아 혈변이 의심된다. 이러한 문제가 나타나면 문제의 원인을 파악하는 것이 필요하므로 전문의의 상담을 받는 것이 요구된다. 보통 모유를 먹는 신생아는 하루 3~4회, 분유를 먹는 신생아는 하루 1~2회의 변을 본다(정옥분, 2012). 수분의 섭취량에 따라 다르지만, 신생아는 하루 열 번 이상 소변을 본다.

(3) 수면과 울음

신생아는 하루에 16~18시간 정도 자는데, 이 시간 동안 규칙적인 수면 상태(non-rapid-eye-movement)와 불규칙한 수면 상태(rapid-eye-movement)가 번갈아 나타난다. **규칙적인 수면 상태**(NREM)는 신생아가 충분히 자는 상태로, 약간의 움직임이 있거나 전혀 움직이지 않으며 안구운동이 일어나지 않고 표정이 평온하며 호흡도 규칙적이다. 불규칙한 수면 상태(REM)에는 부드러운 팔다리 운동과 얼굴 찌푸림, 불규칙한 호흡, 빠른 안구운동 등이 나타난다. 빠른 안구운동은 눈에 산소 공급이 충분히 이루어지도록 도와줌으로써 신생아의 눈 건강을 지켜준다(Blumberg & Lucas, 1996). 신생아는 낮보다 밤에 잠을 더 많이 자며, 빛의 밝기가 아니라 배고픈 정도에 따라 수면 상태의 순환이 일어난다(Goodin-Jones, Burnham & Anders, 2000).

신생아의 울음은 부모에게 배고픔이나 안전, 자극 등의 필요를 알리는 수단이다(Berk, 2004). 신생아의 울음은 훌쩍이는 것부터 악을 쓰는 것까지 다양하며(Gustafson, Wood & Green, 2000), 독특한 음성적 특징이 있어서 멀리 있는 부모가 쉽게 자신의 아기를 알아차리도록 한다(Gustafson, Green & Cleland, 1994). 신생아는 일반적으로 배가 고프거나 체온변화와 같이 신체적 욕구가 있을 때, 갑작스러운 소리나 고통스러운 자극이 있을 때 운다. 뇌 손상이 있거나 출생 시 문제가 있었던 신생아의 울음은 건강한 신생아의 울음에 비교해 짧고 날카로우며 찢어지는 소리가 난다(Boukydis & Lester, 1998). 복통이 있는 신생아의 울음은 끊이질 않는 고음의 거친 소리가 나며(Zeskind & Barr, 1997), 긴장되어 있고 진정시키기도 어렵다(Barr & Gunnnar, 2000). 신생아의 울음은 자극과 불안전에 대한 강한 반응으로(Murray, 1985), 신생아가 생존에 필요한 양육과 보호를 받을 수 있도록 도와준다.

(4) 반사작용

반사작용(reflexes)은 자극에 대한 무의식적이고 즉각적인 움직임으로, 매우 뚜렷하고 조직적인 패턴을 보이면서 신생아의 동작을 지배한다. 반사작용은 신생아가 통제할 수 있는 것이 아니며, 특정 자극에 대해 자동으로 반응하도록 내장된 것이다(Santrock, 2014). 반사작용은 신생아가 배울 기회를 얻기 전까지

환경에 적응하기 위한 반응이다. 또한 반사작용으로 신생아의 신경계가 제대로 작동하고 있는지가 판단된다(Kail, 2009). 가령 신생아의 발바닥을 핀으로 찌를 때 발을 움츠리는 **도피반사**(withdrawal reflex)가 나타나지 않으면 좌골신경이 손상되었음을 의미한다. 이처럼 자극을 주었을 때 신생아가 특정 반사작용을 보이지 않으면 신체의 어느 부분에 문제가 있음을 의미하므로 정밀한 진단과 검사를 받아야 한다(Falk & Bornstein, 2005).

반사작용은 신생아가 외부 세계와 상호작용할 준비가 되었음을 가리키므로 신생아의 생존에 필수적인 요소로 기능한다. 가령 신생아는 볼을 건드리면 그쪽으로 고개를 돌리며 입을 벌리는 **근원반사**(rooting reflex)를 보인다. 이는 신생아가 생명 유지에 필요한 영양분을 섭취할 수 있다는 신호로, 어머니가 모유나 분유를 제공하게끔 한다. 빨기반사(sucking reflex), 모로반사(Moro reflex), 파악반사(grasping reflex) 역시 신생아가 어머니에게 매달리거나 젖꼭지를 찾게 하는 등 신생아가 생존하는 데 도움을 준다. 즉, 반사작용은 신생아가 생존하는 데 필요한 것을 얻도록 도와준다. 대부분의 반사작용은 행동을 통제하는 능력이 발달함에 따라 생후 6개월 이후에는 거의 사라진다(Berk, 2004).

3. 부모역할

역할(role)은 특정한 사회적 지위나 직책에 있는 개인에게 사회가 기대하는 행동양식으로(김승희, 2019), 개인은 사회생활을 하는 동안 일정한 사회집단에 속하고 그 집단의 규제를 따르면서 기대되는 행동양식을 부여받는다. 이를테면, 교사는 교사로서, 학생은 학생으로서 기대되는 행동양식이 있다. 특정한 사회적 지위나 직책에 있는 개인에게 기대되는 행동양식은 그 지위나 직책에 맞는 말과 행동을 하고 그에 어울리는 태도를 지니는 것이다(박은혜, 2017). 이러한 역할을 수행함으로써 개인은 자신에게 요구되는 책임을 완수하고 사회질서의 유지와 존속에 이바지할 수 있다. 부모역할(parent's role)은 결혼한 한 쌍의 남녀가 자녀의 출생으로 부모라는 사회적 지위를 얻고 부모로서 자녀를 양육하도록 기대되는 행동양식을 말한다(한영숙, 2004). 태내기의 부모역할은 자녀 출생 이후에도 지속해서 영향을 미친다는 점에서 중요하게 논의된다. 태내기에 형성하는 부모역할에 대한 기대와 가치관이 자녀 출생 후 부모의 양육방식이나 역할 수행에 많은 영향을 미치기 때문이다(정미라, 강수경, 최지현, 2014). 따라서 부모라는 사회적 지위에서 요구되는 규범적인 권리와 의무를 다하려면 부모역할에 대한 기대와 나름의 가치관을 태내기에 형성하는 것이 매우 중요하다.

1) 임신 중

임신 중 가져야 할 가장 중요한 자세는 임신 자체를 긍정적으로 받아들이는 것이다(정옥분, 정순화, 2009). 임신으로 인해 여성호르몬이 증가하고 분만과 육아에 대한 부담감을 많이 느끼면서 임신부는 감정의 기복이 심해지고 사소한 일에도 민감하게 반응한다. 그래서 많은 임신부는 임신 우울증을 경험하게 된다. 임신 초기의 우울증은 입덧이나 피곤함 때문에 생기고 태동을 느끼면서 사라지지만, 임신 중기의 우울증은 분만 후에도 6개월 정도 지속하는 경향이 있다. 임신 우울증은 자연스러운 현상이지만, 심하면 태내발달에 악영향을 미치고 육아를 방해하는 요인으로 작용할 수 있다. 그러므로 임신 자체를 긍정적으로 받아들이고 가벼운 운동과 규칙적인 식사, 취미생활 등을 통해 명랑한 기분을 유지하는 것이 필요하다. 임신 우울증을 극복하려면 임신부 자신의 적극적인 노력과 주변 사람들의 애정과 관심이 함께 요구된다.

임신에 대한 긍정적 태도는 남편에게도 요구되는 것으로, 남편은 아내의 임신으로 인한 여러 가지 변화에 능동적으로 대처하는 것이 필요하다. 임신 중에는 아내뿐만 아니라 남편도 다양한 심리적·신체적 증상을 보이는데, 예컨대 불안이나 우울, 긴장, 불면 등의 증상이 나타난다. 특히 많은 남편은 입덧이나 요통, 체중 증가, 메스꺼움과 같은 심리적·신체적 증상을 아내와 똑같이 겪는 **쿠바드 증후군**(couvade syndrome)을 보인다. 쿠바드 증후군은 임신 3개월에 가장 심각하고 점차 약해지다가 임신 말기에 다시 심해지는 경향이 있다. 보통 아기의 출생과 함께 쿠바드 증후군은 사라지지만, 몇몇 증상은 분만 후에도 나타난다(Fawcett & York, 1986). 쿠바드 증후군은 남편이 아내의 임신으로 겪는 변화에 대한 정상적인 반응으로, 임신한 아내에 대한 참여의 신호로 볼 수 있다(강경아, 김신정, 장은영, 2003).

분만예정일이 다가오면 분만에 대한 정신적 준비와 아기에게 필요한 물품을 마련해야 한다(정옥분, 정순화, 2009). 대부분 임신부는 병원에서 분만하므로 임신 말기에는 정기적으로 검진을 받고, 진통이 시작된 후 2~3시간이 지나면 병원으로 가는 것이 바람직하다. 가정에서 분만할 때는 특별한 도움이 필요할 수 있으므로 가까운 곳의 병원을 미리 확인하는 것이 요구된다. 특히 분만이 반드시 예정일에 이루어지지 않으므로 임신 말기에는 미리 분만을 준비해야 한다. 아기에게 필요한 물품으로 속옷과 겉옷, 기저귀, 포대기, 턱받이, 거즈 손수건 등의 의류, 목욕통과 목욕 수건, 비누, 아기분, 베이비오일 등의 목욕용품, 이불과 베개 등의 침구류, 우유병과 젖꼭지 등이 있다. 분만은 아내와 남편이 함께 준비해야 하는데, 왜냐하면 분만을 준비하고 분만 과정에 참여하는 것은 이후의 부모-자녀 관계에 큰 영향을 미치기 때문이다(정옥분, 정순화, 2009).

2) 분만 후

분만 후 모체가 완전히 회복되어 임신 전의 건강한 상태로 되돌아가려면 상당한 시간과 노력이 필요하다. 모체가 임신 전 상태로 회복하기까지는 대략 6~8주 정도의 시간이 요구되며, 이 기간을 **산욕기**라고 일컫는다. 산욕기 동안 자궁과 질, 외음부 등이 임신 전 상태로 되돌아가고 분만 때의 상처도 아물게 된다. 분만 후 모체는 간과 신장 등의 기능이 쇠퇴하고 혈액이 적으며 축적된 영양소도 매우 줄어든 상태다. 더군다나 모체에 노폐물이 쌓여 있고 성호르몬이 급격히 감소하여 균형이 깨져 있으며 체중도 감소하는 등 매우 피로한 상태다. 따라서 분만 후 모체가 임신 전 상태로 되돌아가려면 충분한 휴식과 영양을 섭취해야 한다.

분만 후에는 자궁과 골반이 매우 허약하고 기능이 떨어져 있으므로 찬 바람을 쐬거나 찬물에 닿으면 곧장 아랫배 쪽으로 냉기가 들어가서 병적인 증세가 나타나게 된다. 특히 혈액순환이 제대로 이루어지지 않아서 생식이나 비뇨기 계통의 기능이 떨어지고 무릎이 시리거나 관절염이 생기게 된다. 이처럼 산욕기에 건강관리를 잘못하면 관절이 아프거나 팔다리가 저린 증상이 나타나고 배뇨나 배변 장애, 우울증, 저혈압, 골다공증, 비만 등이 나타날 수 있다. 우울증이 있으면 아기를 무시하거나 지나친 관심을 보이는데, 이는 아기의 정신건강에 악영향을 미칠 수 있으므로 각별한 주의가 요구된다(정계숙 외, 2018).

모유 수유를 하면 옥시토신 분비가 촉진되어 자궁수축이 빠르게 진행되고 젖 분비 호르몬의 분비가 증가하여 배란이 억제되므로 자연 피임 효과가 나타난다. 또한 모유 수유를 하면 칼슘 대사가 촉진되어 골다공증 발생이 줄어들고 유방암이나 난소암의 발생 빈도가 감소한다. 모유 수유 시 약 300㎈가 더 필요하므로 산모는 수분을 충분히 섭취하고 칼슘과 철분이 많은 음식을 고르게 먹어야 한다. 모유 수유 시 아기를 안는 자세는 산모의 취향과 상황에 따라 매우 다양하지만, 아기의 피부와 최대한 많이 닿을 수 있도록 바닥보다는 침대나 팔걸이가 있는 의자에 앉아 먹이는 것이 바람직하다. 모유 수유는 신생아의 건강뿐만 아니라 발달에 많은 영향을 미치므로 올바른 자세를 유지하는 것이 매우 중요하다.

산모가 신체적으로 회복하고 심리적 안정감을 느끼면서 건강하게 생활하기까지는 상당한 시간과 노력이 필요하다. 따라서 아버지가 산모와 아기를 보살피는 방법을 터득하면서 자녀 양육에 적극적으로 참여하는 것이 요구된다(최경숙, 박영아, 2005). 이를테면, 아기 목욕시키기와 같이 힘이 많이 드는 일을 아버지가 전담함으로써 자녀 양육에 적극적으로 참여해야 한다. 하지만 한국사회의 가부장적 문화와 장시간 노동으로 인해 아버지의 양육 참여가 어려운 실정이다. 그러므로 아버지의 양육 참여가 정착하려면 근무시간과 일에 대한 사회적 의식, 법·제도적 장치 등이 시급히 변화해야 한다. 더불어 아버지의 양육 지식이 얕을수록 양육 자신감이 낮아지는 만큼 아버지는 자녀 양육에 관한 부모교육에 적극적으로 참여하는 것이 중요하다(김남석, 2016).

Chapter

03

영아기 부모역할

영아기는 출생 후 만 2세까지의 시기로, 발달의 여러 측면에서 급속한 변화가 일어난다. 신체발달 측면에서 영아기는 성장 급등(growth spurt)이 일어나는 시기로, 인간의 일생 중에서 이 시기에 뇌와 신체의 성장이 가장 빠르게 진행된다. 특히 영아는 어머니와 강하고 지속적인 정서적 유대를 맺으면서 애착 관계를 형성한다. 이러한 애착 관계를 통해 영아는 타인과의 관계를 발전시키면서 인간 관계의 폭을 넓힌다. 부모는 보호자로서 영아의 생리적 욕구를 충족시키고 생존에 필요한 환경을 제공함으로써 각종 질병과 위험으로부터 영아를 보호한다(최외선 외, 2008). 부모는 영아의 욕구에 민감하고 일관성 있게 반응함으로써 영아가 세상에 대한 믿음을 가지고 독립된 개인으로 살아갈 수 있도록 도와준다. 부모와의 상호작용을 통해 영아는 자신의 신체와 사물을 스스로 조절할 수 있는 능력을 기르게 된다. 스스로 할 수 있는 일을 완수하면서 영아는 성취감을 느끼고 더욱더 능동적으로 환경을 탐색하면서 자신의 능력을 개발하게 된다. 그러므로 부모는 영아가 나름의 발달 속도에 따라 전인적으로 발달할 수 있도록 영아를 있는 그대로 받아들이고 다양한 학습경험을 제공하는 것이 요구된다.

1. 발달특성

영아기는 피아제 이론에서 감각운동기에 해당하는 시기로, 영아는 자신의 감각과 움직임을 통해 사물과 사건에 대한 정보를 획득한다. 이 시기의 인지발달에서 가장 중요한 것 중의 하나는 대상 영속성 개념의 획득이다. 영아는 물체가 시야에서 사라져도, 물체의 움직임을 보지 않아도 그 물체가 존재함을 알고 물체를 찾을 수 있다. 이처럼 인지능력과 기억능력이 발달하면서 영아기에 언어발달을 위한 토대가 마련된다. 울음 단계와 옹알이 단계를 거친 후 영아는 주변 사람들과 상호작용하면서 능동적으로 문법을 발견하고 적용하게 된다. 영아기는 양육자와 영아 사이에 기본적 신뢰 관계가 형성되며, 이 시기에 형성된 신뢰감이 지속해서 발달에 영향을 미치게 된다(김승희, 2016a). 양육자로부터 따뜻한 보살핌을 받은 영아는 세상을 우호적으로 바라보며, 타인과 긍정적 인간관계를 유지하면서 다양한 정보를 얻고 사회적 행동을 배우며 여러 가지 능력을 발달시킨다. 하지만 양육자와 친밀한 관계를 형성하지 못한 영아는 세상에 대한 믿음이 없으므로 타인과 소극적으로 상호작용하면서 인지적·사회적 능력을 발달시키지 못한다. 영아는 또래와의 상호작용을 통해 함께 나누고 인내하는 등 사회생활에 필요한 여러 가지 기술을 습득하면서 사회성이 발달한다.

1) 신체발달

(1) 감각능력

영아의 감각능력은 오감을 통해 나타나며, 대부분 자극은 하나의 감각이 아니라 여러 감각과 동시에 연관된다. 예를 들어, 영아가 가지고 노는 딸랑이는 시각, 청각, 촉각 등과 연관되며, 모유 수유는 영아에게 시각적·미각적·후각적 단서를 제공한다(Kail, 2009). 영아는 고통에 민감한데, 이는 주사를 맞거나 마취 없이 포경수술할 때 갑자기 울음을 터뜨리고 쉽게 진정되지 않는 것에서 잘 드러난다. 영아는 후각이나 촉각으로 어머니를 인식하고(Kail, 2009), 소리에 민감하여 생후 4개월경에 자신의 이름을 인식하고 반응한다(Jusczyk, 2002). 시각은 출생 후 가장 늦게 발달하는데, 왜냐하면 망막이 출생 후 여러 달이 지나야 완벽하게 정밀해지기 때문이다(Berk, 2004).

영아의 감각능력은 심장박동이나 표정의 변화, 습관화(habituation) 등으로 측정된다. **습관화**는 반복적으로 제시되는 자극에 익숙해짐으로써 주의를 덜 기울이는 현상으로, 습관화 이후 새로운 자극을 제시하면 그 자극에 주의를 기울이는 탈습관화가 나타난다. 영아가 거의 반응하지 않을 때까지 어떤 자극을 반복적으로 제시한 후 새로운 자극을 제시할 때 영아가 강하게 반응하는 것은 영아가 자극을 구별함을 가리킨다. 언어의 음소(Eimas, Siqueland, Jusczyk & Vigorito, 1971), 사물의 범주(Quinn, Eimas & Rosenkrantz, 1993), 물체에 대한 지각(Kellman & Spelke, 1983) 등이 습관화로 측정된다.

(2) 신체성장

영아기의 신체변화는 어느 시기보다도 빠르게 이루어진다. 특히 초기 2년 동안 영아의 성장 급등이 이루어진다(Shaffer, 1999). 생후 1년이 되면 신장은 출생 시의 1.5배, 체중은 3배 정도로 증가하며, 생후 2년이 되면 신장은 성인의 1/2, 체중은 출생 시의 4배가 된다. 발달의 원리에 따라 머리가 가장 빨리 발달한 후에 몸통, 다리 순으로 발달한다. 출생 시 머리 크기는 신체의 1/4을 차지하지만, 초기 2년 동안 몸통과 다리가 점차 발달하여 2세경에 머리 크기가 신체의 1/5이 된다. 즉, 영아의 신체는 중심에서 말초 방향으로 발달하므로 몸통이 먼저 발달한 다음 팔과 다리가 발달하고 마지막으로 손과 발이 발달한다.

영아기 신체성장의 또 다른 특징은 근육과 골격의 발달이다. 근육의 발달은 근육이 더 길고 두터워지며 단단해지는 것으로 나타나며, 여아보다 남아의 진행 속도가 더 빠르다(Kail, 2009). 근육발달 역시 중심에서 말초 방향으로 이루어지기 때문에 영아는 목 근육이 먼저 발달하여 머리를 들게 된 후에 다리 근육이 발달해서 걸을 수 있게 된다. 부드러운 뼈가 단단해지는 과정인 경화(ossification) 역시 머리에서 발 방향으로, 중심에서 말초 방향으로 이루어진다. 체지방은 출생 후 1년 동안 빠르게 축적되며 영아가 체온을 조절할 수 있도록 도와준다.

(3) 운동발달

운동발달은 인간의 신체적 능력이 발달하는 것으로, 대근육 운동발달(gross motor development)과 소근육 운동발달(fine motor development)로 구분된다. 영아의 대근육 운동발달은 목을 가누는 것부터 뒤집기, 기기, 서기, 걷기, 달리기 등의 순으로 나타난다. 생후 1개월경에 엎드린 자세에서 고개를 들고, 2개월경에 가슴을 들 수 있다. 생후 3~4개월경에 뒤집고, 7개월경에 혼자 앉고 길 수 있으며, 11개월경에 혼자 설 수 있다. 생후 12개월경에 혼자 걷고, 16개월경에 도움을 받아 계단을 올라갈 수 있으며, 24개월경에 제자리에서 뛸 수 있다. 그러나 발달 속도는 개인차가 있어서 영아마다 발달이 이루어지는 시기는 조금씩 다르다.

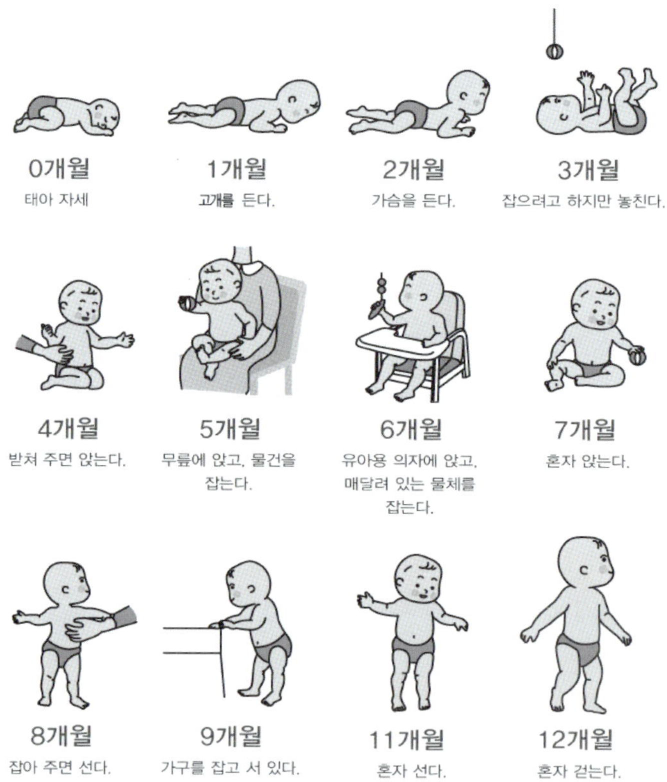

영아기의 중요한 성과는 손을 능숙하게 사용할 수 있게 되면서 소근육 운동 능력이 발달하는 것이다. 생후 4개월경에 물체를 향해 성공적으로 손을 뻗을 수 있으며(Bertenthal & Clifton, 1998), 생후 7~8개월경에 물체를 쥐기 위해 엄지손가락을 사용한다(Siddiqui, 1995). 생후 12개월경에 주사위 두 개를 쌓을 수 있으며, 14개월경에 필기도구로 힘차게 휘갈겨 쓸 수 있다. 영아는 각각의 손을 사용하다가 점점 양손을 협응하여 사용하게 된다. 예를 들면, 생후 5~6개월경에 한 손에 인형을 잡고 다른 손으로 그것을 쓰다듬을 수 있다(Kamiol, 1989). 눈과 손의 협응능력이 빠르게 발달함에 따라 영아는 음식물을 손으로 집어서 바로 입에 넣는 동작을 원활히 수행하게 된다(Kail, 2009).

2) 인지발달

(1) 인지발달 단계

피아제(Jean Piaget)에 의하면 감각운동기의 첫 번째 단계는 반사운동(reflex activity)으로, 생후 1개월까지의 시기다. 이 시기는 신생아의 반사작용이 나타나는 단계로, 반사작용을 통해 세상과 상호작용하면서 인지발달이 이루어진다.

가령 신생아는 입에 닿는 것이면 무엇이든 빠는 빨기반사를 보이는데, 이러한 행동을 통해 신생아는 사물에 대한 정보를 얻게 된다. 신생아는 어떤 사물을 맞닥뜨리건 같은 방식으로 빨고 쥐고 쳐다본다(Berk, 2012).

두 번째 단계는 일차순환반응(primary circular reactions)으로, 생후 1~4개월까지다. 이 시기에 영아는 기본적인 욕구를 충족하기 위한 행동을 반복함으로써 자발적으로 행동을 통제하기 시작한다. 영아는 자신의 주먹이나 엄지손가락을 빠는 것과 같이 어떤 행동이 흥미롭거나 즐거우면 그 행동을 반복한다. 이처럼 자신의 신체에 집중하여 처음으로 나타나는 습관적 행동이므로 일차이며, 어떤 행동이 반복적으로 나타나서 순환반응이다(Shaffer, 1999).

세 번째 단계는 이차순환반응(secondary circular reactions)으로, 생후 4~8개월까지의 시기다. 이 시기에 영아는 스스로 앉고 손을 뻗어 물건을 잡을 수 있게 된다. 예를 들어, 우연히 건드린 장난감이 흔들리는 것을 보고 재미를 느낀 영아는 반복해서 장난감을 건드리게 된다. 이렇게 외부 세계에 대해 작용하는 행동이므로 이차이며, 자신의 행동에 의한 결과에 흥미를 느끼고 그 행동을 반복하므로 순환반응이라고 한다.

네 번째 단계는 이차순환반응 협응(coordination of secondary circular reactions)으로, 생후 8~12개월까지다. 이 시기에 영아는 베개 밑의 장난감을 집기 위해 베개를 치우고 장난감을 집는 등 문제해결을 위해 의도적이고 목적 지향적인 행동을 한다. 영아는 과자 상자를 열고 싶으면 어머니의 손을 상자 위에 올려놓고 열어주기를 기다리는 등 목표 달성을 위해 사물이나 타인을 이용하기도 한다(유효순, 원혜경, 김정희, 2013).

다섯 번째 단계는 삼차순환반응(tertiary circular reactions)으로, 생후 12~18개월까지의 시기다. 12개월이 되면 영아는 단순히 목표를 달성하는 데만 관심을 두지 않고 어떤 일이 발생하는 이유와 과정에 관심을 둔다. 다양한 종류의 사물을 흔들어보고 소리가 나는 것과 그렇지 않은 것을 구분하고, 사물을 떨어뜨려서 어떤 일이 일어나는지를 살펴본다. 즉, 영아는 문제해결을 위해 다양한 방법을 시도하고 결과를 살펴보기 위해 다양한 행동을 반복한다.

여섯 번째 단계는 사물이나 사건을 정신적 상징이나 이미지로 내면화하는 정신적 표상(mental representations)으로, 18~24개월까지다. 이 단계의 영아는 물체의 이동 경로를 보지 않고도 머릿속에 그 경로를 그리고 물체를 찾을 수 있다. 더불어 정신적 표상으로 타인의 행동이 머릿속에 그림처럼 남아있어서 행동을 기억해내고 따라 하는 지연모방이 가능하다. 언어능력이 발달하면서 영아는 말하거나 몸짓으로 가상놀이를 한다. 영아의 초기 가상놀이는 전화를 받거나 열쇠로 문을 여는 등 성인의 일상행동을 따라 하는 것으로 나타난다.

생후 2년이 되면 영아는 상징을 사용하여 사물을 탐색하고 이해하는 등 적극적으로 행동한다(Kail, 2009). 영아의 가상놀이는 단순히 성인의 행동을 따라 하는 수준을 넘어서서 장난감 바나나를 전화기로 생각하고 통화하는 흉내를 내는 등 덜 사실적인 장난감을 가지고 노는 것으로 나타난다. 이후의 가상놀이는 인형에게 음식을 먹이고 침대에 눕히는 것과 같이 자기 자신을 벗어나서 다른 대상을 향하는 것으로 나타난다. 생후 2년 반이 되면 영아의 가상놀이는 다른 사람과 함께하는 형태로 나타난다.

(2) 대상 영속성

감각운동기의 인지발달에서 가장 중요한 것 중의 하나는 대상 영속성(object permanence) 개념의 획득이다. 대상 영속성은 사물이 시야에서 사라져도 그 사물이 존재하는 것으로, 영아가 숨겨진 물건을 찾는 것은 대상 영속성 개념이 있음을 의미한다. 대상 영속성 개념을 획득함으로써 영아는 사물이 자신과 별개의 존재이며, 자신이 주변 세계와 독립적으로 존재함을 인식하게 된다. 까꿍 놀이는 영아가 대상 영속성 개념을 획득하는 데 도움을 준다. 대상 영속성 개념의 획득은 감각운동기의 인지발달 단계와 맞물려 이루어진다(Piaget, 1977).

첫 번째 단계는 생후 1개월까지로, 영아는 눈앞에 보이는 물체만 바라볼 뿐 사라진 물체에 대해 어떤 행동도 취하지 않는다. 두 번째 단계는 생후 1~4개월까지로, 영아는 물체가 사라지면 사라진 곳을 바라볼 뿐 찾으려 하지 않는다. 세 번째 단계는 생후 4~8개월까지로, 영아는 사라진 물체를 찾으려 한다. 즉, 대상 영속성 개념을 갖기 시작한다. 네 번째 단계는 생후 8~12개월까지로, 영아는 사라진 물체를 적극적으로 찾으려 한다. 그러나 영아는 숨겨진 물체를 마지막으로 본 곳이 아니라 이전에 발견했던 곳에서 찾는다. 다섯 번째 단계는 12~18개월까지로, 영아는 물체를 숨긴 장소가 여러 번 바뀌어도 마지막으로 물체를 본 장소에서 찾는다. 이 단계의 영아는 물체가 움직이는 과정을 정확히 좇아갈 수 있다. 여섯 번째 단계는 생후 18~24개월까지로, 영아는 대상 영속성 개념을 완전히 획득한다. 영아는 물체의 움직임을 보지 않아도 정신적 표상으로 물체의 움직임을 추적하여 물체를 찾을 수 있다.

(3) 기억능력

영아의 기억능력은 꾸준히 향상되며 점차 더 빠른 속도로 발달한다. 가령 생후 2~6개월 영아는 같은 장난감이어도 장소가 바뀌면 가지고 노는 방법을 기억하지 못하지만(Boller, Grabelle & Rovee-Collier, 1995), 생후 9개월 영아는 다른 장소에서 다른 장난감 기차를 줘도 기차를 움직이는 방법을 기억해낸다(Hayne, Boniface & Barr, 2000). 이렇게 현재 경험하는 사건이나 사물 등에 관한 정보가 과거의 경험을 통해 기억 속에 저장된 정보와 같은지 아닌지를 판단하는 인지 과정을 재인 기억(recognition memory)이라고 한다.

재인 기억과 다르게 단서 없이 무엇인가를 기억하는 회상 기억(recall memory)은 어려워서 재인 기억보다 훨씬 늦은 생후 12개월경에 나타난다. 연령이 증가함에 따라 장기기억의 용량이 커지고 다양한 기억전략을 사용하면서 영아의 회상능력은 크게 향상된다. 특히 회상능력은 언어발달과 연관되는데, 왜냐하면 언어의 사용으로 사물이나 사건에 대한 정신적 표상이 구체적으로 이루어져 머릿속에 오랫동안 남기 때문이다. 이는 언어능력이 높은 영아일수록 높은 회상능력을 보이는 데서 잘 나타난다(Simcock & Hayne, 2003). 기억력과 사고력 등을 주관하는 전두엽의 발달로 영아의 기억능력이 향상되는 등 기억능력의 발달은 뇌의 성숙과 연관된다(Bauer, 2004).

영아의 기억능력 역시 습관화로 측정된다(Fagan, 1974). 영아가 자극에 주의를 덜 기울이는 것은 그 자극을 기억한다는 것을 의미한다. 그러므로 영아에게 특정 자극을 반복적으로 제시하고 영아가 응시하는 시간이나 빠는 속도, 심장박동률 등으로 자극에 주의를 기울이는 정도를 파악하여 영아의 기억능력이 측정된다. 생후 3개월 영아의 기억은 약 24시간 정도, 생후 12개월 영아의 기억은 며칠 정도이며, 사람의 얼굴 사진처럼 특정 자극에 대한 기억은 몇 주 정도 지속한다(Fagan, 1973; Pascalis, de Haan, Nelson & de Schonen, 1998). 영아는 단순히 본 것보다 직접 자신이 해 본 것을 더 오랫동안 기억한다(Courage & Howe, 2004).

3) 언어발달

(1) 언어발달 이론

행동주의 관점(behaviorist perspective)은 스키너(Burrhus Frederic Skinner)가 제안한 것으로, 언어가 조작적 조건형성을 통해 습득된다고 말한다. 스키너는 영유아가 문법에 맞는 말을 하도록 강화되어서 적절하게 말하는 것이라고 주장하였다(Skinner, 1991). 가령 영아가 소리를 내면 부모는 미소를 지으며 응답하는데, 이런 부모의 행동이 강화로 작용하여 영아는 더욱 소리를 내게 된다. 영아가 어떤 말을 할 때마다 부모가 긍정적 반응을 보이면 영아는 그 말을 반복하게 되고, 반복을 통해 발음이 정확해지면서 언어를 습득하는 것이다. 또한 부모의 단어와 문장을 모방할 때마다 영아에게 칭찬이나 보상이 제공됨으로써 영아는 길고 복잡한 문장을 습득하게 된다.

생득주의 관점(nativist perspective)은 촘스키(Noam Chomsky)에 의해 제안된 것으로, 인간은 언어를 습득하도록 생물학적으로 프로그램화되어 있다고 말한다. 촘스키는 언어습득장치(language acquisition device)라는 가상의 장치를 고안하고, 모든 영유아가 언어습득장치를 가지고 태어나서 어떤 언어를 듣건 단어를 조합하여 새로운 단어를 만들고 문법에 맞는 문장을 구사할 수 있다고 주장하였다. **언어습득장치**는 인간이 언어를 습득하는 데 기반이 되는 뇌의 시스템으로, 인간이라면 누구나 가지고 태어나는 것이다. 생득주의 관점은 널리 수용되고 있지만(Berk, 2004), 언어습득장치를 비판하는 견해는 실제로 유아가 많은 문법구조를 매우 점진적이고 단편적으로 습득하며, 어떤 문법구조는 아동기가 되어야 완전히 습득된다고 지적한다(Tager-Flusberg, 2000).

상호작용주의 관점(interactionist perspective)은 언어발달에 있어서 유전적 요인과 환경적 요인 간의 상호작용을 강조하는 것으로, 타인과 상호작용하려는 선천적 욕구가 사회적 환경에서 발현되어 인간이 언어를 습득한다고 주장한다. 타인과 활발하게 상호작용하는 영유아일수록 언어적 자극을 많이 받아서 언어발달이 빠르게 이루어질 수 있다. 이렇게 영유아마다 유전적 요인과 환경적 요인이 다르게 작용하므로 언어발달에서 개인차가 나타난다(Chapman, 2000). 하지만 상호작용주의 관점은 비판을 받는데, 왜냐하면 영유아의 사회적 경험이 발음이나 단어, 문법과 같은 언어의 다양한 측면에 고르게 영향을 미치지 않기 때문이다. 현재는 언어가 어떻게 습득되느냐보다 언어발달이 어떻게 이루어지느냐는 과정에 초점을 둔 연구가 활발히 진행되고 있다.

(2) 언어발달 단계

울음 단계는 생후 3개월까지로, 영아가 울음을 통해 부모와 최초로 의사소통하면서 호흡이나 발성 등을 연습하는 단계다. 울음 단계는 발성 단계와 쿠잉 단계로 구분된다(Oller & Eilers, 1988). 생후 1개월까지는 **발성 단계**(phonation stage)로, 이 시기에 영아는 울음이나 딸꾹질, 기침, 트림 등의 소리를 낸다. 이런 소리는 생리현상이나 반사작용에 의한 것이어서 언어적이지 않지만, 울음은 언어발달을 위해 필수적인 발음기관의 운동을 촉진하며 청각을 발달시킨다. 생후 2~3개월까지는 **쿠잉 단계**(cooing stage)로, 영아는 모음과 비슷한 소리를 내기 시작한다. 이런 소리에는 듣기 좋은 '우'소리뿐만 아니라 '구', '쿠'와 같은 비둘기 울음소리가 있어서 **쿠잉**(cooing)이라고 불린다. 쿠잉 역시 어떤 의사를 표현하기 위한 것이 아니어서 언어적이지 않다. 발성 단계에서 부모는 울음의 패턴이나 높낮이, 세기 등을 통해 영아가 아픈지 배고픈지 고통스러운지 등을 알고 그에 반응함으로써 의사소통이 이루어진다.

옹알이 단계는 생후 4~8개월까지로, 영아가 구체적인 단어와 문장을 말하기 이전에 옹알이(babbling)하는 단계다. **옹알이**는 같은 음절이나 다양한 음절을 반복하여 소리 내는 것으로, 뇌와 근육 등의 신체발달로 나타난다(Berk, 2004). 그래서 청각장애가 있는 영아도 비슷한 시기에 옹알이를 시작한다. 생후 4개월경에 영아는 '다'와 같이 한 가지 음절의 소리를 내면서 옹알이를 시작한다. 옹알이의 가장 중요한 기능은 영아가 자신이 내는 소리를 듣는 것이다(Siegler, DeLoache & Eisenberg, 2010). 영아는 자신이 내는 옹알이를 듣고 싶어서 옹알이를 반복한다. 즉, 자신의 옹알이가 강화물로 작용하여 영아는 계속 옹알이를 되풀이한다. 더불어 옹알이에 대한 주변 사람들의 반응이 강화물로 작용하여 다시 옹알이하는 등 상호작용을 통해 영아는 옹알이를 구체적인 단어와 문장으로 발전시킨다(Goldstein & Schwade, 2008). 생후 7개월경에 '바바바'와 같이 한 가지 음절을 반복하는 옹알이를 하며, 주변 사람들이 내는 소리를 듣고 모방하면서 영아의 옹알이에 많은 음절이 포함되기 시작한다. 그러나 청각장애 영아는 주변 사람들의 소리를 듣지 못하므로 옹알이에 포함되는 음절의 수가 도리어 감소하여 생후 7개월경부터 차이가 나기 시작한다(Siegler, DeLoache & Eisenberg, 2010). 옹알이는 현재뿐만 아니라 미래의 언어발달 정도와 양상을 판단하고 예측하는 지표로, 정상적으로 옹알이 단계를 거쳐야 이후에 제대로 언어를 습득할 수 있다. 따라서 영아의 활발한 옹알이를 위해 영아의 옹알이에 양육자가 적극적으로 반응하는 것이 필요하다(Goldstein & Schwade, 2008).

한 단어를 말하는 단계는 생후 8~18개월까지로, 영아는 자신에게 친숙한 사람이나 사물, 행위 등을 가리키는 단어를 말하기 시작한다. 예를 들어, '엄마'와 같이 중요한 사람, '물'과 같이 필요한 사물, '봐'와 같이 익숙한 행위에 관한 단어를 말한다. 영아는 가만히 있는 사물보다 '공', '차'와 같이 움직이는 사물을 가리키는 단어를 더 빨리 말하기 시작한다(Nelson, 1973). 영아는 사물이나 사건을 가리키고 자기감정이나 욕구를 표현하기 위해 손짓이나 몸짓을 사용한다(Carpenter, Nagel & Tomasello, 1998). 이 시기에 영아는 단어를 원래의 의미보다 더 확대해서 사용하는 과잉확대의 오류와 실제 그 단어의 의미보다 좁게 적용하여 사용하는 과잉축소의 오류를 범한다. 영아는 매우 길고 빈번하게 목이 쉬도록 소리를 지르면서 '바-기-마'와 같이 여러 음절을 다양한 순서로 반복하는 옹알이를 하는 등 이 시기에 옹알이는 극에 달한다. 생후 12개월경에 영아는 실제 언어와 비슷한 억양으로 옹알이하는데, 예컨대 질문하듯이 '바지다개두'라고 옹알이하고 '아우'처럼 이중모음과 같은 소리를 낸다(Nathani, Ertmer & Stark, 2006). 영아는 실제 단어와 옹알이를 뒤섞어서 말하다가 점점 옹알이가 줄어들면서 실제 단어를 많이 사용한다(Slater & Lewis, 2002). 영아는 보통 생후 15개월경에 10개 정도의 단어를 사용하여 자신의 의사를 표현한다.

두 단어를 결합하는 단계는 생후 18~24개월까지로, 영아는 두 단어를 결합하여 문장을 만들기 시작한다. 엄마에게 우유를 더 요구하기 위해 '엄마, 우유'라고 말하거나, 여기에 엄마의 양말이 있다는 것을 말하려고 '엄마, 양말'이라고 말한다. 이렇게 영아는 조사나 접미사, 관계사 등을 생략하고 핵심적인 단어만으로 이루어진 전보식 문장(telegraphic sentence)으로 자신의 의사를 표현한다. 대부분 영아는 생후 18개월경에 사물의 이름을 급속도로 습득하는 명명 폭발(naming explosion)을 경험한다. 이 시기에 전보식 문장을 많이 사용하면서 동사나 형용사의 사용이 늘어나고, 한 주에 10~20개의 새로운 단어를 습득하면서 영아의 언어능력이 급속히 향상한다(Dapretto & Bjork, 2000). 그러나 영아는 아직 일관되게 문법을 적용하지 못하는데, 예컨대 '얼굴을 씻어'대신 '얼굴이 씻어'라고 말하고, '어린이집에 가'대신 '어린이집은 가'라고 말하는 등 조사를 자주 잘못 사용한다(조복희, 2015). 그런데도 영아는 자기 생각을 표현하고 단어의 의미를 알아내기 위해 모든 방법을 동원하여 자신이 알고 있는 단어들을 최대한 결합하려고 노력하면서 빨리 문법을 터득하게 된다(Maratsos, 1998).

문장을 구사하는 단계는 생후 24~36개월까지로, 영아는 기본적인 문법을 이해하면서 '엄마, 물 주세요'처럼 '주어-목적어-서술어'로 된 문장을 사용하기 시작한다. 영아는 세 단어로 이루어진 문장을 사용하면서 문법형태소를 사용하기 시작한다. 문법형태소는 조사나 어미와 같이 문법적으로 의미가 있는 형태소다. 가장 먼저 나타나는 형태소는 '~야'와 같은 종결어미이며, '~에, ~로'와 같은 장소격 조사와 '~같이, ~랑'과 같은 공존격 조사는 다음에, 주격조사인 '~가, ~이'는 그 이후에 나타난다. 특히 영아는 '삼촌이가'와 같이 주격조사 '~가'를 지나치게 규칙적으로 적용하는 등 먼저 습득한 특정 문법을 유사한 상황에 일괄적으로 적용하려는 과잉일반화를 보인다(조명한, 2003). 이 시기에 영아는 과거시제와 미래시제를 이해하기 시작하며, 점차 의문문이나 부정문을 사용하기 시작한다. 영아는 보이는 것마다 '이게 뭐야?'라고 의문사를 사용하거나 '먹어?'와 같이 말끝을 올려서 질문한다. 영아는 '이거 예쁘다, 그렇지?'와 같이 자신이 한 말을 확인하기 위해 부가의문문을 사용하는 경우가 많다. 영아는 '이거 안 주스야'와 같이 주로 단어 앞에 '안'을 첨가하는 부정문을 상당히 오랫동안 사용하다가 연령이 증가함에 따라 '못 먹는다'와 같이 '못'을 동사 앞에 붙인 부정문을 사용한다(이영자, 1997).

4) 정서발달

(1) 정서능력

정서표현(emotional expression)은 표정이나 몸짓, 손짓, 언어 등을 통해 자신의 정서를 겉으로 나타내는 것이다. 영아기 초기에 기쁨과 고통의 두 가지 정서만을 표현하던 영아는 생후 8~9개월경에 기쁨, 슬픔, 분노, 공포와 같은 기본 정서를 모두 표현한다(Lewis, 2000). 기쁨은 미소를 통해 나타나는데, 예컨대 생후 1개월경에 영아는 시선을 끄는 흥미로운 광경에 미소 짓는다. 생후 2~3개월경에 타인의 얼굴을 보고 웃는 등 주변 사람들을 의식하여 웃는 사회적 미소(social smile)가 나타난다(Sroufe & Waters, 1976). 생후 3개월경에 영아는 친숙한 사람과 상호작용할 때 가장 빈번하게 미소지으며(Ellsworth, Muir & Hains, 1993), 부모가 웃으면 따라 웃는다. 이러한 영아의 미소는 부모와의 상호작용을 촉진하면서 부모-자녀 관계를 강화하는 데 이바지한다. 생후 10~12개월경에 영아는 부모에게 환한 미소를, 낯선 사람에게는 조심스러운 미소를, 신나게 놀 때는 입을 벌리고 크게 웃는 등 상황에 따라 다르게 미소짓는다(Dickson, Fogel & Messinger, 1998).

슬픔은 생후 2~3개월경에 나타나며, 보통 울음이나 표정으로 드러난다. 영아는 친숙하고 좋아하는 양육자가 사라지거나 부모-자녀 관계가 심각하게 나빠지면 슬퍼한다. 그러나 영아의 슬픔은 분노보다는 덜 빈번하게 나타난다(Alessandri, Sullivan & Lewis, 1990). 분노는 화를 내는 것으로 나타나며, 생후 4~6개월경에 나타나기 시작하여 2세경까지 그 강도와 빈도가 꾸준히 증가한다(Berk, 2012). 영아는 목적 달성을 방해받거나 좋아하는 장난감을 빼앗기면 분노한다. 특히 온정적 행동을 기대했던 양육자로부터 불편함이 주어지면 영아는 강하게 분노한다(Stenberg, Campos & Emde, 1983). 연령이 증가함에 따라 상황을 인지하는 능력이 향상되면서 영아의 분노는 더 강해지고 빈번해진다(Sullivan & Lewis, 2003). 공포는 겁을 먹는 것으로 나타나며, 생후 6개월경에 낯선 사람을 보면 시선을 돌리거나 찡찡거리는 것으로 나타나기 시작한다. 영아의 공포는 문화에 따라 다르게 나타나는데, 예컨대 고립된 지역에서 소수의 사람과 접촉해 온 영아는 도시에서 자란 영아보다 낯선 사람에 대한 공포가 훨씬 크다(Saarni, Mumme & Campos, 1997). 연령의 증가와 함께 인지발달이 이루어짐에 따라 새로운 상황이나 낯선 사람이 위협적인지 아닌지를 판단하면서 영아의 공포는 줄어든다(Berk, 2012).

기본 정서의 발달이 이루어진 후, 당혹감이나 수치심, 자부심, 죄책감과 같은 복합 정서가 생후 18개월경에 나타나기 시작한다. 복합 정서는 자아에 대한 인식이 발달하면서 나타나는 자의식적인 정서로, 목표가 달성되거나 욕구가 충족될 때 느끼는 성공감과 그렇지 않을 때 느끼는 실패감을 포함한다(Kail, 2009). 영아는 어려운 과제를 성공적으로 완수하면 자부심을 느끼지만, 해서는 안 되는 일을 하면 죄책감을 느낀다. 특히 복합 정서의 발달은 인지능력의 발달과 함께 이루어지는데, 예컨대 어려운 과제를 완수할 때 자부심을 더 느끼고 쉬운 과제 수행에 실패하면 수치심을 더 느낀다(Lewis, Alessandri & Sullivan, 1992). 복합 정서의 발달은 영아가 속한 문화권에 따라 다르게 나타난다. 서양에서는 개인적 성취에 많은 가치를 부여하므로 목표를 달성하면 자부심을 느끼도록 교육받지만, 집단의 이익을 우선시하는 동양에서는 개인적 성취를 내세우지 못하며 이러한 사회규범을 어기면 심한 수치심을 느끼도록 교육받는다(Akimoto & Sanbonmatsu, 1999).

정서인식(emotional awareness)은 타인이 표현하는 정서를 이해하는 것으로, 정서표현과 밀접하게 연관된다. 생후 4개월경에 슬프고 찡그린 표정과 기쁘고 행복한 표정을 구분하는 등 표정에 따른 정서의 차이를 구별하고, 생후 5개월경에 타인의 표정과 목소리에 나타난 정서를 일치시킬 수 있다. 가령 어머니가 영아에게 다정한 목소리로 말하면 영아는 행복한 표정을 보이지만, 어머니가 슬프거나 화난 목소리로 말하면 영아 역시 고통스러운 정서를 표현한다(Montague & Waler-Andrews, 2001). 생후 7개월경에 영아는 표정을 몇 가지 유형으로 구분함으로써 타인의 정서를 신속히 파악하고 적절히 반응할 수 있다(Berk, 2004). 인지능력이 향상됨에 따라 영아는 정서표현이 특별한 의미가 있으며 특정 자극에 대한 의미 있는 반응임을 이해하게 된다(Moses, Baldwin, Rosicky & Tidball, 2001). 생후 12개월경에 타인의 표정을 보고 어떤 상황에서 무슨 일이 벌어지는지를 파악하는 사회적 참조(social referencing)가 나타난다. 영아는 낯선 상황이나 사람, 사물 등을 접하면 아버지나 어머니의 표정을 보고 낯선 사람이나 사물에 다가갈지 말지를 결정한다(Striano & Rochat, 2000). 사회적 참조가 일어나려면 타인이 표현하는 정서의 의미뿐만 아니라 그 의미가 특정 상황에만 해당한다는 사실을 이해하는 것이 필요하다(Feinman et al., 1992).

정서조절(emotional regulation)은 타인의 정서를 고려하여 때와 장소에 맞게 정서를 조절하여 표현하는 것이다. 화가 나면 소리를 지르는 것이 아니라 차분하게 대화하거나 상황을 무시하는 것이 그 예다(Kail, 2009). 영아는 불쾌한 사건이나 사물을 외면하고(Axia, Bonichini & Benini, 1999), 무섭거나 두려운 상황에서 어머니에게 접근함으로써 정서를 조절한다(Kail, 2009). 생후 12개월경에 상황이 흥미로우면 접근하고 상황이 무서우면 물러나는 등 향상된 운동능력으로 정서를 조절한다. 생후 24개월경에 언어발달이 급속히 이루어짐에 따라 '놀라운', '무서운', '슬픈'과 같이 정서를 나타내는 단어를 사용하여 정서를 조절한다(Dunn, Bretherton & Munn, 1987). 또한 영아는 타인에게 자신의 정서를 분명하게 말함으로써 타인으로부터 구체적이고 즉각적인 도움을 받는다. 어두운 방에서 어머니에게 무섭다고 말하면 어머니는 즉시 불을 켜주거나 안아주면서 영아의 정서조절을 도와준다. 양육자는 영아가 사회에서 수용하는 방식으로 정서를 표현하도록 가르치기도 한다. 대부분 사회는 기쁨과 같은 긍정적 정서는 드러내고 분노와 같은 부정적 정서는 감추도록 교육한다. 가령 영아는 넘어지면 무조건 우는 것이 아니라 어머니가 옆에 있을 때만 우는 식으로 자신의 정서를 조절한다. 특히 서양보다 동양 문화권은 강한 정서표현을 억제하므로 양육자는 영아가 최대한 절제된 방식으로 정서를 표현하도록 가르친다(Fogel, 1993).

(2) 기질

기질(temperament)은 개인의 성격에서 타고난 측면으로, 자극에 대해 예측할 수 있는 방향으로 일관되게 나타나는 정서적·행동적 반응이다(Rothbart & Bates, 1998). 기질은 태어나면서부터 관찰되고 이후의 성격과 연관되며 거의 평생 지속하는 경향이 있다(Rothbart, 2004). 가령 겁이 많은 영아는 아동기와 청소년기에도 위축된 모습을 보이고(Kagan, 1989), 낯선 사람에게 위축된 반응을 보이던 영아는 성인이 되어도 낯선 얼굴에 강한 공포 반응을 보인다(Schwartz et al., 2003). 그러나 영아가 자라면서 어떤 경험을 하느냐에 따라 기질이 변할 수 있는데(Kail, 2009), 예컨대 부모나 교사에 의해 영아의 적극적·활동적 기질이 강화되거나 또래 관계를 통해 영아의 소극적 기질이 다소 개방적·외향적으로 변한다.

토마스(Alexander Thomas)와 체스(Stella Chess)는 종단연구를 통해 영아의 기질을 크게 순한 기질(easy temperament), 까다로운 기질(difficult temperament), 더딘 기질(slow-to-warm-up temperament) 등으로 구분하였다(Thomas & Chess,

1977). 순한 기질의 영아는 보통 행복하고 새로운 환경에 잘 적응하며 생리적 반응이 규칙적이다. 까다로운 기질의 영아는 보통 불만족스럽고 새로운 자극에 매우 강하게 반응하며 생리적 반응이 불규칙적이다. 더딘 기질의 영아는 까다로운 기질의 영아와 비슷하게 보통 불만족스럽지만, 새로운 상황에 대한 반응은 까다로운 기질의 영아만큼 강하지는 않다.

영아의 기질은 이후의 사회적 행동을 예측하는 데 많은 정보를 제공한다. 더딘 영아는 아동기 동안 학교생활 적응에 어려움을 겪을 수 있는데, 왜냐하면 아동기에 활동적이고 빠르게 움직여야 하는데 느리게 행동하면서 또래로부터 소외되기가 쉽기 때문이다(Schmitz et al., 1999). 까다로운 영아는 아동기와 청소년기에 문제행동을 일으킬 가능성이 높고(Caspi et al., 1995), 긍정적 인간관계 형성이 어려우며(Caspi, 2000), 학교생활에서 낮은 학업성취도를 보이는 것으로 나타난다(Gumora & Arsenio, 2002). 순한 영아는 까다로운 영아보다 지능검사에서 더 높은 점수를 받고(Wachs & Gandour, 1983), 다른 기질 영아보다 타인과의 상호작용에서 더 긍정적이며 시험과 같은 상황에서 덜 불안해한다. 기질에 따라 사회적 상호작용의 질이 달라지면서 결과적으로 학업성취도 역시 다르게 나타나는 것이다.

이처럼 기질은 사회적 상호작용의 질에 영향을 미치지만, 사회적 환경에 영향을 받기도 한다. 예를 들어, 오랫동안 영양과 애정이 결핍된 영아는 이후에 식단이 개선되어도 여전히 산만하고 두려워하는 모습을 보인다(Wachs & Bates, 2001). 특히 영아의 기질은 부모의 양육태도에 많은 영향을 받는다. 매우 까다로운 영아라도 부모와의 긍정적 상호작용을 통해 기질의 부정적 측면이 개선되면 이후에 문제행동을 보이지 않을뿐더러 더는 까다로운 기질이 나타나지 않는다(Chess & Thomas, 1984). 하지만 까다로운 영아를 키우는 부모 대부분은 처음에 긍정적 양육태도를 보이다가도 나중에 부정적 양육태도를 보이는 경향이 높다(van den Bloom & Hoeksma, 1994). 까다로운 영아는 쉽게 짜증을 내고 충동적이어서 부모는 민주적 양육태도가 유효하지 않다고 판단하여 점점 지시적·독재적으로 양육하기 때문이다.

결국 기질은 부모의 양육태도에 영향을 받지만, 역으로 부모의 양육태도를 변화시키기도 한다. 이는 영아의 기질과 부모의 양육태도 간 관계가 매우 밀접하며, 기질과 양육태도가 서로 조화를 이룰 때 긍정적 결과가 도출될 수 있음을 시사한다. 자주 질문하고 가르치는 부모는 내향적인 영아에게 긍정적 영향을 미쳐 환경을 탐색하도록 촉진하지만, 외향적인 영아에게는 부정적 영향을 미쳐 오히려 환경을 탐색하지 않는 결과를 초래한다(Miceli et al., 1998). 즉, 부모가 영아의 기질에 적합한 양육태도를 보일 때 기질의 부정적 측면이 개선되어 영아의 발달이 원만히 이루어진다. 아울러 문화적 차이가 기질과 양육태도 간 적합성에 영향을 미치기도 한다. 내성적이고 수줍음이 많은 영아는 서양에서 사회적으로 무능하다고 평가되어 부모가 더 많이 보호하고 야단을 치지만, 동양에서는 사회적으로 더 어른스럽다고 평가되어 부모가 덜 야단치고 더 많이 격려한다(Chen et al., 1998). 따라서 영아의 전인적 발달을 위해서는 영아의 기질을 우선으로 파악하고 그에 맞는 방법으로 상호작용하는 것이 요구된다.

(3) 애착

애착(attachment)은 영아와 양육자 사이의 강하고 지속적인 정서적 유대로, 영아와 어머니 사이의 정서적 유대감은 이후 모든 인간관계의 기초가 된다. 영아는 생후 6개월경에 자신의 요구에 반응하는 친숙한 사람에게 애착을 느낀다. 애착 형성은 영아의 생존을 위해 영아기에 반드시 이루어져야 하는데, 왜냐하면 양육자가 영아를 위험으로부터 보호함으로써 영아의 확률이 높아지기 때문이다(Linda & Duschinsky, 2013). 그러므로 양육자는 신속하고 적절하게 영아의 요구에 지속해서 반응함으로써 영아가 안정적으로 애착을 형성하도록 도와주어야 한다.

볼비(John Bowlby)는 애착의 발달단계로 애착 전 단계, 애착 형성 단계, 명백한 애착 단계, 상호적 애착 형성 단계 등의 네 단계를 제시하였다(Bowlby, 1988). 애착 전 단계는 출생부터 생후 6주까지로, 이 시기에 영아는 양육자뿐만 아니라 낯선 사람과 같이 있어도 여전히 편안함을 느낀다. 애착 형성 단계는 생후 6주~8개월까지로, 애착이 형성되면서 영아는 친숙한 사람이냐 낯선 사람이냐에 따라 다르게 반응한다. 명백한 애착 단계는 생후 8~18개월까지로, 양육자에 대한 애착이 명백해지는 시기다. 영아는 새로운 환경을 탐색하기 위한 안전기지로 양육자를 생각하기 때문에 양육자가 자리를 뜨면 불안해하고 주변 환경을 탐색하지 않으며 울거나 몸부림을 치는 등 분리불안(separation anxiety)을 보인다. 상호적 애착 형성 단계는 생후 18~36개월까지로, 인지능력과 언어능력이 향상되면서 양육자와 서로 애착을 형성하는 시기다. 영아는 양육자가 들어오고 나가는 이유와 패턴을 알게 되면서 양육자가 나가도 다시 돌아올 것을 예측하므로 양육자가 없어도 잘 버틸 수 있다.

에인즈워스(Mary Ainsworth)는 낯선 상황에서 어머니와 헤어지는 것에 대한 영아의 반응으로 애착 유형을 안정애착(secure attachment), 회피애착(avoidant attachment), 저항애착(resistant attachment), 혼란애착(disorganized/disoriented attachment) 등으로 구분하였다(Ainsworth, Blehar, Waters & Wall, 1978; Main & Solomon, 1990). 안정애착을 형성한 영아는 어머니와 있을 때 적극적으로 새로운 환경을 탐색하고 어머니가 떠난 후에 울 때도 있지만, 어머니가 돌아오면 어머니에게 안기고 울음을 그치는 등 반기는 행동을 한다. 회피애착이 형성된 영아는 어머니와 있을 때 별 반응이 없고, 어머니와 헤어질 때도 고통스러워하지 않으며, 어머니가 돌아와도 시선을 주지 않거나 매달리지 않는다. 저항애착을 보이는 영아는 어머니와 있을 때 별로 주변 환경을 탐색하지 않으며, 어머니와 헤어질 때는 강하게 저항하고 어머니가 돌아와도 자신을 두고 떠난 것에 화를 내면서 흥분 상태를 진정시키지 못한다. 혼란애착은 애착의 불안정성이 가장 심한 경우로, 어머니가 방을 나가거나 들어올 때 영아는 대체로 멍한 표정으로 혼란스러움을 표현하고 진정된 다음에 갑자기 울음을 터뜨리거나 경직된 자세를 취하는 등 혼란스럽고 모순된 행동을 보인다.

애착은 다양한 사건과 환경의 변화 때문에 애착의 질이 변하면서 한 유형에서 다른 유형으로 바뀌기도 한다. 부모의 죽음이나 이혼, 질병, 가난과 같은 사건에 의해 애착의 질이 변하면서 애착이 불안정해지거나, 회피애착이 저항애착으로 바뀌듯이 불안정한 애착 유형 중 하나에서 또 다른 것으로 변하기도 한다(Vondra et al, 2001). 영아기에 안정애착을 형성해도 자라는 과정에 부모로부터 더 이상의 경제적·정서적 지원을 받지 못하면 애착이 불안정해질 수 있다(Hamilton, 2000). 그러나 일반적으로 부모의 사회경제적 배경이 중간 정도인 가정에서 형성된 애착의 질은 일관되게 유지되고, 안정애착을 형성한 영아는 그렇지 못한 영아보다 애착 유형을 훨씬 더 오랫동안 유지한다. 불안정한 애착이 형성된 영아와 양육자 사이의 관계는 깨지기 쉽고 불확실하기 때문이다(Vondra et al, 2001).

애착 형성에 영향을 미치는 요인으로 영아의 특성과 부모의 특성, 양육의 질 등이 언급된다. 특히 어머니의 특성이 애착 유형을 결정하는 데 많은 영향을 미친다. 영아와 안정애착을 형성한 어머니는 영아의 신호에 신속히 반응하고 적절한 도움을 제공하는 등 민감하게 상호작용한다. 반면에 영아와 불안정한 애착을 형성한 어머니는 신체적 접촉이 적고 부적절하게 영아를 다루며 영아에게 화를 내거나 거부하는 경향이 있다. 부모의 사회경제적 지위가 낮거나 사회생활에서 받는 스트레스가 많으면 영아와 안정애착을 형성하기 힘들다. 어린 시절 자신의 부모와 안정된 관계를 형성하지 못한 부모도 자녀와 안정애착을 형성하기 어렵다(Goldberg, 2000). 양육의 질이 애착에 미치는 영향은 학대받은 영아의 상당수가 혼란애착을 보이는 데서 잘 나타난다(Barnett, Ganiban & Cicchetti, 1999). 따라서 영아의 전인적 발달을 위해서는 영아기에 안정애착을 형성하는 것뿐만 아니라 긍정적인 부모-자녀 관계가 영아기 이후에도 지속하는 것이 매우 중요하다.

5) 사회성발달

(1) 놀이

놀이(play)는 즐거움과 만족을 제공하는 정신적·육체적 활동으로, 인간의 활동 중에서 식사, 수면, 호흡, 배설과 같이 생존과 연관되거나 일을 제외한 활동을 말한다. 놀이는 어떤 목적이나 강제성 없이 자발적으로 행해지는 활동이며, 놀이 그 자체가 놀이에 참여하는 유일한 동기다. 놀이는 모든 참여자가 인정하는 일정한 원칙이나 규칙에 따라 진행되는 활동이므로 막연한 휴식과 구별된다. 따라서 놀이는 재미가 있어야 하고, 다른 사람을 끌어들일 만큼 매력적이어야 하며, 어떤 것에도 방해받지 않는 자유와 자발적인 참여가 보장되어야 한다. 특히 영아는 깨어있는 시간 대부분을 놀면서 보내므로 영아의 활동에는 일과 놀이의 구별이 없다. 영아에게 놀이는 곧 일인 것이다. 놀이를 통해 영아는 사회생활에 필요한 기술을 습득하고 다양한 인간관계를 맺으면서 전인적으로 발달하게 된다.

놀이의 기능은 크게 인지적·신체적·정서적·사회적 기능으로 구분된다. 놀이의 인지적 기능은 놀이의 과정과 규칙을 생각하고 기억하는 능력이 향상되는 것으로 나타난다. 영아는 놀면서 사물의 크기나 형태, 색깔, 질감 등을 배우고 의사소통능력이 증진되며 자기중심적 언어에서 벗어나 점차 사회적 언어를 사용하게 된다. 놀이의 신체적 기능은 대근육과 소근육 운동능력이 발달하면서 근육과 뼈, 체력 등이 강해지는 것으로 나타난다. 놀이를 통해 평형성과 민첩성, 순발력 등이 증진되면서 결과적으로 위험 상황에 대처하는 능력도 향상된다.

놀이의 정서적 기능은 영아와 양육자 사이의 애착 형성에서 출발한다. 양육자와의 놀이를 통해 영아는 성취감이나 자신감, 자율성 등의 긍정적 정서를 느끼고, 부정적 정서를 적절하게 표출하는 방법을 배우며, 참아야 하는 상황을 겪으면서 적응력과 인내심을 기른다. 놀이의 사회적 기능은 또래와 놀 때 차례를 기다리고 규칙을 지키며 협상이나 협동하는 것으로 나타난다. 특히 놀이는 규칙에 따라 진행되는 활동이므로 영아는 규칙을 지키면서 사회규범을 배우게 된다.

놀이는 크게 인지적 수준과 사회적 수준에 따라 여러 유형으로 구분된다. 인지적 수준에 따른 놀이 유형으로 기능놀이(functional play), 구성놀이(constructive play), 가상놀이(pretend play), 규칙이 있는 게임(games with rules) 등이 있다(Smilansky, 1968). 기능놀이는 딸랑이를 흔들거나 자신의 신체를 움직이는 것과 같이 단순히 반복적으로 근육을 움직여서 즐거움을 추구하는 놀이 유형으로, 언어능력과 표상능력이 발달함에 따라 2세 이후에 점차 줄어든다. 구성놀이는 블록이나 점토, 색종이, 모래 등으로 새로운 것을 창조하거나 구성하는 놀이로, 2세경에 나타나기 시작하여 4~5세경에 활발해지며 아동기로 갈수록 증대되는 경향이 있다. 가상놀이는 사물이나 사건 등에 실제와 다른 가상의 의미를 부여하는 놀이로, 생후 18개월경에 나타나기 시작하여 유아기 동안 절정에 달하고 이후 점차 감소한다. 규칙이 있는 게임은 윷놀이나 숨바꼭질과 같이 이미 만들어진 규칙을 따르는 놀이로, 유아기에 나타나기 시작하여 아동기 동안 절정에 달한다. 연령이 증가함에 따라 복잡한 규칙이 있는 놀이를 즐기며, 때로는 규칙을 새로 만들고 협상하고 바꾸는 데 많은 시간을 쓰기도 한다.

사회적 수준에 따른 놀이 유형으로 열중하지 않는 놀이(unoccupied play), 혼자놀이(solitary play), 방관자적 놀이(onlooker play), 평행놀이(parallel play), 연합놀이(associative play), 협동놀이(cooperative play) 등이 있다(Parten, 1932). 열중하지 않는 놀이는 영아가 특정한 놀이에 참여하지 않고 단지 주변을 관찰하는 것으로, 출생부터 2세경까지 나타난다. 혼자놀이는 2~3세경에 흔히 나타나며, 주변에 또래가 있음에도 함께 놀지 않고 혼자서 퍼즐을 맞추거나 인형 놀이를 하는 것이다. 방관자적 놀이는 2세 반경부터 3세 반경까지 나타나며, 다른 영유아가 노는 것을 지켜만 볼 뿐 함께 놀지 않는 것을 말한다. 평행놀이 역시 2세 반경부터 3세 반경까지 나타나며 같은 공간에서 다른 영유아와 서로 비슷한 장난감을 가지고 놀면서 흉내를 내기도 하지만, 서로 간섭하거나 영향을 주지 않고 노는 것이다. 평행놀이는 사회적으로 미성숙한 혼자놀이와 방관자적 놀이에서 좀 더 사회적으로 성숙한 연합놀이와 협동놀이로 이행하는 중간 단계로 볼 수 있다. 연합놀이는 보통 3~4세경에 나타나기 시작하며, 놀이의 규칙을 정하거나 공통의 목표를 지향하지 않고 함께 어울려 노는 것이다. 협동놀이는 보통 4~6세경에 나타나기 시작하며, 여러 명의 유아가 공통의 목표를 달성하기 위해 리더를 중심으로 협동하는 놀이이다. 협동놀이는 일정한 규칙에 따라 각자의 역할을 조직적으로 수행하는 등 이전 단계에서 배운 모든 사회적 기술을 사용하여 팀워크를 기를 수 있는 사회적 놀이이다.

(2) 공격성

공격성(aggression)은 다른 사람에게 직접적 또는 간접적으로 상처를 입히는 행동으로, 신체적 · 언어적 · 비언어적 형태로 나타난다. 신체적 공격은 밀기, 차기, 물기, 할퀴기, 넘어뜨리기와 같이 사람에 대해 직접 행하는 것과 사물을 던지거나 부수고 발로 차는 등의 사물을 이용하는 것으로 나타난다. 언어적 공격은 말로 위협하거나 욕하기, 모욕을 주거나 싫어하는 감정을 표현하는 것이며, 비언어적 공격은 몸짓이나 손짓, 표정 등으로 타인에게 피해를 주는 행동이다. 연령이 증가함에 따라 말로 또래에게 상처를 주거나 악의적으로 소문을 내는 언어적 공격이 많이 나타나며(Dodge, Coie & Lynam, 2006), 특히 여아에게서 더 많이 발생한다(Crick et al., 2004).

공격성은 그 목적에 따라 도구적 공격성(instrumental aggression)과 적대적 공격성(hostile aggression)으로 구분된다. 도구적 공격성은 욕구의 충족이나 원하는 것을 얻기 위한 수단으로 이용되는 공격성이다. 적대적 공격성은 타인에게 피해를 주는 것이 목적인 공격성으로, 감정적 또는 충동적으로 일어난다. 영아에게는 도구적 공격성이 많이 나타나는데, 왜냐하면 아직 언어능력이 미숙하여 자기 의사를 신속하고 정확하게 표현하는 데 한계가 있기 때문이다. 가령 또래가 가지고 노는 장난감을 갖고 싶으면 영아는 '나, 그거 가지고 놀아도 돼?'라고 말하는 대신 또래를 밀치고 자신이 원하는 장난감을 뺏는다. 연령의 증가와 함께 인지발달과 언어발달, 정서발달 등이 이루어짐에 따라 도구적 공격성은 점차 줄어들게 된다.

공격성에는 유전자, 가족, 또래, 대중매체, 빈곤 등이 영향을 미친다. 특히 부모의 훈육방법에 따라 공격성 정도에서 많은 차이가 나타난다. 부모가 신체적 처벌을 사용하여 훈육하면 영아는 남을 통제하기 위한 폭력 행사를 당연시하면서 공격적으로 변하게 된다(Dodge, Bates & Pettit, 1990). 공격적인 또래끼리 모이면 공격성이 더 강해지는데, 왜냐하면 또래가 공격적 행동을 지원하고 격려하기 때문이다(Bagwell, 2004). 대중매체가 공격성에 미치는 영향은 폭력적인

TV 프로그램이나 비디오 게임 등에 자주 노출될수록 공격적·폭력적으로 되는 것에서 잘 드러난다(Anderson et al., 2003). 빈곤은 부모의 스트레스를 높이는 요인으로 작용하며, 스트레스가 높은 부모는 강압적인 훈육방법을 사용하는 등 빈곤이 결과적으로 공격성에 영향을 미치게 된다(Tolan, Gorman-Smith & Henry, 2003).

6) 도덕성발달

피아제는 최초로 도덕성발달의 인지적 측면을 제시하였으며, 도덕성발달 단계를 전 도덕적 단계, 타율적 도덕성 단계, 자율적 도덕성 단계 등 세 단계로 구분하였다. **전 도덕적 단계**는 출생부터 5세까지의 시기로, 영유아는 규칙에 관심이 없고 아직 옳고 그름의 차이를 알지 못한다. **타율적 도덕성 단계**는 5~10세까지의 시기로, 아동은 규칙이 현명한 성인이나 절대적인 권위자에 의해 만들어진 것이므로 반드시 따라야 하고 바꿀 수 없다고 믿는다. **자율적 도덕성 단계**는 10세 이후의 시기로, 규칙은 사람들이 만든 것이고 가변적임을 이해하기 시작한다. 행동이 옳고 그름은 결과뿐만 아니라 의도를 고려하여 판단되어야 하고, 처벌 역시 위반 내용에 따라 결정되어야 함을 알기 시작한다.

피아제의 도덕성발달 이론에서 영아기는 전 도덕적 단계에 해당한다. 영아는 아직 도덕성에 대해 뚜렷한 생각을 하지 않으나, 장난감을 나누고 타인을 돕는 행동에서 영아의 도덕성이 나타나기 시작한다. 가령 영아는 다치거나 흥분한 사람을 보면 안아주거나 달래주면서 편안한 분위기를 만들려고 노력한다(Zahn-Waxler, Radke-Yarrow, Wagner & Chapmanet, 1992). 영아는 이타적 대상과 그렇지 않은 대상을 구분할 수 있으며(Hamlin, Wynn & Bloom, 2010), 타인의 목표 달성을 도와주려고 애를 쓰는 등 이타적 행동을 보인다(Warneken & Tomasello, 2006).

도덕성발달을 위해 필요한 자기통제(self-control)도 영아기에 나타난다. **자기통제**는 유혹이나 충동에 직면하여 감정이나 행동을 통제하는 능력으로, 언어능력이 급격히 향상되는 생후 18개월부터 눈에 띄게 발달한다(Vaughn, Kopp & Krakow, 1984). 이는 생후 13~30개월 사이의 영아를 대상으로 한 만족 지연(delay of gratification) 실험에서 잘 나타난다(Gralinski & Kopp, 1993). **만족지연**은 원하는 사물이나 행동을 취하기 위해 일정 시간을 기다리는 능력으로, 생후 18개월부터 급속히 발달하여 2세경에 또래의 장난감을 빼앗고 싶은 유혹을 억제할 정도로 발달한다(Kail, 2009). 또한 영아는 자기 자신뿐만 아니라 타인의 복지가 위협을 받으면 고통을 느끼는 등 감정이입의 모습을 보인다(Berk, 2012).

2. 부모역할

부모는 영아의 발달을 극대화하기 위해 다양한 임무를 수행한다. 양육자로서 부모는 영아에게 충분한 영양을 공급하고 영아의 욕구를 충족함으로써 영아가 세상에 대한 신뢰감을 쌓도록 도와준다. 부모는 영아가 스스로 자신의 신체와 사물을 조절할 수 있도록 환경을 조성하고 다양한 자극을 제공하며 적극적으로 상호작용한다. 이러한 임무를 부모가 제대로 수행하지 못하면 영아는 발달에 필요한 여러 가지 정신적·물질적 자극을 받지 못하여 정상적인 발달이 어렵게 된다. 영아기의 부모역할이 영아의 발달에 지대한 영향을 미치는 것이다. 따라서 부모는 자신의 역할을 분명히 인식하고 부단히 노력하는 자세를 가져야 한다. 특히 최근에 취업모가 증가하고 핵가족화하면서 아버지 역할이 강조되므로 자녀 양육에 대한 아버지의 적극적인 참여가 요구된다. 아버지가 기저귀를 갈아

주는 횟수와 애착 형성이 밀접하게 연관되는 만큼 아버지는 자녀와 적극적으로 상호작용하는 것이 필요하다. 영아-아버지 간 상호작용이 중요한 이유는 영아기에 정서적 유대감을 형성하지 못하면 이후에도 형성하기가 어렵기 때문이다(최외선 외, 2008). 따라서 아버지는 영아와 자주 놀아주고 신체적 접촉을 많이 하며 영아의 행동에 즉각적으로 반응하는 것이 필요하다.

1) 양육자

양육자로서 영아기 부모역할은 첫째, 영아가 다치거나 아프지 않도록 보호하고 양육하는 것이다. 영아는 스스로 자신을 돌볼 능력이 없으므로 모든 것을 부모에게 의존할 수밖에 없다. 다시 말해 영아는 누군가의 보살핌 없이 생존할 수 없다. 따라서 부모는 영아에게 충분한 영양을 공급하고 체온을 유지하도록 도와주며 질병을 예방하기 위해 예방접종을 시행해야 한다(최외선 외, 2008). 즉, 부모는 영아의 욕구를 만족시키는 양육자로서 자신의 임무를 수행해야 한다(강인향, 조인상, 임진숙, 2018).

둘째, 영아에게 자유롭게 탐색할 수 있는 편안하고 안정된 환경을 제공하는 것이다. 영아는 자유로이 움직이고 사물을 붙잡는 것이 가능해지면서 더 적극적으로 외부 세계를 탐색하고 환경에 대한 방대한 정보를 얻기 때문이다. 따라서 부모는 영아의 자율성을 방해하지 않으면서 주변에 위험한 것이 없는지를 항상 점검해야 한다. 가령 영아가 걷기 시작하면 부모는 위험요소를 제거하여 영아가 다치지 않도록 주의를 기울여야 한다. 더불어 부모는 영아의 오감을 자극하면서 입에 넣어도 해롭지 않은 장난감을 마련하는 것이 필요하다.

2) 촉진자

촉진자로서 영아기 부모역할은 첫째, 영아의 행동에 즉각적으로 반응하는 것이다. 부모는 영아의 울음이나 미소, 옹알이 등에 적극적이고 일관성 있게 반응해야 한다. 이를 통해 부모와 영아 사이에 애착 관계가 형성되고 신뢰감이 쌓이기 때문이다. 부모가 영아의 행동에 무관심하거나 일관성 없게 반응하면 영아는 타인에 대한 불신감을 느끼므로 대인관계에 부정적 영향을 미치게 된다(이숙 외, 2009). 그러므로 세상이 안전하고 좋은 곳이라는 믿음을 영아가 가질 수 있도록 부모는 영아의 행동에 즉각적으로 반응하고 한결같은 마음으로 보살펴야 한다.

둘째, 영아에게 풍부한 감각적 경험을 제공하는 것이다. 영아는 주변의 모든 사물에 호기심을 느끼고 직접 탐색하면서 자신의 다양한 능력을 발달시킨다. 부모가 제공하는 다양한 형태의 시각적 자극과 노래와 같은 음성적 자극, 신체적 접촉을 통한 촉각적 자극 등을 통해 영아의 발달은 촉진된다(Berk, 2008). 책을 자주 읽어줄수록, 자주 안아주고 쓰다듬을수록, 다양한 장난감을 제공할수록 영아의 발달은 촉진된다. 따라서 부모는 영아의 발달을 촉진하기 위해 영아에게 호기심과 흥미를 끄는 환경에서 마음껏 만지고 느끼고 움직일 기회를 제공해야 한다.

셋째, 영아와 언어적으로 빈번하게 상호작용하는 것이다. 생후 18개월경에 사물의 이름을 급속도로 습득하는 명명 폭발을 경험하는 등 영아기에 언어발달이 급속히 이루어진다. 부모가 사물의 이름을 말하고 사물의 속성을 설명함으로써 영아는 사물의 기능과 특성에 관심을 가지고 사물에 대한 개념을 형성하게 된다(이숙 외, 2009). 더 나아가 부모는 영아의 기질에 맞게 상호작용하는 것이 필요하다. 부모가 자녀의 기질에 맞게 양육하면 자녀의 부적응이나 부모-자녀 간 갈등이 줄어들기 때문이다. 결국 영아의 발달을 촉진하기 위해 부모는 많은 시간을 함께 놀아주고 언어적 상호작용의 기회를 충분히 가지는 것이 요구된다.

넷째, 배변훈련을 통해 영아의 자율성 신장을 도모하는 것이다. 배변훈련에서 가장 중요한 것은 영아의 준비 정도다(이옥임, 노희연, 2010). 배변훈련은 영아가 배설 욕구를 파악하고 배변과 관련한 신호를 보내며 옷을 입고 벗을 수 있을 때 가능하다. 배변훈련은 보통 생후 18개월 경에 시작하는 것이 바람직하며, 단시간에 배변훈련을 마치고 바로 화장실과 변기로 전이되기를 강요하지 말아야 한다. 부모는 영아 스스로 배변과 관련한 신호를 보내고 편안하게 변기와 화장실, 배변하는 것에 관심을 보이도록 분위기를 조성하는 것이 중요하다(노희연, 2008).

Chapter

04

유아기 부모역할

유아기는 만 3세부터 5세까지의 시기로, 피아제 이론의 전조작기에 해당한다. 유아기는 신체의 안정성이 높아져 대근육 운동능력이 발달하고 눈과 손의 협응으로 손을 정교하게 사용하면서 자조 기술을 획득하는 시기다. 유아는 굉장히 빠른 속도로 새로운 단어를 습득하여 유아기가 끝날 무렵에는 약 10,000개 정도의 단어를 사용한다. 언어능력의 발달로 유아는 다양한 단어로 자신의 정서를 표현하고 타인의 정서에 적절히 반응함으로써 사회적 상호작용이 활발해진다. 인지능력과 정서능력이 발달함에 따라 유아기에 친사회적 행동이 많이 나타나며 다양한 사회적 관계를 통해 사회적 기술을 습득하면서 사회성이 발달한다. 이처럼 폭넓은 인간관계를 통해 유아의 발달이 이루어지므로 부모는 유아가 사회적 존재로서 살아가는 데 필요한 인격을 형성하도록 훈육해야 한다(최외선 외, 2008). 부모는 해야 할 일과 하지 말아야 할 일을 명확히 구분함으로써 유아가 자신에 대한 사회적 기대에 부응하는 행동을 하도록 도와주어야 한다. 더불어 부모는 유아에게 주변 환경을 탐색할 기회를 충분히 제공함으로써 유아가 스스로 지식을 구성하고 자신의 세계를 구축하며 자존감을 느낄 수 있도록 격려해야 한다.

1. 발달특성

유아기의 특징은 표상능력의 발달이다. 유아기에 언어능력이 급속히 발달하면서 표상능력의 발달이 급격히 이루어진다. 유아는 언어를 사용하여 과거와 현재, 미래를 오가면서 동화 속 주인공이 되고 소꿉놀이를 거의 실제 상황처럼 재현한다. 그러나 전조작기 유아의 사고는 아직 제한적이어서 유아는 한 번에 한 가지에만 관심이 있고 사물의 두드러진 속성에 집중하는 경향이 있다. 피아제는 전조작기 유아의 가장 두드러진 인지적 제한으로 자기중심적 사고를 지적한다. 즉, 유아는 자신의 관점에만 집중하므로 자신과 타인의 관점을 구별하지 못한다. 언어능력의 발달로 사회적 상호작용이 활발해짐에 따라 유아는 갈등상황에 자주 직면하는데, 이때 무조건 떼를 쓰거나 고집을 부리는 것이 아니라 정서를 적절히 조절해야 함을 깨달으면서 유아의 정서조절능력이 급속히 향상한다. 영아기와 다르게 유아기에는 같은 성(sex)의 또래와 사회적 관계를 맺는 경향이 두드러진다. 유아는 남녀 간의 차이를 이해하기 시작하고 사회가 기대하는 남녀의 성 역할에 대해 생각하게 된다. 인지능력과 언어능력이 발달함에 따라 유아는 자신과 타인의 정서를 파악하고, 타인의 기대에 부응하는 행동을 하며 자신의 행동에 대해 선악의 판단을 내리면서 양심이 발달한다.

1) 신체발달

(1) 신체성장

유아기 동안 꾸준한 신체성장이 이루어지면서 신체의 크기나 모습에서 현저한 변화가 나타난다. 영아의 신체적 특징인 큰 머리와 볼록 나온 배, 짧은 팔다리 등이 사라지면서 유아는 전체적으로 통통하던 모습에서 길고 홀쭉한 모습으로 변화한다. 매년 신장은 7cm, 체중은 2kg씩 꾸준히 증가하는 반면, 체지방은 꾸준히 감소한다. 특히 하체가 길어지면서 신체비율의 극적인 변화가 나타난다. 2세경에 1/5이었던 머리 대 신장의 비율이 6세경에 1/6로 변화하면서 유아는 머리가 무거워 보이는 모습에서 탈피하게 된다(Santrock, 1994). 유아기에는 남아가 여아보다 신장과 체중의 수치가 높게 나타난다.

유아의 근육은 꾸준히 증가하여 근력이 강해지고 활동량도 많아지게 된다. 근육조직은 남아가 여아보다 1.5배 더 많고, 지방조직은 여아가 남아보다 더 많다. 유아기에 몸의 여러 부위에 있는 뼈들의 상호연관성이 점점 더 커지면서 골격이 발달한다. 골격의 발달 정도는 엑스선에 나타나는 골격의 크기와 모양으로 신체적 성숙도를 측정하는 **골격연령**(bone age)으로 측정된다. 생활연령보다 골격연령이 어리면 신장이 앞으로 더 증가할 수 있음을 의미한다. 가령 14세 아동의 골격연령이 11세면 앞으로 3년 정도 더 성장할 수 있다. 골격의 성숙은 여아가 남아보다 빠르며, 여아가 일찍 성숙하므로 남아보다 2~3년 빨리 사춘기에 도달한다(Tanner, 1990).

골격의 발달과 관련하여 유아기에는 골절로 인해 유아의 성장판(growth plate)이 손상되지 않도록 주의를 기울여야 한다. 사고로 성장판이 손상되어 뼈가 잘 자라지 않을 수 있기 때문이다. **성장판**은 신체에 있는 뼈 중 관절과 직접 연결된 긴 뼈의 양 끝에 있으며, 이 부분에서 활발한 세포 분열이 일어나 뼈의 길이 성장이 이루어진다. 사춘기에 성호르몬의 분비가 많아지면서 성장판은 단단해지기 시작하며, 성장판이 모두 단단해지면 뼈의 길이 성장이 더는 일어나지 않는다. 그러므로 유아의 성장판이 손상되지 않도록 성인은 항상 유아에게 주의를 기울여야 한다. 더불어 골격의 성장을 위해 유아가 편식하지 않고 칼슘이나 철분, 비타민 C, 단백질 등을 섭취할 수 있도록 도와주어야 한다.

(2) 두뇌발달

유아기에 나타나는 가장 중요한 신체발달 중의 하나가 뇌와 신경계의 발달이다. 머리에서 발 방향으로 일어나는 발달의 원리에 따라 유아의 뇌는 신체의 어떤 부분보다도 빨리 발달하여 성인의 뇌 크기에 도달하게 된다. 5세 때 유아의 체중은 성인의 30% 정도에 불과하지만, 뇌의 무게는 성인의 90% 정도에 이른다. 얼굴 역시 다른 부분보다 빨리 발달하며, 얼굴에서도 얼굴의 윗부분이 아랫부분보다 빨리 발달한다.

뇌와 신경계를 이루는 기본 단위는 **뉴런**(neuron)이라는 신경세포로, 뉴런은 온몸의 기관들과 뇌를 연결하고 신경 자극을 받아서 전달하는 임무를 수행한다. 신경 자극의 전달은 뉴런과 뉴런 사이에 있는 아주 작은 공간인 **시냅스**(synapses)를 통해 이루어지며, 뉴런에서 나오는 신경전달물질이 시냅스를 통과하면서 다른 뉴런에 전기적·화학적 신호를 전달한다. 시냅스의 밀도는 출생 후 2세까지 급속도로 증가하다가 이후 서서히 감소하여 청소년기에는 생후 초기 형성된 뉴런의 약 절반 정도만 남는다(Janowsky & Finlay, 1986). 사용하지 않는 뉴런의 시냅스가 소멸함으로써 사용하는 뉴런의 시냅스가 더 강화되어 필요한 정보를 더 많이 저장하므로 신경계의 효율성이 증대된다. 시냅스 밀도가 증가하는 속도는 대뇌피질의 부위에 따라 다르게 나타난다. 가령 시각피질의 시냅스 밀도는 생후 8개월경 최고조에 도달한 후 점차 낮아지고, 전두엽의 시냅스 밀도는 2세경 최고조에 도달한 후 완만하게 소멸한다.

대뇌피질은 대뇌의 가장 바깥에서 뇌를 둘러싸고 있는 부분으로, 뇌에서 가장 크고 복잡하며 매우 많은 신경세포가 모여서 고차원적인 기능을 수행한다. 대뇌피질의 부위가 발달하는 순서는 일반적으로 영유아의 능력이 나타나는 시기와 일치한다. 대뇌피질에서 가장 처음 발달하는 부위는 단순한 움직임을 조절하는 일차운동영역과 오감을 통제하는 일차감각영역이다. 언어를 관장하는 부위는 영유아기에 왕성하게 발달하며, 기억력과 사고력 등을 관장하고 행동을 조절하는 전두엽은 유아기에 활발하게 발달한다. 대뇌의 앞부분에 있는 전두엽(frontal lobe)은 대뇌피질에서 가장 오랫동안 발달하는 부위로, 성인기까지 지속해서 발달한다. 눈과 손의 협응을 관장하는 부위는 4세 이후에 발달하므로 4세 이전에는 눈과 손의 협응이 잘 이루어지지 않는다. 주의집중능력을 관장하는 부위의 발달은 사춘기 이후에 완성되므로 유아가 성인보다 주의집중 시간이 짧다.

(3) 운동발달

유아는 신장이 증가하여 머리가 신체에서 차지하는 비율이 낮아지면서 체중의 중심이 배꼽 아래로 이동하게 된다. 체중의 중심이 높아서 균형을 잡기가 힘든 영아와 다르게 유아는 체중의 중심이 아래로 옮겨가면서 신체의 안정성이 높아져 대근육 운동능력이 발달한다. 유아는 자신 있게 다리를 움직이고, 목적의식적으로 자신의 신체를 이동시키며, 좀 더 자연스럽게 주변을 탐색한다(Poest, Williams, Witt & Atwood, 1990).

3세 유아는 한 발로 깡충 뛰거나 앞뒤로 뛰는 것과 같이 단순한 움직임을 즐긴다. 아직 달리면서 방향을 바꾸지 못하므로 일단 멈춘 다음 방향을 바꾸고 다시 달리기 시작한다. 직선 위를 일자로 걸을 수 있으며, 방을 가로질러서 뛸 수 있다는 사실에 매우 뿌듯해한다. 3세 유아는 발을 번갈아 가면서 계단을 오를 수 있으며, 몸을 돌리지 않고 똑바로 서서 단지 팔만을 이용하여 바로 앞에 공을 던질 수 있다. 3세 유아는 팔꿈치를 구부려 공을 받으려고 준비하며 가슴으로 공을 받을 수 있다.

4세 유아는 곡선 위를 걸을 수 있으며, 발을 번갈아 가면서 계단을 내려오는 것이 가능해진다. 계단을 내려오는 것은 올라가는 것보다 균형을 잡기가 더 어려워서 계단 내려오기는 오르기에 비해 늦게 발달한다. 4세 유아는 계단 오르내리기 기술을 이용하여 사다리나 정글짐을 오르거나 내려올 수 있다. 공 던지기 기술이 한층 발달하여 4세 유아는 발은 그대로 있고 팔이 움직이는 대로 어깨를 약간 틀어서 공을 던질 수 있다.

5세 유아는 계속 달리면서 방향을 전환할 수 있으며 달리다가 갑자기 멈추어도 넘어지지 않는다. 멀리뛰기 할 때 3세 유아는 팔을 뒤로 흔들어서 착지할 때 뒤로 넘어지지만, 5세 유아는 팔을 앞으로 흔들어서 앞으로 떨어진다. 5세 유아는 롤러스케이트와 보조 바퀴 달린 두발자전거를 탈 수 있으며 줄넘기도 가능하다. 5세 유아는 발을 약간 앞으로 내밀고 어깨를 돌려 팔을 어깨너머로 돌린 후 앞으로 쭉 뻗어 공을 던질 수 있으며, 이후에는 몸을 앞뒤로 흔들고 팔을 뒤로 빼면서 공을 세게 던질 수 있다. 공을 받을 때도 몸 전체를 사용하여 공을 받으려고 준비하며 손과 손가락으로 공을 받을 수 있다. 이처럼 공 던지기와 공 받기의 기본적인 기술을 습득하면서 유아는 한 손으로 공을 던지고 받을 수 있게 된다.

소근육 운동발달은 눈과 손의 협응으로 손을 정교하게 사용하는 능력이 발달하는 것으로, 대근육 운동발달보다 훨씬 더 어렵다. 소근육 운동발달에는 우유 따르기, 젓가락질하기, 글씨쓰기, 색칠하기, 가위질하기, 단추 채우기, 구두끈 매기 등이 포함된다. 대근육 운동능력은 남아의 발달이 앞서지만, 소근육 운동능력은 여아의 발달이 앞선다. 이는 여아가 남아보다 이른 시기에 젓가락을 사용하거나 자조 기술(self-help skills)을 획득하는 것에서 잘 드러난다.

자조 기술은 일상생활을 독립적으로 하는 데 필요한 기본적인 기술로, 식사나 목욕, 옷을 입고 벗는 것, 용변 보는 것 등이 포함된다. 자조 기술은 단순한 행동이 아니라 유아 스스로 자신의 신변을 돌보는 능력으로(Berk, 2004), 운동능력을 비롯하여 언어능력과 인지능력 등의 통합을 요구한다. 3세경에 스스로 용변을 볼 수 있으며, 4세경에 옷을 혼자 입고 벗을 수 있다. 자조 기술을 획득함으로써 유아는 자신의 신체를 스스로 돌볼 수 있음에 커다란 만족감과 자신감을 가지게 된다. 유아가 자조 기술을 획득하려면 많은 시간과 노력이 요구되므로 부모는 인내심을 가지고 지켜보고 기다려주는 것이 절대적으로 필요하다.

3세 유아는 놀라울 정도로 높게 블록을 쌓아 올릴 수 있고, 엄지와 검지를 이용하여 아주 작은 물건을 집을 수 있으며, 단순한 조각 그림을 맞출 수 있다(Santrock, 1994). 3세 유아는 뇌와 소근육 운동능력이 발달하면서 원이나 십자 모양을 그릴 수 있다, 4세 유아는 눈과 손의 협응이 상당히 발달하고 정밀해지면서 구두끈을 매거나 선을 따라 가위질할 수 있다. 비록 사람의 다리를 막대기 모양으로 그리고 눈을 큰 점으로 표시하는 수준이지만, 4세 유아는 사람의 형태를 그릴 수 있다. 5세 유아는 눈과 손의 협응이 더 정교해지면서 손뿐만 아니라 팔, 몸 전체가 눈의 움직임에 따라 움직이게 된다. 5세 유아는 단순한 탑보다 집이나 교회와 같은 건물을 완성하고자 한다. 5세 유아는 단추 채우기나 종이 반으로 접기, 크레용으로 색칠하기 등이 가능하다. 5세 유아는 머리와 몸을 구별하고 팔과 다리가 나타나도록 그릴 수 있으며, 인지능력과 소근육 운동능력이 발달함에 따라 실제 사물을 더 자세히 묘사하기 시작한다(Berk, 2004).

2) 인지발달

(1) 유아기 사고의 특성

상징적 사고는 어떤 것을 나타내기 위해 상징을 사용하는 능력으로, 어떤 물건으로 다른 물건을 대신하여 생각하는 것이다. 상징적 사고를 하는 유아는 다양한 물건으로 어떤 것이 실재하지 않음에도 실재하는 것처럼 나타낸다. 상징적 사고는 노래하고 춤추면서 가수 흉내를 내는 등 자신을 다른 사람으로 상상하면서 따라 하는 것으로도 나타난다(Nicolopoulou, 1993). 상징적 사고가 발달하면서 유아의 가상놀이는 점점 더 빈번해지고 복잡해진다. 가상놀이는 소꿉놀이나 병원놀이, 학교놀이 등으로 다양하게 나타나고, 의사나 간호사, 교사, 부모 등 여러 가지 배역을 수행하는 것으로 풍부해진다. 특히 유아는 가장 보편적 상징인 언어를 사용하여 사물이나 사건의 개념을 이해하면서 상징적 사고가 발달한다. 그러므로 유아의 상징적 사고를 발달시키려면 유아 스스로 자신의 의사를 표현하고 가상적인 상황을 만들 수 있도록 격려하는 것이 필요하다.

자기중심적 사고는 전조작기 유아의 특징으로, 자신을 중심으로 세상을 바라보는 것을 말한다. 유아는 자신이 생각하는 대로 다른 사람도 생각하고, 자신이 좋아하고 느끼고 알고 있는 것을 다른 사람도 좋아하고 느끼고 알고 있다고 믿는다. 이를테면, 유아는 자신이 좋아하고 아끼는 것을 친구도 좋아할 것으로 생각하기 때문에 자신이 집에서 오랫동안 가지고 놀아서 닳아진 인형이나 자동차를 친구에게 생일 선물로 준다. 또한 자기중심적 사고는 매사에 자신을 지나치게 긍정적으로 보는 편향적 사고를 의미한다. 교사가 어떤 장소가 위험하니 가지 말라고 말해도 유아는 자신만은 괜찮을 거로 생각하면서 가는 것이 그 예다. 사고가 발생해도 유아는 자신의 잘못이나 실수를 탓하기보다 상황이나 환경 탓으로 돌리는 경향이 있다. 이처럼 주변의 모든 상황을 자신에게 유리하게 만들고 타인에게는 불리하게 만들기 때문에 자기중심적 사고는 자신을 지키기 위해 방어하거나 자존감을 높이는 생존본능이라고 할 수 있다. 유아의 자기중심적 사고는 상대방의 이해 여부와 상관없이 독백처럼 자신에게 말하는 **자기중심적 언어**(egocentric speech)에서 잘 드러난다.

물활론적 사고는 세상의 모든 사물에 생명이 있다고 생각하는 것으로, 유아기 초기에 두드러지게 나타나다가 4~5세경에 감소하기 시작한다. 유아는 종이를 가위로 자르면 종이가 아플 것으로 생각하고, 자신이 탁자에 부딪혀 넘어져도 탁자가 자기를 넘어뜨렸다고 믿고 탁자를 때린다. 유아는 처음에 존재하는 모든 사물에 의지나 생명이 있다고 생각하다가, 나중에 움직이는 모든 것은 살아있고 움직이지 않는 것은 살아있지 않는다고 생각한다. 피아제는 유아의 물활론적 사고가 자기중심적 사고 때문에 나타난다고 말한다(Piaget, 1959). 유아는 자신이 움직이니까 달도 움직이고, 자신이 배가 고프니까 강아지도 배가 고프다고 생각한다. 즉, 자신의 관점에서 사물을 바라보므로 모든 사물이 살아있다고 믿는다. 결국 유아는 우주의 모든 현상을 자신의 관점으로 바라보기 때문에 자신의 처지에서 현상이 일어나는 원인을 설명하면서 물활론적 사고가 나타난다.

변환적 추론은 원인과 결과 간의 관계를 논리적으로 추론하지 못하고 한 특정 사건에서 다른 특정 사건을 추론하는 것으로(Shaffer, 1999), 유아는 아직 논리적으로 사고하지 못해서 변환적 추론을 한다. 가령 두 개의 사건이 함께 발생하면 유아는 한 사건이 다른 사건을 유발한 것으로 추정한다. 그래서 서로 관련이 없는 두 개의 사건을 원인과 결과의 관계로 연결한다. 예를 들어, 유아는 자신이 동생을 미워한다는 사실과 동생이 아프다는 두 가지 사실을 자신이 동생을 미워해서 동생이 아프다는 인과관계로 연결한다. 두 가지 현상이 시간상 근접하여 발생하면 유아는 두 현상이 서로 관계가 없음에도 인과관계가 있다고 생각하는 것이다.

보존개념은 어떤 대상이나 사물의 외양이 바뀌어도 그 속성이 바뀌지 않는다는 것을 이해하는 능력이다. 보존개념은 논리적 규칙에 따라 과거의 사건을 내면화하는 조작(operation)이 가능할 때 형성되므로 구체적 조작기에 획득된다. 피아제는 유아가 보존개념을 획득하지 못하는 가장 큰 이유로 중심화(centration)를 언급한다(Levine & Munsch, 2014). 중심화는 어떤 상황에서 다른 중요한 측면은 무시하고 한 가지 두드러진 측면에만 주의를 집중하는 경향을 일컫는다. 유아는 컵의 높이나 접시의 크기와 같이 한 가지에만 주의를 집중하므로 같은 양의 물을 담아도 컵의 높이가 다르면 물의 양이 다르다고 말한다. 피아제는 중심화가 유아의 자기중심적 사고 때문에 나타난다고 주장한다. 유아가 보존개념을 획득하지 못하는 또 다른 이유는 정지된 상태에만 주의를 집중하고 바뀌는 과정을 고려하지 못하기 때문이다(Siegler, DeLoache & Eisenberg, 2005). 유아는 중간 과정을 고려하지 못하고 대상의 처음과 마지막 상태만을 보고 그 속성이 바뀌었다고 판단하므로 보존개념을 획득하지 못하는 것이다.

범주화는 낱낱의 개념이나 사물, 사건 등을 공통적인 속성이나 용도를 이용하여 분류하고 체계화하는 것이다(Cohen & Lefebvre, 2005). 범주화는 위계적으로 이루어지므로 사물이나 사건, 개념 등을 손쉽게 이해하고 기억하는 데 효과적이다. 사과와 배, 장미, 국화, 개, 고양이, 원숭이, 귤 등을 그냥 외우는 것보다 크게 과일과 꽃, 동물로 범주화하여 외우는 것이 훨씬 더 효과적이다. 연령이 증가함에 따라 범주화를 빈번하게 사용하므로 기억을 더 잘하게 된다. 전조작기의 유아는 전체와 부분을 다 고려하여 판단하는 것이 아니라 직관에 의존하여 판단하므로 아직 사물이나 사건을 범주화하는 것이 힘들다. 만약 열 송이의 빨간색 장미와 다섯 송이의 노란색 장미가 있는 그림에서 장미와 빨간색 장미 중 어떤 것이 더 많은지를 물으면 유아는 빨간색 장미와 노란색 장미가 모두 장미에 포함된다는 사실을 이해하지 못하므로 빨간색 장미가 더 많다고 대답한다.

(2) 기억발달

기억(memory)은 과거의 인상이나 경험을 의식 속에 간직하거나 다시 생각해 내는 것으로, 사물이나 사건에 대한 정보를 머릿속에 받아들이고 저장한 후 인출하는 과정이다. 인간은 학습하고 사고하고 추론하기 위해 기억이라는 정신기능을 수행하며, 기억을 통해 개념을 형성하고 문제를 해결하는 등의 인지적 활동을 수행한다. 인간이 동물과 다른 점 중의 하나가 바로 사물을 기억하고 저장해 두었다가 다시 회상할 수 있는 기억능력을 갖추고 있다는 것이다. 기억능력은 유아기에 크게 향상되는데, 왜냐하면 기억용량이 증가하고 기억전략과 상위기억이 발달하기 때문이다(Schneider & Pressley, 1997). 기억용량의 증가는 정보를 저장할 수 있는 공간이 증가하는 것으로, 장기기억의 용량은 연령에 따른 변화가 거의 없는 반면 단기기억의 용량은 유아기에 급격히 증가한다. 또한 유아기에 정보를 처리하는 속도가 빨라지게 된다. 시냅스의 밀도가 출생 후 2세까지 급속도로 증가하다가 이후 서서히 감소하고 불필요한 뉴런이 제거됨으로써 정보처리의 효율성이 증가하기 때문이다. 결국 정보를 저장하는 공간이 증가하고 정보를 처리하는 속도가 빨라지면서 유아의 기억능력이 크게 향상된다.

유아는 연령이 증가함에 따라 다양한 기억전략을 사용한다. 기억전략은 단기기억의 정보를 장기기억으로 옮겨서 저장하고 저장된 정보를 필요할 때 쉽게 인출하려고 사용하는 전략이다. 기억전략의 유형으로 시연(rehearsal), 조직화(organization), 부호화(encoding), 정교화(elaboration) 등이 있다. 시연은 기억할 정보를 반복해서 암송하는 것으로, 매우 간단하면서도 효과적인 기억전략이다. 전화번호나 구구단을 외우기 위해 중얼거리며 되뇌거나 속으로 여러 번 반복하는 것이 그 예다. 조직화는 기억해야 할 정보를 관련 있는 것끼리 묶어서 범주나 집단으로 분류하는 것으로, 군집화(clustering)와 범주화(categorization)가 대표적이다. 조직화는 전체와 부분의 관계, 상위개념과 하위개념에 대한 이해 등에 근거하므로 시연보다 늦게 나타나며, 유아기에는 조직화의 아주 초보적 형태만 나타난다. 부호화는 철자를 점과 선으로 변환시키는 것처럼 정보를 한 가지 형태에서 다른 형태로 변환시키는 기억전략이다. 정교화는 기억해야 할 정보에 무엇을 덧붙이거나 다른 정보와 연관 지어 기억하는 것으로, 주어진 정보를 기억해내기 쉽도록 다른 정보와 임의로 관계를 만들어 기억하는 전략이다. 정교화 전략은 다른 전략보다 더 높은 수준의 인지능력을 요구하므로 가장 늦게 발달한다. 따라서 유아는 정교화 전략을 사용하지 못하며, 청소년이 되어서야 개념과 그 개념이 나타나는 맥락 사이의 적절성을 명확히 이해하면서 정교화 전략을 효율적으로 사용하게 된다(Schneider & Pressley, 1997).

상위기억(metamemory)은 기억과 기억과정에 대한 지식으로, 자신의 기억능력과 기억용량에 대한 지식, 기억과정과 기억전략에 관한 지식, 어떤 정보를 저장하거나 인출하기 위해 얼마만큼의 노력이 필요한지에 대한 지식 등을 포함한다. 또한 상위기억은 기억에 영향을 미치는 요인과 요인 간 상호작용에 대한 지식, 기억을 잘하기 위해 자신의 기억과정을 어떻게 감시하고 조정할지에 대한 지식, 자신이 기억을 잘하는 정보와 못하는 정보에 대한 지식, 정보에 따라 어떤 기억전략을 사용해야 기억을 잘하는지에 대한 지식 등을 포함한다. 즉, 상위기억은 자신의 기억능력과 한계를 정확히 파악하는 것이다. 가령 열 개의 동물 그림을 유아와 아동에게 보여주면서 자신이 기억할 수 있는 그림의 수를 예측하라고 하면 아동은 자신이 기억할 수 있는 그림의 수를 정확히 예측하지만, 유아는 자신의 기억능력을 과대평가하여 더 많은 수의 그림을 기억할 수 있다고 말한다. 아동기에 상위기억이 급격히 발달하므로 아동은 자신의 기억능력에 맞는 다양한 기억전략을 사용하여 학습할 수 있다.

3) 언어발달

(1) 단어발달

유아는 굉장히 빠른 속도로 새로운 단어를 습득한다. 2세경에 200~300개 정도의 단어를 사용하던 유아는 유아기가 끝날 무렵에는 약 10,000개 정도의 단어를 사용한다. 유아기 동안 하루에 평균 5개의 새로운 단어를 습득하는 셈이다(Anglin, 1993). 이렇게 유아가 새로운 단어를 빨리 습득할 수 있는 이유는 새로운 단어를 접하는 순간 단어와 그 단어의 의미를 연결하는 신속표상대응(fast mapping)이 가능하기 때문이다. 신속표상대응이 가능한 이유는 유아가 새로운 단어를 들으면 그 단어가 나름의 독특한 의미가 있으며, 각각의 사물은 하나의 명칭만을 가지고 있다고 생각하기 때문이다. 즉, 유아는 각각의 단어를 독립된 범주로 간주하므로 새로운 단어를 들으면 이미 알고 있는 사물이 아니라 새로운 사물에 그 명칭을 붙인다(Markman, 2014).

유아가 습득하는 단어는 동양과 서양의 문화에 따라 다르게 나타난다. 서양의 유아는 정확한 사물의 명칭을 강조하는 사회 분위기 때문에 사물을 가리키는 명사를 가장 먼저 습득하고 그다음에 행위를 나타내는 동사를 습득한다(Bloom, 1998). 반면에 동양의 유아는 명사를 생략한 채 동사를 강조하는 사회 분위기 때문에 명사보다 동사를 먼저 습득한다(Kim, McGregor & Thompson, 2000). 일반적으로 유아는 명사나 동사보다 형용사나 부사와 같은 수식어를 습득하는 데 많은 시간이 걸린다. 2세경에 '크다', '작다'의 의미를 이해하고, 5세경에 '길다', '짧다', '높다', '낮다'를 구분하여 사용한다(Stevenson & Pollitt, 1987).

유아는 스스로 새로운 단어를 만들어내고 은유적 표현을 사용하여 단어의 의미를 확장하기도 한다. 가령 높은 의자에 앉아 있으면 구름 위에 떠 있는 것 같다고 말하며, 맵다는 표현 대신 입에서 불이 난다고 표현한다. 결국 유아는 자신의 인지능력과 주변의 다양한 정보를 조합함으로써 새로운 단어를 습득하게 된다. 새로운 단어를 습득할수록 타인을 이해하고 공감하는 능력이 향상되며, 지식이 확장하면서 정보를 처리하는 능력도 발달하게 된다(Bloom, 1998). 유아는 새로운 단어를 습득하면서 성인과 빈번한 대화를 나누고, 이러한 과정을 통해 부정확하고 모호한 표현을 사회적이고 적합한 표현으로 발전시키게 된다(Clark, 1995).

(2) 문법발달

문법(grammar)은 특정 언어를 사용하는 데 필요한 모든 규칙과 정보로, 특정 언어에 숨어있는 체계를 말한다. 문법은 듣기, 말하기, 읽기, 쓰기 등과 직접 연관되며, 단어들을 조합하여 무수히 많은 문장을 만들어내는 데 기본 뼈대로 작용한다. 따라서 문장을 통해 자기 생각이나 감정을 분명하게 표현하려면 문법에 맞는 문장을 사용해야 한다. 문법에 맞지 않는 문장은 완결된 내용을 담지 못하여 말이나 글의 뜻이 달라지고 왜곡될 수 있기 때문이다. 특히 유아기에 배운 말은 쉽게 고쳐지지 않으므로 처음부터 문법에 맞는 말을 습득하는 것이 중요하다.

영아기에 이미 기본적인 문법을 이해하고 '주어-목적어-서술어'로 이루어진 문장을 사용하다가 유아기에 많은 문법을 알게 되면서 복잡한 문법구조까지도 습득하게 된다. 3세경에 부정문과 복수형에 대한 개념을 획득하면서 '싫어', '아니'와 같은 단어를 많이 사용하고, '누가, 언제, 어디서, 무엇을, 어떻게, 왜'와 같은 의문사를 모두 사용하여 질문한다. 4세경에 부사와 형용사를 빈번하게 사용하고, 다양한 어미를 사용하여 문장을 변형시킬 수 있으며, 주절과 종속절을 포함하는 복문을 많이 사용한다. 5세경에 유아는 대부분의 문법을 습득하여 성인 수준의 문장을 구사하게 된다.

유아가 문법을 얼마나 잘 이해하고 사용하는지는 평균 발화 길이(mean length of utterance)로 알아볼 수 있다. **평균 발화 길이**는 각 문장 속에 포함된 형태소의 수를 평균한 것으로, 유아가 사용한 전체 형태소의 개수를 전체 문장 수로 나눈 값이다. 평균 발화 길이는 1단계부터 5단계까지 나뉜다(Brown, 1973). 1단계의 평균 발화 길이는 1.5~2.0이며, 영아는 주로 명사와 동사를 사용하여 문장을 구성한다. 2단계의 평균 발화 길이는 2.5이며, 영아는 전치사와 관사, 과거시제, 복수형이 포함된 문장을 사용한다. 3단계의 평균 발화 길이는 3.0이며, 유아는 부정문과 의문사가 포함된 의문문을 사용한다. 4단계의 평균 발화 길이는 3.5이며, 유아는 주절과 종속절을 포함하는 복문을 사용한다. 5단계의 평균 발화 길이는 4.0이며, 유아는 접속사를 사용하여 둘 이상의 문장을 연결한다.

(3) 의사소통발달

의사소통(communication)은 사람들 사이에서 생각이나 감정 등을 교환하는 총체적 행위로, 말이나 글을 통한 언어적 요소뿐만 아니라 몸짓이나 손짓, 표정 등과 같은 비언어적 요소로 이루어진다. 원활한 의사소통을 위해서는 상대방의 말에 주의를 기울이고 이해하는 능력, 문법을 이해하는 능력, 상황에 맞는 적절한 단어를 사용하는 능력, 상대방의 반응에서 자신이 하는 말을 이해하고 있는지를 파악하는 능력 등이 필요하다. 즉, 유아의 원활한 의사소통을 위해서는 의사소통을 떠받치는 네 기둥인 듣기, 말하기, 읽기, 쓰기 등의 발달이 이루어져야 한다. 말하기 전에 듣기, 읽기 전에 말하기, 쓰기 전에 읽기 등 읽기와 쓰기에 앞서 듣기와 말하기의 발달이 이루어져야 한다.

먼저 듣기발달은 유아가 듣기의 필요성을 인식하는 것에서 시작한다. 유아의 듣기발달을 위해서 부모나 교사는 듣기의 모범을 보여주고 칭찬과 같은 긍정적 강화를 제공하는 것이 중요하다. 또한 동화를 들려주고 느낌을 공유하는 등의 상호작용을 통해 다양한 듣기 경험을 제공하는 것이 필요하다. 말하기발달을 위해서는 말하고 싶은 욕구를 자극하고 유아가 자유롭게 말할 수 있도록 허용적인 분위기를 조성하는 것이 필요하다. 특히 말하기발달은 개인차가 크므로 각 유아의 언어발달 수준을 고려하여 적절한 질문을 던지고, 유아의 질문에 적절하게 대답하며, 유아에게 말할 기회를 충분히 제공해야 한다. 부모나 교사는 유아 수준에 맞는 다양한 단어를 사용하여 완전한 문장으로 말하고, 정확한 발음과 적절한 음성, 일정한 속도 등 말하기의 모범을 보여주어야 한다.

읽기발달은 궁극적으로 유아가 전체적인 맥락에서 글자의 의미를 파악하는 것이다. 읽기는 단지 글자를 읽는 것이 아니라 글자가 내포한 의미를 이해하는 것이다. 읽기발달은 유아가 주위의 글자에 관심을 두는 것에서 시작한다. 유아는 책의 글자가 읽는 것이고, 책을 볼 때 그림이 아니라 글자를 읽는 것이며, 책을 읽는 방향을 인식하게 된다. 그다음에 소리와 글자 사이의 일대일 대응관계를 이해하고, 친구들 이름에 있는 글자를 인식하며, 이후에 아는 글자가 어떤 상황에서 제시되어도 읽을 수 있는 수준으로 발달하게 된다. 쓰기발달은 유아가 다양한 필기도구를 사용하는 것에서 시작한다. 쓰기는 글을 통해 자신의 감정이나 생각을 표현하는 것이므로 다양한 필기도구를 제공하여 유아의 자발적 쓰기를 유도해야 한다. 유아는 쓴 것과 그린 것을 구분하고 자기 이름의 글자를 인식한 후 어떤 글자를 써 달라고 요구하면서 자기 이름을 쓰는 것이 가능해진다. 유아는 무언가를 써야만 하는 실제적인 이유가 있을 때 스스로 쓰기의 필요성을 인식한다. 그러므로 유아의 쓰기발달을 위해서는 글자 자체보다 글자의 의미를 강조하는 것이 필요하다.

4) 정서발달

(1) 정서능력

유아기 동안 보통 성인에게 나타나는 정서 대부분이 나타나며, 특히 자신감이나 수치심과 같은 복합 정서가 매우 분명하고 빈번하게 나타난다(Lewis, 1995). 영아기에 나타나는 기본 정서는 유아기에도 나타나지만, 그 정서가 유발되는 요인이나 표현방식은 다르게 나타난다. 낯가림이나 분리불안에 공포를 느끼는 영아와 다르게 유아는 어둠이나 큰 소리, 새로운 상황 등에 공포를 느낀다(정옥분, 2013). 인지능력이 발달하면서 유아는 과거의 경험을 기억해내고 그 경험과 직접 연관 있는 것에 공포를 느끼고, 상상력이 발달하면서 직접 경험하지 않은 사건이나 사물을 상상하는 것만으로도 공포를 느낀다. 유치원에 처음 갈 때나 스케이트를 처음 배울 때, 도깨비나 귀신과 같은 것을 상상할 때 유아는 공포를 느낀다. 유아의 분노는 또래나 형제 관계에서 자주 발생한다. 사회적 상호작용이 활발해지면서 인간관계에서 나타나는 갈등상황이 유아의 분노를 유발하는 것이다. 유아는 하는 일을 방해받거나 원하는 것을 가질 수 없을 때, 요구를 거절당할 때, 무언가를 강요당할 때 떼를 쓰거나 고집을 부리는 식으로 분노를 표현한다(김성희, 허혜경, 2002). 3세경에는 화를 내는 것으로 분노를 표현하다가 4세경이 지나면 때리거나 발을 차는 등 폭력을 사용하면서 분노를 표현한다. 그러나 연령이 증가함에 따라 무조건 떼를 쓰는 일은 줄어들며, 5세경이 지나면서 분노가 줄어드는 경향을 보인다(김재은, 1984).

3세경에 사랑을 얻고자 하는 질투심(jealousy)이 나타난다(Barrett, 2005). **질투심**은 사랑하는 상대가 자신 이외의 다른 사람을 사랑해서 생기는 정서로, 유아기에는 주로 동생한테 집중되는 부모의 사랑 때문에 질투심이 생긴다. 연령이 증가함에 따라 유아는 동생을 자신이 돌봐줘야 하는 존재로 인식하면서 동생에 대한 질투심은 줄어들고, 대신 또래 관계에서 질투심을 느끼게 된다. 누군가가 자신보다 다른 유아를 더 예뻐한다고 생각되면 질투심을 표현하지만, 대체로 사회적 관계가 확장되면서 질투심은 줄어든다(김성희, 허혜경, 2002). 유아기에 강하게 나타나는 정서로 호기심(curiosity)이 있다. **호기심**은 주변의 사물이나 사건에 대해 궁금해하면서 끊임없이 질문하는 태도나 성향으로, 유아는 보는 것마다 '이게 뭐야?'라는 질문을 끊임없이 제기하면서 자신의 호기심을 표현한다. 언어능력이 향상하면서 유아는 왜, 언제, 어디서, 누가, 무엇을, 어떻게 등의 질문을 쏟아내고, 그 질문에 대한 답을 찾으려고 한다. 유아기에 특히 성(sex)에 대한 호기심이 생기면서 유아는 자신이나 부모의 신체에 대한 질문을 많이 한다. 이때 성인은 유아의 질문에 대해 성실하게 답할 뿐만 아니라 유아 스스로 지식을 습득하고 사고하고 행동하도록 유도해야 한다.

유아기 동안 상황을 파악하는 인지능력과 정서를 나타내는 언어능력이 발달하면서 타인의 정서를 인식하는 능력이 급속히 향상된다. 정서를 표현하는 단어의 의미를 정확히 이해하고 사용하면서 유아의 정서인식도 더욱 정교해진다. 유아는 슬픔과 같은 부정적 정서보다 기쁨과 같은 긍정적 정서를 나타내는 단어의 의미를 쉽게 이해하고, 연령이 증가함에 따라 '시샘하는', '난처한'과 같이 복잡한 정서를 나타내는 단어의 의미도 이해하게 된다. 이렇게 정서와 관련된 단어의 의미를 이해하면서 유아는 타인의 정서를 인식하고 예측하며 적절히 반응하게 된다(이영 외, 2015). 가령 또래가 가지고 노는 장난감을 뺏으면 또래가 화낼 것을 예측하고 뺏는 행위를 삼간다.

유아는 타인의 정서를 이해하면서 타인의 부정적 정서를 완화하거나 없애기 위한 여러 방법을 시도한다(Fabes, Eisenberg, McCormick & Wilson, 1988). 또래가 아파하거나 슬퍼하면 등을 토닥이거나 안아주는 등의 행동으로 또래의 부정적 정서를 완화하려고 노력한다. 그러나 유아는 아직 겉으로 드러난 정서와 실제 느끼는 정서를 구별하지 못한다. 슬픔을 느끼는 사람이 행복한 표정을 지으면 유아는 그 사람이 행복하다고 판단하며, 기쁜 상황에서 기쁜 표정을 짓지 않으면 그 사람의 정서를 파악하지 못한다(Friend & Davis, 1993). 연령이 증가함에 따라 유아는 다양한 사회적 상호작용을 통해 맥락과 상황 속에서 정서가 나타나는 원인과 결과를 분명히 이해하면서 타인의 실제 정서를 정확히 파악하게 된다.

언어능력이 발달하면서 유아기 동안 정서조절능력(emotion regulation ability) 역시 크게 향상된다. **정서조절능력**은 자신의 정서표현, 특히 부정적 정서표현을 통제하고 타인의 정서를 고려하여 적절하게 정서를 표현하는 능력이다. 유아의 정서조절능력은 또래 관계에 직접 영향을 미치며 이후 사회생활에서 원만한 인간관계를 형성하는 데 중요한 역할을 한다(Eisenberg, Liew & Pidada, 2004). 유아는 정서조절을 위해 다양한 전략을 사용한다. 대표적으로 유아는 자신의 정서를 말로 표현함으로써 정서를 조절하는데, 가령 또래로부터 따돌림을 당하면 자신은 별로 놀고 싶지 않다고 말함으로써 자신의 슬픈 정서를 조절한다(Thompson, 1990). 유아는 자신이 느끼지 않은 정서를 느낀 것처럼 꾸미거나 자신의 실제 정서를 숨기면서 부정적 정서표현을 통제한다. 보통 여아가 남아보다 자신의 실제 정서를 더 잘 숨기는데, 예컨대 기대에 못 미치는 선물을 받으면 기분이 나빠도 미소를 지으면서 싫은 정서를 더 잘 숨긴다(Zeman & Garber, 1996). 이렇게 정서조절을 위해 다양한 전략을 사용하므로 유아기에는 정서적 폭발이 거의 일어나지 않는다(Berk, 2004).

유아는 좌절을 경험할 때도 정서조절을 위한 전략을 사용한다. 원하는 것을 얻지 못하거나 하고 싶지 않은 일을 강요할 때 유아는 화를 내는 대신 노래를 부르거나 다른 사람과 대화하면서 정서를 조절한다. 좌절에 대한 참을성이 증가하면서 미래의 더 큰 만족을 위해 현재의 작은 만족을 참는 능력인 만족 지연(delay of gratification)이 발달한다. 유아는 만족 지연을 위해 좌절로 인한 긴장을 완화할 수 있는 다양한 전략을 사용한다(Mischel, 1996). 선반 위에 재미있는 장난감이 있으면 고개를 돌리거나 다른 장난감을 가지고 노는 등 덜 원하는 것에 주의를 기울이는 전략을 사용한다. 그러나 모든 유아가 만족 지연을 잘하는 것은 아니므로 성인이 유혹을 뿌리치는 방법을 가르쳐주는 것이 필요하다. 마시멜로를 하얀 구름으로 상상하는 방법을 가르쳐주는 것이 그 예다(Mischel & Baker, 1975).

유아의 정서조절능력이 향상되려면 유아가 일상생활 속에서 반복적으로 정서조절의 경험을 쌓는 것이 필요하다. 특히 부모가 어떻게 정서를 조절하느냐는 유아의 정서조절에 많은 영향을 미친다. 부모가 부정적 정서표현을 통제하지 못하고 긍정적 정서표현에 인색하면 유아는 정서조절을 위한 심리적 적응에 큰 어려움을 겪으면서 정서조절능력이 향상되기 어렵다(Eisenberg et al., 2001). 하지만 유아가 부적절한 정서표현을 할 때 부모가 유아에게 정서조절을 위한 다양한 전략을 제공하면 유아의 정서조절능력은 향상될 수 있다. 결국 유아의 정서조절능력이 향상되려면 부모가 유아에게 바람직한 정서조절을 경험할 기회를 충분히 제공하는 것이 무엇보다 중요하다.

(2) 자아개념

자아개념(self-concept)은 '나는 누구인가?'라는 질문에 대한 답으로, 개인이 자기 자신에 대해 가지는 생각이다. 자아개념은 다른 사람과 자기 자신을 구별하는 것에서 시작한다. 보통 2세경에 영아는 자기 자신을 인식하고, 이름이나 '나는, 내가, 나를'이라는 단어를 사용하여 자신을 가리킨다(Lewis & Ramsey,

2004). 영아는 양육자와의 상호작용을 통해 자신과 양육자의 역할이 다름을 알게 되고(Rochat, 2001), 자신과 양육자의 행동을 말로 표현하게 된다. 영아는 자신의 신체와 단편적인 행동에 대해 표현하다가 점차 세부적이고 심리적인 측면을 표현한다. 2세 영아의 자아개념은 '내 거야!'라고 말하면서 소유권을 주장하는 데서 잘 나타난다(Fasig, 2000).

자아개념은 유아기 동안 언어능력이 향상되면서 급속히 발달한다. 3세경에 유아는 '나는 자동차가 있어.', '나는 얼굴이 작아.'와 같이 자신의 이름이나 외모, 행동, 소유물 등을 언급하면서 자신에 대해 말한다(Watson, 1990). 3세 유아는 '나는 항상 행복해.'와 같이 자신의 정서나 태도를 말하면서 자신에 관해 이야기한다. 이는 자신이 느끼는 것, 좋아하는 것, 원하는 것 등을 스스로 잘 이해하고 있음을 의미한다(Eder & Mangelsdorf, 1997). 5세 유아는 '나는 피아노를 잘 쳐.'와 같이 자신의 능력에 대해 말한다(이영 외, 2015).

자아개념의 평가적 측면인 자아존중감(self-esteem) 역시 유아기 동안 발달한다. **자아존중감**은 자기 자신을 스스로 긍정적 또는 부정적으로 평가하는 것으로, 자신의 가치와 능력을 긍정적으로 평가하는 사람은 자아존중감이 높고 자신을 부정적으로 평가하는 사람은 자아존중감이 낮다. 유아는 자신의 능력을 과대평가하는 경향이 있어서 자신이 타인보다 무엇이든 월등하며 능숙하게 해낼 수 있다고 생각한다(Harter, 2003). 그러나 유아는 전적으로 잘하거나 전적으로 못하는 등 둘 중 하나로만 자신을 평가한다(이영 외, 2015). 유아는 혼자서 신발을 신고 칭찬을 받으면 '난 뭐든지 잘 할 수 있어.'라고 말하지만, 신발을 못 신는 모습을 누군가 놀리면 '난 할 수 있는 게 아무것도 없어.'라고 생각한다.

유아의 자아존중감은 과제수행에 대한 부모의 피드백에 많은 영향을 받는다(이희정, 위영희, 이유진, 윤갑정, 홍희영, 2014). 가령 그 정도밖에 못 하느냐는 식으로 부모가 피드백을 주거나 도전적 과제를 수행할 때마다 지나치게 간섭하면 유아는 수치심을 느끼면서 과제를 포기하게 된다. 그러나 부모가 유아를 끊임없이 격려하고 과제수행에 필요한 정보를 제공하면 유아는 자신감을 얻고 끝까지 적극적으로 과제를 수행하게 된다. 자아존중감은 단순히 자기 자신에 대한 평가가 아니라 이후의 사고와 정서, 행동, 계획 등에 영향을 미치면서 유아발달에 중요한 역할을 담당하는 것이다. 따라서 부모는 일상적으로 나누는 대화를 통해 유아에게 긍정적 피드백을 제공함으로써 유아가 원만하게 자아존중감을 발달시킬 수 있도록 도와주어야 한다.

5) 사회성발달

(1) 성 역할

성 역할(gender role)은 개인이 속한 사회에서 성별에 따라 적합하다고 여겨지는 행동이나 태도, 가치 등이 일상에 반영되는 것을 말한다. 여아는 여아에게 적합한 특성을, 남아는 남아에게 적합한 특성을 가지도록 기대되는 것이 성 역할이다. 그래서 '남자는 ~하다', '여자는 ~하다'와 같은 성 역할 고정관념(gender role stereotypes)이 나타난다. 보통 남아는 독립적, 경쟁적, 공격적, 활동적으로, 여아는 감정적, 창조적, 수동적으로 그려진다. 남아는 주도적으로 활동하면서 세상에 영향을 미치는 도구적 역할을 하도록 기대되고, 여아는 따뜻하고 타인의 감정에 민감하며 인간관계에 가치를 두는 표현적 역할을 하도록 격려받는다(Shaffer, 1999).

성 역할 고정관념은 자신의 성을 구분하는 것에서 시작된다. 생후 18~30개월에 자신과 다른 사람의 성을 '여자', '남자'라는 단어를 사용하여 구분하며, 자신이 남자인지 여자인지를 느끼는 성 정체성(gender identity)을 형성하기 시작한다(Berk, 2004). 일단 남녀가 구분되기 시작하면 영아는 빠르게 장난감이나 옷, 도구, 활동, 놀이, 직업, 색 등을 성과 연관 짓기 시작한다(Poulin-Dubois et al., 2002). 3~5세 유아의 상당수는 옷이나 머리 모양을 바꾸면 다른 성으로 될 수 있고, 진정 원한다면 남아가 어머니가 되고 여아가 아버지가 될 수 있다고 믿는다(Marcus & Overton, 1978). 4세 유아의 성 역할 고정관념은 여자는 과자를 굽고 아기를 기르며, 남자는 쓰레기를 버리고 나무를 자른다고 믿는 것에서 드러난다(Gelman, Taylor & Nguyen, 2004). 유아는 점차 남아는 남자가 되고 여아는 여자가 되는 것을 이해하는 성 안정성(gender stability)의 단계를 거친 후, 5~7세경에 성이 변하지 않는다는 성 항상성(gender consistency)을 이해하기 시작한다. 이러한 과정을 통해 성 역할 고정관념은 더 강해지는데, 예컨대 남자는 치마를 입거나 아기를 돌보지 않고 여자는 경찰관이 될 수 없다고 생각한다.

성 역할 형성에 영향을 미치는 환경적 요인에는 부모와 형제자매, 또래, 교사, 대중매체, 문화 등이 포함된다. 가장 크게 영향을 미치는 환경적 요인은 부모다. 부모는 남아와 여아에게 서로 다른 환경을 제공하고 성 역할과 관련된 행동에 다르게 반응함으로써 유아의 성 역할 형성에 많은 영향을 미친다(Lytton & Romney, 1991). 남아에게 총이나 자동차와 같이 활동적이고 경쟁적인 장난감을 제공하고 여아에게 인형이나 장신구와 같이 육아나 가사와 연관된 장난감을 제공하는 것이 그 예다. 남아는 독립적인 행동을 하면 칭찬을 받지만, 여아는 의존적인 행동을 했을 때 칭찬을 받는다. 특히 아버지는 여아와 남아를 구분하여 서로 다르게 상호작용하는 경향이 있다. 아버지는 남아에게는 엄격하고 비판적이며 독립성을 많이 강조하지만, 여아에게는 관대하고 애정적이며 독립성을 그다지 강조하지 않는다(Snow, Jacklin & Maccoby, 1983).

(2) 친사회적 행동

친사회적 행동(prosocial behavior)은 타인을 도우려는 자발적인 행동으로, 타인뿐만 아니라 사회 전체에 혜택을 주려는 사회적 행동이다. 친사회적 행동은 타인의 권리와 복지에 관심을 두고 규칙을 준수하며 관습에 따라 사회적으로 수용되는 행동을 취하는 것이다. 연령이 증가함에 따라 타인의 의도나 관점, 욕구 등을 추론하고, 타인의 처지에서 생각하고 행동하며, 타인의 정서 상태에 공감하는 능력이 발달하면서 친사회적 행동이 증가한다. 그러나 친사회적 행동은 시간이 지나면서 자연스럽게 증가하는 것이 아니어서 친사회적 행동이 발달하려면 다양한 능력의 발달이 필수적이다.

친사회적 행동발달에 필요한 능력으로 조망수용능력(perspective taking ability), 감정이입(empathy), 도덕적 추론(moral reasoning) 등이 있다(Kail, 2009). **조망수용능력**은 자신의 관점과 타인의 관점을 구분하고, 타인의 관점에서 타인의 생각이나 감정, 행동 등을 이해하는 능력이다. **감정이입**은 자연물이나 타인이 경험하는 감정을 느끼거나 이해하는 능력으로, 자신의 감정을 자연물이나 타인에게 이입시켜 융화를 꾀하는 정신작용이다. 타인의 두려움이나 슬픔, 외로움 등을 깊이 느낄수록 타인을 더 많이 돕는 경향이 있으므로 감정이입은 친사회적 행동발달을 위해 필요한 능력이다(Eisenberg, Fabes & Spinrad, 2006). **도덕적 추론**은 인지적으로 상황을 파악하고 추론함으로써 도덕적 판단을 내리는 능력이다. 유아는 인지능력의 한계 때문에 보상이나 처벌로 판단하고 행동하는 경향이 있으나, 공평과 정의에 근거하여 도덕적 의사결정을 하게 되면서 점점 친사회적 행동이 증가하게 된다.

친사회적 행동은 1세경에 나타나기 시작하며, 유아기 동안 조망수용능력과 감정이입, 도덕적 추론 등이 발달하면서 증가한다. 특히 타인과의 만남이 빈번해지면서 유아는 타인의 입장과 감정을 이해하고 공감하는 경우가 많아지게 된다. 그래서 타인에게 언제 어떻게 도움을 제공할지에 대해 생각하고 책임감을 느끼면서 친사회적 행동이 증가하게 된다(김성희, 허혜경, 2002). 연령이 증가함에 따라 타인을 도와주고 타인의 도움 행동을 관찰할 기회가 많아지면서 친사회적 행동도 자주 나타난다(Radke-Yarrow, Zahn-Waxler & Chapman,

1983).

친사회적 행동에 영향을 미치는 요인으로 부모의 양육태도, 모델, 정서, 분위기 등이 있다. 부모의 양육태도가 유아의 친사회적 행동에 미치는 영향은 권위적 양육태도가 친사회적 행동을 증가시키지만, 독재적 양육태도가 친사회적 행동을 감소시키는 것에서 잘 나타난다(Baumrind, 1978). 부모가 독립심과 자율성, 자유, 규칙 등을 강조하고 기준에 따라 일관되게 양육할 때 유아의 친사회적 행동이 촉진된다. 또한 유아의 친사회적 행동은 모델의 영향을 쉽게 받는데, 가령 친사회적 행동을 자주 하는 성인과 지속해서 접촉했던 유아는 성인이 된 후에도 빈번하게 친사회적 행동을 한다(Lipscomb, Larrieu, McAllister & Bregmanet, 1982). 정서 역시 유아의 친사회적 행동에 영향을 미치는데, 예컨대 유아는 기분이 좋을 때 친사회적 행동을 더 많이 하고 종종 기분을 좋게 만들려고 친사회적 행동을 하기도 한다(Cunningham et al, 1990). 유아의 친사회적 행동은 행복한 분위기에서 증가하고 슬픈 분위기에서 감소한다(Moore, Underwood & Rosenham, 1973). 그러나 슬픈 분위기에서 성인이 주변에 있으면 유아의 친사회적 행동은 증가하는데, 왜냐하면 자신의 우울함을 감소시키기 위해 성인으로부터 칭찬을 듣고 싶기 때문이다(Kenrick, Baumann & Cialdini, 1979).

6) 도덕성발달

(1) 도덕적 정서

유아기 동안 도덕성발달과 연관된 정서인 죄책감(guilt), 수치심(shame), 감정이입(empathy), 이타심(altruism) 등이 발달한다. **죄책감**은 혐오스러운 사건을 일으키거나 관련된 행동을 했을 때 유발되는 고통스러운 뉘우침이나 불안감을 말한다(Fergusen & Stegge, 1998). **수치심**은 잘못을 인지했을 때 자신을 부끄럽게 느끼는 정서로, 그 반응이 죄책감보다 좀 더 소극적이고 낙담하는 것으로 나타난다. 죄책감과 수치심은 개인이 자기평가를 하는 데 중요하므로 자의식적인 정서로 간주한다.

반면에 감정이입과 이타심은 타인을 향한 도덕적 정서로 간주한다. **감정이입**은 타인이 느끼는 정서와 비슷하게 반응하는 것으로(Damon, 1988), 종종 타인의 정서 상태를 구별하는 인지능력을 요구한다(Eisenberg, Shea, Carlo & Knight, 1991). 도덕적으로 행동하려면 타인의 정서 상태를 구별하고 타인의 정서 상태 향상에 도움이 되는 행동을 예측하고 적절히 반응하는 것이 필요하기 때문이다(Santrock, 1994). **이타심**은 자신보다 타인의 복지에 관심을 가지고 사심 없이 타인을 도와주려는 정서로. 보상이나 처벌과 같은 외적 요인이 아니라 자신의 도덕적 가치나 타인에 대한 배려와 같은 내적 요인에 의해 동기가 부여된다(Eisenberg, Fabes & Spinrad, 2006). 이타심이 발달하려면 타인의 정서 상태를 파악하는 인지능력의 발달이 우선적이다. 인지능력이 발달함에 따라 유아는 타인의 정서와 타인이 겪는 고통의 원인을 잘 이해하면서 타인을 더 많이 도와주게 된다(Kiang, Moreno & Robinson, 2004).

(2) 도덕적 행동

도덕적 행동은 도덕적 정서와 긴밀하게 연관된다. 예를 들어, 유아는 타인의 복지를 걱정하면서 돌봄의 감정이나 타인에 대한 감정이입의 정서를 표현하는데(Eisenberg, Spinrad & Morris, 2014), 이러한 감정이입의 정서를 많이 느낄수록 도덕적 행동을 더 많이 한다(Batson, 1998). 수치심이나 죄책감과 같은 정서 역시 유아가 나쁜 행동을 멈추고 도덕적 행동을 하도록 유도하므로 도덕적 행동과 깊이 연관된다(Zahn-Waxler & Robinson, 1995). 유아의 착한 행동은 성인의 칭찬이나 애정 등의 보상으로 강화되며, 이러한 강화가 반복되면서 유아는 성인의 도덕적 기준에 따라 행동하게 된다. 가령 진실을 말하거나 나누는 등의 행동에 대해 성인이 매우 멋지다거나 친절하다는 식으로 칭찬하면 유아는 그러한 성격이나 행동을 더 자주 표출하면서 성인의 도덕적 기준을 내면화하게 된다(Mills & Grusec, 1989).

유아의 부적절한 행동을 멈추게 할 때 널리 사용하는 방법으로 타임아웃(time out)이 있다. **타임아웃**은 유아를 일정 시간 동안 정적 강화에 접근하지 못하게 함으로써 유아의 부적절한 행동을 멈추게 하는 것이다. 타임아웃은 유아를 통제하는 것이 불가능할 때 유아의 연령에 맞게 적절한 시간 동안 사용하는 것이 효과적이다(Betz, 1994). 특히 타임아웃을 하는 이유를 충분히 설명하는 것이 유아의 부적절한 행동을 감소시키는 데 효과적이다. 유아는 자신의 행동을 되돌아보면서 앞으로 어떻게 행동해야 할지를 생각할 수 있기 때문이다(Larzelere, Schneider, Larson & Pikeet, 1996). 유아가 좋아하는 TV 프로그램의 시청이나 실외놀이를 금지하는 방법으로 유아의 부적절한 행동을 멈출 수도 있다.

(3) 도덕적 판단

도덕적 판단의 수준에 따라 도덕적 행동이 결정되는 만큼 도덕적 판단은 도덕적 행동과 연관된다. 가령 도덕적 판단의 수준이 높으면 내면화된 도덕적 가치에 따라 행동하므로 외적 요인과 상관없이 도덕적으로 행동하게 된다(Kail, 2009). 유아는 나름대로 도덕적 판단을 한다. 3세 유아는 일부러 하는 행동과 우연히 하는 행동을 구별하고, 일부러 부적절한 행동을 하는 것이 우연히 하는 것보다 나쁘다는 것을 안다(Yuill & Perner, 1986). 4세 유아는 거짓말과 참말의 차이를 구별할 수 있으며(Bussey, 1992), 5세 유아는 거짓말을 평가하여 타인의 의도를 헤아릴 수 있다(Berk, 2004). 3~4세 유아는 타인의 물건을 훔치는 것과 같은 비도덕적 행동은 성인이 보지 않거나 하지 말라는 사회규범이 없어도 타인에게 피해를 주기 때문에 나쁘다고 생각한다(Berk, 2004).

연령이 증가함에 따라 유아는 또래와 놀거나 이야기할 때 의사결정을 내리기 위해 자주 도덕적 판단을 하게 된다. 또래가 도덕적 위반을 하면 유아는 자신의 권리나 소유권을 주장하고 자신이 받은 상처와 손실을 말하며 또래의 잘못된 행동을 지적하거나 멈추려 한다(Arsenio & Fleiss, 1996). 유아는 수많은 시행착오를 통해 공정함과 정당함에 대해 생각하는 등 사회적 경험을 통해 도덕적 판단을 한다(Kilen & Nucci, 1995). 특히 정서가 행동의 도덕성 판단에 영향을 미치는데, 예컨대 유아는 행동이 도덕적인지 아닌지를 직관적으로 판단한다(Greene et al., 2001). 유아는 음식을 먹다가 흘리는 것과 같은 관습적 위반과 남의 음식을 빼앗는 것과 같은 도덕적 위반에 대해 다른 정서를 느끼고 관습적 위반보다 도덕적 위반이 더 나쁘다고 판단한다(Arsenio & Fleiss, 1996). 피해자와 가해자에 대해 느끼는 정서도 유아마다 다르게 나타난다(Malti, Gummerum, Keller & Buchmannet, 2009).

2. 부모역할

유아기에 가장 중요한 부모역할은 유아가 바깥세상에 능동적으로 도전하면서 자신의 세계를 구축하도록 환경을 조성하는 것이다(최외선 외, 2008). 유아기는 주변 환경을 적극적으로 탐색하면서 주도성이 발달하는 시기다. 유아에게 세상은 도전하고 체험하는 곳으로, 유아는 주변의 모든 사물에 몰두하고 관심을 기울이면서 호기심을 충족한다. 유아는 새로운 일을 완성하고 성공을 경험하면서 주도성을 발달시키고 새로운 시도를 지속하게 된다. 이를 통해 유아는 자신의 능력에 대해 확신하고 긍정적 자아개념을 형성하게 된다(강인향, 조인상, 임진숙, 2018). 따라서 유아가 마음껏 주변 환경을 탐색할 수 있도록 부모는 유아 주변에 깨지기 쉽거나 값비싼 물건을 두지 않아야 한다(정옥분, 정순화, 2009).

대신 부모는 유아의 발달을 자극하는 사물을 충분히 제공함으로써 유아가 스스로 지식을 구성할 수 있도록 격려해야 한다. 더불어 부모는 유아가 사회적 존재로서 살아가는 데 필요한 지식, 기술, 태도, 가치 등을 습득할 수 있도록 적절히 훈육하는 것이 필요하다. 부모는 사회적으로 용납되는 행위와 그렇지 않은 행위를 분명히 구분하고 사회적으로 용납되지 않는 유아의 행위를 엄격히 통제하는 것이 요구된다.

1) 훈육자

훈육자로서 유아기 부모역할은 첫째, 유아의 주도성발달을 위해 일관성 있게 지도하는 것이다. 부모는 해도 되는 것과 안되는 것을 명확히 구분함으로써 일관성 있게 지도해야 한다(김현주, 손은경, 신혜영, 2007). 이를 위해 부모는 스스로 언행일치의 모범을 보이고 자녀와 함께 정한 원칙을 시간이나 장소, 대상 등에 상관없이 지키는 것이 중요하다. 부모는 유아가 바람직한 행동을 할 때는 즉시 보상하고, 바람직하지 못한 행동을 할 때는 벌을 받는 이유를 설명한 후 즉각적으로 벌을 주는 것이 필요하다(강인향, 조인상, 임진숙, 2018).

둘째, 유아가 규칙적으로 식사하고 올바른 식습관을 형성하도록 지도하는 것이다. 최근 소득 수준이 높아지고 식생활이 서구화하면서 외식이 잦아지고 즉석식품 섭취가 늘어나는 추세다. 이는 부적절한 간식 섭취나 편식, 과식 등의 불규칙한 식생활로 연결되어 심각한 영양 불균형과 비만이나 당뇨병 같은 소아 성인병으로 이어질 수 있다(정혜정, 엄윤호, 김정윤, 2008). 유아기에 형성된 식습관이 성인기까지 지속할 수 있다는 점에서 유아가 올바른 식습관을 형성하도록 지도하는 것은 매우 중요하다. 유아는 부모의 식습관을 모방하기 쉬우므로 부모가 바른 자세로 편식하지 않는 등 유아에게 좋은 식습관의 모범을 보이는 것이 필요하다(천인애, 한미아, 박종, 최성우, 류소연, 2013).

셋째, 유아가 상황에 맞는 언어를 원활히 구사할 수 있도록 지도하는 것이다. 특히 한국어는 존댓말이 있으므로 부모는 반말과 존댓말을 사용하는 경우를 구별하고 어른에게 존댓말을 사용하도록 지도해야 한다. 인사하는 방법 역시 상황에 따라 다르므로 부모는 칭찬과 격려를 통해 유아가 상황에 적합한 인사법을 학습할 수 있도록 가르쳐주어야 한다. 부모는 약속이나 질서와 같이 사회구성원으로서 살아가는 데 필요한 여러 가지 규칙이나 규범을 강조하고 이를 유아가 지킬 수 있도록 격려해야 한다. 유아가 책임 있는 언행을 자연스럽게 익힐 수 있도록 충분한 시간을 제공하고 기다리는 부모의 자세가 요구된다.

2) 조력자

조력자로서 유아기 부모역할은 첫째, 유아에게 다양한 학습경험을 제공하는 것이다. 유아기는 신체적·인지적·사회적 발달이 활발히 이루어지는 시기이므로 유아가 사회생활에 필요한 지식과 기술, 태도, 가치 등을 습득할 수 있도록 충분한 학습경험이 제공되어야 한다. 특히 유아는 놀면서 또래 관계를 통해 다양한 사회적 기술을 습득하므로 부모는 유아에게 또래 간의 활동에 참여할 기회를 제공해야 한다. 더 나아가 부모는 유아가 다양한 친사회적 행동을 습득할 수 있도록 모범을 보이는 것이 중요하다. 예를 들어, 도서관이나 박물관, 마트, 공원 등에서 지켜야 할 예절과 태도 등의 모범을 보여줌으로써 부모는 유아에게 모방을 통한 학습의 기회를 제공할 수 있다.

둘째, 유아 스스로 규칙을 정하고 지킬 수 있도록 도와주는 것이다. 유아기는 주도성이 발달하는 시기로, 유아는 놀이나 활동의 목표를 세우고 그 목표를 달성하기 위해 능동적으로 활동에 참여하면서 주도성을 발달시킨다(김승희, 2016a). 하지만 활동이 실패하거나 타인에 의해 억제되면 유아는 죄책감을 느끼게 된다. 그러므로 부모는 유아의 발달수준에 맞는 과제를 제시하고 유아 스스로 과제를 완수할 수 있도록 도와주어야 한다. 예를 들면, 유아가 스스로 음식을 먹고 옷을 입을 수 있도록 부모는 참고 기다리는 것이 필요하다. 유아가 지켜야 할 규칙도 강제하기보다 유아 스스로 규칙을 정하고 정해진 규칙은 반드시 지킬 수 있도록 도와주어야 한다.

셋째, 유아가 책임감 있는 언행을 습득하도록 도와주는 것이다. 유아는 종종 현실과 환상을 혼동하여 거짓말하는 경우가 있는데, 이때 부모는 과민반응하거나 꾸짖지 말고 자연스럽게 대하는 것이 필요하다(최외선 외, 2008). 그러나 유아가 자신의 잘못을 감추기 위해 고의로 거짓말할 때는 거짓말을 하게 된 원인을 파악하고 유아의 행동이 바뀌도록 도와주어야 한다. 인간관계에서 신뢰가 중요함을 유아에게 설명함으로써 부모는 책임감 있는 언행의 중요성을 강조해야 한다. 유아가 공격적 언행을 할 때도 부모는 행동의 원인을 파악하고 공격적 언행 그 자체가 나쁜 행동임을 깨닫도록 도와주어야 한다. 동시에 부모는 유아의 바람직한 행동에 대해 긍정적 피드백을 즉각적으로 제공함으로써 유아가 책임감 있는 언행을 습득하도록 도와주어야 한다.

넷째, 유아의 말을 경청하고 개방적으로 의사소통하는 것이다(이원영 외, 2019). 달리 말하면 자녀가 자기 생각과 감정을 솔직히 표현하도록 수용적인 분위기를 조성하는 것이 필요하다. 유아는 자기감정을 솔직하게 표출할 수 있는 대상으로 부모를 간주한다. 그러므로 부모는 유아가 자기감정을 솔직하게 표현할 수 있는 분위기를 조성함으로써 유아의 감정조절을 도와주어야 한다. 특히 부정적 감정을 적절하게 표현하는 방법을 가르쳐 줌으로써 부모는 유아의 감정조절을 도와주어야 한다. 또한 부모는 유아의 행위에 대해 구체적으로 언급하는 것이 중요하다. '장난감을 정리해야지.', '신발을 바르게 벗어야지.'와 같이 행위를 있는 그대로 이야기할 때 유아는 자신이 무엇을 어떻게 해야 할지를 쉽게 파악하기 때문이다.

Chapter

05

아동기 부모역할

아동기는 만 6세부터 11세까지로, 학교생활을 통해 논리적 사고와 자아개념, 도덕성 등이 두드러지게 발달하는 시기다. 아동은 학교가 생활의 중심이 되어 읽고 쓰는 등의 기술을 습득하고, 많은 사회적 관계를 형성하면서 친구와의 우정이 돈독해지게 된다. 특히 문제해결은 아동의 일상인데, 왜냐하면 해결해야 할 문제가 매일 발생하기 때문이다. 또래 관계나 학교 과제 등의 문제를 해결하기 위해 아동은 문제해결을 위한 정보를 모으고 계획을 세우며 다양한 해결방안을 마련하여 문제를 해결한다. 아동은 처음에는 다양한 방법으로 문제를 해결하다가 나중에는 가장 효율적인 방법으로 문제를 해결한다(Siegler, 2000). 기억능력이 향상하고 세상에 대한 지식이 증가하면서 아동의 문제해결능력은 더욱더 발달하며, 사회적 기술과 언어능력이 향상하면서 아동은 또래와 협력하여 문제를 해결하는 경우가 많아진다(김승희, 2016a). 아동은 또래와 비교하면서 자신의 장단점이나 호불호와 같이 자신에 대한 지식이 많아지고, 유아보다 더 정교한 자아개념을 가지게 된다. 따라서 부모는 영유아기와 다른 아동기의 특성을 파악하고 아동이 독립적으로 문제를 해결하면서 학교생활에 원만히 적응할 수 있도록 격려해야 한다.

1. 발달특성

아동기에는 또래 관계가 발달에 결정적 역할을 한다(김승희, 2016a). 공식적인 학교생활이 본격화하면서 아동은 또래로부터 자신의 능력을 인정받고 또래와 원만한 관계를 맺으면서 학교생활이 유지되기를 희망한다. 또래로부터 인정받는 아동은 학업에 충실하고 친절하며 협동적인 방식으로 또래와 의사소통하지만(Newcomb, Bukowski & Pattee, 1993), 또래로부터 심하게 거부당하는 아동은 심리적으로 크나큰 상처를 입고 인간관계를 맺는 것에 두려움을 느끼면서 학교생활에 잘 적응하지 못한다. 이는 잦은 결석과 낮은 학업성취도, 낮은 자아존중감, 반사회적 행동 등으로 이어지고 성인기의 범죄와도 연관된다(Laird et al., 2001). 유아기와 비교하여 아동기에는 성인의 도움 없이 스스로 문제를 해결해야 하는 상황이 자주 발생하므로 독립성이 급격히 향상된다. 인지능력의 발달로 유아기보다 더 논리적으로 사고하고 도덕적 규칙과 사회적 관습을 훨씬 더 잘 이해하면서 아동은 훨씬 더 명확한 도덕적 판단을 내리게 된다. 그러나 학교교육이 본격화되면서 학습능력에 대한 평가가 지속해서 이루어지고 자신과 또래를 비교하는 경우가 잦아짐에 따라 아동기 초기에는 자아존중감이 낮아지는 경향이 있다(Marsh, Craven & Debus, 1998).

1) 신체발달

(1) 신체성장

유아기에 이어 아동기에도 신체발달이 완만한 속도로 이루어진다. 신장은 일년에 평균 5~7.5cm 정도 자라고, 체중은 보통 2kg 정도 증가한다. 8세경까지는 여아가 남아보다 신장이 작고 체중이 덜 나가지만, 9세경부터 여아의 성장 속도가 빨라지기 시작하면서 상황이 뒤바뀌게 된다. 성장 급등이 일어나는 사춘기가 남아보다 여아에게서 2~3년 정도 빨리 시작되기 때문이다. 남아의 성장 급등이 시작되는 11~12세경부터는 남아가 여아를 추월하게 된다. 아동기 동안 신체성장에서 개인차가 크게 나타나는데, 가령 같은 8세임에도 신장이 큰 아동과 작은 아동 사이에 무려 22cm의 차이가 나기도 한다(Berk, 2004).

아동기에는 팔다리와 손, 발의 성장이 가속하고 근력이 향상하면서 유아기보다 훨씬 더 가늘어진 모습이 된다(Santrock, 2014). 남아는 여아보다 근육세포가 더 많아서 힘이 더 세고, 엉덩이에 비례하여 어깨가 넓어지게 된다. 여아는 빠른 속도로 지방이 축적되어 살이 붙고, 허리에 비례하여 엉덩이가 넓어지게 된다(Berk, 2012). 성장 급등이 일어나는 동안 근육의 성장 속도가 뼈의 성장 속도에 미치지 못하여 다리가 뻣뻣해지거나 통증을 느끼는 성장통(growing pains)이 나타나기도 한다. 또한 아래턱뼈가 자라면서 점차 얼굴이 길어지는 등 얼굴 윤곽이 변하게 된다.

아동기는 20개의 젖니가 영구치로 바뀌는 시기이므로 치아 관리를 잘하는 것이 매우 중요하다. 치아가 아동의 외모와 말하기, 씹기 등에 많은 영향을 미치기 때문이다(Berk, 2004). 특히 위아래의 치아가 정상적으로 맞물리지 않는 **부정교합**(malocclusion)이 되면 발음이 정확하지 않고, 음식물을 씹기도 힘들며, 구강 위생 상태가 좋지 않게 된다. 부정교합은 선천적 요인과 후천적 요인에 의해 생기는데, 과잉치나 구순구개열과 같은 선천적 요인이 더 많은 영향을 미치는 것으로 보고된다. 후천적 요인으로 손가락을 빨거나 혀를 내미는 등의 나쁜 습관, 외상에 의한 턱뼈 손상, 젖니의 조기 상실 등이 있다. 그러므로 아동기에는 나쁜 습관을 지니지 않도록 하는 것이 매우 중요하며, 충치로 인해 치통을 앓거나 학습에 집중하지 못하는 경우가 생길 수 있으므로 정기적인 치과 검진이 필수적이다.

(2) 운동발달

운동능력은 아동기 동안 꾸준히 발달하여 유아기보다 훨씬 더 정교하고 유연해지게 된다. 대근육 운동발달의 경우, 아동은 달리기나 줄넘기, 등산, 수영 등 거의 모든 종류의 운동을 할 수 있게 된다. 협응능력의 발달을 가장 잘 보여주는 지표인 공을 다루는 기술도 매우 증진되어 아동은 공을 보다 멀리 던지고 더 잘 받을 수 있게 된다(정옥분, 2013). 균형 감각과 민첩성, 정확성 등이 향상되어 아동은 신속하게 방향을 전환하거나 상대 선수를 피할 수 있다(Berk,

2013). 이렇게 야구나 농구, 배구, 피구 등과 같은 단체경기에서 요구되는 운동능력이 증진됨으로써 아동은 규칙에 따라 협동하면서 여러 가지 놀이나 게임을 즐길 수 있다.

소근육 운동발달 역시 아동기 동안 꾸준히 이루어지는데, 이는 글자를 쓰거나 그림을 그리는 것, 악기를 다루는 것 등으로 나타난다. 6세경에 2차원의 형태를 그리는 수준에서 9~10세경에 3차원의 형태를 그리는 수준으로 발전한다(Berk, 2004). 7세경에 손놀림이 빨라지면서 연필로 빠르게 글자를 쓸 수 있으며, 10~12세경에 손놀림이 성인 수준으로 발전하면서 정교한 수공예품을 만들 수 있다(정옥분, 2013). 소근육 운동발달이 활발히 이루어지면서 스스로 옷을 입고 벗으며 수저를 자유자재로 사용하고 신발 끈을 매는 등 자조 기술이 향상된다. 자조 기술의 향상과 함께 아동은 자신의 능력에 대한 자신감을 느끼고 근면성과 독립성을 획득하게 된다.

신체성장과 마찬가지로 운동발달에서도 개인차가 크게 나타난다. 운동발달은 유전적·환경적 요인에 영향을 받는데, 예컨대 부모가 운동을 권유하는 가정환경에서는 운동할 기회가 더 많기 때문에 운동능력이 더 발달하게 된다(Berk, 2004). 유아기에 나타났던 운동발달에서의 성차(gender difference)는 아동기에

두드러지게 된다. 여아는 소근육 운동발달에서, 남아는 대근육 운동발달에서 우월함을 보인다(Cratty, 1986). 이는 근육세포의 차이뿐만 아니라 남아에게 뛰어난 운동능력을 기대하는 사회적 압력에 의한 결과이기도 하다(Berk, 2013). 남아는 활동적이고 운동을 잘하는 것이 당연시되는 사회 분위기 때문에 자주 운동할 기회를 얻어서 운동능력이 더 발달하게 된다.

(3) 건강문제

아동기에 나타나는 가장 흔한 건강문제는 근시(myopia)다. 근시는 유전적 요인과 환경적 요인의 영향을 받는데, 유전적 요인의 영향을 더 많이 받는 것으로 보고된다. 부모가 근시인 아동은 그렇지 않은 아동에 비교해 근시가 될 위험성이 높으며, 백인보다 아시아인에게서 근시가 더 많이 나타난다(Feldkámper & Schaeffel, 2003). 그러나 요즈음 컴퓨터와 스마트폰의 사용이 증가하면서 환경적 요인의 영향이 점점 커지고 있다. 이는 책을 자주 보거나 과제 때문에 컴퓨터를 많이 사용하는 학기 중에 근시가 더 빨리 진행된다는 사실로 입증된다(Goss & Rainey, 1998). 책을 자주 보거나 컴퓨터를 많이 사용할수록 근시가 될 가능성이 커지는 것이다(Mutti et al., 2002).

아동기에 나타나는 또 다른 건강문제는 비만(obesity)이다. **비만**은 체지방이 과다하게 쌓여 있는 상태로, 음식으로 섭취하는 열량이 몸을 움직이며 소비하는 열량보다 많을 때 생긴다. 비만은 일반적으로 신장과 체중의 비율을 사용하여 지방의 양을 추정하는 **신체질량지수**(body mass index)로 측정된다. 한국인은 신체질량지수가 25 이상, 서양인은 30 이상이면 비만으로 정의한다. 비만은 생활방식과 식습관을 근본적으로 바꾸지 않으면 성인기까지 이어지기 때문에 만성질환으로 간주한다. 최근 경제성장과 식습관의 변화, 운동 부족 등으로 비만 아동이 계속 증가하는 추세다. 비만 아동은 홀로 집에서 컴퓨터나 텔레비전을 보는 시간이 많아서 대인관계가 원만하지 못하고 자존감이 낮으며 심장병이나 당뇨병, 고지혈증, 동맥경화, 지방간, 고혈압 등의 합병증이 나타나기 쉽다(Krebs & Jacobson, 2003).

아동의 건강을 위협하는 것으로 사고나 부주의에 의한 부상이 있다. 아동기에 운동능력이 발달하고 행동반경이 넓어지면서 자전거나 자동차 사고로 인한 뇌 손상이 많이 나타난다. 아동은 아직 행동하기 전에 여러 가지 상황을 동시에 고려하여 판단하지 못하는데(Tuchfarber, Zins & Jason, 1997), 이런 이유로 걷거나 자전거를 탈 때 신호등이나 교통법규를 위반하는 일이 생기면서 사고가 발생한다. 롤러스케이트나 스케이트보드, 축구, 농구 등을 할 때 넘어지거나 부딪히면서 골절이나 뇌 손상을 입는 경우도 자주 발생한다. 뇌 손상은 사망이나 영구적인 신체장애를 초래할 수 있다(Schieber & Sacks, 2001). 그러므로 아동이 안전모와 보호대를 착용한 후 놀이나 경기에 참여하고 위험 상황에 적절히 대처할 수 있도록 안전교육이 철저히 시행되어야 한다.

2) 인지발달

(1) 보존개념

아동기는 피아제 이론의 구체적 조작기에 해당되며 이 시기에 비로소 정신적 조작(mental operations)이 가능해진다. 정신적 조작은 좀 더 체계적이고 효율적인 전략과 규칙을 사용하여 문제를 해결하는 것으로(Kail, 2009), 정신적 조작을 통해 아동은 유아보다 좀 더 융통성 있고 논리적이며 조직적인 사고를 하게 된다. 구체적 조작기의 정신적 조작은 계열화, 범주화, 탈중심화, 가역성, 보존개념 등으로 나타난다(Ginsburg & Opper, 1988). 아동은 탈중심화를 획득하여 한 번에 한 가지 이상의 측면을 고려할 수 있으므로 문제를 해결할 때도 문제의 다양한 측면을 고려하여 논리적으로 판단한다(Levine & Munsch, 2014).

보존개념(conservation)은 구체적 조작기에 획득되는 가장 중요한 능력 중의 하나로, 모든 과제에 대한 보존개념이 구체적 조작기에 형성된다. 하지만 과제에 따라 보존개념을 획득하는 연령은 다른데, 예컨대 수에 대한 보존개념은 5~6세, 길이는 6~7세, 무게와 질량, 면적 등은 7~8세, 부피는 11~12세에 획득된다(심응철, 전우병, 양돈규, 2008). 보존개념을 갖는다는 것은 전조작기에서 구체적 조작기로의 이행을 의미하며, 보존개념의 획득으로 논리적인 사고가 발달하게 된다. 더불어 보존개념을 갖는다는 것은 대상에 대한 정확한 개념을 알고 있다는 것을 의미한다. 대상에 대한 정확한 개념을 알고 있을 때 대상의 외양이 변하더라도 같은 대상으로 인식할 수 있기 때문이다.

(2) 가역성

가역성(reversibility)은 사고가 진행되어 온 과정을 거꾸로 되밟아 가면서 원래의 상태를 회복하는 능력으로, 구체적 조작기에 들어서면서 직관적 사고에서 벗어나 가역성을 획득하게 된다. 아동은 가역성을 획득하면서 지각적으로 판단하던 유아기의 사고를 극복하게 된다(Levine & Munsch, 2014). 가령 짧고 넓적한 컵에 있는 물을 가늘고 긴 컵으로 옮기면 유아는 옮긴 컵의 물 높이가 더 높아서 물이 더 많다고 말한다. 하지만 가역성을 획득한 아동은 그 과정을 거꾸로 되돌려서 다시 짧은 컵에 옮길 수 있으므로 그 양이 같다고 말한다.

가역성을 획득함으로써 아동은 더하기와 빼기, 곱하기, 나누기 등의 연산 수행이 가능해진다. 가령 2 더하기 3은 5이며, 5에서 3을 빼면 다시 2로 돌아온다는 것을 이해하게 된다. 이렇게 가역성을 획득함으로써 아동은 상태가 변하는 전 과정에 주의를 집중할 수 있다. 전조작기의 유아는 상태의 처음과 끝에만 주의를 집중하고 그 중간 과정을 고려하지 못하여 컵이 다르면 물의 양이 다르다는 잘못된 판단을 한다. 하지만 구체적 조작기의 아동은 상태가 어떻게 변하는지에 주의를 집중하고 바뀌는 전 과정을 고려하므로 컵이 달라도 물의 양이 같다고 말한다. 결국 아동은 가역성을 획득함으로써 모든 과제에 대한 보존개념을 획득하게 된다.

(3) 범주화

피아제는 사물이나 사건을 공통적인 속성을 중심으로 분류하고 체계화하는 능력인 **범주화**(categorization)를 구체적 조작기의 핵심으로 간주하였다(Levine & Munsch, 2014). 구체적 조작기의 아동은 위계적 분류체계뿐만 아니라 일반적 범주와 특별한 범주 사이의 관계에 대해서도 이해한다(Ni, 1998). 아동은 카드나 우표, 동전과 같은 물건을 모으고 이를 모양이나 색깔 등에 따라 분류하는 데 많은 시간을 보내며, 스무고개(twenty questions) 놀이를 즐기기도 한다. 유아는 '그거 고양이야?', '그거 의자야?'와 같이 매우 구체적인 질문으로 시작하지만, 아동은 개개의 사물을 큰 범주 안에 포함할 수 있으므로 동물이나 식물과 같은 큰 범주에서 점차 작은 범주로 좁혀가면서 질문을 던진다(Levine & Munsch, 2014).

유아는 사물을 직관적으로 판단하기 때문에 개념 형성에 범주화를 이용하지 못하지만, 아동은 범주화를 이용하여 다양한 개념을 이해하고 변별하고 기억할 수 있다. 가령 사과와 배, 귤, 장미, 국화, 개, 말, 돼지 등의 그림을 보여주고 외워보라고 하면 유아는 그냥 외우려고 하지만, 아동은 과일과 꽃, 가축 등으로 범주화하여 외운다. 그래서 아동은 대상과 그 대상이 속한 범주 간의 개념적 관계를 이해하면서 새로운 단어를 학습한다(Goswami, 2010). 더 나아가 아동은 주어진 몇 개의 사례에서 정보를 추출하여 정확하게 미래의 상황을 추론하는 것이 가능하다. 결국 전체와 부분의 관계를 이해하는 범주화를 통해 아동은 언어와 예측, 추론, 의사결정 등의 능력이 발달하게 된다.

3) 언어발달

유아기보다 속도는 느리지만, 아동기에도 단어와 문법, 의사소통 등이 지속해서 발달한다. 아동은 보통 매일 약 20개의 새로운 단어를 습득한다. 그래서 아동기 말기에는 아동기 초기보다 네 배 증가한 약 40,000개 정도의 단어를 사용한다(Berk, 2012). 아동은 복잡한 단어의 구조를 분석하고 문맥에서 단어의 의미를 파악함으로써 새로운 단어를 습득하는 능력이 향상된다(Nagy & Scott, 2000). 지식이 확장되고 더욱 조직화함에 따라 아동은 단어를 더욱 신중히 생각한 후 사용하고 하나의 단어에 담겨있는 여러 가지 의미를 구별한다. 이렇게 단어가 가진 여러 가지 의미의 미묘한 차이를 구별함으로써 아동은 상황에 맞는 적절한 단어를 사용할 수 있다. 비유나 은유를 이용하여 말하면서 일상적으로 수수께끼나 말장난을 즐기기 때문에 아동기 동안 유머 감각이 발달한다(Nippold, Taylor & Baker, 1996).

문법발달의 경우, 아동기 동안 복잡한 문법체계를 이해하고 숙달하는 것으로 나타난다. 아동은 수동태 문장을 매우 빈번하게 사용하며, 연령이 증가함에 따라 명사와 동사에도 수동태를 적용할 수 있다(Berk, 2012). 유아는 문장의 주어가 생물일 때 주로 수동태를 사용하지만, 아동은 문장의 주어가 무생물일 때도 수동태를 사용한다(Lempert, 1989). 예를 들어, '누가 유리를 깨트렸다.'라는 능동태 문장 대신 '유리가 깨졌다.', '모자가 찢어졌다.'라는 수동태 문장을 사용한다. 특히 학교생활을 통해 읽기와 쓰기 등 언어학습이 본격화되면서 단어와 문법의 발달이 활발히 이루어진다.

의사소통능력 역시 학교생활을 통해 언어적 상호작용이 활발히 이루어지면서 많이 향상된다. 유아는 '이것', '저것'처럼 모호하게 말하지만, 아동은 '저 빨갛고 둥근 것'이라고 구체적으로 말하면서 분명하게 자신의 의사를 표현하므로 더 원활한 의사소통이 이루어진다(Deutsch & Pechmann, 1982). 아동은 상대방이 누구냐에 따라, 상황에 따라 다르게 말한다(Warren-Leubecker & Bohannon, 1989). 가령 성인에게는 '과자 하나만 주세요.'라고 말하지만, 또래에게는 '과자 하나만 주라.'라고 말한다.

아동의 의사소통능력은 말하는 능력뿐만 아니라 듣는 능력의 향상을 통해 증진된다. 상대방이 비유나 은유, 풍자를 사용하여 말할 때 아동은 그 말의 속뜻을 이해하고 적절하게 반응할 수 있다. 가령 교실이 쓰레기장 같다는 교사의 말을 들으면 교실이 매우 더러우니 깨끗이 하라는 의미로 알고 청소를 시작한다. 상대방이 과장된 표현으로 말할 때도 아동은 그 말을 곧이곧대로 듣지 않고 의심한 다음 진위를 가려서 받아들인다(Mills & Keil, 2005). 이렇게 타인의 메시지를 정확히 평가하고 이해하는 것이 가능해지면서 아동은 교사나 부모의 복잡한 지시사항을 잘 이해하고 수행할 수 있다(Hurewitz et al., 2000).

4) 정서발달

(1) 자아개념

아동기는 프로이트 이론의 잠복기에 해당하는 시기이며, 에릭슨 이론에서는 근면성의 발달 여부가 이 시기의 심리사회적 위기가 된다. 아동은 학교교육을 통해 사회생활에 필요한 여러 가지 기술을 습득하면서 근면성을 발달시킨다. 아동은 자신의 능력을 발달시키면서 자신감을 느끼게 되고 자신의 장단점을 알게 된다. 종종 자신과 타인의 능력을 비교하면서 자신의 능력을 믿지 못하고 열등감을 가지기도 한다. 이러한 과정을 통해 아동은 더욱 세련된 자아개념을 형성한다.

아동의 세련된 자아개념은 자신이 무엇을 할 수 있다는 식으로 능력 중심의 자기소개를 하거나, 자신이 무엇은 잘하고 무엇은 못 한다는 식으로 자신의 장점뿐만 아니라 단점을 언급하는 것에서 잘 드러난다(Damon & Hart, 1988). 아동은 자신의 능력이나 외모, 행동 등을 타인과 비교하므로 누구는 수학을 잘하지만, 자신은 과학을 잘한다는 식으로 말한다. 유아는 한 명의 또래와 자신을 비교하지만, 아동은 여러 명의 또래와 자신을 비교한다. 그래서 아동은 자신이 어떤 일은 매우 잘하고 어떤 일은 보통이며 어떤 일은 못 한다는 식으로 자신을 평가한다(Berk, 2004).

이렇게 여러 분야에서 타인과 비교하면서 자신을 평가하므로 아동의 자아존중감은 아동기 초기에 낮아지는 경향이 있다(Marsh, Craven & Debus, 1998). 연령이 증가함에 따라 자신의 특성과 능력, 장단점 등을 객관적으로 평가하고 수용하면서 아동의 자아존중감은 안정화된다(Trzesniewski, Donnellan & Robins, 2003). 아동의 자아존중감은 학업성취도나 대인관계 등과 밀접하게 연관되며 아동의 삶에서 매우 중요한 역할을 한다(Jacobs et al., 2002). 자아존중감이 높은 아동일수록 다양한 활동에서 얻는 성취감이 높고 타인과 원만한 관계를 맺는 것으로 보고된다. 또한 사회에 적응하는 능력이나 사회적 기술이 뛰어나고 양심적이며(Robins et al., 2001), 도전적 과제를 더 잘 수행하는 것으로 나타난다(Daniels, 1998).

(2) 정서능력

아동기에는 자아개념이 발달함에 따라 성공감이나 실패감과 같은 자의식적 정서의 발달이 활발히 이루어진다. 가령 어려운 과제를 수행하는 것은 힘듦에도 보람이 있다거나, 실수해서 결과가 나쁨에도 다음에는 잘해야 한다고 말하는 것에서 아동의 자존심이나 죄의식이 드러난다(Berk, 2004). 아동은 자신이 스스로 통제할 수 있음에도 통제하지 못해서 어떤 규칙이나 기준을 위반할 때 수치심을 느낀다. 그러나 자존심은 아동에게 더 큰 도전을 하도록 동기를 부여하며, 죄의식은 아동 스스로 자신을 뒤돌아보면서 잘못을 고치도록 자극한다는 점에서 아동에게 긍정적이라고 할 수 있다. 결국 외적 사건에 중점을 두는 유아와 다르게 아동은 느낌이나 생각 등 내적 상태에 중점을 두고 자신의 정서를 설명함으로써 정서표현능력이 발달한다(Flavell, Flavell & Green, 2001).

아동은 유아보다 다양한 정서를 더 잘 인식하며 한 번에 한 가지 이상의 정서를 경험하는 것이 가능함을 안다(Pons, Lawson, Harris & de Rosnay, 2003). 이렇게 여러 가지 정서를 동시에 경험하는 것이 가능함을 알게 되면서 아동은 타인이 표현하는 정서와 실제 정서가 다를 수도 있음을 알게 된다(Saarni, 1999). 가령 상대방이 미안함을 보이지만, 사실은 자신에 대한 분노와 타인에 대한 서운함이 있음을 아동은 안다. 아동은 현재 드러나는 정서만으로 타인의 정서를 이해하는 것이 아니라 맥락에서 드러나는 상황을 고려하여 타인의 정서를 인식하는 것이다. 아동은 추리력이 발달하면서 타인이 새로운 상황에서 어떻게 느낄지를 과거의 사건이나 경험을 통해 추론할 수 있다.

특히 조망수용능력이 발달하면서 아동은 타인의 고민이나 처지를 이해하는 것이 가능해진다. 또한 같은 사건도 사람에 따라 매우 다르게 해석될 수 있음을 알게 되고 타인의 처지에서 사건을 바라보게 된다. 조망수용능력은 아동마다 가지고 있는 인지능력이 달라서 같은 연령의 아동에서도 매우 다양하게 나타난다(Fitzgerald & White, 2003). 사회적 기술이 부족하고 공격성이 있는 아동은 타인의 정서나 생각을 잘 이해하지 못하므로 종종 어떠한 양심의 가책도 느끼지 않으면서 타인을 괴롭힌다. 반면에 타인의 정서를 잘 이해하는 아동은 타인이 느끼는 고통이나 슬픔 등을 상상할 수 있어서 타인을 돕기 위한 봉사활동이나 모금 활동 등에 적극 참여한다(Berk, 2004).

정서조절능력 역시 아동기에 급속히 발달하는데, 왜냐하면 자신의 능력이나 특성을 또래와 비교하면서 느끼는 부정적 정서를 조절하는 경우가 많아지기 때문이다. 아동기에는 문제 상황이 일상적으로 발생하는데, 이때 아동은 사회적 지지를 얻으면서 문제를 해결하는 가장 좋은 방법을 모색하므로 정서조절능력이 발달한다. 연령이 증가함에 따라 아동은 부모나 교사, 또래 등 타인과의 상호작용이 활발해지면서 점점 더 자신의 정서를 사회가 인정하는 방식으로 표현하게 된다. 손가락을 빨거나 우는 행동보다는 타협이나 설득과 같은 언어적 상호작용을 통해 아동은 문제를 해결한다(Saarni, 1999). 인지능력이 발달하고 사회적 경험이 다양해짐에 따라 아동은 자신의 정서를 조절하면서 여러 가지 방법으로 문제를 해결한다.

5) 사회성발달

(1) 성 역할

유아기에 형성된 성 역할 고정관념은 아동기 동안 더욱 확장되어 아동기가 끝날 무렵에는 거의 성인 수준의 성 역할 고정관념이 형성된다(Kail, 2009). 초등학교 입학 이후에 아동은 수학이나 과학은 남성스러운 과목으로, 국어나 음악은 여성스러운 과목으로 생각한다(Jacobs & Weisz, 1994). 이러한 생각은 특정 과목에 대한 선호도뿐만 아니라 그 과목을 얼마나 잘할 수 있는지와 같은 능력에 영향을 미친다. 그래서 남아는 수학이나 과학을 잘하고, 여아는 국어를 잘한다는 고정관념이 형성된다. 게다가 남아가 여아보다 더 뛰어나다는 고정관념 때문에 여아는 자신이 남아보다 더 좋은 점수를 받음에도 자신의 능력을 확신하지 못하고 비난하는 경향이 있다(Stetsenko et al., 2000).

특히 아동은 남자와 관련된 특성과 직업이 여자와 관련된 특성과 직업보다 사회적으로 더 인정받으며 더 높은 지위를 가진다는 사실을 알게 된다(Liben, Bigler & Krogh, 2001). 이렇게 성 역할과 연관된 행동과 특성에 대한 지식을 점점 더 많이 습득하면서 아동의 성 역할 고정관념은 더욱 굳어진다. 그래서 남아는 자신의 남자다운 특성을 강화하려고 노력하지만, 여아는 자신의 여자다운 특성을 강화하려고 애쓰지 않는다. 이를테면, 여아는 소방관이나 천문학자와 같이 남자의 직업으로 여겨지는 것에 관심을 가지거나, 남아가 주로 하는 운동 경기나 과학 활동에 참여하는 모습을 보인다(Liben & Bigler, 2002).

연령의 증가와 함께 인지능력이 발달함에 따라 아동은 성 역할에 대해 융통성을 가지게 된다(Levy, Taylor & Gelman, 1995). 성 역할에 대한 지식이 쌓이면서 아동은 모든 사람이 성 역할 고정관념에 따라 행동하는 것은 아님을 알게 된다(Bigler & Liben, 1992). 남아보다 여아가 성 역할에 대해 더 융통성을 보이고(Ruble & Martin, 2000), 하류층보다 중류층 아동이 더 융통성 있게 생각하는 것으로 나타난다(Serbin, Powlishta & Gulko, 1993). 아동은 성 역할 고정관념이 생물학적 요인보다는 사회적 압력에 의한 것임을 이해하면서 모든 사람이 양성적인 생활을 할 수 있다고 생각한다(Taylor, 1996). 그러나 아동은 남아가 여아의 옷을 입거나, 여아가 시끄럽고 거칠게 행동하는 것을 나쁘게 생각하며 화를 내기도 한다.

(2) 또래 관계

아동기에 성 역할 고정관념이 확장되면서 동성의 또래와 노는 경향이 더욱 강해진다. 아동은 동성의 또래와 함께 집단을 이루어 놀면서 남아는 대개 남성적인 놀이를 하고 여아는 여성적인 놀이를 한다(McHale et al., 2004). 남아는 거친 몸싸움이 포함된 놀이를 좋아하고 경쟁적이며 상호관계에서 우위를 점하고자 하는 경향이 강하고, 여아는 덜 경쟁적이고 덜 공격적인 경향을 보인다. 이렇게 다른 성향 때문에 여아는 남아와 어울리는 것을 피하게 된다(Maccoby, 1999). 문제를 해결할 때도 여아는 서로서로 돕고 격려하면서 문제를 해결하지만, 남아는 타인과 논의하지 않고 문제를 해결하는 모습을 보인다(Leman, Ahmed & Ozarow, 2005).

여아는 타인과 상호작용할 때 상대방을 지지하면서 관계를 유지하려고 노력하지만, 남아는 상대방을 위협하거나 과장하면서 상호작용을 중시하지 않는 경향이 있다. 여아는 자신의 상호작용 방식이 남아에게 효과적이지 않음을 알기 때문에 남아와 어울리려고 하지 않는다. 이렇게 주로 동성의 또래와 어울리므로 여아는 여아로부터, 남아는 남아로부터 친사회적 행동이나 공격성 등을 배우게 된다. 동성의 또래와 보내는 시간이 많을수록 여아는 덜 활동적이고 덜 공격적이 되며, 남아는 더 활동적이고 더 공격적으로 변한다(Martin & Fabes, 2001).

그뿐만 아니라 쉬는 시간이나 점심시간, 방과 후에 수시로 만나 끊임없이 취미와 관심사를 공유하므로 아동기에는 자연스럽게 또래문화가 형성된다. 이처럼 집단만의 특수한 문화를 형성하면서 종종 집단에 속하지 않는 또래를 따돌리는 경우가 발생한다. 남아보다 여아가 또래를 따돌리는 경우가 더 많으며, 따돌림의 경험이 많아서 여아는 따돌림의 부당함을 남아보다 더 일찍 깨닫게 된다(Killen, Crystal & Watanabe, 2002). 따돌림을 당하는 아동은 깊은 상처를 입으며 새로운 인간관계를 맺는 것이 어려운 것으로 나타난다.

아동은 몇몇 또래와 일대일 관계를 맺으면서 우정을 발달시킨다. 우정은 서로 간의 신뢰를 바탕으로 형성되기 때문에 아동은 약속을 어기거나 뒤에서 험담하는 등 신뢰를 깨뜨리는 행동이 매우 부정적이며 우정을 깨뜨리는 것으로 생각한다(Selman, 1980). 여아의 우정은 남아보다 더 많은 친밀감을 요구하므로 아주 친한 또래와만 우정을 유지하는 등 배타성이 강하게 나타난다(Markovits, Benenson & Dolensky, 2001). 그래서 여아가 남아보다 따돌림을 더 많이 경험하게 된다.

아동은 성격이나 취미, 사회경제적 지위 등이 자신과 비슷한 또래와 우정을 형성하므로 관계가 지속할수록 공격성이나 친사회적 행동, 학업성취도 등이 비슷해지는 경향이 있다(Hartup, 1999). 친절하고 이타적인 또래끼리 우정을 형성하면 서로의 친사회적 행동이 증진되지만, 공격적인 또래끼리 만나면 반사회적 행동이 증대된다. 아동기에 형성된 우정은 안정성과 지속성을 가지므로 우정을 통해 아동은 인간관계를 유지하고 발전시키는 방법을 배우게 된다. 즉, 아동기에는 또래 관계의 질이 사회성발달에 지대한 영향을 미친다.

6) 도덕성발달

아동기는 콜버그(Lawrence Kohlberg)의 도덕성 발달단계 중 전 인습적 수준에서 인습적 수준으로 이행하는 시기다. 아동은 인지능력이 발달함에 따라 옳고 그른 것을 능동적으로 판단하며 조망수용능력이 발달하고 사회적 경험이 확장하면서 감정이입이나 이타심과 같은 도덕적 정서가 더욱 발달한다. 아동은 정의나 평등과 같은 개념을 이해하고, 이를 실천하기 위해 열띤 토론을 벌이기도 한다(Damon, 1988). 유아는 자신이 무언가를 가지려고 분배의 개념을 이해하지만, 아동은 한정된 자원을 모두가 공평하게 나눠 가지는 것으로 분배를 이해한다.

연령이 증가함에 따라 아동은 같은 양을 나눠 가지는 것보다 더 열심히 하거나 기여를 많이 한 사람에게 보상을 주는 것이 옳다고 생각한다. 더 나아가 불리한 처지에 있는 사람은 똑같은 결과물을 만들기가 어려우므로 그 사람에게 더 많은 관심을 기울여야 한다고 생각한다(McGillicuddy-De Lisi, Watkins & Vinchur, 1994). 이렇게 분배의 개념이 변하듯이 아동은 연령이 증가함에 따라 타인의 관점을 더욱더 고려하면서 정의나 평등과 같은 도덕적 개념을 형성하게 된다.

도덕적 개념이 발달함에 따라 아동은 도덕적 규칙과 사회적 관습을 내면화하고 그에 따라 행동하려고 노력한다. 아동은 유아보다 도덕적 규칙과 사회적 관습을 훨씬 더 잘 이해하며, 이를 위반하는 것에 대해 명확한 도덕적 판단을 한다. 가령 아동은 국기에 불만을 표현하는 것이 실수로 국기를 태우는 것보다 더 나쁘다고 판단한다. 아동은 어떤 의도를 가지고 관습이나 규칙을 위반하는 것이 도덕적 위반에 더 가깝다고 판단한다(Buchanan-Barrow & Barrett, 1998).

도덕적 규칙과 사회적 관습에 대한 이해가 깊어질수록 아동은 개인의 권리나 선택에 대해서도 분명한 판단을 하게 된다. 예를 들어, 머리 모양이나 옷차림, 여가활동 등은 개인이 자신의 의지에 따라 선택하는 것이며, 이런 선택의 권리가 개인에게 있음을 아동은 이해한다. 언어나 종교 역시 개인에게 선택할 권리가 있으며(Helwig & Turiel, 2002), 개인의 권리를 침해하는 법은 그 자체가 잘못된 것이므로 이를 위반하는 것이 당연하다고 생각한다(Helwig & Jasiobedzka, 2001).

그러므로 아동의 도덕성발달을 위해서는 도덕적 가치에 대해 여러 가지 시각을 제시하는 것이 요구된다. 아동이 도덕적 판단을 내리기 위해서는 상황의 다양한 측면을 고려하는 것이 필요하기 때문이다. 정직이나 겸손과 같은 도덕적 가치를 일방적으로 전달하는 것이 아니라 아동이 여러모로 상황을 분석한 후 도덕적 판단을 내릴 수 있도록 기회를 제공하는 것이 중요하다. 교사나 부모는 아동 스스로 도덕적 가치와 행동을 판단할 수 있도록 토론의 기회를 제공해야 한다(Nucci, 2001).

2. 부모역할

아동기에 학교생활이 본격적으로 시작하면서 부모역할은 신체적 양육 형태를 벗어나 심리적 양육 형태로 변화하게 된다. 영유아가 다치지 않도록 보호하는 차원을 넘어서서 아동의 원만한 사회생활을 위한 심리적 지지가 요구되는 것이다. 영유아기와 다르게 아동기에는 연령에 따른 사회적 기대가 커지므로 아동은 사회규범이나 규칙 등을 위반할 때 느끼는 죄의식이나 수치심 때문에 스트레스를 많이 받는다. 게다가 아동은 학업 때문에 많은 스트레스를 받으며, 자신의 장점뿐만 아니라 단점, 관심, 특성, 능력 등이 또래와 비교되면서 심리적 어려움을 겪는다. 주로 부모-자녀 관계를 통해 사회화가 이루어지던 가족의 품을 벗어나 또래나 교사와의 관계를 통해 사회화가 이루어지면서 아동은 스트레스를 많이 받는 것이다. 따라서 부모는 아동이 가정생활에서 벗어나 학교생활에 적응하면서 겪는 좌절감이나 무력감, 실패감, 소외감 등을 극복할 수 있도록 도와주어야 한다. 부모는 또래와 비교하면서 아동을 위축시키거나 자녀의 발달속도를 무시하고 무리한 학습내용을 강요해서는 안 된다. 부모는 아동에 대해 적절한 기대를 하고 수용적인 분위기를 조성함으로써 아동의 자아존중감을 높이는 데 중점을 두어야 한다.

1) 격려자

격려자로서 아동기의 부모역할은 첫째, 아동의 근면성이 발달할 수 있도록 지지하는 것이다. 아동기는 근면성이 발달하는 시기로, 아동은 학교생활을 통해 읽기, 쓰기, 셈하기와 같이 사회화에 필요한 인지적·사회적 기술을 습득함으로써 근면성을 발달시킨다(김승희, 2016a). 아동은 학교생활에서 이루어지는 여러 가지 일에 몰두하여 다양한 과제를 완수하고 어려운 기술에 능숙해지면서 자신의 능력에 대한 자신감을 가지게 된다. 그러나 기술을 습득하는 데 실패하면 아동은 자신의 능력을 믿지 못하면서 열등감을 느끼게 된다. 따라서 부모는 아동에게 적절한 수준의 과제를 제공하고 아동의 시도에 용기를 줌으로써 아동이 성취감을 느끼고 근면성을 발달시키도록 격려해야 한다.

둘째, 아동의 독립성발달을 도모하는 것이다. 아동이 초등학교에 입학하면 많은 부모가 아동의 학교생활 적응을 과잉으로 도와주는 경향을 보인다. 아동은 자조 기술이 향상되어 스스로 대부분의 일을 처리할 수 있음에도 아동의 학교생활을 심하게 우려하면서 아동이 해야 할 일을 부모가 대신하는 경우가 많은 것이다. 아동이 독립적으로 문제를 해결하는 능력은 학습능력만큼 중요하다(최외선 외, 2008). 그러므로 부모는 아동 스스로 식사와 목욕, 숙제 등을 할 수 있도록 인내를 갖고 반복적으로 가르치는 것이 필요하다. 특히 시간이 걸리더라도 아동 스스로 자기 일을 하는 것이 중요하므로 부모는 아동이 스스로 하는 데 초점을 두고 격려하는 것이 요구된다.

셋째, 아동이 원만한 또래 관계를 유지하도록 도와주는 것이다. 또래 관계를 형성하고 또래 관계에서 만족감을 얻는 것은 아동기의 중요한 발달과업이다(임은실, 김현수, 2019). 또래 관계는 아동의 행동을 지지하거나 강제하는 요인으로(김진경, 2002), 친밀감과 동일시의 원천으로 작용한다(Berndt, 1979). 그러나 또래 관계 형성과 유지는 쉽지 않은데, 왜냐하면 또래 관계를 지속하면서 많은 갈등상황이 발생하기 때문이다. 아동은 다양한 전략을 사용하여 갈등을 해결하고 관계를 지속하기 위해 노력한다. 하지만 최근에 아동의 놀이 시간이 감소하고 함께 어울리는 놀이 문화가 축소되면서 갈등상황을 해결하기가 더욱더 어려워지고 있다. 따라서 부모는 아동이 효과적으로 갈등상황을 극복하고 원만한 또래 관계를 유지할 수 있도록 적절한 조언과 용기를 주는 것이 필요하다.

2) 제공자

제공자로서 아동기의 부모역할은 첫째, 아동의 학습을 촉진하는 학습환경을 제공하는 것이다. 아동은 학교에서 구조화된 학습환경을 경험하는데, 이러한 학습환경이 가정에서도 제공될 때 아동의 학습은 촉진된다. 가정과 학교의 문화가 연관될 때 아동의 원만한 발달이 보장되는 만큼 부모는 아동의 발달을 자극하는 인적·물적 환경을 다양하게 제공하는 것이 중요하다. 아동이 가정에서 경험하는 학습환경으로 외식이나 산책, 여행, 영화 관람 등이 있으며, 이를 통해 아동은 공동으로 문제를 해결할 기회를 얻으면서 능동적으로 사고하게 된다(최외선 외, 2008). 아울러 운동이나 음악, 종교 등의 활동에 직접 참여함으로써 아동은 집단활동을 경험하게 된다. 따라서 부모는 아동의 학습동기를 유발하는 다양한 활동을 제공하는 것이 요구된다.

둘째, 아동이 좋은 습관을 형성할 수 있도록 적절한 피드백을 제공하는 것이다. 부모는 아동의 좋은 습관을 칭찬함으로써 계속 유지하도록 격려하고 나쁜 습관은 바로 지적하여 고치도록 도와주어야 한다. 한 번 형성된 나쁜 습관을 고치기는 매우 어려우므로 부모는 아동의 나쁜 습관이 나타날 때마다 피드백을 제공하여 습관을 바꾸도록 주의를 기울여야 한다. 특히 습관은 반복을 통해 형성되는 만큼 부모는 아동이 좋은 습관을 반복할 수 있도록 동기를 부여하고 성취의 결과를 자세히 알려주는 것이 필요하다. 아동의 바람직한 행동에 대한 칭찬과 보상을 제공하고 부모 스스로 행동의 모범을 보여주는 것도 중요하다(황용일, 2008). 아동은 아직 판단 기준이 확실하지 않아서 부모의 나쁜 행동도 그대로 모방하기 때문이다.

셋째, 아동의 긍정적 자아개념 형성을 위해 성공 경험의 기회를 제공하는 것이다. 긍정적 자아개념을 형성한 아동은 정서적으로 안정되고 학교생활에 잘 적응하며 원만한 또래 관계를 유지한다(이숙 외, 2009). 반면에 부정적 자아개념을 형성한 아동은 또래 관계가 원만하지 못하고 불안이나 우울 수준이 높으며 학교생활에 잘 적응하지 못한다. 따라서 부모는 아동이 긍정적 자아개념을 형성할 수 있도록 아동의 장점을 부각하고 아동을 존중하는 자세를 지녀야 한다. 더 나아가 부모는 아동의 흥미와 능력에 맞는 과제를 제시함으로써 아동이 성공 경험을 통해 자신이 소중하고 가치 있는 존재임을 깨닫도록 도와주어야 한다. 가족구성원 간에 서로 존경하는 분위기가 조성될 때 아동은 자신의 능력과 생각을 신뢰하면서 긍정적 자아개념을 형성하게 된다.

Chapter

06

장애 유형에 따른 부모역할

발달장애(developmental disability)는 신체적 · 정신적 손상을 입은 상태가 만성화되는 것으로, 연령에 맞게 발달이 이루어지지 않아 뒤처져 있는 상태를 말한다. 일반적으로 발달장애는 해당 연령의 정상 기대치보다 25% 정도가 뒤처져 있는 경우로, 여아보다 남아에게서 빈번하게 나타난다. 그러나 발달장애는 문화에 따라 다르게 규정되는데, 왜냐하면 가치관이나 사회규범 등에 따라 연령에 따른 기대치가 다르기 때문이다. 즉, 문화마다 정상이라고 규정하는 범위가 제각각이므로 어떤 사회에서 정상인 영유아가 다른 사회에서 비정상으로 판단될 수 있다. 그러므로 발달장애의 여부는 다면적인 평가를 통해 신중하게 판단되어야 한다. 자칫 잘못된 판단으로 영유아의 삶이 심각한 피해를 볼 수 있기 때문이다. 보통 발달장애가 있는 영유아는 적절한 사회적 행동을 습득하지 못하여 또래와의 상호작용이나 사회적 관계를 맺는 데 어려움을 겪는다. 아동기 이후에는 낮은 학업성취도를 보이고 학교생활에 잘 적응하지 못하며 장기적으로 정상적인 사회생활이 힘든 것으로 나타난다. 따라서 자녀의 행복한 삶을 위해 부모가 발달장애를 정확히 이해하고 자녀에게 나타나는 발달장애의 증상을 신속히 포착하고 적절히 치료하는 것이 필요하다.

1. 주의력결핍과잉행동장애

주의력결핍과잉행동장애(attention deficit hyperactivity disorder: ADHD)는 지속해서 주의가 산만하고 과잉행동과 충동성을 보이는 발달장애다. 과잉행동은 무언가를 계속 만지거나 잠시도 가만히 앉아 있지 못하며 주위의 시선에 아랑곳하지 않고 지나치게 뛰어다니거나 기어 다니는 것으로 나타난다(신현균, 김진숙, 2002). 그러나 과잉행동만으로 ADHD라고 판단할 수는 없는데, 왜냐하면 매우 활동적인 영유아의 움직임도 과잉행동으로 보일 수 있기 때문이다. ADHD 영유아는 모든 것을 항상 멋대로 한다는 점에서 활동적인 영유아와 구별된다. 가령 ADHD 영유아는 앞뒤로 돌진하고 가구 위로 뛰거나 오르며 집안을 정신없이 뛰어다닌다. 교실에서도 자주 자리를 이탈하고 과도하게 소리 지르며 다른 사람의 활동을 방해하므로 단체활동에 참여하기가 어렵다(Kearney, 2007). 충동성은 성급하게 말하거나 행동하는 것으로, 자기 차례를 기다리지 못하고 조심성이 없으며 주변 상황을 전혀 고려하지 않는 것으로 나타난다. 지금 당장 자신이 원하는 것을 하거나, 다른 사람의 물건이 갖고 싶으면 만지고 가져가기도 한다. 이때 부모의 대처방식에 따라 영유아의 행동이 더 악화하거나 완화될 수 있다(신현균, 김진숙, 2002).

1) 증상과 원인

영아기에 ADHD는 비정상적인 수면 패턴이나 성마름, 예측불허 등으로 나타난다(Campbell, 1990). ADHD 영아는 온 집안을 기어 다니고, 위험한 물건에 과도한 호기심을 보이며, 종종 안기는 것을 거부하는 등 까다롭게 군다. 젖을 잘 빨지 않거나 먹는 동안 끊임없이 칭얼거리고, 잠을 아주 적게 자거나 자는 동안 자주 깬다. 또래보다 과도하게 떼를 쓰고 투정을 부리며 안절부절못하거나, 심하게 손가락을 빨고 머리를 박으며 몸을 앞뒤로 흔드는 행동을 한다. 기어다니기 시작하면 정신없이 이리저리 다니며, 수면이나 수유와 같은 일과에 대한 저항이 커서 하루하루가 매우 불규칙하게 진행된다. 유아기에 ADHD는 과잉행동과 충동성이 더 강해지므로 부모는 유아를 통제하기가 더 어려워진다(Campbell, 1990). ADHD 유아는 또래보다 더 반항적이고 공격적이며 모든 일을 자기 방식대로 하려고 고집을 부린다(Kearney, 2007). 뜻대로 되지 않으면 집안을 돌아다니면서 소리 지르고 자신을 성가시게 하는 것에 대해 굉장히 오랫동안 당황해한다. 텔레비전을 못 보게 하는 것과 같은 사소한 문제에도 종종 2시간 정도 성질을 부린다. 이런 유아의 특성 때문에 부모-자녀 관계가 원만하지 않으며 부모의 양육 스트레스가 매우 높게 나타난다.

ADHD는 여아보다 남아에게서 발생할 확률이 3배 정도 더 높으며, 남아 중에서도 맏이의 발병률이 높게 나타난다(신현균, 김진숙, 2002). ADHD 증상은 일관적이지 않은데, 예컨대 시간이나 장소, 상호작용하는 사람이 누구냐에 따라 그 증상이 다르게 나타난다. ADHD 증상은 영유아기에 나타나지만, ADHD로 진단되는 것은 아동기 이후다. 공식적인 학교교육이 시작되면 사회적 요구가 많아지고 바람직한 행동에 대한 기대가 커져서 ADHD 증상이 두드러지기 때문이다(Kearney, 2007). ADHD 아동은 수업시간에 돌아다니는 등의 과잉행동으로 수업을 방해하여 교사의 제재나 급우의 비난을 받게 된다. 야단이나 꾸중을 자주 들으면서 자신은 잘하는 것이 하나도 없고 자신은 나쁘다고 생각한다. 이는 자신에 대한 무능감이나 고립감으로 이어져 학교생활 부적응으로 나타난다. 학교생활 부적응은 원만한 또래 관계를 방해하면서 품행장애나 불안장애, 학습장애 등을 동반하게 된다. 그래서 ADHD는 아동기의 발달장애 중 가장 일반적이고 광범위하게 발생한다. ADHD 아동의 20% 정도는 청년기에 증상이 없어지지만, 대부분은 증상이 더 심해져서 학업에 어려움을 겪고 반항적이며 비행으로 연결된다(정옥분, 정순화, 2019).

ADHD는 유전적 요인과 환경적 요인이 모두 작용하여 나타나지만, 유전적 요인이 더 큰 영향을 미치는 것으로 보고된다(Berk, 2004). 이란성보다 일란성 쌍생아에서 ADHD가 더 많이 발생한다는 사실도 ADHD에 유전적 요인이 더 많은 영향을 미친다는 것을 입증한다(Barkley, 2014). ADHD는 주의력이 부족하고 과잉행동과 충동성을 보이는 것이 주요 증상이지만, 사실 가장 특징적인 것은 전두엽의 기능 저하다(신현균, 김진숙, 2002). 뇌의 전두엽은 행동을 억제하고 적절한 반응을 지속하며 주의를 집중하여 자신의 활동수준을 통제하는 기능을 수행한다. 이러한 전두엽의 기능에 이상이 있어서 ADHD는 주요 증상 외에도 정리정돈을 못 하고 제한된 시간 안에 일을 마치지 못하며 무언가를 시작하려는 동기를 가지지 못한다. 즉, ADHD는 겉으로 드러나는 증상이 아니라 발달의 모든 영역에서 원만한 발달이 이루어지지 않는 것이 근본적인 문제다. ADHD에 영향을 미치는 환경적 요인으로 방임과 같은 아동학대나 가정불화, 양육태도 등이 언급된다. 지나치게 산만한 가정환경이나 불규칙한 생활습관은 ADHD 증상을 악화시키는 것으로 보고된다(정옥분, 정순화, 2019). 특히 사회경제적 지위가 낮은 가정은 규칙적으로 생활하기가 어려우므로 ADHD 증상이 더 악화하게 된다.

2) 부모역할

부모가 일관되고 적절한 훈육을 통해 ADHD 자녀를 통제하려면 부모교육을 받는 것이 필요하다. 부모교육을 통해 부모는 ADHD에 대한 지식과 정보를 얻고 자녀와 적절한 심리적 거리를 유지하는 방법을 배우며 자녀의 자존감을 높이면서 부모-자녀 관계를 개선할 수 있다. ADHD 자녀는 과도하게 떼를 쓰고 투정을 부리며 안절부절못하는 경우가 많은데, 이러한 행동 때문에 부모의 양육스트레스가 증가하여 체벌을 사용하거나 야단을 치는 등의 강압적인 양육태도가 나타나게 된다. 이는 자녀의 문제행동을 더욱더 심각하게 만드는 요인이 되므로 부모는 부모교육을 통해 ADHD 자녀를 효과적으로 지도하는 방법을 습득해야 한다.

아울러 지나치게 산만한 가정환경이나 불규칙한 생활습관은 ADHD 증상을 악화시키므로 부모는 정돈된 환경을 조성하고 규칙적인 활동계획을 수립하고 운영하는 것이 필요하다. 활동계획에 따라 규칙적으로 생활함으로써 ADHD 자녀는 심리적 안정감을 느끼고 주의집중력이 높아지게 된다. 더 나아가 정돈된 환경에서 생활함으로써 ADHD 자녀는 자기감정을 편안하게 표현하고 조절하게 된다. 그러므로 부모는 자녀에게 정해진 규칙을 자주 상기시켜 주고 적절한 자극과 운동을 제공하며 감정표현이 자유로운 가족분위기를 조성하는 것이 요구된다(정옥분, 정순화, 2019). 자녀가 ADHD를 극복하고 자신만의 장점과 잠재력을 키우려면 주변 사람들의 애정과 관심이 절대적으로 요구된다.

이 외에도 부모는 약물치료나 심리치료, 놀이치료 등의 방법으로 ADHD 자녀의 증상을 완화할 수 있다. ADHD를 치료하는 가장 일반적인 방법은 약물치료다. 약물은 중추신경계를 자극하여 주의력결핍과 과잉행동을 완화하는 데 효과적이다(신현균, 김진숙, 2002). 약물치료 후 ADHD 아동의 약 70~80% 정도가 공부할 때 집중력이 향상하고 학업성취도가 높아지는 것으로 보고된다. 약물치료와 함께 심리치료가 병행되면 ADHD의 증상이 훨씬 더 빨리 호전된다. 특히 주의력결핍과 과잉행동 때문에 부차적으로 생기는 비논리적인 사고방식, 공격적이고 자기중심적인 대인관계, 낮은 자존감 등은 약물치료로 해결되지 않으므로 약물치료와 심리치료를 병행하는 것이 매우 효과적이다.

2. 지적장애

지적장애(intellectual disability)는 지적 기능과 적응 행동이 심각히 손상된 발달장애로, 지적 기능과 적응 행동의 결함 때문에 일상생활을 제대로 수행하기 어려운 상태를 말한다(Wilmshurst, 2012). 일반적으로 전통적인 지능검사에서 지능지수가 70 이하이고 두 가지 이상의 적응 행동에 결함이 있으며, 이러한 증상이 18세 이전에 나타날 때 지적장애라고 일컫는다(Hodapp, Griffin, Burke & Fisheret, 2011). 지적 기능은 어떤 것을 안다는 것이 아니라 어떤 것을 할 수 있는 능력으로, 학습이나 추론, 문제해결과 같은 지적인 능력을 말한다. 지적 기능에 의해 개인은 주위환경을 나름의 방식으로 개념화해서 반응하는데, 예컨대 주어진 여러 개의 도형을 구별하고 자신이 원하는 것을 고를 수 있다. 적응 행동은 개인이 환경에 적응하는 데 필요한 능력으로, 적응 행동 때문에 개인은 학교나 직장, 지역사회 등에서 타인과의 충돌을 최소화하면서 독립적·성공적으로 생활할 수 있다. 적응 행동은 연령에 따른 사회적 요구가 달라서 발달단계에 따라 다르게 나타난다. 영유아기의 적응 행동에는 감각운동능력과 의사소통 능력, 자조 기술 등이, 아동기와 청소년기에는 학습능력과 사회적 기술 등이, 성인기에는 직장생활과 사회적 책임을 수행하는 데 필요한 능력 등이 포함된다.

1) 증상과 원인

지적장애는 보통 심각한 정도에 따라 가벼운(mild), 중간(moderate), 심한(severe), 매우 심한(profound) 등의 네 가지로 구분된다(Santrock, 2014). 가벼운 정도의 지적장애는 IQ 55부터 70까지이며, 전체 지적장애의 89%를 차지한다. 언어습득이 더디지만, 일상적인 대화가 가능하다. 감각운동능력의 결함이 상대적으로 적어서 영유아기에 잘 드러나지 않고, 아동기 이후에 읽기나 쓰기, 시간과 용돈 관리 등에서 연령에 기대되는 행동을 하지 못하면서 드러나기 시작한다. 중간 정도의 지적장애는 IQ 40부터 54까지로, 전체의 6%를 차지한다. 중간 정도의 지적장애는 지적 기능뿐만 아니라 적응 행동이 또래보다 현저히 뒤처지므로 영유아기에도 드러난다. 심한 정도의 지적장애는 IQ 25부터 39까지로, 전체의 4%를 차지한다. 언어습득이 매우 힘들거나 전혀 습득하지 못하는 등 언어발달의 지연이 매우 두드러진다(Daily, Ardinger & Holmes, 2000). 감각운동능력의 결함도 심각하므로 생후 1년 이내에 지적장애가 명백해진다. 매우 심한 정도의 지적장애는 IQ 25 미만으로, 전체의 1%를 차지한다(Santrock,

2014). 언어적 의사소통이 거의 불가능하고 자기 관리나 안전을 위해 스스로 할 수 있는 행동이 거의 없어서 타인의 지속적인 보호와 지도가 요구된다.

지적장애가 있는 영유아는 앉고 기고 걷는 등의 운동발달뿐만 아니라 언어발달이 다른 영유아보다 느린 것이 특징이다(Daily, Ardinger & Holmes, 2000). 기억력과 주의력, 문제해결능력 등이 부족하고 사회규범을 배우는 것이 힘들며 자조 기술과 같은 적응 행동의 습득에 어려움을 겪는다. 지적장애 영유아는 일반 영유아보다 언어나 사회적 기술, 자조 기술 등을 배우는 데 오랜 시간이 걸리므로 여러 번의 반복과 충분한 시간을 제공하는 것이 필요하다. 지적장애 영유아의 대부분은 더디지만, 충분한 연습과 시행착오를 통해 배우고 익히면서 자신의 능력을 개발하여 온전한 사회구성원으로 살아갈 수 있다.

지적장애의 원인은 크게 유전적 요인과 환경적 요인으로 구분된다. 유전적 요인으로 염색체 이상에 의한 다운증후군(Down syndrome), 클라인펠터증후군(Klinefelter syndrome), 취약 X 증후군(fragile X syndrome) 등이 있다(Kearney, 2007). **다운증후군**은 지적장애를 일으키는 가장 흔한 유전 질환으로, 둥글고 납작한 얼굴에 코가 낮고 양미간이 넓으며 눈꼬리가 올라가는 등의 특징적인 안면기형이 나타난다. 만 2세가 지나서 걷기 시작하며 말이 늦고 평균 IQ가 50으로 가벼운 정도부터 중간 정도의 지적장애를 보인다(Malt et al., 2013; Weijerman & de Winter, 2010). **취약 X 증후군**은 다운증후군 다음으로 가장 흔하게 지적장애를 일으키는 유전 질환으로, 특히 남아의 지적장애를 일으키는 원인으로 작용한다. 취약 X 증후군은 대개 가벼운 정도부터 심한 정도의 지적장애를 보이며, 남아는 평균 IQ 40으로 대부분 지적장애를 보이고 여아는 학습장애 정도로만 나타난다(Garber, Visootsak & Warren, 2008).

지적장애를 일으키는 환경적 요인에는 임신 중 음주에 의한 태아 알코올 증후군(fetal alcohol syndrome), 분만 시 저산소증 등의 문제로 인한 뇌 손상, 뇌염이나 뇌수막염과 같은 질환, 납이나 수은 중독, 영양실조 등이 포함된다

(Kearney, 2007). **태아 알코올 증후군**은 임신 중 만성적으로 알코올을 섭취하여 태아의 신체적 기형이나 안면기형, 지적장애 등을 발생시키는 증후군이다. **저산소증**은 호흡 기능에 이상이 생겨 숨쉬기가 곤란한 상태로, 분만 시 충분한 산소가 공급되지 않아서 나타난다. 저산소증은 중추신경계의 변화를 일으켜 판단력이나 운동능력 등의 결함을 초래한다. 이 외에도 양육자로부터 적절한 교육적 자극을 받지 못하는 것, 부모의 낮은 사회경제적 지위로 불우한 환경에 놓이는 것, 오랫동안 아동학대를 당하는 것 등이 지적장애를 일으키게 된다.

2) 부모역할

지적장애 자녀는 생애주기에 따라 다른 특성을 보인다. 지적장애 영아는 일반 영아보다 더 많은 보호를 요구하지만, 영아기에는 인지적 측면에서 아직 뚜렷한 차이가 나타나지 않는다. 유아기에는 인지적·언어적 측면에서 발달지체가 나타나며, 아동기에는 발달의 모든 영역에서 비교적 뚜렷한 발달지체가 드러난다(이은미, 백은령, 2010). 청·장년기에는 부모의 보호 기능이 감소하는 만큼 사회적인 지원체계가 절실하게 요구된다. 청·장년기의 가장 중요한 발달과업은 가족으로부터 독립하는 것이지만, 지적장애 자녀는 독립생활 기술이나 친밀한 관계 형성과 유지, 사회적응능력 등이 부족하여 독립생활에 뚜렷한 한계가 드러난다. 지적장애는 다른 장애보다도 조기 노화가 시작되므로 청·장년기에 노화로 인한 타인 의존성이 매우 높다. 따라서 가족의 비공식적인 지원체계가 가장 취약해지는 청·장년기에 사회가 안정적인 지원체계를 제공하는 것이 매우 요구된다(이은영, 2010).

이러한 생애주기에 따른 특성에 기초하여 부모는 지적장애 자녀에게 적절한 도움을 제공해야 한다. 영유아기에 부모는 정확히 장애를 진단하고 적극적으로 주변의 도움을 요청해야 한다. 특히 여러 가지 요인이 어떻게 작용하여 어떤 증상이 나타나는지를 자세히 파악한 후 자녀를 진단하고 치료하는 것이 중요하다. 심한 지적장애 대부분은 그 원인이 쉽게 파악되지만, 가벼운 지적장애는 뚜렷한 원인이 없는 경우가 많다. 더군다나 가정환경과 사회적 요구, 개인적 능력 등에 따라 지적장애 증상이 영유아마다 다르게 나타나므로 지적장애의 원인을 한마디로 말하기는 힘든 상황이다. 따라서 지능지수만으로 지적장애를 진단하고 치료하면 자녀의 다양한 능력이 발달하지 못하는 결과를 초래할 수 있다. 다시 말해 지적능력에만 치중하여 치료가 시행됨으로써 다른 능력이 발달하지 못할 수 있다(김승희, 2016a). 지능지수는 성장하는 동안 어떤 자극과 교육을 받느냐에 따라 얼마든지 변화할 수 있으므로 어릴 때의 지능지수로 지적장애를 판단해서는 안 된다.

그러므로 부모는 자녀의 지적장애를 섣불리 판단하지 말고 자녀의 부족한 능력을 발달시키는 데 필요한 최적의 환경을 제공하고 관심과 애정으로 보살펴야 한다. 지적장애로 판명된 후에도 부모는 자녀에게 지적장애가 있음을 부끄러워하거나 숨기기보다 따뜻한 사랑으로 감싸야 한다. 부모는 자녀의 사회적응능력 발달에 초점을 두고 적극적으로 주변 사람들에게 도움을 요청하는 것이 필요하다. 일반적으로 장애 자녀를 둔 부모는 자녀의 교육비와 치료비로 인한 경제적 부담, 사회활동의 제약, 심리적 불안감, 가족관계의 어려움 등을 경험한다(이은미, 백은령, 2010). 특히 지적장애 자녀는 제한된 지적능력으로 자기 결정력이 떨어져 평생 지속적인 지원이 요구되므로 가족의 돌봄 부담이 가중될 수밖에 없다(김진우, 2008). 그러므로 지적장애 자녀를 둔 가족의 돌봄 부담을 완화할 수 있는 경제적 · 교육적 · 심리적 지원이 국가 차원에서 전폭적으로 이루어져야 한다. 부모 역시 지역사회나 국가에서 제공되는 모든 복지제도를 적극적으로 활용하여 지적장애 자녀의 성장과 발달을 도모해야 한다.

3. 자폐스펙트럼장애

자폐스펙트럼장애(autism spectrum disorder)는 사회적 상호작용과 의사소통의 지속적인 결함과 제한적이고 반복적인 행동이 주요 특징으로 나타나는 신경발달장애다. 자폐스펙트럼장애는 전반적 발달장애에 속하는 자폐성 장애, 아스퍼거 장애, 소아기 붕괴성 장애, 비전형 자폐증 등을 통합한 용어로, 자폐증을 정도에 따라 아주 가벼운 상태부터 심한 상태까지 존재하는 것으로 간주한다. 이를테면, 과거에 아스퍼거 장애라고 진단한 경우는 자폐스펙트럼장애의 가벼운 상태로 판단하고 자폐스펙트럼장애로 진단한다. 자폐스펙트럼장애의 진단은 일반 영유아의 행동과 비교하여 행동의 특이성, 빈도, 강도, 지속 기간 등의 평가를 통해 이루어진다(김태련 외, 2004). 현재 자폐스펙트럼장애는 일반적인 발달 정도를 평가하는 검사 도구부터 사회성이나 지능, 의사소통능력 등으로 세분된 검사 도구까지 다양한 검사 도구로 진단된다. 최근 자폐스펙트럼장애에 대한 인식이 확장하고 진단율이 점점 높아짐에 따라 자폐스펙트럼장애의 비율도 급격히 증가하고 있다(Mercer, 2011). 자폐스펙트럼장애는 일반적으로 평생 지속하지만, 연령이 증가함에 따라 사회적 관계에 관한 관심이 높아지고 사회적 기술도 발달하는 경향을 보인다(김태련 외, 2004).

1) 증상과 원인

자폐스펙트럼장애의 가장 두드러진 증상은 특정 영역에만 흥미를 보이는 것, 같은 행동을 반복하는 것, 타인과의 관계에 무관심한 것, 의사소통이 어려운 것 등이다. 자폐스펙트럼장애 유아는 괴상한 단어를 사용하고 같은 말을 반복하며 대명사를 바꾸어 사용하는 등 비정상적인 언행으로 의사소통에 어려움을 겪는다. 또한 특정 물건을 수집하거나 기이한 행동을 반복하는데, 예컨대 장난감을 일렬로 놓거나 바닥에 누워 자동차를 굴리고 자신의 손을 계속 돌리며 몸을 앞뒤로 흔드는 등의 행동을 보인다. 이렇게 반복성과 동일성을 보이는 것은 영유아기 자폐스펙트럼장애의 전형적인 증상으로, 자폐스펙트럼장애 유아는 놀이에 융통성이 없어서 가상놀이를 하지 못하고(이용승·이정희, 2002), 틀에 박힌 행동을 고집하며 환경의 변화에 저항하는 성향이 강하다(Howlin, 2002). 매일 가던 길과 다른 길로 가면 싫어하고, 같은 시간 같은 식탁에 같은 방식으로 수저나 그릇이 놓여있어야만 식사한다.

특히 자폐스펙트럼장애 유아는 타인과 눈을 마주치지 못하고 만남을 회피하는 등 사회적 상호작용이 거의 일어나지 않아서 사회성발달이 현저하게 뒤떨어진다. 타인과 의사소통을 목적으로 말하지 않으므로 언어적 상호작용도 일어나지 않는다(Howlin, 2002). 어머니와의 애착뿐만 아니라 타인의 존재나 정서를 인식하는 능력도 떨어진다. 이는 타인의 감정이나 믿음에 대해 적절하게 반응하지 못하여 타인과 정서적 유대감을 거의 형성하지 못함을 의미한다. 자폐스펙트럼장애는 영유아에 따라 다르게 나타나는데, 예컨대 학습장애 정도로 가볍게 나타나는 경우부터 기괴한 행동이나 공격성, 자해 행동이 나타날 정도로 심한 경우까지 다양하다. 자폐스펙트럼장애로 진단받은 유아의 80% 이상이 지적장애나 뇌성마비, 언어장애, 주의력결핍과잉행동장애 등을 동반하며, 심리적으로 불안하고 과민하게 반응하는 모습을 보인다(김선현, 전세일, 2009).

자폐스펙트럼장애는 과거에 어머니와 영아 사이에 애착이 형성되지 않아서 후천적으로 생기는 것으로 생각되었다. 어머니가 영아에게 무관심하거나 너무 바빠서 영아와 긴밀한 관계를 맺지 못하여 영아가 타인과 관계를 맺지 못하고 자신만의 세계에 빠져 자폐스펙트럼장애가 생긴 것으로 생각하였다. 그러나 현재 자폐스펙트럼장애는 선천적 요인으로 생긴다는 견해가 지배적이다. 어머니가 임신이나 분만 전후로 합병증을 앓거나 풍진에 걸린 경우, 세로토닌과 같은 신경전달물질이나 갑상선자극호르몬 등에 이상이 생긴 경우, 출생 전후로 신생아가 뇌 손상을 입거나 뇌염에 걸리는 경우 등이 자폐스펙트럼장애의 원인이다. 자폐스펙트럼장애가 선천적 요인으로 생긴다는 것은 자폐스펙트럼장애가 있는 형제자매에서 자폐스펙트럼장애가 나타날 가능성이 일반인보다 훨씬 높으며, 일란성 쌍생아에서 자폐스펙트럼장애가 발생하는 비율이 높다는 사실로 입증된다(Steffenburg et al. 1989).

2) 부모역할

자폐스펙트럼장애를 진단하는 것은 자녀의 나이가 많을수록 정확히 이루어지지만(Lord et al., 2006), 늦은 나이까지 진단을 유보하면 자폐스펙트럼장애를 치료하기가 매우 어려울 수 있다. 조기개입(early intervention)은 자폐스펙트럼장애를 완화하는 데 매우 효과적이므로(Francke & Geist, 2003) 부모는 자폐스펙트럼장애 증상을 조기에 발견하고 진단하는 것이 필요하다. 예를 들어, 일정기간 언어치료사와 특수교사가 시행하는 집중적인 개입을 통해 자폐스펙트럼장애 유아의 언어능력이 향상될 수 있다(Hancock & Kaiser, 2002). 이렇게 자폐스펙트럼장애의 완화에 조기개입이 효과적인 이유는 뇌의 성장과 발달이 급속도로 이루어지는 영유아기에 집중적인 치료를 받음으로써 자폐스펙트럼장애와 연관된 신경계의 구조와 기능이 굳어지는 것을 막을 수 있기 때문이다.

자폐스펙트럼장애는 퇴행성 질환이 아니라 살아가면서 기능의 향상으로 꾸준히 발달할 수 있는 장애이므로 조기개입과 치료가 무엇보다 중요하다(양문봉, 신석호, 2016). 소수는 청년기에 퇴행을 보이기도 하지만, 다수는 증상이 호전되어 성인기에 직업을 가지고 건강하게 독립적으로 생활할 수 있다. 조기진단으로 조기개입과 치료가 시행될수록 자폐스펙트럼장애 유아의 상태는 더 빨리 호전되면서 독립적인 생활이 가능해진다. 자폐스펙트럼장애 유아의 증상에 따른 집중적인 치료와 교육적 개입으로 자폐스펙트럼장애 유아의 다양한 능력이 향상되고 자립심이 생기면서 사회생활이 가능해진다. 따라서 자폐스펙트럼장애가 조기에 발견되고 치료될 수 있도록 부모는 자녀를 객관적이고 세심하게 관찰하는 것이 필요하다.

자폐스펙트럼장애의 치료에는 행동치료, 언어치료, 놀이치료, 음악치료, 심리치료, 약물치료, 감각통합치료 등의 다양한 방법이 이용된다. 행동치료는 자폐스펙트럼장애 유아의 치료에 주로 이용되며, 언어치료는 보통 다른 치료에 앞서 우선으로 시행된다(Kearney, 2007). 주변 사람들과의 적극적인 상호작용 역시 자폐스펙트럼장애 유아의 언어발달, 정서발달, 사회성발달에 크게 이바지한다. 특히 많은 연구(김선일, 2007; 배이득, 2006; 이숙현, 2009; 이혜림, 2016; 이효신, 신윤희, 정은지, 2018)는 어머니가 중재자로서 치료에 참여할 때 자폐스펙트럼장애 자녀의 사회성이 두드러지게 발달하는 것을 보여준다. 따라서 자폐스펙트럼장애 자녀의 치료에 부모가 적극적으로 참여하는 등 부모역할의 중요성이 강조되고 있다(조수철 외, 2011).

4. 시각장애

시각장애(visual impairment)는 안구나 시신경의 손상으로 눈의 기능이 떨어지는 장애로, 책 읽기나 걷기, 운전, 사교 등 일상생활에 어려움을 초래하는 발달장애다(World Health Organization, 2014). 시각장애는 법적 정의와 교육적 정의로 구분된다. 법적 정의는 시각으로 학습과제를 수행할 수 없어서 청각이나 촉각을 학습의 주요 수단으로 사용하는 경우, 특정의 광학기구나 매체로 학습하는 경우 등이다. 교육적 정의는 시력의 손상이 너무 심해서 청각이나 촉각 등의 다른 감각으로 학습하는 경우다. 인간은 눈을 통해 일상생활에 필요한 정보 대부분을 획득하기 때문에 시각장애가 있으면 식사나 배설, 이동, 의사소통 등에 커다란 어려움을 겪는다. 그래서 시각장애는 단순히 눈의 어느 부위에 결함이 있는 것이 아니라 눈의 손상으로 신체, 인지, 정서, 사회성 등 발달의 모든 영역에서 불리함을 의미한다. 시각장애 자녀를 둔 부모는 자녀에게 특별한 관심과 돌봄을 지속해서 제공해야 한다는 부담감과 예측할 수 없는 막연함에 대한 두려움을 느낀다(이혜균, 이희진, 2002). 하지만 시각장애의 80%는 예방이나 치료가 가능한 만큼 조기발견과 치료를 위해 부모는 자녀의 상태를 항상 예의주시해야 한다(World Health Organization, 2014).

1) 증상과 원인

영유아의 시력은 연령의 증가와 함께 발달하지만, 여러 가지 원인으로 시력의 발달이 원만히 이루어지지 않는 경우가 생긴다. 생후 3개월 이후에도 사물을 주시하지 못하거나 양 눈이 하나의 사물을 똑바로 보지 못하면 사시(strabismus)일 가능성이 커서 안과 검진을 받아야 한다. 영아의 눈에 흰 막이 덮여 있거나 눈 맞춤을 하고 있는지 확인하기가 어렵다면 선천성 백내장이 의심되므로 전문의를 찾아가는 것이 필요하다. **백내장**(cataract)은 눈의 수정체가 혼탁하여 빛이 제대로 통과되지 못하고 시야가 뿌옇게 보이는 질환으로, 실명을 일으키는 주요인이다(Brian & Taylor, 2001). 선천성 백내장은 생후 7개월 이전에 치료되지 않으면 정상적인 시각발달이 이루어지지 않는다. 따라서 연령에 따른 시각발달이 정상적으로 나타나지 않으면 영유아의 시각장애를 의심하고 시급히 안과 검진을 받는 것이 필요하다.

시각장애가 있는 영유아는 충혈이 자주 되고 종종 눈에 경련이 일어나며 멀리 있는 물체를 볼 때 이마에 많은 주름살이 생긴다(우수경 외, 2013). 텔레비전을 자꾸 가까이에서 보려고 앞으로 움직이거나 눈을 찡그리고 본다. 눈을 자주 비비거나 깜빡이며, 양쪽 눈의 눈동자 크기가 서로 다른 예도 있다. 눈곱이 많이 끼고 눈물이 자주 고이며 눈에 염증이 생기거나 눈꺼풀이 벌겋게 부어오르기도 한다. 또한 시각장애 영유아는 걷다가 잘 넘어지고 장애물과 자주 부딪히며 원근을 구별해야 하는 과제를 잘 수행하지 못한다. 물체를 집을 때 헛손질하거나 시선이 물체에서 자주 벗어나고 빛에 대해 매우 민감하게 반응하며 색깔을 잘 구별하지 못한다. 이런 이유로 시각장애 영유아는 장난감에 관한 관심이 적고 환경과의 상호작용이 활발하지 않으며 평형감각 발달이 매우 더딘 것이 특징이다.

시각장애를 일으키는 원인은 선천적 요인과 후천적 요인으로 구분된다. 선천적 요인에는 선천성 녹내장, 선천성 백내장, 소안구증, 선천성 풍진 증후군 등이 있다. **녹내장**(glaucoma)은 시신경이 손상되어 시야가 좁아지면서 실명으로 연결되는 질환이다. 선천성 녹내장은 눈부심 때문에 눈을 못 뜨고 눈물을 흘리며 눈꺼풀에 경련이 일어나는 등의 증상을 보인다. 이러한 증상은 보통 생후 1년 이내에 나타나므로 쉽게 발견되어 수술을 통해 치료된다. 선천성 백내장 역시 태어날 때부터 수정체가 혼탁해서 쉽게 발견되며 주로 수술을 통해 치료된다. **소안구증**은 안구가 현저하게 작은 선천성 기형으로, 백내장이나 녹내장 등의 합병증이 나타난다. **선천성 풍진 증후군**은 태아가 풍진 바이러스에 감염되어 눈에 이상이 생기는 질환이다. 결국 시각장애를 일으키는 선천적 요인 대부분은 치료될 수 있지만, 제때 치료되지 않으면 시각장애로 연결되므로 조기에 발견되는 것이 매우 중요하다.

후천적 요인에는 굴절이상, 약시, 백내장, 녹내장, 황반변성, 망막박리, 당뇨망막병증 등이 있다(World Health Organization, 2014). 이중 영유아의 시각장애를 가장 많이 일으키는 원인은 굴절이상에 의한 근시(myopia), 원시(hyperopia), 난시(astigmatism) 등이다. **굴절이상**은 눈으로 들어온 빛이 망막 위에 초점을 맺지 못해서 물체가 흐릿하게 보이는 상태를 말한다. 근시는 먼 곳은 잘 안 보이나 가까운 곳은 잘 보이는 상태로, 영유아의 근시는 멀리 있는 물체를 바라볼 때 눈을 찡그리거나 고개를 돌려서 보고 자주 두통을 호소하는 것으로 나타난다. 원시는 먼 곳은 잘 보이나 가까운 곳은 잘 보이지 않는 상태로, 영유아의 원시는 연령이 증가함에 따라 안구의 전후 길이가 길어져 점점 사라지는 경향이 있다. 난시는 사물이 뚜렷이 보이지 않는 상태로, 눈의 초점을 맞추기 위해 지나치게 애를 쓰기 때문에 눈의 통증이나 충혈, 두통 등을 호소한다.

약시는 눈에 특별한 이상이 발견되지 않음에도 안경이나 콘택트렌즈 등으로 교정한 시력이 정상적으로 나오지 않는 상태로, 대부분은 사시를 동반한다. 약시는 조산이나 홍역, 비타민 A 결핍, 뇌수막염 등으로 시각발달이 정상적으로 이루어지지 않을 때 생긴다. 사시는 물체를 바라볼 때 양쪽 눈의 시선이 똑바로 물체를 향하지 못하는 상태로, 사시가 늦게 발견되거나 치료가 지연되면 시력이 심하게 저하되면서 눈의 기능이 손상되어 시각장애를 초래할 수 있다. 영유아의 두 눈이 한 방향을 보지 않고 서로 다른 방향을 향하고 있으면 사시가 의심되므로 가능한 한 빨리 전문의를 찾아가는 것이 필요하다. 영유아는 자신의 시력이 떨어진다는 것을 눈치채지 못하므로 눈의 이상 징후를 발견하기가 쉽지 않다. 그래서 정기적인 안과 검진으로 시각장애 증상을 조기에 발견하고 치료하는 것이 필요하다.

2) 부모역할

시각장애 자녀는 적절한 시기에 자극을 받지 못하면 경험 부족으로 발달이 지체될 수 있다. 시각을 통해 사물을 바라보고 사물을 향해 가거나 이용하는 등의 신체 활동을 통한 사물과의 상호작용이 제한받기 때문이다. 더군다나 잦은 실패를 경험하면서 외부 세계에 대한 불안감과 두려움을 느끼고 더는 움직임을 시도하지 않기 때문이다. 따라서 부모는 반복과 연습을 통해 시각장애 자녀가 자신감을 느낄 수 있도록 격려하는 것이 필요하다. 시각장애 자녀는 가정에서 보내는 시간이 대부분이고 가정이 가장 자연스러운 교육환경이 되므로 부모가 자녀의 성장과 발달에 지대한 영향을 미친다(김호연, 2009). 그러므로 부모는 가정방문 서비스와 같은 프로그램을 적극적으로 활동함으로써 자녀의 미래를 기대하는 것이 요구된다(강정화, 2005).

시각장애는 아동기 이후에 학습장애와 많이 연관되므로 영유아기에 시력을 잘 관리하는 것은 매우 중요하다. 영유아의 시력 관리를 위해서는 책이나 텔레비전을 볼 때 바른 자세로 적절한 거리를 유지하고, 책을 엎드려서 보지 않으며, 텔레비전은 화면 크기의 약 6~7배 정도 떨어진 곳에서 보도록 해야 한다. 또한 강한 직사광선을 피하고, 실내조명을 적절히 유지하며, 가능한 한 실외활동을 많이 해서 눈이 피로하지 않도록 해야 한다. 최근 늘어나는 영유아의 전자기기 사용은 영유아의 시력에 치명적일 수 있으므로 부모는 이에 대한 분명한 원칙과 확고한 의지를 다져야 한다. 한 번 나빠진 시력을 회복시키는 것은 매우 어려우므로 올바른 습관과 정기검진을 통해 영유아의 시력을 꾸준히 관리하는 것이 무엇보다 중요하다. 이는 영유아의 시각장애를 예방하는 가장 효과적인 방법이기도 하다.

5. 품행장애

품행장애(conduct disorder)는 타인의 기본 권리를 침해하거나 규칙을 위반하는 행동이 지속적이고 반복적으로 나타나는 장애로, 주로 아동기와 청소년기에 나타나는 발달장애다. 품행장애는 신체적 · 언어적으로 타인을 공격하는 것, 물건을 파괴하는 것, 사회규범이나 규칙을 번번이 어기는 것 등으로 나타난다. 품행장애는 도둑질이나 거짓말과 같이 사회가 용납하지 않는 행동을 지속하는 것이 주된 증상으로, 사회적으로는 **일탈행동**(deviant behavior), 법률적으로는 **청소년비행**(juvenile delinquency)에 해당한다. 품행장애는 우울증, 학습장애, 주의력결핍과잉행동장애 등을 동반하며, 학교생활 부적응으로 학교를 그만두는 경우가 많다. 품행장애는 여아보다 남아에게서 훨씬 더 많이 나타나며(McCabe, Rodgers, Yeh & Houghet, 2004), 주의력결핍과잉행동장애와 함께 나타나면 훨씬 더 심한 공격성을 보인다(Waschbusch, 2002). 품행장애는 규칙을 위반하거나 공격적 행동이 지속해서 나타난다는 점에서 보통 아동기에 나타나는 반항적이고 일탈적인 행동과 구별된다. 즉, 일시적인 사춘기의 반항과 다르게 품행장애는 욕설이나 폭력과 같은 문제행동의 반복이 지속함으로써 심각한 사회적 문제를 일으키는 장애다(Moffitt, 1993).

1) 증상과 원인

품행장애의 증상으로 타인을 신체적으로 공격하는 것, 동물을 학대하는 것, 곤봉이나 벽돌 등으로 타인을 위협하는 것, 타인의 집이나 차를 파괴하는 것, 물건을 훔치거나 빼앗는 것, 무단결석이나 가출을 반복하는 것, 거짓말을 일삼는 것 등이 있다(Burke, 2011). 심지어 충동적으로 자해하거나 자살을 시도하기도 한다. 이러한 행동 때문에 품행장애 아동은 또래로부터 따돌림을 당하고 인간관계를 제대로 맺지 못한다. 타인의 정서를 이해하고 반응하는 능력이 떨어져서 항상 외톨이로 지내는 것이다. 반면에 집단을 만들어 폭력을 행사하거나 자기보다 나이가 많은 폭력배를 따르는 경향이 있다(Hinshaw & Lee, 2003). 또한 품행장애 아동의 대부분은 잘못된 행동을 저지른 후 반성하기보다는 남 탓으로 돌리거나 자신의 행동을 합리화하는 경향이 있다. 결과적으로 품행장애 아동은 점점 더 사회적 기술을 습득할 기회를 얻지 못하면서 문제의 심각성이 커지게 된다.

품행장애를 일으키는 원인은 매우 다양하고 복합적인데, 크게 선천적 요인과 후천적 요인으로 나뉜다. 선천적 요인에는 유전자와 호르몬 이상, 임신 중 흡연이나 알코올 중독 등이 포함된다(Larkby, Goldschmidt, Hanusa & Dayet, 2011). 예를 들어, 반사회적 인격장애나 알코올 중독 등과 연관된 유전자가 부모로부터 전달되어 품행장애가 나타난다. 이는 품행장애를 보이는 형제자매나 부모가 있는 경우에 품행장애가 나타날 확률이 높다는 사실에서 잘 드러난다(Gelhorn et al., 2005). 또한 태내발달이 이루어지는 동안 세로토닌이나 성호르몬 등에 이상이 생기거나 전두엽이 손상되어 품행장애가 나타나기도 한다. 임신 중 흡연으로 태아가 모체 내에서 니코틴에 노출되면 유전자에 이상이 생겨 품행장애가 나타나기도 한다(D'Onofrio et al., 2007).

후천적 요인에는 가정환경, 지역사회, 대중매체, 또래 등이 포함된다. 가정환경의 경우, 부모의 이혼이나 재혼 등으로 인한 가족구조의 변화, 빈곤이나 부모의 낮은 사회경제적 지위, 양육 스트레스 등이 품행장애를 일으키는 원인으로 작용한다(Hinshaw & Lee, 2003). 이를테면, 부모가 이혼하는 과정에서 발생하는 잦은 다툼이나 공격적 행동, 실직이나 파산으로 인한 부모의 낮은 사회경제적 지위 등이 아동에게 부정적 영향을 미쳐 품행장애가 생길 가능성이 크다. 특히 부모의 일관되지 않은 양육태도나 지나치게 엄한 훈육, 체벌이나 방임과 같은 아동학대로 품행장애가 생기기 쉽다. 심하게 학대를 받은 아동은 지나치게 예민하거나 신경질적이며 참을성이 없고 타인의 호의를 왜곡하고 의심하면서 공격적으로 반응하는 경향이 있으므로 품행장애가 나타나기 쉽다. 결국 품행장애는 한두 가지 요인이 아니라 여러 가지 요인이 동시에 작용하여 생긴다.

2) 부모역할

품행장애는 여러 가지 요인이 동시에 작용하며 다양한 문제를 동반하므로 개선하기 어려운 장애 중의 하나다(문장원, 2001). 최근 품행장애는 집단따돌림이나 학교폭력, 성폭력, 약물 남용, 학업중단, 자살 등의 문제를 동반하면서 점점 더 증가하는 추세다. 따라서 품행장애 아동의 학교중단 방지와 학교생활 적응을 도와주는 방안이 체계적이고 효율적으로 마련되어야 한다(서석진, 2011). 특히 가족분위기와 부모-자녀 관계가 자녀의 품행장애에 많은 영향을 미치므로(김용석, 박명숙, 2000; 엄명용, 2000) 부모는 양육태도나 의사소통방식 등을 점검하고 자녀와 적극적으로 상호작용하는 것이 요구된다. 부모는 품행장애 자녀에게 관심을 두고 민주적인 양육방식으로 화목한 가족분위기를 조성하기 위해 노력해야 한다.

품행장애는 시간이 지날수록 증상이 심해지는 만큼 치료가 늦어질수록 문제행동을 고치기가 점점 더 어려워진다. 문제행동이 지속할수록 문제행동의 종류가 많아지고 문제행동을 표출하는 횟수가 잦아지면서 문제행동이 고착되기 때문이다. 문제행동이 고착되면 반사회적 인격장애로 발전되어 성인기에 교도소에 갇히는 일이 발생할 수도 있다. 그래서 품행장애의 치료는 일찍 시작될수록 그 효과가 크게 나타난다. 품행장애의 치료가 일찍 시작되려면 부모가 품행장애의 징후를 간과하지 않도록 자녀에게 관심과 애정을 기울이는 것이 무엇보다 중요하다. 더 나아가 부모는 자녀의 성장과 발달을 위해 책임감 있게 노력하고 있음을 자녀에게 보여주는 것이 필요하다. 자녀를 위해 노력하는 부모의 존재를 자녀의 머릿속에 심어주는 것이 범죄나 비행을 예방하는 데 효과적이기 때문이다(엄명용, 2000).

결국 품행장애는 여러 가지 요인에 의해 나타나므로 가족과 학교, 지역사회 등이 함께 가능한 한 모든 방법을 동원하여 복합적으로 품행장애를 치료하는 것이 필요하다(Kearney, 2007). 품행장애 아동이 상황에 맞는 말과 행동을 할 때마다 긍정적인 피드백을 제공하는 것, 사회적 기술이나 문제해결능력 등을 기를 기회를 제공하는 것, 정서조절능력을 향상할 수 있도록 안정적인 분위기를 만드는 것 등이 품행장애 치료를 위해 동시에 시행되고 있다. 또한 부모교육이나 가족구성원 간의 갈등을 치유하는 가족치료 등이 병행되고 있다. 열악한 가정환경이나 사회 분위기에 의해 품행장애가 나타날 가능성이 커지는 등 가족이나 지역사회가 품행장애 치료에 결정적 역할을 담당하기 때문이다. 공격성이 뚜렷이 나타날 때는 종종 약물치료가 이용되기도 한다.

6. 섭식장애

섭식장애(eating disorder)는 음식을 먹는 것과 관련된 장애로, 대부분 먹는 것을 거부하는 거식증(anorexia nervosa)과 지나치게 많이 먹는 폭식증(bulimia nervosa)으로 나타난다. 거식증은 실제 몸무게와 상관없이 더 말라야 한다고 생각하면서 먹는 것을 거부하고 지속해서 살을 빼려는 질환으로, 살이 찌는 것에 대해 강한 두려움을 가지고 있는 상태다. 반면에 폭식증은 짧은 시간 안에 많은 양의 음식을 섭취하는 질환으로, 음식의 양과 종류를 조절하지 못하고 배가 부른데도 먹는 것을 멈추지 않는 상태다. 거식증과 폭식증의 공통점은 체중에 대해 지나치게 관심을 두고 왜곡된 신체상(body image)을 가지며 증상이 오랫동안 지속하여 쉽게 고쳐지지 않는다는 것이다. 섭식장애는 먹는 것을 부적절하게 생각하고 행동하는 정신적 장애로, 대개 불안장애나 우울증, 약물 남용 등을 동반한다(김정욱, 2000). 섭식장애의 증상은 아동기에 나타나기 시작하며, 남아보다 여아에게서 거의 10배 정도 더 많이 나타난다(American Psychiatry

Association, 2013). 섭식장애는 흔히 날씬한 것을 매력적으로 여기는 문화권에서 발생하며, 개발도상국보다 선진국에서 더 많이 발생한다(Pike, Hoek & Dunne, 2014).

1) 증상과 원인

거식증은 정상 체중 유지를 거부하고 체중 증가와 비만에 대한 극심한 두려움이 있으며 체중 감소를 의도적으로 지속하는 등의 증상을 보인다(김부용, 2006). 거식증은 심각한 체중 감소로 월경 중단이 나타나고, 심하면 죽음에 이르기도 한다(김정욱, 2000; Neumaker, 2000). 거식증 환자는 매우 빈번하게 체중을 측정하고 특히 살이 쪘다고 생각하는 부위를 강박적으로 측정하며 끊임없이 거울을 들여다본다. 체중 감소는 탁월한 성취와 뛰어난 자기통제의 표시로 받아들이지만, 체중 증가는 용납될 수 없는 자기조절의 실패로 인식한다. 거식증 환자는 의외로 음식에 집착하는 경향이 있어서 집안 곳곳에 음식을 숨겨놓거나, 음식을 적게 먹으려고 잘게 자르는 데 많은 시간을 허비하는 등 부적절한 행동을 보인다. 처음에는 음식을 극도로 절제하지만, 시간이 지남에 따라 밤에 비밀스럽게 폭식하고 토하기도 한다.

폭식증은 한 번에 집중적으로 폭식하고 배가 부른데도 먹는 양을 조절하지 못한다. 폭식으로 인한 체중 증가를 막기 위해 설사약을 남용하거나 극심하게 운동하는 등의 증상을 보인다. 폭식증 환자는 스스로 폭식을 조절할 수 없다는 데 상실감을 느끼고, 폭식한 다음에 수치심과 죄책감을 느끼며, 살이 찌는 것을 지나치게 두려워한다. 보통 폭식 후에 먹은 음식을 몸속에서 제거하기 위해 구토나 설사와 같은 부적절한 행동을 취한다(백주현, 2007). 또한 자신에게 폭식증이 있다는 사실을 창피하게 여기며, 자신의 증상을 숨기기 위해 타인을 만나지 않고 경계하는 모습을 보인다(이희주, 2001). 폭식증 환자는 자신에 대한 경멸감으로 자신을 비난하는 경향이 강해서 쉽게 우울증에 빠진다(김희영, 1998). 게다가 거식증 환자보다 충동적 성향이 강해서 자살을 더 많이 시도하는 것으로 나타난다(최승희, 2009).

섭식장애의 원인은 크게 개인적 요인과 사회적 요인으로 구분된다. 섭식장애를 일으키는 개인적 요인으로 유전자와 성격 등이 있다. 현재 많은 연구는 섭식장애가 유전 때문에 발생하는 것으로 보고한다(Klump, Kaye & Strober, 2001; Mazzeo & Bulik, 2009). 거식증이 있는 사람의 다른 가족구성원 중에서도 섭식장애가 나타나며(DeAngelis, 2002), 가족 중에 섭식장애가 있는 사람은 섭식장애가 생길 확률이 그렇지 않은 사람보다 7~12배 정도 더 많은 것으로 나타난다(Patel, Wheatcroft, Park & Steinet, 2002). 이란성 쌍생아보다 일란성 쌍생아에게 섭식장애가 나타날 확률이 더 높다는 연구도 유전자에 의해 섭식장애가 발생함을 보여준다(Mash & Barkley, 2002).

성격도 섭식장애에 영향을 미치는데, 예컨대 완벽주의 성향을 지닌 사람은 자신이 평범하다는 것을 견디지 못하고 자신이 무가치하고 무능력하다는 것을 타인에게 보여주기 싫어한다. 이러한 불안감이나 위축감을 감추기 위해 완벽하게 음식을 조절하려고 시도하면서 섭식장애가 나타난다(김혜은, 박경, 2003). 더군다나 자신의 참모습을 드러내지 못할 정도로 자존감이 낮아서 원만한 대인관계를 형성하는 것도 힘들며, 이로 인한 스트레스로 섭식장애가 더 심해지게 된다. 또한 자기 비난이 높을수록 체중 조절에 과도하게 신경 쓰면서 폭식증이 많이 나타난다(Dunkley, Masheb & Grilo, 2010). 결국 완벽주의 성향, 낮은 자존감, 자기 비난과 같은 성격적 특성으로 섭식장애가 발생한다(김하영, 박기환, 2009).

섭식장애를 일으키는 사회적 요인으로 가정환경, 대중매체, 사회 분위기 등이 있다. 섭식장애와 연관된 가정환경에는 부모의 사회경제적 지위, 가족 유형, 양육태도, 부모-자녀 관계 등이 포함된다(Hsu, 1990). 부모가 자녀를 지나치게 간섭하고 과보호하며 강박적이면 자녀에게 섭식장애가 나타날 확률이 높다(김규민, 2000). 대중매체는 아름다움에 대한 편향된 기준을 끊임없이 제시함으로써 아동 스스로 날씬해야 한다는 강박관념을 가지게 한다. 마른 몸매를 선호하는 사회 분위기 역시 아동에게 편향된 시각을 주입하면서 끊임없이 서로의 신체를 비교하고 자신의 신체에 불만을 느끼게 만든다(Kreey, van den Berg & Thompson, 2004).

2) 부모역할

영유아기에 형성된 식습관이 이후에도 계속 영향을 미치는 만큼 부모는 자녀의 식습관에 관심을 기울이고 올바른 식습관을 형성할 수 있도록 도와주어야 한다. 예를 들면, 다양한 종류의 음식을 적절하게 제공하고 부모 스스로 올바른 식습관의 모범을 보여주어야 한다(정옥분, 정순화, 2019). 비만 아동은 영유아기에 이미 필요량 이상의 음식을 먹고 끼니보다 간식을 선호하는 경우가 많은데, 이러한 습관을 갖지 않도록 부모는 주의를 기울여야 한다. 자녀가 특정 음식만 먹을 때는 회피하는 음식의 양을 점차 증가시켜 자녀가 음식의 맛과 냄새, 질감 등을 즐기면서 음식과 상호작용하도록 도와주어야 한다(Toomey & Ross, 2011).

섭식장애 아동은 부수적으로 여러 가지 문제행동을 보이는데, 예컨대 식탁에 가만히 앉아 있지 못하거나 울고 떼를 쓰며 음식을 먹이면 뱉거나 토한다(양소정, 정경미, 2007). 따라서 부모는 자녀가 식사시간에 스트레스를 받지 않도록 편안한 주제로 이야기하면서 지나치게 음식을 강조하지 않는 것이 요구된다. 폭식증의 경우, 자신이 먹은 음식의 양을 관찰하면 경각심이 높아져서 음식섭취를 자제하는 데 효과적이다(정옥분, 정순화, 2019). 더불어 작은 그릇에 음식을 담아서 먹으면 실제보다 많은 양의 음식을 섭취하는 것으로 착각하기 때문에 심리적 포만감을 느껴 음식섭취를 자제하게 된다.

섭식장애의 치료는 섭식장애의 종류와 심각성에 따라 다양하며, 보통 두 가지 이상의 방법이 같이 사용된다(Halmi, 2005). 일반적으로 가족치료, 음악치료, 미술치료, 놀이치료 등 다양한 방법이 약물치료와 함께 사용된다. 저체중이나 내과적 문제가 심각한 경우에는 반드시 입원치료를 해야 한다. 부정맥이나 골다공증과 같은 합병증을 치료해야 하는 경우가 생기고, 식사조절뿐만 아니라 체중에 대한 인식개선 등 포괄적인 치료가 필요하기 때문이다. 식사조절이나 인식개선 모두 지속적이고 장기적으로 이루어질 때 효과가 나타나므로 섭식장애의 치료에는 가족구성원의 적극적인 협조가 매우 중요하다.

7. 분리불안장애

분리불안장애(separation anxiety disorder)는 애착 대상과 떨어지는 것을 심하게 불안해하는 장애로, 애착 대상과 떨어져야 하는 상황에서 심하게 울거나 괴로워하는 것으로 나타난다. 영유아기에 애착 대상이나 익숙한 환경으로부터 분리되는 것에 불안을 느끼는 것은 자연스럽고 일반적인 현상이다. 그러나 발달 수준과 연령에 맞지 않게 아동기에도 분리불안이 지속하여 일상생활에 지장을 초래하면 분리불안장애로 진단할 수 있다(Ehrenreich, Santucci & Weinrer, 2008). 분리불안장애는 우울증이나 조현병과 같은 심리적 장애로, 습관처럼 내재화되어서 알아차리기가 어렵고 부모나 교사에 의해 과소평가되는 경향이 있다. 하지만 분리불안장애는 등교 거부나 사회적 고립, 공격적 행동 등으로 이어져 아동의 정상적인 발달을 가로막을 수 있는 심각한 장애다. 심리적 장애의 대부분이 아동기에 나타나기 시작하여 아동에게 부정적 영향을 미치고 그 영향이 성인기까지 지속하듯이 분리불안장애도 아동에게 지속해서 부정적 영향을 미치는 것이다(Kessler et al., 2005). 분리불안장애는 아동의 기질과 같은 선천적 요인으로 발생하기도 하지만, 주로 부모의 양육태도나 가정환경, 자연재해, 이사, 전학과 같은 후천적 요인에 의해 유발된다.

1) 증상과 원인

분리불안장애 아동은 애착 대상이 없으면 잠자기를 거부하고, 애착 대상과 분리가 예상되면 두통이나 복통, 구토 등의 신체 증상을 호소하며, 애착 대상 없이 혼자 있는 것에 지속해서 과도하게 두려움을 느끼거나 거부한다(American Psychiatric Association, 2013). 애착 대상에게 죽음과 같은 나쁜 일이 생기거나 자신에게 납치와 같은 사건이 발생하여 애착 대상을 다시 볼 수 없다는 걱정을 심하게 하며, 애착 대상과 분리되는 악몽을 반복적으로 꾸기도 한다. 분리가 예상되어 기분이 나쁘면 화를 내거나 상대방을 구타하며, 감정표현이 없거나 표정이 어둡고, 언어발달이 뒤처지는 경우가 많다(이주연, 2002). 늘 우울하고 자신에 대해 부정적인 이미지를 가지고 있어서 대인관계에 어려움을 겪으며, 때로는 지나친 무관심과 냉담함을 보이고 때로는 무분별한 친밀감을 표현하는 등 상반된 반응을 보인다. 분리불안장애 아동은 자기표현에 확신이 없고 자기 생각이나 감정표현을 부모에게 의존하며 부모의 사랑과 관심을 지나치게 추구하는 모습을 보인다.

분리불안장애의 증상은 초등학교에 입학하거나 학년이 바뀌는 학기 초에 더 심해진다. 새로운 선생님과 또래, 규칙, 생활양식 등으로 스트레스를 많이 받으면서 분리불안장애가 심해지는 것이다. 분리불안장애 아동은 학교 가기 직전에 갑자기 복통이나 두통 등의 신체 증상을 호소하거나, 학교에서 일어날 일이나 학교 가는 것을 지나치게 걱정한다. 짜증이 늘고 사소한 일에도 쉽게 화를 내거나 공격적 행동을 취하며, 선생님이나 친구가 무섭다는 이야기를 자주 한다. 급기야 학교 가는 것을 거부하고, 잦은 등교 거부로 학교수업을 따라가지 못하여 학교를 그만두는 사태가 발생하기도 한다(Doobay, 2008). 분리불안장애 아동의 약 75%가 등교 거부를 할 정도로 등교 거부는 분리불안장애 아동에게 매우 흔하게 나타난다(Ehrenreich, Santucci & Weinrer, 2008). 분리불안장애 아동은 낮은 자신감과 학업성취도, 사회적 기술 부족, 심한 감정 기복, 충동적이고 반항적인 행동 등을 보인다(American Psychiatric Association, 2013).

분리불안장애를 일으키는 선천적 요인의 경우, 기질적으로 수줍어하고 소심한 아동은 낯선 장소나 사람을 맞닥뜨리면 심하게 불안해하므로 분리불안장애가 나타날 가능성이 높다(Altman, Sommer & McGoey, 2009). 분리불안장애의 유전 가능성은 쌍생아 연구로 입증된다(Bolton et al., 2006). 후천적 요인으로 부모가 지나치게 아동을 보호하는 경우, 아동은 부모에게 의존하는 성격이 형성되면서 잠시라도 부모와 떨어지지 않으려는 분리불안장애를 보이게 된다. 부부간 갈등이 오랫동안 지속한 후 별거나 이혼을 하는 경우, 가족구성원 중의 누군가가 심하게 다치거나 죽는 경우 등 불안정한 가정환경이 분리불안장애를 유발하기도 한다. 불안정한 가정환경에서는 걱정하고 조심스러워지기 때문에 스스로 탐색하고 극복하기보다 부모에게 안주하거나 매달리면서 분리불안장애가 생기는 것이다(이주연, 2002). 이사나 전학과 같은 갑작스러운 환경의 변화나 집단따돌림, 학업에 대한 심리적 부담 등에 의한 스트레스도 분리불안장애의 원인이 된다.

2) 부모역할

분리불안장애를 치료하려면 아동이 불안해하는 원인을 파악하는 것이 우선이다. 분리불안장애를 유발하는 원인이 아동마다 다르고 그에 맞는 치료방법이 제각각이기 때문이다. 가령 분리불안장애의 원인이 어머니의 지나친 걱정과 불안이라면 아동뿐만 아니라 어머니에 대한 치료가 중점적으로 이루어져야 한다. 부모의 양육태도가 원인이면 부모교육을 통해 부모의 양육태도가 변화됨으로써 아동의 분리불안장애가 치료될 수 있다. 어머니가 분리불안을 느끼면 자녀도 분리불안을 느끼므로(박해도, 2001) 분리불안장애 자녀를 치료하려면 어머니의 양육태도를 파악하는 것이 필요하다.

분리불안장애의 치료방법으로 행동치료, 인지행동치료, 약물치료, 놀이치료, 가족치료 등이 있다. 이중 인지행동치료가 분리불안장애의 치료에 효과적이다(Martin & Volkmar, 2007). **인지행동치료**는 행동이 긍정적으로 변화할 수 있도록 신념이나 생각 등을 바꾸는 것으로, 인지가 느낌이나 행동에 결정적 역할을 한다고 가정하고 부정적 사고를 합리적 생각으로 변화시켜 부적응 행동을 치료하는 방법이다. 예를 들어, 부모와 떨어져도 별일이 없다는 것을 반복적으로 경험함으로써 아동은 분리에 대한 생각이 바뀌게 되고, 이렇게 바뀐 생각에 따라 분리에 대한 불안이 줄어들 수 있다.

체계적 둔감법(systematic desensitization) 역시 분리불안장애의 치료에 효과적이다. **체계적 둔감법**은 행동치료의 일종으로, 불안이나 공포를 일으키는 자극에 점차 노출하여 불안을 줄여가는 치료방법이다. 체계적 둔감법은 불안을 유발하는 자극을 가장 약한 것부터 가장 강한 것까지 경험함으로써 그 자극이 미치는 영향을 감소시키는 것이다(김태련 외, 2004). 분리불안장애로 등교를 거부하는 자녀에게 체계적 둔감법을 사용하는 경우, 처음에는 1시간 정도만 학교에 있게 한 다음 점차 그 시간을 늘려서 자녀가 학교에 대한 두려움을 극복하고 학교생활에 적응하도록 도와줄 수 있다.

이 외에도 가족치료가 효과적인데, 왜냐하면 분리불안장애가 가족구성원 사이의 갈등으로 발생하는 경우가 많기 때문이다. 분리불안장애를 가족의 맥락에서 바라보는 경향이 점점 강해지고 있어서 가족치료가 주목받고 있다. 가족치료는 자녀보다 가족에 초점을 둔 치료방법으로, 자녀에게만 초점을 둔 방법보다 더 극적이고 지속적인 효과를 나타낸다(Silverman & Kurtines, 1996). 가족 내의 역동성과 부모-자녀 관계 등을 살펴봄으로써 자녀에게 분리불안을 일으키는 요인을 정확히 파악하고 문제해결방안을 마련할 수 있기 때문이다. 가족구성원 모두가 함께 노력할 때 자녀의 분리불안장애가 효과적으로 치료될 수 있다.

Chapter

07

가족 유형에 따른 부모역할

가족구조는 가족구성원 간의 관계를 조직화하고 유형화한 것으로, 가족구성원이 어떻게 기능적으로 연관되어 있는지에 따라 여러 가지 가족구조로 나뉜다(김승희, 2016a). 전통적 가족구조는 부부와 그 사이에서 태어난 자녀로 구성된 핵가족(nuclear family)으로, 보통 아버지가 경제활동에 참여하면서 가족을 부양하고 어머니가 전업주부로서 가사와 자녀 양육을 책임진다. 핵가족은 일반적으로 남녀의 결혼으로 형성되고, 자녀의 출생으로 성장하며, 자녀의 결혼으로 축소된 후, 부부의 사망으로 소멸하는 등의 과정을 거친다. 그러나 가족구조는 지난 50년 동안 극적으로 변화하여 현재는 전통적 가족구조가 줄어들고 대안적 가족구조가 늘어나는 추세다. 여성의 사회진출과 이혼율의 증가, 경제발전 등의 시대적 상황과 가치관이 변화하면서 가족구조가 다양해지는 것이다. 여러 가지 가족구조의 각기 다른 특성은 나름의 가정환경을 구성하므로 가족이 직면하는 어려움이나 요구 등이 다르게 나타난다. 가족 유형은 부모-자녀 관계뿐만 아니라 자녀의 성장과 발달에 직접적이고 다각적인 영향을 미치는 만큼 가족 유형에 따라 부모가 수행해야 할 역할이 다르게 나타난다. 가족 유형에 따라 부모역할이 달라지는 것이다.

1. 한부모가족

한부모가족(single parent family)은 18세 미만의 자녀와 어머니 또는 아버지만으로 이루어진 가족으로, 사별이나 이혼, 별거 등으로 부모 중 한 사람이 홀로 자녀를 키우며 부모역할을 수행하는 가족구조다(Bilingsley & Giovannoni, 1971). 또한 결혼하지 않은 상태에서 혼자 자녀를 양육하거나 입양한 경우도 한부모가족에 포함된다. 한부모가족은 어머니가 자녀를 양육하는 모자가족과 아버지가 자녀를 양육하는 부자가족으로 구분된다. 여성보다 남성의 재혼율이 높아서 모자가족이 부자가족보다 더 많은 것으로 나타난다. 그러나 최근에는 모자가족보다 부자가족의 증가가 두드러진다(장연진, 2016). 한부모가족은 경제적·심리적·정서적·사회적 어려움을 겪고 있으며, 그 양상은 모자가족과 부자가족에서 다르게 나타난다(윤경자 외, 2019). 한부모가족이 되면 대인관계나 남녀역할 등이 바뀌므로 가족구성원은 생활의 변화를 경험하면서 여러 가지 어려움을 겪는 것이다(신애란, 2002). 특히 가족해체를 경험하면서 배우자만 잃는 것이 아니라 배우자와 연관된 사회적 지지망도 잃기 때문에 한부모가족은 이전보다 훨씬 더 협소한 사회적 지지망을 가질 수밖에 없다. 이러한 사회적 지원의 제한으로 한부모가족 자녀가 겪는 어려움은 가중된다.

1) 특성

한부모가족이 겪는 가장 큰 어려움은 경제적 어려움이다. 경제적 어려움은 부자가족보다 모자가족에서 더 심각한데, 왜냐하면 남성보다 여성의 취업이 어렵고 취업이 되더라도 급여가 낮고 불안정하기 때문이다(허미영, 2006). 자녀가 성장한 후에도 모자가족의 가장 큰 스트레스는 경제적 어려움이다(황정임, 이호택, 김유나, 2016). 이는 모자가족에게 더 많은 경제적 지원이 이루어진다면 모자가족이 겪는 어려움의 상당 부분이 해결될 수 있음을 가리킨다. 또한 모자가족은 친척이나 친지로부터 받는 사회적 지원이 제한되어 있고, 극빈층 중심으로 이루어져 있는 사회복지서비스로부터도 배제되는 등 사회적·제도적으로 소외되어 있다(송다영, 2003). 부자가족은 아버지가 자녀 양육과 가사로 많은 스트레스를 받으며 어머니 부재로 자녀가 받는 정서적 어려움이 크다(황정임, 이호택, 김유나, 2016). 아버지가 어머니를 대신하여 자녀에게 감정과 애정을 표현하는 것이 어렵기 때문이다.

한부모가족 자녀는 역할모델의 부재, 정서적 · 경제적 지원의 부족 등으로 어려움을 겪는다(Kail, 2009). 어머니와 함께 사는 남아는 남성 모델의 부재를, 아버지와 함께 사는 여아는 여성 모델의 부재를 경험한다. 또한 혼자서 부모역할을 수행하기 때문에 이전에 역할분담이 가능했던 많은 일이 포기되면서 자녀가 직접 피해를 보기도 한다. 가령 첫째와 둘째의 학교행사가 동시에 있을 때 어머니가 첫째의 행사에 참석하느라 둘째의 행사에 참석하지 못하면 둘째는 심리적으로 위축되어 자신감을 잃을 수 있다. 사별로 형성된 한부모가족 자녀는 질병이나 사고로 부모 중 한 명을 잃는 것뿐만 아니라 부나 모가 제공하던 경제적 · 정서적 · 사회적 지지도 함께 잃게 된다(Kubler-Ross & Kessler, 2000). 미혼모가족 자녀는 사회적 낙인과 정서적 불안정, 경제적 빈곤 등으로 많은 어려움을 겪고 있다(김희주, 권종희, 최형숙, 2012).

특히 이혼(divorce)으로 형성된 한부모가족 자녀는 많은 부정적 정서를 경험한다(남현주, 윤형식, 이태영, 신채영, 이동훈, 2013). 이혼이 성립되기까지 부부가 오랫동안 겪는 갈등상황에 자녀가 노출되기 때문이다. 부모가 겪는 죄책감이나 분노, 우울, 외로움, 상실감 등이 고스란히 자녀에게 전달되어 자녀 역시 비슷한 감정을 경험하게 된다. 이러한 감정은 부모의 이혼 후 이사하거나 학교를 옮기면 더 악화하며 종종 학교생활 부적응이나 비행 등을 보이기도 한다(Rutter et al., 2008). 영유아는 인지발달이 미성숙하여 부모의 이혼과 관련된 상황을 전반적으로 이해하지 못하며, 부모의 이혼이 자신 때문이라는 죄책감과 부모가 자신을 포기할 수 있다는 불안감을 느낀다(Pryor & Rogers, 2001). 또한 영유아는 가족관계가 깨져버린 것에 대한 원망으로 부모에 대한 분노가 매우 크다. 특히 어머니보다 아버지에 대한 분노가 더 크고, 남아보다 여아가 더 오랫동안 분노를 느끼는 것으로 나타난다. 이렇게 정서적으로 불안정한 영유아는 자다가 오줌을 싸거나 부나 모와 떨어지지 않으려는 등 퇴행(regression)을 보이거나 악몽을 꾸기도 한다(Lee & Bax, 2000).

이혼한 부모는 일반적으로 자신이 직면한 어려움에 파묻혀 새로운 상황에 적응하려는 자녀의 욕구에 제대로 반응하지 못한다(정옥분, 정순화, 2019). 이혼 후 2년 동안은 부모-자녀 관계가 가장 혼란스러운 시기인데, 왜냐하면 부모가 자녀에게 매우 부정적이고 적대적인 태도를 보이기 때문이다(Amato & Booth, 1996). 이혼 후 2년이 지나면 이혼가족 자녀는 상황에 어느 정도 적응하지만, 이후 학교생활에서 자아존중감이나 학업성취도가 낮고 정서적 불안정으로 문제행동을 표출할 가능성이 크다(Amato, 2001). 이러한 문제는 성인기까지 지속하여 대인관계가 원만하지 못하며, 특히 이성과의 관계에서 어려움을 겪는 것으로 나타난다(Wolfinger, 2000). 그러므로 자녀가 부모의 이혼에 적응하려면 부모가 적극적으로 상황을 극복하고 자녀와 긍정적 관계를 유지하기 위해 노력해야 한다. 이혼 후에도 자녀가 지속해서 부모를 만나면서 친밀한 관계를 유지하도록 배려하는 것이 중요하다. 부나 모의 집을 정기적으로 오가며 부모가 자신을 사랑한다는 것을 확인함으로써 자녀는 정서적·심리적 어려움을 극복하고 원만하게 자신의 능력을 발달시킬 수 있다(이명신, 2008).

2) 부모역할

한부모가족의 자녀 양육과 관련된 요인으로 부모의 연령과 양육태도, 자녀의 성별과 연령 등이 언급된다. 이중 부모의 양육태도가 한부모가족 자녀의 적응을 예측하는 중요한 변인이다(정옥분, 정순화, 2019). 부모가 독재적 또는 방임적 양육태도보다 민주적 양육태도를 보일 때 자녀는 더욱더 잘 적응한다. 그러나 한부모가족 부모는 거부적이고 통제적인 양육태도를 보이는 경우가 많다(남영옥, 2010). 한부모가족 부모 대부분은 경제적 어려움으로 장시간 근로에 시달리는 만큼 자녀와 상호작용할 시간이 절대적으로 부족한 상황이다. 그래서 자녀에게 짜증을 내는 등 거부적 태도를 보이거나 자녀의 잘못된 행동을 미리 차단하겠다는 의도로 통제적 태도를 보이는 것이다. 게다가 혼자서 생계유지와 자녀 양육, 가사 등을 감당하면서 받는 스트레스로 부모는 자녀를 내버려 두는 방임적 태도를 보이기도 한다(홍순혜, 2004).

이러한 부모의 부적절한 양육태도는 자녀의 비행이나 가출, 공격성 등의 외현적 문제와 우울증이나 불안, 대인관계 위축 등의 내면적 문제를 유발하는 원인으로 작용한다(김선아, 2011; 홍순혜, 2004). 외현적·내면적 문제는 한부모가족 자녀의 학교적응에 부정적 영향을 미쳐 낮은 학업성취도와 학교 회피 등을 초래한다(김재엽, 최선아, 전지수, 2016). 한부모가족의 열악한 양육환경으로 인한 부적절한 양육태도가 자녀의 학교적응에 부정적 영향을 미치는 것이다. 따라서 한부모가족 부모는 자신의 양육태도를 점검하고 민주적 양육태도를 형성하기 위해 노력해야 한다. 부모는 자녀의 일상생활을 방해하지 않으면서 자녀 스스로 자기 일을 처리할 수 있도록 독립심을 키워주는 것이 필요하다(정옥분, 정순화, 2019). 자녀와 함께 가족 문제를 논의하고 자녀가 솔직하게 자기감정을 표현하도록 격려해야 한다(Hammer & Turner, 2000). 자녀가 부모로부터 계속 사랑받을 것을 확신할 수 있도록 부모는 적극적으로 관심과 애정을 표현하는 것이 요구된다.

아울러 부모는 주말에 사람들을 만나는 등 사회적 지지망을 적극적으로 구축하고 활용하는 것이 요구된다. 부모는 시간 부족으로 사람들을 직접 만나는 것이 어려우면 온라인 모임으로 정보를 교환할 수 있다. 자녀 양육과 교육에 관한 여러 가지 정보를 교환함으로써 부모는 자녀와 효과적으로 의사소통하고 자녀 교육에 대한 자신감을 얻을 수 있다. 일반적으로 한부모가족 부모는 자신의 인생이 비참하다는 생각으로 자아존중감이 낮고 양육자로서의 자신감이 부족하다(정옥분, 정순화, 2019). 이러한 부모의 태도가 자녀에게 부정적 영향을 미치는 만큼 한부모가족 부모는 적극적으로 사회적 지지망을 활용하여 부모 자신의 자아존중감과 자신감을 높이는 것이 필요하다. 더 나아가 한부모가족 부모는 학교와 지역사회, 국가 등에서 시행하는 다양한 프로그램을 적극적으로 활용하는 것이 요구된다. 한부모가족을 위한 양육비와 복지시설, 법률상담 등을 활용함으로써 한부모가족 부모는 자녀 양육으로 받는 스트레스를 줄이고 부모-자녀 관계를 개선할 수 있다.

2. 재혼가족

재혼가족(reconstituted family)은 배우자와 사별하거나 이혼한 이후에 재혼하여 형성된 가족으로, 최소한 배우자 중 한 사람이 이전 결혼에서 낳은 자녀를 데리고 와서 부모-자녀 관계가 만들어진 가족구조다. 부인과 남편 중 한 명만 자녀가 있는 경우, 둘 다 있는 경우, 모두 자녀가 있으면서 재혼 후 자녀를 더 갖는 경우 등 다양한 형태의 재혼가족이 있다. 최근 이혼율의 증가와 함께 재혼율도 증가하면서 재혼가족이 늘어나고 있다. 재혼가족은 서로 다른 가족구성원이 결합함으로써 의붓아버지나 의붓어머니, 의붓자식 등의 새로운 역할이 부여되고 새로운 관계가 형성된다. 그뿐만 아니라 이전 가족과도 관계를 계속 유지해야 하는 등 관계의 복잡성 때문에 재혼가족 자녀는 많은 스트레스를 받는다. 보통 부모는 의붓자식보다는 친자식을 더 선호하는데, 이로 인해 가족구성원 간에 갈등이 생기기도 한다(Dunn & Davies, 2001). 재혼가족은 관계의 복잡성으로 가족구성원 간의 갈등이 항상 존재하므로 부모와 자녀 모두 현실적인 기대를 하고 끊임없이 노력하는 것이 필요하다(White & Gilbreth, 2001). 자녀가 재혼가족에 적응하려면 시간이 필요하므로 의붓아버지나 의붓어머니와 자연스럽게 관계를 발전시키도록 충분한 시간이 주어져야 한다.

1) 특성

재혼가족은 부모와 자녀 모두 새로운 역할과 규칙, 전통 등을 만들어가면서 가족구성원 간 갈등이 많이 발생한다. 특히 청소년기의 자녀가 있으면 갈등문제가 더욱 심각해지는데, 왜냐하면 청소년기에 신체적·심리적·사회적 변화가 급격히 일어나면서 스트레스를 많이 받기 때문이다(김효순, 엄명용, 2007). 가족구성원 간 갈등은 재혼가족이 가족해체를 다시 겪을 가능성이 매우 크다는 것을 의미한다(Gonzales, 2009). 실제로 미국에서는 재혼가족의 25% 정도가 5년 안에 해체되며, 초혼보다 재혼의 이혼율이 더 높은 것으로 나타난다. 초혼보다 더 복잡한 재혼가족의 갈등이 재이혼으로 이어지는 것이다.

친어머니와 의붓아버지로 이루어진 재혼가족의 경우, 대부분 의붓아버지가 자녀 양육에 적극적이지 않은 것으로 나타난다. 그런데도 의붓아버지의 존재는 역할모델로서 남아에게 긍정적 영향을 미친다(Clarke-Stewart & Bretano, 2005). 의붓아버지가 온정적이면 남아는 친어머니와의 관계를 개선하는 데 의붓아버지가 도와주리라 기대하기 때문에 의붓아버지와 좋은 관계를 유지하면서 많은 영향을 받는다. 그러나 여아는 의붓아버지가 자신과 친어머니 사이를 방해한다고 생각하므로 반항적 태도를 보이기도 한다(Visher, Visher & Pasley, 2003).

친아버지와 의붓어머니로 이루어진 재혼가족은 의붓어머니에 대한 사회적 편견 때문에 부모역할을 수행하기가 어려운 가족구조다. 게다가 친아버지가 재혼과 동시에 자녀 양육의 책임을 의붓어머니에게 떠넘기는 경우가 많다(Buchanan, Maccoby & Dombusch, 1996). 그래서 영유아가 재혼가족에 적응하는 것이 여타 재혼가족의 영유아보다 훨씬 더 어려우며 의붓어머니에 대한 반항이 심하게 나타난다. 특히 남아보다 여아의 반항이 심한데, 왜냐하면 의붓어머니 탓에 자신과 친아버지 사이가 멀어지는 것에 대한 불안감과 친어머니에 대한 그리움이 크게 작용하기 때문이다(Berk, 2012).

그래서 재혼가족 부모는 새로운 배우자와 자신의 자녀 사이에서 갈등한다. 어느 한쪽에 잘하면 다른 한쪽을 배신하는 꼴이 되어 결국에는 한쪽을 잃어버릴 수 있다는 두려움 때문이다. 이러한 두려움을 경험하면서 재혼가족 부모는 역할갈등을 겪게 된다. 부모역할을 어떻게 수행할지, 자녀 양육에 관한 의사결정에 얼마나 합의할지 등으로 역할갈등을 겪는 것이다(김효순, 엄명용, 2007). 특히 의붓어머니는 전래동화에서 드러나는 사회적 편견 때문에 의붓아버지보다 역할갈등을 더 많이 겪는다. 따라서 의붓어머니의 순조로운 적응은 재혼가족이 안정화하는 데 절대적으로 중요하다(김연옥, 2007).

2) 부모역할

재혼가족 부모는 다양한 갈등으로 발생할 수 있는 가족해체를 미리 방지하기 위해 여러모로 노력해야 한다. 부모는 재혼에 대한 현실적인 기대를 하고 상황을 있는 그대로 받아들이며 직시하는 것이 필요하다. 부모는 재혼가족의 바람직한 모델을 보여줌으로써 자녀가 긍정적 자아개념을 형성하고 사회적 편견에 맞설 수 있도록 도와주어야 한다. 특히 영유아는 동화책이나 대중매체를 통해 의붓어머니나 의붓아버지에 대한 편견을 가질 수 있으므로 사회적 편견에 노출되지 않도록 주의를 기울여야 한다. 재혼가족의 부부관계는 가족구성원 간의 다양한 갈등을 해결하는 첫 관문이므로 재혼가족 부모는 부부관계 증진을 위해 최선을 다해야 한다(양진희, 2012).

재혼가족 부모가 고려할 사항은 첫째, 당면한 도전과 딜레마를 정확히 인식하는 것이다(김효순, 하춘광, 2011). 좋은 부모가 될 수 있다는 낙관적 기대가 아니라 가족구성원의 욕구와 불만을 정확히 파악하고 호칭을 통일하면서 재혼가족이 해결해야 할 문제를 정확히 인식하는 것이 필요하다. 특히 초기에는 자녀가 의붓어머니나 의붓아버지를 거부하는 정도가 심하므로 재혼가족 부모는 친부모의 훈육방식을 인정하고 자신의 방식을 강요하지 말아야 한다. 둘째, 자녀 양육에 대해 적절히 개입하는 것이다. 친부모를 대신하겠다는 생각은 실현되기 어려우므로 재혼가족 부모는 자녀 양육에 적절히 개입함으로써 원만한 부모-자녀 관계를 유지하는 것이 필요하다(정옥분, 정순화, 2019). 셋째, 친부모와 자녀 사이의 관계를 배려하는 것이다. 친부모와의 추억을 인정하고 자녀가 지속해서 친부모와 관계를 유지하도록 배려함으로써 재혼가족 부모는 자녀가 관계의 복잡성을 원만히 해결하도록 도와주어야 한다.

결론적으로 재혼가족 부모는 자녀가 새로운 가족관계를 성공적으로 구축하도록 시간적 여유를 충분히 갖는 것이 필요하다. 인간관계는 서로에 대한 믿음이 쌓이면서 서서히 가까워지므로 서두르지 말고 자연스럽게 관계가 발전하기를 기다리는 것이 필요하다. 부모는 가족구성원의 특성을 충분히 파악하고 각자 자신의 위치를 찾도록 도와주어야 한다. 또한 부모는 가족구성원이 함께 의사결정과정에 참여하고 상대방의 의사를 존중하고 수용하는 자세를 갖도록 격려해야 한다(Hammer & Turner, 2000). 자녀는 발달수준에 맞게 자신의 의사를 표현함으로써 다른 가족구성원과 동등한 관계를 유지할 수 있다. 더불어 자녀가 가족 안에서 신체적·성적 학대를 당하는 일도 있으므로 부모는 자녀의 상태와 발달에 대해 세심한 주의를 기울여야 한다(김승희, 2016a).

3. 맞벌이가족

맞벌이가족(dual career family)은 부부가 모두 근로자로서 일하는 가족이다. 맞벌이가족은 여성의 일에 대한 가치관이 변화하고 있음을 보여주는 것으로,

여성의 취업률이 증가하면서 지속해서 늘어나고 있다. 과거에는 아내의 일은 부차적이고 아내는 남편의 일을 위해 희생하는 것이 당연시되었다. 하지만 현대에는 아내와 남편 모두 직장에서의 성공에 동등한 가치를 두고 있음을 보여주는 것이 맞벌이가족이다. 맞벌이하는 가장 큰 이유는 돈을 벌기 위해서지만, 자아실현과 사회참여 등을 통해 삶의 질을 향상하려는 욕구 때문이기도 하다(강학중, 유계숙, 2005). 그래서 맞벌이하는 아내의 자아존중감이나 성취감이 높고 가족 내에서 비교적 동등한 부부관계를 유지하는 것으로 나타난다. 그런데도 맞벌이하는 아내는 여전히 가사와 자녀 양육에 대한 책임감과 부담감으로 힘들어하고 있으며(장미나, 한경혜, 2011), 어머니와 근로자, 배우자 등의 역할을 동시에 수행하면서 역할갈등을 경험하고 있다(박정임, 2017). 최근에 가사와 자녀 양육에 참여하는 남편이 많이 증가하고 있음에도 가사와 자녀 양육은 여성의 몫이라는 사회적 의식이 아직 강해서 맞벌이하는 아내 대부분은 여전히 가사와 자녀 양육을 책임지고 있다(김유숙, 2018).

1) 특성

맞벌이가족은 남녀의 역할분담과 자녀 양육의 문제가 항시 제기된다. 역할분담의 경우, 아내가 여전히 가사와 자녀 양육을 책임지면서 역할분담이 제대로 이루어지지 않는 것으로 나타난다. 남편의 가사분담이 아내의 절반에도 미치지 못하며, 자녀 양육도 아내가 남편보다 두 배 이상 더 많이 부담하는 것으로 나타난다(최인희, 홍승아, 김주현, 정다은, 2014). 1990년대 중반부터 남녀평등과 수평적 부모-자녀 관계의 움직임이 일어나고 있지만, 맞벌이가족에서 가사와 자녀 양육은 여전히 아내의 몫으로 남아있는 것이다. 그래서 맞벌이하는 아내는 어머니와 근로자, 배우자 등의 역할을 동시에 수행하면서 역할갈등을 경험하고 많은 스트레스를 받고 있다. 맞벌이가족 아내는 제한된 시간 안에 여러 가지

역할을 담당하면서 신체적·심리적 긴장 상태로 힘들어하고 있다.

맞벌이가족 아내의 역할갈등은 영유아기 자녀를 양육할 때 극심해지는데, 왜냐하면 영유아기에 집중적인 양육이 요구되기 때문이다(이인정, 2015). 영유아기 자녀를 둔 맞벌이가족 상당수는 조부모나 친인척의 도움으로 자녀를 양육하고 있다. 하지만 자녀의 영양과 안전, 심리적 안정 등에 대한 책임은 여전히 아내의 몫으로 남아있어서 아내의 역할갈등은 더 커지게 된다. 이는 아내와 남편 사이의 잦은 다툼으로 이어져 부부 간 갈등이 커지는 등 자녀 양육은 맞벌이가족에게 가장 심각한 문제이면서 부부갈등에 지대한 영향을 미치는 것이다(이인정, 김미영, 2014). 실제로 영유아기 자녀를 양육하는 부부의 이혼율이 높게 나타나는 등 부부갈등이 가족구성원 전체의 심리적 안정에 큰 영향을 미쳐 결혼 안정성을 위협하는 요인이 된다.

자녀 양육의 어려움은 자녀가 초등학교를 입학한 이후에도 크게 나타나는데, 왜냐하면 본격적으로 학교교육이 시작되는 초등학교 때 부모의 도움이 절실하기 때문이다(박정임, 2017). 맞벌이가족은 늦은 귀가와 장시간 근무 때문에 저녁 시간에 자녀가 혼자 집에 있는 경우가 많고 인터넷이나 텔레비전에 노출되는 시간이 많아서 자녀교육 문제가 심각하게 제기된다(김승희, 김선미, 2013). 맞벌이가족의 영유아는 부모의 늦은 귀가로 오랫동안 유아교육기관에 머무르면서 문제행동을 보이기도 한다. 장시간 집 밖에 있으면서 쌓인 스트레스로 영유아는 심리적·정서적 불안감을 보이고 타인과의 관계를 잘 맺지 못하며 공격행동을 자주 하는 것으로 나타난다(Early Child Care Research Network, 2003). 그래서 맞벌이가족 부모는 늘 지쳐 있고 자녀에 대한 죄책감을 느끼면서 스트레스를 받고 있다. 그러나 맞벌이가족 영유아가 유아교육기관에 오랫동안 머무르더라도 온정적이고 책임감 있는 교사로부터 연령에 적합한 교육을 받으면 영유아의 발달은 원만하게 이루어진다(Marshall, 2004). 양육에서 중요한 것은 양이 아니라 질이기 때문이다(Kail, 2009).

결국 영유아기 자녀를 둔 맞벌이가족은 양육 스트레스를 심하게 경험하면서 죄책감이나 우울, 불안 등을 느끼고 직장생활을 중단하거나(이인정, 2014) 부정적 양육태도를 보이게 된다. 부정적 양육태도가 장기간 지속하면 부모-자녀 관계의 질이 악화하여 자녀의 문제행동을 유발하는 등 자녀에게 악영향을 미칠 수 있다(송진숙, 송진영, 2009). 따라서 원만한 부모-자녀 관계를 유지하고 자녀의 성장과 발달을 위해 맞벌이가족의 양육 스트레스를 줄이는 것은 매우 중요하다. 또한 남편이 자녀 양육에 적극적으로 참여함으로써 자녀 양육에 대한 역할분담이 철저히 이루어져야 한다. 남편의 양육 참여가 높을수록 아내의 결혼 만족도가 높아지고 가족구성원 모두가 심리적 안정감을 느끼는 만큼 역할분담을 통해 맞벌이가족의 결혼 안정성을 높이는 것이 매우 시급한 실정이다.

2) 부모역할

맞벌이가족의 부모역할은 첫째, 자녀와의 상호작용에 중점을 두는 것이다. 맞벌이가족 자녀의 성장과 발달은 부모와 보내는 시간의 양보다 어떻게 보내느냐는 질에 의해 달라진다. 즉, 부모가 자녀와 얼마나 많은 시간을 보내느냐가 아니라 어떻게 보내느냐에 따라 자녀의 성장과 발달이 결정된다. 귀가 후 짧은 시간이나마 자녀와 함께 놀아주거나 책을 읽어주면서 자녀에게 온전히 집중하는 것이 자녀의 성장과 발달에 긍정적 영향을 미친다. 또한 맞벌이가족 부모는 주말에 자녀와 많은 시간을 보냄으로써 주중에 부족한 자녀와의 상호작용을 보완하고 부모-자녀 관계를 발전시키는 것이 필요하다(Nock & Kingston, 1988). 종종 부모의 역할을 다하지 못한다는 죄책감으로 과잉보호하거나 자녀의 요구를 무조건 들어주는 경우가 있는데, 이는 오히려 자녀의 성장과 발달에 부정적 영향을 미치므로 자제되어야 한다. 그러므로 맞벌이가족 부모는 자녀와 함께하는 시간 동안 무엇을 어떻게 할지를 적극적으로 고민하고 실천함으로써 자녀의 원만한 성장과 발달을 도모해야 한다.

둘째, 가사와 자녀 양육에 대한 책임을 분담하는 것이다. 특히 자녀 양육은 맞벌이가족에게 가장 심각한 문제이므로 자녀 양육에 대한 역할분담이 반드시 이루어져야 한다. 최근 아버지 양육 참여에 관한 관심이 커지면서 아버지 양육 참여가 유아의 성장과 발달에 미치는 긍정적 영향이 강조되고 있다. 예를 들어, 아버지 양육 참여가 활발할수록 유아의 다중지능(문병환, 2008), 창의성(공강수, 2014; 나현정, 최미숙, 2017) 등이 높으며, 유아의 공격성 감소와 감정조절에 효과적인 것으로 나타난다(Flanders, 2010). 또한 아버지가 유아의 놀이에 적극적으로 참여할수록(권정윤, 정미라, 이방실, 2015), 아버지가 다양한 어휘를 사용할수록(Pancsofar & Vernon-Feagans, 2006) 유아의 언어표현력 향상이 두드러진다. 즉, 아버지 양육 참여는 자녀의 성장과 발달을 위해서 필수적이다. 따라서 자녀의 원만한 성장과 발달을 위해, 부부갈등과 양육 스트레스를 줄이기 위해, 가족구성원의 심리적 안정을 위해 자녀 양육에 대한 역할분담이 이루어져야 한다.

셋째, 다양한 사회서비스를 적극적으로 활용하는 것이다. 맞벌이가족은 영유아기 자녀의 양육을 위해 조부모의 도움을 가장 많이 받는다(김은실 외, 2016). 맞벌이하는 어머니를 대신할 수 있는 가장 믿을만한 사람으로 조부모가 지목되는 것이다(김현정, 2015). 조부모의 손자녀 양육은 조부모에게 긍정적 측면과 부정적 측면을 동시에 제공한다. 긍정적 측면은 손자녀 양육을 통해 즐거움과 만족감을 느끼고(Grundy et al, 2012), 손자녀와 친밀한 관계를 유지한다는 점이다(Kemp, 2005). 부정적 측면은 신체적·심리적 건강이 나빠지고 사회적으로 고립된다는 점이다(이은희, 하주영, 이정란, 황은희, 2009). 게다가 조부모는 훈육방식에서 부모와 충돌할 때 손자녀 양육에 대해 혼란스러움을 경험하고 회의를 느끼기도 한다(Bailey, Letiecq & Porterfield, 2009). 이러한 부정적 측면은 장기적으로 조부모-부모 관계, 조부모-손자녀 관계가 악화할 수 있음을 가리키는 만큼 맞벌이가족 부모는 다양한 사회서비스를 활용하여 조부모에 대한 의존성을 탈피하는 것이 필요하다.

4. 다문화가족

다문화가족(multicultural family)은 결혼이민자나 귀화 허가를 받은 사람과 출생 시부터 대한민국 국적을 취득한 사람으로 이루어진 가족으로, 국제결혼이 증가하면서 급속도로 늘어나고 있다. 국제결혼으로 형성된 다문화가족의 대부분은 한국인 아버지와 외국인 어머니, 그 사이에서 태어난 자녀로 이루어진 가족이다(김이선, 2009). 한국인 부모 사이에서 태어난 자녀를 데리고 부 또는 모가 외국인과 재혼하여 다문화가족이 되기도 한다. 다문화가족의 수가 급증하고 있음에도 다문화가족은 여전히 한국사회에서 문화적 소수자로서 생활의 어려움을 겪고 있다. 학업이나 의료, 문화 등과 연관된 사회복지서비스 이용뿐만 아니라 사회관계 때문에 힘들어하고 있다. 특히 다문화가족은 자녀 양육과 교육에 많은 어려움을 겪는다(양계민, 조혜영, 이수정, 2009; 오성배, 2005). 어머니가 외국인인 경우, 미숙한 한국어 실력 때문에 교사나 다른 학부모와 의사소통이 원활하지 않으며 자녀의 숙제나 준비물 등을 제대로 챙겨주지 못하고 있다(김승희, 2011a). 그래서 다문화가족 자녀는 또래나 교사와의 정서적 문제보다 낮은 학업성취도와 같은 실질적인 문제로 더 괴로워하며 학업에 대한 스트레스로 학업중단의 충동을 경험하기도 한다(전경숙, 임양미, 양정선, 이의정, 2010).

1) 특성

다문화가족은 문화적 배경이 다른 사람들로 구성된 가족이기 때문에 문화적 차이에서 비롯한 여러 가지 어려움을 겪는다. 구체적으로 다문화가족은 언어소통의 어려움을 비롯하여 경제적 빈곤, 자녀교육의 어려움, 문화적 갈등, 정체성 혼란 등의 문제로 힘들어한다. 특히 다문화가족의 빈약한 사회적 관계망은 자녀 교육 문제를 심화시키는 원인이 되는데, 왜냐하면 여러 사람으로부터 한국의 교육문화에 관한 정보를 얻지 못하기 때문이다(정해숙 외, 2016). 또한 다문화가족은 주로 직업 지위가 낮은 단순노무직이나 서비스직에 근무하며 임시근로자나 일용근로자인 경우가 많아 경제적으로 어려운 상황에 놓여있다. 경제적 빈곤 때문에 다문화가족은 사회적으로 위축되면서 정체성 형성에 어려움을 겪고 있다.

다문화가족이 겪는 가장 큰 문제는 언어나 예절, 관습, 음식 등의 차이에서 비롯된 문화적 갈등이다. 특히 미숙한 한국어 실력 때문에 겪는 의사소통의 어려움이 가장 심각한 것으로 나타난다(김천기, 노상우, 박휴용, 이정애, 임은미, 2013). 2015년에 시행된 전국 다문화가족 실태조사에서 결혼이민자와 귀화자는 언어문제를 한국생활에서 겪는 가장 큰 어려움으로 지적한다(정해숙 외, 2016). 언어문제는 심리적 위축과 소극적 태도로 연결되어 대인관계 형성에 장애 요인으로 작용하며(박미경, 엄정애, 2007), 자녀와의 언어적 교감을 방해하여 원만한 부모-자녀 관계를 맺지 못하는 결과를 초래한다(김영주, 김연희, 2011). 더 나아가 언어문제는 자녀의 언어발달에 부정적 영향을 미침으로써 낮은 학업성취도와 학교생활 부적응으로 귀결될 수 있다는 점에서 심각성을 더한다(우현경, 정현심, 최나야, 이순형, 이강이, 2009).

다문화가족은 생활방식이나 관습, 음식 등에서도 문화적 차이를 경험하면서 어려움을 겪는다. 가장 많이 경험하는 문화적 차이는 식습관(36.9%)이며, 다음으로 가족의례(23.0%), 양육방식(19.0%), 경제생활(15.3%) 등의 순으로 나타난다(정해숙 외, 2016). 특히 남성(30.6%)보다 여성(65.9%)이 문화적 차이를 더 많이 경험하는데, 이는 한국의 가부장적 가족관계 때문에 여성이 한국에서 살아가기가 더 어렵다는 것을 보여준다(한건수, 2006). 한국에는 가사와 돌봄, 남편 뒷바라지 등 도구적 역할로 여성을 바라보는 풍조가 만연해서 여성이 문화적 차이로 인한 갈등을 더 많이 겪는다(나임순, 2008). 문화적 차이로 인한 갈등은 부부갈등을 유발하는 원인이 되며, 한국 거주 기간이 짧을수록 문화적 차이로 인한 부부갈등은 더 큰 것으로 나타난다(정해숙 외, 2016).

다문화가족은 미숙한 한국어 실력 때문에 자녀의 숙제 점검이나 학습지도를 못 하는 등 자녀교육에 많은 어려움을 겪고 있다(김승희, 2011a; 김이선, 김민정, 한건수, 2006; 조영달, 2006; 조혜영 외, 2007). 더군다나 다문화가족의 경제적 기반이 취약한 상황에서 교육비에 대한 부담은 다문화가족의 자녀교육 어려움을 가중하는 요인이 된다(임형백, 이성우, 강동우, 김미영, 2009). 다문화가족의 교육비 부담은 사교육 열풍으로 나타나는 한국의 교육문화에 의한 것으로, 이러한 교육문화에 쉽게 적응하지 못하면서 다문화가족의 자녀교육 어려움은 커지고 있다(김승희, 2011a; 오성배, 2005; 조영달, 2006). 사람들은 보통 자신이 경험한 교육문화를 바탕으로 자녀를 교육하는데, 다문화가족은 자신이 고국에서 경험한 교육문화와 한국의 교육문화가 매우 달라서 혼란스러워하고 있다(김승희, 2012).

다문화가족이 겪는 자녀교육 어려움은 자녀의 학교생활에 직접적인 영향을 미친다. 이는 다문화가족 자녀가 학교생활의 가장 큰 어려움으로 학교공부와 숙제, 준비물 등을 언급하는 데서 잘 드러난다(전경숙, 정기선, 이지혜, 2007). 부모가 자녀의 숙제나 학습을 제대로 지도하지 못하므로 자녀 역시 숙제나 준비물 등을 챙기지 못하여 학교생활이 어려운 것이다. 그래서 다문화가족 자녀는 친구나 교사와의 관계에서 비롯한 정서적 문제보다 숙제나 준비물 등 학교공부와 연관된 현실적 문제로 더 힘들어한다. 또한 다문화가족 자녀는 학교생활과 문화가 달라서(18.3%), 학교공부가 어려워서(18.0%) 등의 이유로 학업을 중단할 정도로 학업에 대한 스트레스가 매우 큰 것으로 나타난다(정해숙 외, 2016).

문화적 갈등과 자녀교육 어려움 외에도 다문화가족은 자신만의 정체성을 가지지 못한 채 이쪽도 저쪽도 아닌 접경지대에서 정체성 혼란을 겪고 있다(권순희, 박상준, 이경한, 정윤경, 천호성, 2010). 한국사회는 다름을 인정하지 않는 배타적 분위기 때문에 정체성 변화나 새로운 정체성 형성이 어려운 상황이다. 이러한 상황에서 다문화가족은 자신이 본래 가지고 있던 문화가 무시당하고 차별받음으로써 자아위축을 경험하고 있으며, 이로 인해 정체성을 새롭게 형성할 기회를 얻지 못하고 있다(김승희, 2011b). 특히 개발도상국의 문화나 국민을 깎아내리는 경향이 강해서 대다수 이주노동자는 사회적 편견과 차별로 인해 한국사회에 뿌리내리지 못하면서 심각한 정체성 혼란을 겪고 있다(안경식 외, 2009).

다문화가족에 대한 사회적 차별은 다문화가족의 정체성 혼란을 가중하는 원인이 된다. 결혼이민자의 경우, 돈을 목적으로 결혼했다거나 가난 때문에 한국으로 시집왔다는 시선에 힘들어하고 있으며, 피부색이 다르다는 이유로 따돌림을 당하기도 한다(권미경, 2006). 이주노동자는 한국인의 일자리를 빼앗는다는 시선을 받으며, 심지어 대한민국의 머슴으로 보는 시각 때문에 비인간적인 차별과 멸시를 당하는 경우가 많다(한건수, 2003). 북한이탈주민 역시 무관심과 냉대, 멸시 속에서 하루하루를 힘겹게 보내고 있다(이경희, 배성우, 2006). 한국인은 북한이탈주민에 대한 심리적 거리감을 느끼며 우호적이지 않은데(김나연, 2011), 이러한 심리적 거리감과 부담감은 북한이탈주민이 적응하지 못하고 주변인으로 겉도는 요인으로 작용하여 북한이탈주민의 정체성 혼란을 가중하고 있다.

다문화가족 부모의 정체성 혼란은 고스란히 자녀에게 전이되어 다문화가족 자녀 역시 심각한 정체성 혼란을 겪는다(김승희, 2011b). 다문화가족 자녀는 부모 나라에 대한 자부심이 부족한 상태에서 색안경을 끼고 바라보는 주위의 시선 때문에 정체성을 원만하게 형성하지 못하고 있다. 예를 들어, 자신을 한국인이라고 인식함에도 외모 때문에 놀림을 받으면 외국인이라고 생각하는 등 다문화가족 자녀는 정체성 혼란을 겪는다(김예나, 2015). 종종 교우관계의 불이익을 피하고자 부모 나라를 드러내지 않거나 다문화가족임을 숨기기 위해 친한 친구 없이 외로운 학교생활을 보내기도 한다(김이선, 황정미, 이진영, 2007; 박순희, 조원탁, 이주희, 2006). 그래서 다문화가족 부모는 자녀가 학교에서 따돌림을 당할까 봐 노심초사하고 있으며, 부모 때문에 놀림 받을 것을 우려하여 학교를 방문하지 않는 등 자녀가 받을 차별과 편견을 매우 걱정한다.

다문화가족 유아는 단지 어머니가 외국인이라는 이유만으로 따돌림을 경험하거나 외모가 다르다는 이유로 놀림을 당하기도 한다(김승희, 2011b). 이렇게 따돌림이나 놀림을 당하면 유아는 유아교육기관에 가는 것을 거부하거나 또래와 어울리는 것을 피하게 된다. 더 나아가 부모 나라에 대한 자부심이나 자신에 대한 존중감 등을 가지지 못하게 된다. 이는 또래와의 관계를 통해 다양한 능력을 발달시킬 기회를 얻지 못함을 의미한다. 또한 다문화가족 유아는 외국인 어머니로부터 양질의 언어적 자극을 받지 못하고 언어적 상호작용이 부족해서 언어발달이 지체되는 것으로 나타난다(정순연, 2008). 유아기 언어발달의 지체는 아동기 학습능력의 저하로 이어지고 원만한 또래 관계 형성을 방해할 수 있다는 데 문제의 심각성이 있다.

2) 부모역할

다문화가족 부모는 다른 부모보다도 더 부모역할에 대한 지식과 기술을 습득하는 데 어려움을 겪는다. 한국어와 한국문화를 배우는 등 한국사회 적응에 일차적인 관심과 노력을 기울이기 때문이다(김연수, 2008). 부모역할에 대한 최소한의 정보도 없이 부모가 되어 자녀를 양육하는 경우가 많아서 다문화가족 부모는 부모역할에 대한 자신감을 느끼기가 어렵다. 따라서 다문화가족 부모는 바람직한 부모역할을 수행하기 위해 여러모로 노력하는 것이 요구된다. 비슷한 처지에 있는 다른 다문화가족 부모와 자주 만나고 정보를 공유하면서 한국사회에서 부모로 살아가는 경험을 주고받는 것이 필요하다. 다문화가족지원센터와 같은 기관에서 시행하는 다양한 프로그램에 적극적으로 참여하는 것도 부모역할을 효과적으로 수행하는 데 도움을 준다.

특히 다문화가족 부모는 낮은 자존감과 자아위축을 극복하고 자신만의 정체성을 새롭게 형성하는 것이 시급하다. 부모의 정체성 혼란이 그대로 자녀에게 전이되어 다문화가족 자녀의 정체성 혼란이 더 심각해지기 때문이다. 더불어 다문화가족 부모는 자녀가 부모 나라의 언어를 배우고 문화를 접하면서 부모 나라에 대해 자부심을 느끼고 긍정적 자아개념을 확립하도록 도와주어야 한다. 자녀의 정체성은 부모의 사회문화적 배경과 밀접하게 연관되므로 부모 나라의 역사와 문화를 아는 것은 자녀가 정체성을 형성하는 데 매우 중요한 역할을 한다(양계민, 조혜영, 이수정, 2009). 부모 나라의 언어와 한국어를 동시에 배우는 이중언어교육 역시 다문화가족 자녀의 정체성 형성에 도움이 된다. 다문화가족 자녀의 정체성 혼란은 우선으로 부모 나라에 대해 자부심을 느낌으로써 극복될 수 있다(김승희, 2011b).

다문화가족 자녀의 정체성 혼란은 학교생활 부적응으로 연결되어 학업중단의 원인이 된다. 한국인도 외국인도 아니라고 생각하는 정체성 혼란을 겪으면서 다문화가족 자녀는 심리적·사회적으로 소외되어 낮은 학업성취도를 보이면서 급기야 학업을 중단하는 것이다(조영달, 2006). 이는 장기적으로 사회적 불평등과 반목이 심화하고 분열이 가속되어 한국사회가 안정적으로 유지되기 어려울 수 있음을 가리킨다. 또한 다양한 사회문제를 해결하기 위해 엄청난 정치적·

경제적 대가를 치를 수 있음을 시사한다. 서로에 대한 멸시와 차별은 사회구성원 간의 갈등과 충돌을 일으켜 심각한 사회문제가 나타날 수 있기 때문이다(안경식 외, 2009). 그러므로 다문화가족 부모는 자녀가 나름의 정체성을 형성함으로써 사회구성원으로서 자신의 권리와 의무를 원만히 수행하고 한국사회의 주역으로서 온전히 자리매김할 수 있도록 도와주어야 한다.

5. 조손가족

조손가족(grandparents-grandchildren family)은 만 65세 이상인 조부모와 만 18세 이하인 손자녀로 이루어진 가족으로, 1997년 외환위기 이후 경제 상황이 악화하면서 급증하는 가족구조다. 조손가족은 손자녀 부모의 이혼이나 재혼, 가출, 실종, 실직, 파산 등 주로 경제적 어려움으로 가족이 해체되어 형성된 가족이다(여성가족부, 2010). 조손가족은 손자녀 부모의 어쩔 수 없는 형편으로 만들어지기 때문에 그러한 형편이 월등히 나아지지 않는 이상 장기화하는 특징이 있다(정은지, 2012). 따라서 노년기를 준비하지 못하고 손자녀를 양육해야 하는 조부모는 양육 부담감과 책임감 때문에 힘든 나날을 보내고 있다. 조손가족 조부모는 전형적인 조부모역할이 아니라 손자녀를 양육하는 주양육자로서 부모역할을 수행하면서 심한 스트레스를 받는다(이명용, 김승희, 2014). 손자녀와 함께 노후를 즐기는 조부모역할이 아니라 손자녀를 양육하는 부모역할을 수행하면서 스트레스를 받는 것이다. 구체적으로 조부모는 경제적 어려움과 사회적 고립감, 정서적 우울, 건강상 문제 등으로 스트레스를 받는다. 조손가족 조부모는 손자녀의 나이가 어릴수록, 조부모-손자녀 관계가 나쁠수록, 손자녀의 나쁜 성적이나 문제행동이 많이 나타날수록 스트레스를 많이 받는다(이미영, 2008).

1) 특성

조손가족 조부모는 손자녀를 양육하지 않으면 죄책감을 느끼기 때문에 자신의 삶을 포기하면서 손자녀를 돌보고 있다(이명용, 김승희, 2014). 조손가족 조부모는 한국사회의 유교적 정서 때문에 강한 책임의식을 강요받으며, 혈연이라는 이유로 손자녀를 돌보면서 양육 스트레스와 정서적 고립감을 느낀다(배종필, 2012). 조손가족 조부모가 겪는 어려움은 빈곤이나 양육비를 벌기 위해 취업하는 등 경제적·구조적 문제부터 손자녀와 세대 차이로 인한 정서적·심리적 문제까지 다양하게 나타난다(박은주, 2013). 조부모의 양육 스트레스는 손자녀 양육 동기, 손자녀의 나이, 성적, 문제행동과 같은 객관적 요인뿐만 아니라(이미영, 2008) 조부모가 지각하는 스트레스와 같은 주관적 요인에 따라 다양하게 나타난다(박은주, 2013). 조손가족 조부모는 손자녀를 양육하면서 경험하는 갑작스러운 삶의 변화 때문에 신체적·심리적·경제적 어려움을 겪는 것이다. 결국 자신이 기대한 조부모역할이 아닌 부모역할을 수행하면서 겪는 혼란과 어려움으로 스트레스를 받음에도 조손가족 조부모는 과중한 책임의식으로 손자녀를 양육하고 있다.

조손가족 손자녀는 부모의 관심을 받지 못하므로 낮은 자아존중감과 우울, 불안 등을 보이며(정은지, 2012), 세대 차이로 인해 조부모와 거의 대화하지 않는 것으로 나타난다(박창기, 2002). 손자녀의 나이가 증가할수록 조부모와 손자녀 사이에 대화가 줄어드는 등 손자녀와 조부모 사이의 의사소통에 문제가 생기는 것이다. 이러한 손자녀의 상태와 조부모-손자녀 관계는 조부모의 양육 스트레스를 가중해 조부모가 손자녀를 방임(neglect)하는 결과를 초래하기도 한다(조미진, 2007). 조부모가 손자녀에게 무관심하고 적절한 음식이나 의복 등을 제공하지 않는 방임이 나타나는 것이다. 조부모의 양육 스트레스가 많아질수록 조부모의 방임은 더 심해지는데, 왜냐하면 부모 역할에 대한 부담감이 커질수록 정서적 불안감이 더 커지기 때문이다. 특히 영유아기는 발달단계의 어느 시기보다도 양육자의 관심과 시간, 에너지 등을 많이 요구하므로 영유아기 손자녀를 양육하는 조부모의 양육 스트레스가 매우 높게 나타난다. 조부모의 권위는 축소하고 역할만 증가하면서 조손가족 조부모의 양육 스트레스가 높아지는 것이다(최혜순, 남효순, 2011).

하지만 조손가족의 어려움은 사회적 지원체계 수립으로 완화될 수 있다(김승희, 2016b). 즉, 주변 사람들로부터 받는 정신적·물질적 도움으로 조부모의 우울감과 양육 부담감이 감소하고 심리적 안녕감이 증진할 수 있다. 실제로 사회적 지지가 높을수록 조손가족 조부모는 손자녀 양육에 대한 자신감과 자부심을 더 많이 느끼며 생활만족도가 더 높은 것으로 나타난다(김미혜, 김혜선, 2004). 사회적 지지는 조손가족 조부모의 양육 스트레스를 낮출 뿐만 아니라 신체적·경제적 어려움을 완충함으로써 손자녀 돌봄에 대한 만족감을 느끼게 한다(박경애, 2007). 그러므로 조손가족 손자녀의 원만한 발달을 위해서는 교사나 이웃의 물질적 도움과 정서적 지원이 필수적이다. 예를 들어, 교사는 조손가족 손자녀의 개별적 상황과 조부모의 양육 스트레스를 정확히 이해하고 적절하게 반응하는 것이 필요하다. 교육기관은 조부모가 민주적이고 수용적인 양육태도를 가질 수 있도록 다양한 부모교육 프로그램을 제공하는 것이 요구된다. 이를 통해 조부모는 효과적인 의사소통기술을 습득하고 손자녀와 원만한 관계를 유지하며 손자녀 양육에 대한 즐거움과 만족감을 느낄 수 있다.

2) 부모역할

조손가족 조부모가 주양육자로서 손자녀를 양육하는 부모역할은 전형적인 조부모역할과 많은 차이가 있다. 일반적으로 조부모는 손자녀와 함께 노후를 즐기지만, 조손가족 조부모는 전적으로 자녀를 양육하는 부모역할을 수행하기 때문이다. 자신이 기대한 조부모역할과 실제 역할과의 차이에서 비롯한 혼란과 어려움 때문에 많은 스트레스를 받음에도 조손가족 조부모는 과중한 책임의식으로 손자녀를 양육하고 있다. 따라서 조손가족 조부모의 부모역할은 다른 가족 유형에서 요구되는 부모역할과 다르게 논의되어야 한다. 더군다나 조손가족 조부모의 상황과 욕구가 제각각이므로 조손가족에 대한 지원이 개별 조손가족의 상황에 맞게 이루어지는 것이 필요하다. 이를테면, 공적보호를 거의 받지 못하는 복지 사각지대에 놓여있는 경우부터 적극적으로 경제활동에 참여하면서 타인과 소통하고 정보를 활용하는 경우까지 조손가족의 상황은 다양하게 나타난다.

그러나 모든 조손가족에서 공통으로 나타나는 어려움은 세대 차이로 인한 갈등으로, 손자녀가 성장하면서 나타나는 심리적 변화에 조부모가 적절히 대응하지 못함으로써 심한 심리적·정서적 어려움을 겪고 있다(이명용, 김승희, 2014). 따라서 조손가족 조부모가 부모역할을 효과적으로 수행하기 위해서는 손자녀의 나이에 따른 양육 정보를 제공하는 부모교육이 다양하게 마련되어야 한다. 이를 통해 조부모는 손자녀의 정서와 행동을 이해하고 손자녀와 원만하게 관계를 맺으면서 심리적·정서적 안정감을 느낄 수 있다. 더불어 손자녀 양육의 어려움을 공유하고 양육 정보를 교환할 수 있는 자조모임이 마련되어야 한다. 지역사회와 국가에서 제공하는 다양한 서비스를 통해 정보를 교환함으로써 조부모는 손자녀와의 갈등을 해결하고 양육 스트레스를 줄일 수 있다. 조손가족에 대한 정부의 적극적인 지원이 이루어질 때 조손가족 조부모는 부모역할을 효과적으로 수행할 수 있다.

Chapter

08

민주적 부모교육이론

민주적 부모교육이론은 드라이커스(Rudolf Dreikurs)가 주창한 이론으로, 민주적인 부모-자녀 관계와 인간관계의 평등성을 강조한다(신용주, 김혜수, 2011). 드라이커스는 개인심리학(individual psychology)을 창안한 아들러(Alfred Adler)의 제자로서 아들러의 개인심리학을 교육현장에 적용하여 민주적 부모교육이론을 정립하였다. 아들러는 인간을 사회적·주관적 존재로 간주하고, 개인이 사회환경과의 상호작용을 통해 자신만의 독특한 성격을 형성한다고 주장한다. 특히 유아기는 성격 형성의 결정적 시기로, 유아가 누구와 언제 어디서 어떻게 상호작용하느냐가 유아의 성격 형성에 많은 영향을 미친다. 따라서 유아가 자신의 성격을 원만히 형성하려면 타인과 평등한 인간관계를 맺고 능동적으로 상호작용하는 것이 요구된다. 부모는 자녀가 스스로 자신의 행동을 결정하고 조절함으로써 자유에는 책임이 뒤따른다는 사실을 자녀가 깨치도록 도와주어야 한다. 이러한 관점에 근거하여 드라이커스는 가족구성원 사이에서도 서로에게 예의를 지키고 존중하며 평등하게 상호작용해야 함을 강조한다. 결국 평등과 상호존중의 원칙에 근거하여 부모의 민주적 양육방식을 강조하는 것이 드라이커스의 민주적 부모교육이론이다.

1. 부모교육 원리

민주적 부모교육이론은 자녀의 잘못된 행동과 그 동기를 이해하기 위해 생활양식(life style)을 강조한다. 생활양식은 한 개인이 살아가는 독특한 방식으로, 개인이 어떻게 장애물을 극복하고 문제해결방안을 모색하며 목표를 추구하는지를 보여주는 것이다. 생활양식은 영유아기의 경험으로 형성되며 개인이 생각하고 느끼며 행동하는 모든 것의 기반이 된다. 개인의 생활양식은 인간관계의 영향을 받으며, 특히 가족의 분위기와 가치관, 가족구조 등의 영향을 많이 받는다. 사회적 존재로서 인간은 태어나면서부터 집단에 소속하려는 욕구가 있으며 가족구성원으로부터 인정받기를 원하기 때문이다(신성철, 2018). 더군다나 자녀와 최초로 인간관계를 맺는 부모는 자녀에게 사회적 행동의 모델이 되고, 자녀는 가족이 공유하는 태도와 가치를 수용하면서 발달하게 된다. 결국 가족이 개인의 생활양식에 지대한 영향을 미치기 때문에 민주적 부모교육이론은 가족구성원이 서로 존중하고 평등하게 상호작용하는 민주적인 가족분위기를 강조한다. 이러한 분위기에서 자녀의 잘못된 행동에 적절히 반응하고 자녀의 노력을 격려하며, 자연적 결과와 논리적 결과를 사용하여 자녀를 훈육하는 것이 민주적 부모교육이론의 원리다.

1) 부모-자녀 관계

민주적 부모교육이론에서 부모-자녀 관계는 부모와 자녀의 동등한 관계로, 부모는 자녀를 인격체로 존중하고 자녀의 의사결정을 도와주는 임무를 수행한다(이숙 외, 2009). 민주적 부모교육이론은 부모가 자녀의 행동을 이해하고 자녀와 평등한 관계를 유지하는 데 그 목적이 있다(이숙 외, 2009). 따라서 부모는 수용적인 가정환경을 조성하고 자녀가 바람직한 생활양식을 습득하도록 도와주어야 한다. 이를테면, 유아는 자신의 욕구를 충족하기 위해 종종 관심 끌기나 힘 행사하기, 앙갚음하기, 무능함 보이기 등의 잘못된 행동을 한다. 이때 부모는 행동의 목적이나 원인을 파악하고 사회적 관계나 배경을 고려하여 자녀의 행동을 이해하며 자녀에게 자신의 행동을 설명할 기회를 제공한다. 부모는 자녀에게 자유를 허용하는 대신 자신이 선택한 행위에 대한 책임감을 강조한다. 즉, 자녀가 긍정적 생활목표를 설정하고 바람직한 생활양식을 형성하도록 도와주는 것이 민주적 부모교육이론에서 부모-자녀 관계다.

전통적 부모-자녀 관계에서 부모는 독재적이며 권위주의적 양육방식으로 자녀를 양육한다. 또한 부모와 자녀는 상하관계에 있으며 자녀는 어리고 미숙하여 부모에게 순종한다(정옥분, 정순화, 2009). 하지만 보수적이고 권위주의적 사회 분위기가 민주적으로 변화하면서 전통적 부모-자녀 관계는 더는 바람직하지 않은 것으로 인식되고 있다. 부모와 자녀 간에 새로운 관계가 정립되어야 하며 사회변화에 맞춰 부모도 변화해야 한다. 그러나 대부분 부모는 자신이 양육된 방식으로 자녀를 양육하기 때문에 부모와 자녀 사이에 갈등이 발생한다. 이러한 인간관계의 갈등은 과거의 권위주의적 방식이 아니라 인간관계의 평등성을 강조하는 민주적 방식에 의해서만 해결될 수 있다(강인향, 조인상, 임진숙, 2018). 따라서 부모는 자신에게 남아있는 권위주의적 양육방식을 버리고 민주적 양육방식으로 자녀를 양육하기 위해 재교육을 받아야 한다.

특히 드라이커스는 가정에서 일어나는 사회화과정을 중요시하면서 가정의 민주적인 분위기를 강조하였다(신성철, 2018). 가정에서 상호존중하는 분위기가 형성될 때 자녀는 스스로 자신의 행동을 조절하면서 민주적으로 성장할 수 있기 때문이다. 부모가 과거의 권위주의적 양육방식을 벗어나 민주적 양육방식을 선택함으로써 자녀는 자기 생각과 행동, 가치관, 책임감 등을 자유롭게 개발하면서 자율성을 신장할 수 있다. 민주적인 분위기에서 부모는 자녀를 이해하고 격려하며 자녀의 학습동기를 유발함으로써 자녀의 발달을 도모할 수 있다. 자녀는 시행착오를 통해 상황에 적절한 행동양식을 학습하는 만큼 부모는 자녀가 잘못된 행동을 하더라도 격려하고 가치 있는 존재임을 강조하는 것이 중요하다(정옥분, 정순화, 2009). 부모가 자녀를 하나의 인격체로 간주하고 자녀 스스로 자기 일을 결정하고 책임질 수 있도록 민주적 양육방식을 실천해야 한다.

결국 민주적 부모교육이론은 사회가 변화함에 따라 권위주의적 양육방식이 비효율적인 것으로 인식되면서 등장한 체험적인 부모교육이론이다. 민주적 부모교육이론은 부모가 민주적 양육방식과 생활태도를 보일 때 평등한 부모-자녀 관계가 유지되면서 자녀가 자율적이고 책임감 있는 자녀로 성장할 수 있다고 주장한다. 민주적이라는 것은 지나친 허용이 아니라 질서 속에서 자유를 유지하는 것을 의미한다(이숙 외, 2009). 제한된 범위 내에서 자유롭게 선택할 수 있으나 자신이 선택한 것에 대한 책임을 지는 것이 민주적이다. 부모는 자유에는 책임이 따르며 주어진 자유를 최대한 활용하여 능동적으로 생활하는 것이 중요함을 자녀가 깨닫도록 도와주어야 한다. 그러므로 민주적 부모교육이론은 자녀가 스스로 자기 일을 결정하고 책임짐으로써 주어진 한계 내에서 자유를 경험할 수 있는 민주적 양육방식을 강조한다.

2) 목적과 목표

민주적 부모교육이론의 목적은 부모가 자녀의 행동을 이해하고 평등한 부모-자녀 관계를 형성하는 것이다. 드라이커스는 민주사회에서 모든 사람이 평등하듯이 가정에서 모든 자녀가 평등하게 대우받아야 한다고 주장한다(신성철, 2018). 자녀의 연령이나 능력과 상관없이 모든 자녀는 자기 스스로 선택하고 결정할 수 있는 능력을 갖추고 있다. 따라서 부모는 자녀에게 선택권을 주고 자녀 스스로 결정할 수 있도록 민주적 분위기를 형성하고 능동적으로 상호작용해야 한다. 즉, 부모는 민주적인 가족분위기를 조성함으로써 가족구성원 모두가 자신의 능력과 소질을 계발할 수 있도록 도와주어야 한다.

이러한 목적을 달성하기 위한 민주적 부모교육이론의 첫 번째 목표는 자녀가 안정된 소속감을 느끼고 자신의 잘못된 행동을 수정할 수 있도록 도와주는 것이다. 사회적 존재로서 인간은 태어나면서부터 집단에 소속하려는 욕구가 있으며 가족구성원에게 인정받기를 원한다. 유아는 가족구성원으로부터 거부당할 수 있다는 두려움을 가지고 있으며, 종종 부모에게 인정받기 위해 관심 끌기나 힘 행사하기와 같은 잘못된 행동을 선택한다. 자녀는 바람직한 방법으로 인정받거나 소속될 수 없다고 느낄 때 잘못된 행동을 선택하므로 부모는 자녀와의 관계를 점검하고 자녀에게 안정된 소속감을 제공하는 것이 필요하다.

민주적 부모교육이론의 두 번째 목표는 평등한 부모-자녀 관계를 수립하는 것이다. 부모-자녀 관계는 인간이 태어나서 최초로 맺는 인간관계로, 자녀는 부모로부터 사회생활에 필요한 지식이나 기술, 태도, 가치 등을 습득하면서 사회구성원으로 성장한다. 즉, 부모-자녀 관계를 통해 개인의 사회화가 시작된다. 부모는 최상의 교사로서 유아의 훈육과 양육을 책임지며, 역할모델로서 유아의 성격이나 태도, 가치관 등에 결정적 영향을 미친다. 부모-자녀 관계는 타인과의 관계에도 직·간접적 영향을 미치는데, 가령 부모와의 사이에 애착이 형성된 유아는 다른 성인과도 원만한 인간관계를 유지하게 된다. 따라서 부모는 평등한 부모-자녀 관계를 수립함으로써 유아가 자아존중감과 성취감을 느끼도록 도와주어야 한다.

민주적 부모교육이론의 세 번째 목표는 자녀 스스로 자기 일을 결정하고 책임지도록 교육하는 것이다. 아들러는 인간의 모든 행동에 목적이 있다고 말한다(정옥분, 정순화, 2009). 인간의 행동은 우연이나 본능적 충동이 아니라 어떤 목적이나 원인에 의해 일어난다. 인간은 어떤 목적을 달성하는 데 가치를 두고 자기 스스로 행동을 선택하고 통제할 수 있다. 인간은 스스로 자신의 삶을 꾸려나갈 수 있으며 이를 위해 지식, 기술, 태도, 가치 등을 습득한다. 인간은 자신이 누구인지, 자신에게 어떤 능력이 있는지, 만족감을 느끼기 위해 가장 필요한 것이 무엇인지 등에 관한 통찰력이 있다. 인간이 본래 가지고 있는 신비하고 창조적인 힘은 어떤 목적을 추구하면서 행동으로 나타나게 된다. 그러므로 부모는 자녀의 능력을 믿고 자녀 스스로 자신의 행동을 책임지도록 도와주어야 한다.

3) 기본원리

(1) 첫 번째 원리

민주적 부모교육이론은 자녀 양육을 위한 다섯 가지 원리를 제안한다. 첫 번째 원리는 긍정적인 분위기를 형성하는 것이다(신용주, 김혜수, 2011). 자녀의 잘못된 행동을 수정하고 긍정적 행동을 끌어내려면 자녀를 있는 그대로 믿고 받아들이는 것이 중요하기 때문이다. 자녀의 잘못된 행동을 수정하기 위해 민주적 부모교육이론은 자녀의 장점이나 잘한 점에 초점을 둔 격려를 강조한다. 바람직한 방법으로 소속감을 얻지 못한 자녀가 선택하는 잘못된 행동으로 관심 끌기, 힘 행사하기, 앙갚음하기, 무능함 보이기 등이 있다.

관심 끌기는 가족구성원에게 자신이 중요한 존재임을 부각하기 위한 행동으로, 좌절의 초기 신호로 나타나는 잘못된 행동이다(정옥분, 정순화, 2009). 자녀는 바람직한 방법으로 가족구성원의 관심을 끌 수 없다고 판단하면 징징거리거나 말썽 피우는 등의 부정적인 방법으로 관심을 끌려고 노력한다(서상아, 2017). 관심을 받지 못하고 무시당하는 것보다 부정적인 방법을 써서라도 관심을 얻는 것이 더 낫다고 생각하기 때문이다. 자신이 관심을 받을 때만 중요한 존재이며 소속될 수 있다고 생각하므로 자녀는 필사적으로 관심을 끌기 위해 노력하는 것이다. 이처럼 자녀가 부정적인 방법으로 관심을 끌려고 할 때 부모는 자녀의 잘못된 행동을 무시하고 긍정적 행동에 관심을 보여야 한다. 만약 자녀가 바라는 대로 관심을 보이면 자녀의 잘못된 행동은 고쳐지지 않고 점점 더 증가하게 된다. 부모가 무의식적으로 자녀의 잘못된 행동을 강화한 꼴이 되는 것이다(이숙 외, 2009). 부모가 자녀의 긍정적 행동에 지속해서 관심을 보일 때 자녀는 부모의 관심은 자신이 원해서 얻는 것이 아니라 부모가 주는 것임을 인식하게 된다(서상아, 2017). 이렇게 인식함으로써 자녀는 관심을 끌기 위한 잘못된 행동을 더는 반복하지 않고 포기하게 된다.

힘 행사하기는 관심 끌기가 타인에 의해 강하게 제지받을 때 자녀가 사용하는 잘못된 행동이다. 관심 끌기로 자신이 원하는 바를 얻지 못하면 자녀는 더욱 강력한 방법으로 자신의 힘과 능력을 시험하고 싶어서 힘 행사하기를 시도한다(정옥분, 정순화, 2009). 힘 행사하기를 시도하는 자녀는 항상 우세한 처지에 있기를 원하고 자신이 주도권을 쥐고 있을 때 행복하고 가치 있는 존재로 느낀다(서상아, 2017). 자녀는 자신의 힘을 보여줌으로써 자신이 확고한 위치를 차지한다고 판단하여 부모가 지시한 것과 반대로 행동하거나 부모의 요구를 거절한다. 자녀는 '싫어'라는 말을 자주 사용하며 공공연히 반항하거나 고집을 부린다. 이는 자신이 원하는 것을 스스로 할 수 있고 누구도 하고 싶지 않은 일을 억지로 시킬 수 없음을 표현하는 것이다. 이처럼 자녀가 힘 행사하기를 시도할 때 부모는 화내지 말고 주도권을 잡는 것에 대해 초연해야 한다(이숙 외, 2009). 자녀에 대항하여 힘을 사용하면 자녀는 힘의 가치를 더욱더 실감하면서 힘 행사하기를 시도하기 때문이다. 따라서 부모는 자녀와의 갈등을 자연스럽게 받아들이고 힘 행사하기를 시도하는 자녀에게 오히려 도움을 구함으로써 힘을 건설적으로 사용하도록 유도해야 한다.

앙갚음하기는 관심 끌기나 힘 행사하기로 소속감을 얻지 못한 자녀가 자신이 상처받은 만큼 다른 사람도 상처받아야 한다고 생각해서 나타나는 잘못된 행동이다. 상처를 받고 가만히 있으면 다른 사람이 자기를 하찮은 존재로 여기고 인정하지 않는다고 판단하여 자녀는 다른 사람에게 상처를 입히는 것이다(이숙 외, 2009). 타인에 대한 앙갚음은 적개심이나 증오심을 가지고 타인에게 상처를 입히려는 행동인 만큼 부모는 깊이 상처받고 무의식적으로 자녀에게 보복하며, 자녀는 더욱더 심하게 보복하는 악순환이 반복된다. 부모-자녀 간에 보복이 반복되면 자녀는 철저한 패배감을 느끼면서 무기력해지고 자아존중감이 낮아지게 된다. 게다가 자녀는 긍정적 행동을 통해 인정받을 수 있다는 희망을 버리고 더는 잃을 것이 없다고 생각한다. 그러므로 부모는 자녀의 앙갚음이 좌절에서 비롯된 것임을 인식하고 자녀에게 관심을 보이고 침착하게 대화하면서 부모-자녀 관계를 개선하는 것이 바람직하다(정옥분, 정순화, 2009). 부모는 자녀의 감정을 배려하고 자녀에게 선의를 보여주면서 사랑하고 있다는 믿음을 심어주어야 한다.

무능함 보이기는 자녀가 모든 부정적 방법을 사용해도 소속감을 느끼지 못할 때 자신에게 실망하면서 나타나는 잘못된 행동이다. 무능함을 보이는 자녀는 자신을 쓸모없는 존재로 간주하며 극도로 좌절하여 모든 것을 포기한 상태다. 그래서 수동적으로 반응하거나 전혀 반응하지 않으며 다른 사람이 자신에게 기대하지 못하게 한다. 이러한 자녀에 대해 부모도 무기력해지면서 절망하고 포기하게 된다. 즉, 자녀가 어떤 일도 할 수 없다고 인정하는 태도를 보이는 것이다. 이러한 부모의 태도가 자녀의 좌절감을 증폭시킬 수 있으므로 부모는 아무리 사소한 것이라도 자녀의 행동을 격려해 주어야 한다. 부모는 자녀의 장점에 관심을 보이고 행동을 고치려는 자녀의 노력에 적극적으로 반응하는 것이 필요하다.

자녀의 잘못된 행동은 항상 순서대로 나타나지 않으며 모든 자녀에게 나타나는 것도 아니다(정옥분, 정순화, 2009). 자신이 가치 있고 중요한 존재로 인식되고 소속감을 느끼는 자녀는 굳이 잘못된 행동을 사용할 필요가 없기 때문이다. 그러므로 자녀가 잘못된 행동을 할 때 부모는 자녀의 행동이 소속감을 느끼기 위한 것임을 파악하고 충동적으로 반응하지 않아야 한다. 소속감을 느끼기 위한 잘못된 행동은 영유아기 자녀에게서 쉽게 나타나는 만큼 부모는 자녀가 소속감을 느낄 수 있도록 긍정적인 분위기를 형성하는 데 최선을 다해야 한다.

(2) 두 번째 원리

두 번째 원리는 존중과 신뢰를 바탕으로 자녀를 격려하는 것이다. 격려는 자신의 시도가 언젠가 성공할 것이라는 자신감을 심어준다는 점에서 매우 중요하다(정옥분, 정순화, 2009). 인간의 삶은 개인이 통제할 수 없는 여러 가지 요인의 영향을 받는데, 이러한 영향을 최소화하고 개인이 통제할 수 있는 요인을 최대화하는 데 이바지하는 것이 바로 격려다(Sweeney, 2009). 많은 부모는 의식적 또는 무의식적으로 자녀를 다른 사람과 비교하거나 자녀를 믿지 못하는 언행을 보임으로써 자녀가 열등감을 느끼게 한다. 심지어 부모는 자녀에 대해 지나치게 높이 기대하거나 형제자매 간 경쟁심을 조장함으로써 자녀에게 열등감을 안기기도 한다. 자녀를 격려하는 부모는 자녀의 장점과 성취에 초점을 둠으로써 자녀가 충분히 자신의 능력을 개발하고 소속감을 느끼도록 도와준다.

부모가 자녀를 격려하는 태도는 아무런 조건 없이 자녀를 있는 그대로 믿는 것으로 나타난다(Dinkmeyer & McKay, 1996). 부모가 자녀를 믿을 때 자녀는 자기 자신을 신뢰할 수 있다. 자신의 능력에 대해 긍정적으로 생각할 때 자녀는 성장하고 발달하는 것이다. 따라서 부모는 자녀를 수용하고 존중하며 격려해야 한다. 자녀가 주어진 상황이나 과제를 충분히 극복할 수 있으리라 기대하는 것이 자녀에 대한 부모의 격려다. 자녀의 잘못된 행동에 대해서도 부모는 행동의 결과와 원인을 정확히 구별하여 행동에 대해서만 적절히 조치하고 자녀를 존중하고 수용해야 한다. 격려할 때 부모는 자녀의 장점과 잘한 점, 공헌한 점 등에 초점을 둠으로써 자녀가 가치 있는 존재임을 인식하도록 도와주어야 한다. 특히 자녀가 노력하고 향상한 것에 대해 격려하는 것이 필요하다. 결과가 아닌 과정에 대해 격려할 때 자녀는 자기 자신을 더욱더 믿고 노력하면서 발전할 수 있기 때문이다.

(3) 세 번째 원리

세 번째 원리는 자녀 스스로 문제를 해결하도록 기다리는 것이다. 이는 자녀가 자신의 행동에 대한 보상이나 벌을 자연스럽게 경험하는 자연적 결과(natural consequence)를 통해 자녀의 행동을 통제하는 방법이다(이숙 외, 2009).

자연적 결과는 부모의 개입 없이 자녀가 자연스럽게 일어나는 행동의 결과를 경험하는 것으로, 자녀가 스스로 교훈을 깨닫고 학습하는 데 효과적이다. 자기 자신을 뺀 그 누구도 결과를 초래하는 데 개입하지 않고 오로지 자신의 경험으로 학습이 이루어지는 것이 자연적 결과다(정옥분, 정순화, 2009). 자연적 결과는 경험 그 자체가 무엇보다도 훌륭한 스승이라는 신념에 근거하므로 자연적 결과를 통한 학습은 그 효과가 지속적이라는 특징이 있다.

자연적 결과는 사건의 자연스러운 흐름을 따르기 때문에 부모와 자녀 간의 힘겨루기를 예방할 수 있다. 예를 들어, 아침을 거르면 점심때 배가 고프다는 자연적 결과를 이용하여 부모는 밥을 먹기 싫어하는 자녀에게 억지로 밥을 먹이기보다 밥을 주지 않고 끼니를 거르게 하여 자녀 스스로 밥을 찾아서 먹게 할 수 있다. 눈싸움할 때 장갑을 끼지 않으면 손이 시리다는 자연적 결과를 이용하여 부모는 장갑을 끼지 않으려는 자녀가 스스로 장갑을 찾아서 끼도록 기다릴 수 있다. 따라서 자연적 결과를 사용하면 어느 한쪽이 이기고 지는 것이 아니라 양쪽이 다 이기는 것으로 갈등이 해결될 수 있다.

이처럼 자연적 결과를 사용하는 것이 효과적이지만, 무조건 자연적 결과에 의존할 수 없는 상황도 있다(이숙 외, 2009). 자녀가 위험한 상황이거나 자녀의 행동이 타인에게 피해를 줄 때는 자연적 결과를 통해 자녀를 통제하는 것이 바람직하지 않다. 또한 자연적 결과가 금방 드러나지 않아서 자녀가 그 결과를 눈으로 확인하지 못할 때도 자연적 결과를 사용하는 것이 바람직하지 않다. 그러므로 부모는 상황에 따라 자연적 결과를 사용하는 것이 가장 적절한지를 판단한 후 자녀 스스로 문제를 해결하도록 도와주는 것이 필요하다.

(4) 네 번째 원리

네 번째 원리는 자녀가 논리적 결과(logical consequence)를 깨닫게 하는 것이다. 이는 상황에 맞는 행동은 바람직한 결과를 낳지만, 부적절한 행동은 벌과 같은 결과를 초래함을 깨닫게 함으로써 자녀의 행동을 통제하는 방법이다. **논리적 결과**는 자녀에게 선택권을 제공하고 그 결과를 감당하게 하는 것으로, 자녀를 훈육할 필요가 있을 때 사용된다. 자녀는 자기 행동의 결과를 경험하고 그 결과를 자신의 행동과 논리적으로 연결하면서 행동을 조절하게 된다. 즉, 잘못된 행동의 대가를 치르면서 자녀가 더는 잘못된 행동을 하지 않고 스스로 책임 있는 결정을 내리도록 도와주는 것이 논리적 결과다. 가령 놀이터에서 놀다가 늦게 들어온 다음 날은 놀이터에서 못 놀게 하는 규칙을 정하고 그 결과를 경험하게 함으로써 부모는 자녀가 일찍 집에 들어오도록 훈육할 수 있다.

논리적 결과를 계획할 때 부모는 먼저 자녀에게 선택의 기회를 제공하고 자신이 선택한 것을 반드시 실천하도록 일관성을 가지는 것이 중요하다(이숙 외, 2009). 자신이 선택한 행동의 결과를 깨닫게 하는 것이 논리적 결과의 목적이므로 일관성 있게 적용하는 것이 필요하다. 더불어 자녀에게 기회를 한 번 더 제공함으로써 자녀 스스로 자신이 선택한 행동의 결과를 충분히 깨닫게 도와주어야 한다. 논리적 결과를 통해 자녀는 부모의 명령이 아니라 자신의 판단과 결정에 따라 잘못된 행동을 바람직한 행동으로 바꿀 수 있다. 결국 부모와 평등한 관계를 유지하면서 자녀는 좌절하지 않고 스스로 책임 있는 결정을 내리고 행동을 변화시키게 된다.

논리적 결과를 효과적으로 사용하려면 첫째, 논리적 결과를 사용하기 전에 자연적 결과를 먼저 고려해야 한다. 자연적 결과는 논리적 결과보다 적용 범위가 더 넓고 갈등을 일으킬 소지가 작기 때문이다(Dreikurs, 1967). 둘째, 부모가 우호적인 태도를 유지하는 것이 요구된다. 우호적인 태도는 자녀와 이기고 지는 힘겨루기를 벗어나 자녀를 존중하고 격려하는 것을 말한다. 특히 힘 행사하기나 앙갚음하기와 같은 잘못된 행동을 보이는 자녀에게 논리적 결과를 사용하면 자녀는 처벌로 받아들이므로 부모가 우호적인 태도를 유지하는 것이 중요하다. 셋째, 자녀가 후회하거나 뉘우칠 때 선택의 기회를 제공해야 한다. 넷째, 말로 지적하는 것보다 행동으로 보여주는 것이 필요하다. 말로 반복해서 잘못을 지적하면 자녀는 스스로 판단할 시간을 가지지 못하기 때문이다. 다섯째, 자녀와 함께 새로운 규칙에 대해 논의한 후 적용하는 것이 요구된다.

2. 부모교육 프로그램

민주적 부모교육이론에 근거한 부모교육 프로그램으로 효율적 부모역할 수행을 위한 체계적 훈련(Systematic Training for Effective Parenting: STEP)과 적극적 부모역할 훈련(Active Parenting: AP)이 있다. STEP는 민주적 부모교육이론을 바탕으로 인본주의적 부모교육이론, 교류분석이론, 부모 효율성 훈련 등의 장점을 골라서 딘크메이어(Don Dinkmeyer)와 멕케이(Gary D. McKay)가 개발한 부모교육 프로그램이다. STEP는 민주적인 부모-자녀 관계에 초점을 두고, 부모-자녀 관계의 질을 향상하기 위해 부모가 자녀에게 스스로 결정할 기회를 제공하는 민주적 의사소통을 강조한다(원지현, 2008). AP는 민주적 부모교육이론을 바탕으로 인본주의적 부모교육이론, 부모 효율성 훈련 등을 수용하여 팝킨(Michael H. Popkin)이 개발한 부모교육 프로그램이다. AP는 최초로 비디오를 활용한 부모교육 프로그램으로, 토론이나 역할놀이 등의 다양한 교육방법을 사용하는 점이 특징이다. 특히 AP는 프로그램을 통해 습득한 지식과 기술을 직접 적용할 수 있도록 가족화목활동을 강조한다. STEP와 AP는 민주적 부모교육이론에 근거하는 만큼 목적과 교육내용에서 매우 유사하다. 하지만 교육방법에서는 많은 차이가 있다.

1) 효율적 부모역할 수행을 위한 체계적 훈련

(1) 목적

효율적 부모역할 수행을 위한 체계적 훈련(Systematic Training for Effective Parenting: STEP)은 부모–자녀 관계에서 발생하는 여러 가지 문제를 효과적으로 해결할 방법을 실질적으로 제시하는 부모교육 프로그램이다. STEP는 자녀교육에 필요한 지침뿐만 아니라 자녀의 행동을 개선할 방법을 제시한다(Dinkmeyer & McKay, 1989). 또한 부모가 자신을 정확히 통찰하고 자신의 문제를 해결할 능력을 기를 수 있도록 실질적인 접근방법을 제시한다. STEP를 통해 부모는 자녀를 더욱 잘 이해하고 동등한 인격체로 대우하며, 자녀가 긍정적이고 책임감 있는 행동을 하도록 도와줄 수 있다.

격려와 상호존중을 강조하는 민주적 부모교육이론에 근거하여 STEP는 유아의 성격 형성에 가족의 분위기와 가치관, 가족관계 등이 결정적 영향을 미치며 가정에서의 경험을 통해 유아가 자기 자신과 타인, 세계에 대한 개념을 형성한다고 주장한다. STEP는 부모–자녀 관계의 질을 향상하기 위해 부모는 자녀를 격려하고 자녀에게 스스로 결정할 기회를 제공해야 한다고 강조한다. 즉, STEP는 부모가 자녀와 좀 더 민주적인 관계를 유지하도록 도와주는 부모교육 프로그램이다. STEP는 부모가 자녀의 선택과 결정을 인정하고 그 결과를 자녀가 책임지도록 교육하는 것이다(이지하, 2018).

STEP의 목적은 부모의 양육기술을 향상하고 책임감 있는 자녀를 양육하는 것이다. STEP는 인간은 누구나 평등하다는 전제 아래 자녀의 행동을 이해하고 민주적으로 자녀를 훈육하는 데 초점을 둔다. STEP는 자녀를 존중하는 의사소통방식, 자연적 결과와 논리적 결과의 적용, 부모–자녀 간 상호존중에 근거한 민주적 관계 형성, 자녀 스스로 문제를 해결하는 능력 함양 등 민주적 방식에 의한 자녀교육을 강조한다(원강희, 2013). STEP는 10~12명 정도의 부모가 함께 집단으로 훈련받은 지도자에 의해 진행된다. 교재는 부모용과 지도자용 지침서로 구성되며, 프로그램은 1회 2시간씩 9주 동안 진행된다(이숙 외, 2009).

STEP의 효과는 첫째, 자녀 양육에 대한 부모의 지식이 증가한다. STEP에 참여함으로써 부모는 현대사회에서 자녀를 민주적으로 양육하는 방법에 대한 지식을 습득할 수 있다. 둘째, 자녀와의 의사소통기술이 향상한다. 원만한 인간관계를 유지하려면 터놓고 이야기하면서 서로의 생각을 보여주고 인정하며 수용하는 것이 중요하다. STEP를 통해 자녀와 효과적으로 의사소통할 수 있는 기술을 습득함으로써 부모는 자녀와 원만한 관계를 유지할 수 있다. 셋째, 부모 자신이 긍정적으로 변화한다. 평등한 부모-자녀 관계를 위해 노력하는 과정에서 자녀에 대한 인식이 변할 뿐만 아니라 부모의 자존감과 유능감이 향상하는 등 부모도 긍정적으로 변화하는 것이다(원강희, 2013).

(2) 내용

STEP는 자녀 행동의 이해, 자녀와 부모 자신의 이해, 자신감을 길러주는 격려, 의사소통, 반영적 경청, 대안 모색, 부모의 생각과 느낌 표현, 책임감 훈육, 자연적·논리적 결과의 활용, 가족 모임, 자신감과 잠재력 발휘 등의 교육내용을 포함한다. 이는 부모가 자녀의 거울이 되어 누가 곤란을 겪고 있는지, 누가 목적에 만족하지 않는지 등을 생각하고, 그것이 부모의 문제인지, 자녀의 문제인지를 결정하여 해결방안을 모색하는 것이다(이지하, 2018). STEP의 교육내용은 부모의 힘을 최소화하고 의사소통을 통해 민주적인 관계를 형성하는 데 초점을 둔다.

자녀 행동의 이해는 자녀의 모든 행동에 사회적 목적이 있음을 전제한다. 사회적 존재인 인간은 집단에 대한 소속감을 느끼기 위해 끊임없이 노력한다. 따라서 타인으로부터 인정받지 못하거나 소속감을 느끼지 못하면 자녀는 관심 끌기나 힘 행사하기, 앙갚음하기, 무능함 보이기 등의 잘못된 행동을 통해 소속감을 느끼려고 한다. 이처럼 잘못된 행동에는 반드시 목적이 있으므로 부모는 행동의 목적을 파악하고 적절히 반응하는 것이 필요하다. 자녀의 잘못된 행동을 변화시키고 긍정적 관계를 형성하는 방법으로 STEP는 상호존중, 격려, 사랑의 표현 등을 제시한다(정옥분, 정순화, 2009). 가령 자녀가 복수심을 나타내면서 앙갚음하기를 반복하면 부모는 언어적·신체적·정서적 폭력을 사용하여 상처를 돌려주는 대신 자녀에게 신뢰와 사랑을 보여주어야 한다. 자녀가 매우 수동적이고 어떤 노력도 시도하기를 거부하는 무능함을 보이면 부모는 포기하거나 동정하지 않고 사소한 것이라도 자녀의 시도나 노력을 격려해 주어야 한다(이숙 외, 2009).

자녀와 부모 자신의 이해는 자녀의 잘못된 행동, 자녀의 정서나 생활방식, 부모 자신이 완벽한 부모인지 책임감 있는 부모인지 등을 파악하는 것이다. 자녀는 잘못된 행동을 할 때 정서를 이용하며, 자녀의 생활방식은 가족의 분위기나 가치관, 양육방식 등의 영향을 받는다. 또한 부모가 완벽한지 책임감이 있는지 등에 따라 자녀의 경험은 많이 달라진다. 완벽한 부모는 자녀의 행동이 부모의 능력을 반영하며 자녀의 잘못된 행동은 전적으로 부모의 책임으로 생각하고 자녀를 과잉보호하면서 자녀가 스스로 배울 기회를 빼앗아 버린다(신성철, 2018). 반면에 책임감 있는 부모는 자녀를 믿고 존중하며 자녀 스스로 결정하고 선택하게 함으로써 책임감을 느끼게 한다. 완벽한 부모는 자녀와 수직적 관계를 유지하면서 자녀를 통제하고 지배하지만, 책임감 있는 부모는 자녀와 수평적 관계를 유지하면서 자녀의 선택과 결정을 존중한다. 자녀가 경험하는 가장 큰 고통 중의 하나가 완벽한 부모에게서 양육되는 것이므로 부모는 완벽한 부모가 아니라 책임감 있는 부모가 되도록 노력해야 한다(정옥분, 정순화, 2009).

자신감을 길러주는 격려는 자녀를 있는 그대로 수용하고 노력과 성취를 인정하며 긍정적 태도를 보이는 것이다. 격려는 자녀의 잘한 점과 장점에 초점을 둠으로써 자녀의 자신감과 자존감을 높이고 부모-자녀 관계를 개선하는 데 효과적이다. 부모는 흔히 비합리적으로 높은 기준을 설정하고 자녀를 압박하거나 형제자매 간에 다른 기준을 적용하는 등의 태도를 보인다(이숙 외, 2009). 자녀에 대해 지나치게 높은 기대를 보이거나 반대로 지나치게 낮은 기대를 보이는 부모도 있다. 이러한 태도는 자녀를 온전히 바라보지 않고 부모 자신의 욕구를 우선시하면서 나타나는 것으로, 자녀의 성장과 발달뿐만 아니라 자녀와 원만한 관계를 유지하는 데 걸림돌로 작용한다. 따라서 부모는 자녀를 있는 그대로 바라보면서 자녀의 노력과 성취에 초점을 두고 끊임없이 격려하는 것이 중요하다.

반영적 경청은 상호존중에 바탕을 둔 의사소통방식으로, 자녀의 이야기를 비판하지 않고 전적으로 수용하면서 자녀의 생각과 느낌을 파악하는 것이다. 경청은 단순히 상대방의 말을 듣는 것이 아니라 상대방이 전달하려는 말의 내용과 내면에 깔린 동기와 정서를 이해하고 상대방에게 피드백하는 것을 말한다. 부모의 반영적 경청은 자녀의 말에 공감하고 자녀의 생각과 감정을 다른 말로 바꿔서 표현하는 것으로 나타난다. '밥 먹기 싫어'라고 말하는 자녀에게 '밥을 먹고 싶은 기분이 아니니?'라고 말하는 것이 그 예다. 반영적 경청을 통해 자녀는 자신이 수용되고 있음을 느끼면서 부모를 신뢰하고 자기 생각이나 느낌을 솔직하게 표현한다(정옥분, 정순화, 2009). 따라서 부모는 자녀의 말을 중간에 끊지 말고 주의 깊게 듣고, 있는 그대로 받아들이고 공감하면서 적극적으로 반응하는 것이 요구된다.

대안 모색은 부모-자녀 관계에서 발생하는 문제를 해결하기 위해 대안을 찾는 것으로, 여러 가지 대안 중 하나를 선택하여 예상되는 결과에 대해 논의하고 결정하고 평가하는 식으로 이루어진다. 부모는 자녀에게 문제해결을 위한 최선의 방안을 선택할 기회를 제공하기 위해 브레인스토밍(brainstorming)을 통해 드러난 모든 대안을 비난 없이 수용하는 것이 중요하다(이숙 외, 2009). 부모는 자녀와 충분히 예상되는 결과에 대해 논의하고 자녀가 해결방안을 선택한 후 평가할 수 있도록 개방적으로 의사소통하는 것이 필요하다. 더불어 대안을 모색하는 과정에서 부모나 자녀 중 어느 쪽도 패배감을 느끼지 않도록 주의를 기울여야 한다.

책임감 훈육은 자녀가 책임감을 느끼도록 훈육하는 것으로, 논리적 결과를 통해 이루어진다. 상당수 부모는 상벌로 자녀를 훈육하는 경우가 많은데, 이는 자녀의 자율성과 책임감을 저해한다는 단점이 있다(정옥분, 정순화, 2009). 자녀가 부모에게 순종하면 상을 주고 순종하지 않으면 벌을 주므로 자녀는 자기 생각보다 부모의 판단에 따라 행동할 수밖에 없기 때문이다. 자녀의 행동에 대한 부모의 임의적·주관적 판단에 따라 벌이 주어지므로 벌은 자녀의 자율성과 책임감을 저해하는 것이다. 그러나 논리적 결과를 활용하면 자녀가 자신의 행동과 그 결과를 논리적으로 연결하면서 더는 잘못된 행동을 하지 않고 스스로 책임 있는 결정을 내리기 때문에 책임감을 느낄 수 있다.

자연적·논리적 결과의 활용은 자녀에게 선택의 기회를 제공하여 스스로 문제를 해결하도록 도와주는 것이다. 자연적 결과는 자녀가 자연법칙으로부터 순리를 배우게 하는 것이며, 논리적 결과는 사회질서로부터 현실을 배우게 하는 것이다(원강희, 2013). 부모가 자연적·논리적 결과를 활용할 때는 차분해야 하며 선의를 보여주고 자녀의 결정을 기꺼이 수용해야 한다. 옷 입기나 식사, 정리정돈과 같이 일상적으로 매일 반복되는 일에 자연적·논리적 결과를 활용함으로써 부모는 원만한 부모-자녀 관계를 형성할 수 있다.

가족 모임은 가족구성원 모두가 모이는 자리로, 원만한 부모-자녀 관계를 형성하는 데 필수적이다(정옥분, 정순화, 2009). 가족 모임에서 가족구성원은 자기 생각이나 불만 등을 토로하고 가족 공동의 작업과 오락 등을 계획한다. 부모는 반영적 경청을 통해 자녀의 이야기에 귀 기울이고 나-메시지를 통해 자기 생각과 느낌을 표현하는 것이 필요하다. 의사소통은 주고받는 것이므로 부모 역시 자신의 진실한 마음과 감정을 드러냄으로써 자녀가 솔직하게 마음을 열도록 도와주어야 한다. 이처럼 가족 모임을 통해 가족구성원 모두가 의사소통과정에 참여하므로 가족 모임은 민주적인 부모-자녀 관계 형성에 크게 이바지한다.

자신감과 잠재력 발휘는 자녀에 대해 현실적인 기대를 함으로써 자녀의 자신감과 자존감을 높이는 것이다. 부모는 종종 자신의 기대에 미치지 못하는 자녀를 볼 때 자녀의 자존감을 무너뜨리는 말을 함으로써 자녀를 위축시키고 잠재력을 약화한다. 자녀가 실수하면 이를 자신의 실수로 간주하고 부모로서 책임을 다하지 못한 자신을 자책하거나 비난하기도 한다(신성철, 2018). 그러나 완벽한 부모는 없으므로 부모는 자신의 인간성과 현실을 분명히 인식하고 자신이 불완전하다는 사실을 인정하는 것이 필요하다. 자신이 불완전함을 인정하면 부모는 자녀의 실수도 쉽게 받아들이면서 자녀의 자신감과 잠재력 향상을 도와줄 수 있다.

2) 적극적 부모역할 훈련

(1) 목적

적극적 부모역할 훈련(Active Parenting: AP)은 자녀가 민주사회에서 요구하는 자질을 함양하고 잠재력을 개발할 수 있도록 부모에게 지식과 기술을 제공하는 부모교육 프로그램이다. AP는 민주사회에서 부모역할에 대한 두 가지 신념으로 '자녀교육을 잘하는 것은 매우 중요하다'와 '자녀교육을 잘하는 것은 매우 어렵다'를 주장한다(신성철, 2018). 즉, 자녀가 자신이 속한 사회에서 생존하고 번영하도록 자녀를 보호하고 준비시키는 것이 AP에서 주장하는 부모역할이다(신용주, 김혜수, 2011). AP는 부모의 강압적이고 통제하는 태도가 자녀의 잘못된 행동을 유발하므로 부모가 권위를 가지고 자녀를 교육해야 함을 강조한다(정옥분, 정순화, 2009).

AP의 목적은 STEP와 매우 유사하다. AP는 자녀가 민주사회에서 살아가는데 필요한 협동심, 용기, 책임감, 자아존중감 등을 길러주기 위한 지식과 기술을 부모에게 제공함으로써 가족구성원의 무궁한 잠재력을 개발하는 데 그 목적이 있다(신성철, 2018). AP를 통해 부모는 책임감 있고 협동적이며 민주적 태도를 함양하고 자아존중감을 높일 수 있다. 이러한 부모와 상호작용함으로써 자녀는 협동심, 용기, 책임감, 자아존중감 등에 관한 지식과 기술을 습득하고 긍정적인 성격을 형성하게 된다. 협동심은 가족끼리 힘을 합쳐 도전하는 삶의 경험을 통해 습득된다. 용기는 부모의 지지와 격려로부터 얻게 되며, 책임감은 자녀가 선택한 행동의 결과에 대해 대가를 치르게 하는 논리적 결과를 통해 길러진다. 자아존중감은 자녀의 행동에 대한 부모의 적극적 반응을 통해 발달한다.

이러한 목적을 달성하기 위한 구체적 목표는 첫째, 사회에서의 적응력을 높이기 위해 자녀의 행동에 적절한 한계를 설정하는 것이다(정옥분, 정순화, 2009). 둘째, 자녀의 잘못된 행동을 이해하는 것이다. 셋째, 격려를 통해 자녀의 용기를 북돋우는 것이다. 넷째, 자연적·논리적 결과를 활용하여 책임감을 향상하는 것이다. 다섯째, 자녀의 협동심을 길러주기 위해 도움의 경험을 제공하는 것이다. 여섯째, 민주적인 가족분위기를 형성하는 것이다.

AP는 보통 8회 기준으로 1회 3시간씩 6~8주 동안 집단으로 운영된다. AP의 특징은 주제에 따른 비디오 활용으로, 실생활의 문제를 담은 비디오를 본 후 토론하고 적용하는 식으로 프로그램이 진행된다. STEP가 훈련받은 지도자에 의해 교재 중심으로 이루어지는 데 반해, AP는 비디오를 활용하여 토론이나 역할놀이 등의 다양한 교육방법을 사용하는 것이다. 즉, AP의 목적과 교육내용은 STEP와 매우 유사하지만, 교육방법에서 많은 차이가 있다.

AP의 효과는 첫째, 부모와 자녀 사이의 유대관계가 돈독해진다(이숙 외, 2009). 프로그램에서 학습한 지식과 기술을 실제로 적용하면서 부모와 자녀가 함께 문제를 해결할 기회가 많아지기 때문이다. 둘째, 민주사회에서 살아가는 데 필요한 협동심, 용기, 책임감, 자아존중감 등에 관한 지식과 기술을 실질적으로 습득한다. AP를 통해 부모의 협동심, 용기, 책임감, 자아존중감 등이 향상함으로써 자녀의 지식과 기술에 긍정적 영향을 미치게 된다. 셋째, 자녀의 연령에 적합한 부모역할을 수행한다. AP에서 제공하는 연령별 프로그램을 통해 부모는 자녀의 연령에 따라 제기되는 문제를 효과적으로 해결하는 다양한 정보를 얻기 때문이다.

(2) 내용

AP는 적극적 부모 되기, 자녀 이해하기, 용기 북돋우기, 책임감 기르기, 협동하기, 민주적 가정 만들기 등의 교육내용을 포함한다. 구체적으로 적극적 부모 되기에는 부모 되기의 형태와 가족을 강화하는 활동이, 자녀 이해하기에는 자녀의 잘못된 행동이, 용기 북돋우기에는 격려의 방법이, 책임감 기르기에는 자연적·논리적 결과의 활용이, 협동하기에는 의사소통이, 민주적 가정 만들기에는 가족회의 등이 포함된다(강인향, 조인상, 임진숙, 2018). 이러한 교육내용에 관한 비디오를 보고 토론하면서 부모는 스스로 자신이 변화함을 경험할 수 있다.

적극적 부모 되기는 자녀가 민주사회에서 살아가는 데 필요한 자질을 길러주는 것이다. AP는 지도자 유형에 근거하여 세 가지 부모역할을 제시한다(신용주, 김혜수, 2011). 첫 번째는 **군주형**(autocratic style)으로, 부모는 독재자처럼 자녀에게 명령하고 자녀의 의견이나 문제 제기에 귀 기울이지 않는다. 부모의 명령에 순종하면 보상이 따르지만, 그렇지 않으면 처벌이 주어진다. 두 번째는 **허용형**(permissive style)으로, 부모는 자녀가 하고 싶은 일을 마음껏 하도록 허용한다. 부모는 자녀에게 무제한의 자유를 허용하면서 자신은 마치 심부름꾼처럼 자녀의 요구를 무조건 수용한다. 세 번째는 **민주형**(democratic style)으로, AP가 추구하는 적극적 부모를 말한다. 적극적 부모는 자녀에게 한계 안에서의 자유를 제공하고 자녀 스스로 자유에 대한 책임을 지도록 교육한다. 또한 민주시민의 자질을 길러주기 위해 협동심, 용기, 책임감, 자아존중감 등을 강조한다.

자녀 이해하기는 자녀의 잘못된 행동의 이면에 있는 심리적 욕구를 이해하는 것이다. 영유아는 접촉의 욕구를 위해 관심을 끌고, 힘의 욕구를 위해 반항하며, 회피의 욕구를 위해 물러서고, 보호의 욕구를 위해 복수하는 등 자신의 욕구를 충족하기 위해 부정적인 방법을 사용한다(신용주, 김혜수, 2011). 네 가지 욕구 외에도 청소년은 도전의 욕구를 충족하기 위해 무리한 모험을 감행한다. 이러한 자녀의 잘못된 행동에 대부분 부모는 짜증이나 화를 내는 등 감정적으로 반응하면서 부모-자녀 간 갈등이 심화하게 된다. 그러므로 부모는 자녀의 연령에 따라 다르게 나타나는 잘못된 행동의 숨겨진 심리적 욕구를 정확히 파악하고 적절히 반응하는 것이 필요하다.

용기 북돋우기는 자녀가 행동하는 동기를 이해하고 격려함으로써 성공 경험의 기회를 제공하는 것이다. 자녀의 행동에는 사건, 사고, 감정 등이 연관되는데, 가령 일상생활에서 어떤 일이 발생하면 그 사건에 대해 생각하고 이러한 생각은 어떤 감정을 유발하며 자연스럽게 행동으로 연결된다. 생각은 느낌을 낳고 다시 행동으로 연결되는 것이다(이숙 외, 2009). 이러한 생각-정서-행동의 회로를 제시하면서 AP는 자녀가 실패회로에서 빠져 나와 성공회로에 머물러야 함을 강조한다. **성공회로**는 어떤 사건이 발생하면 그것을 극복하리라는 긍정적 생각을 하고 적극적으로 행동하면서 성공하는 것이다. 반면에 **실패 회로**는 같은 사건이라도 그것에 대한 부정적이고 두려운 생각이 들어서 낙심하고 결국은 사건을 극복하지 못하는 것이다. 자녀가 성공회로에 머물려면 자아존중감이 높아야 하는데, 왜냐하면 사건을 극복하리라는 긍정적 생각은 자아존중감에서 비롯하기 때문이다. 따라서 부모는 자녀의 자아존중감을 높이기 위해 끊임없이 격려하면서 용기를 북돋우는 것이 요구된다(신성철, 2018).

책임감 기르기는 자녀가 자신이 선택한 행동의 결과를 수용하도록 도와주는 것이다. 자녀의 책임감을 기르기 위해 부모는 먼저 자녀에게 정중히 요청해야 한다. AP는 부모-자녀 간 상호존중을 중요시하므로 부모가 모범이 되어 자녀를 존중해야 함을 강조한다(이숙 외, 2009). 부모가 원하는 것을 자녀가 충분히 이해할 수 있도록 부모는 자녀에게 원하는 바를 부드럽게 요청해야 한다. 다음으로 부모는 나-메시지를 사용하여 자녀와 의사소통하는 것이 필요하다. 나-메시지를 사용할 때 부모는 자녀의 잘못된 행동을 비난 없이 묘사하고, 자녀의 행동에 대한 자기 생각과 느낌을 구체적으로 말하며, 그 행동이 자신에게 미치는 영향과 자신이 원하는 바를 전달해야 한다. 만약 정중한 요청과 나-메시지가 효과가 없으면 부모는 논리적 결과를 활용하는 것이 요구된다.

협동하기는 부모와 자녀가 함께 공통의 목표를 달성하기 위해 일하는 것이다. AP는 특히 의사소통을 통한 협동을 강조한다(신용주, 김혜수, 2011). 부모는 부모-자녀 간 의사소통을 가로막는 요인을 제거하고 적극적인 의사소통기술을 사용해야 한다. 이를테면, 부모는 자녀의 이야기를 적극적으로 듣고, 자녀의 감정에 귀 기울이며, 자녀의 문제를 해결하는 방안을 함께 찾을 수 있다. 아울러 부모는 다양한 가족화목활동을 마련하여 부모와 자녀가 힘을 합쳐 성과물을 만들어내고 확인하는 시간을 갖는 것이 필요하다. 부모와 함께 쓰레기를 버리거나 청소하면서 자녀는 가족의 응집력을 실감하고 부모의 사랑을 직접 느낄 수 있다. 따라서 부모-자녀 간 신뢰를 쌓을 수 있도록 부모는 정기적으로 가족화목활동을 준비하는 것이 요구된다.

민주적 가정 만들기는 부모와 자녀가 함께 대화하고 토론함으로써 민주사회에서 요구하는 자질을 기르는 것이다. AP는 정기적인 가족회의를 통해 자녀가 가족의 의사결정과정에 참여해야 한다고 주장한다(신성철, 2018). 가족회의는 가족구성원 모두에게 영향을 미치는 문제에 대해 논의하고 문제해결방안을 마련하기 위해 일주일에 한 번씩 모이는 자리다. 가족회의는 칭찬하기, 기록하기, 안건 처리하기, 즐거운 시간 갖기 등의 순서로 보통 1시간 정도 진행된다. 가족회의를 통해 부모-자녀 사이에 신뢰가 쌓이고 가족구성원의 민주적 리더십과 표현력이 향상하게 된다. 가족회의는 자녀의 협동심, 용기, 책임감, 자아존중감 등을 기를 수 있는 중요한 수단인 셈이다.

Chapter

09

인본주의적 부모교육이론

인본주의적 부모교육이론은 기노트(Haim G. Ginott)가 인본주의 심리학(humanistic psychology)을 부모교육에 적용하여 발전시킨 이론으로, 부모-자녀 간 의사소통을 강조한다. 인본주의 심리학은 인간을 실존적 경험과 주관적 감정을 통해 세상을 지각하는 능동적 존재로 간주하고 자유의지와 자아실현에 초점을 둔 심리학의 한 분야다. 인본주의 심리학의 대표적 학자로 인간중심 접근을 제시한 로저스(Carl Rogers)와 자아실현 접근을 제안한 매슬로(Abraham H. Maslow)가 있다. 로저스의 인간중심 접근은 개인의 주관적 경험을 강조하며 모든 인간은 자신의 성격을 변화시킬 능력을 갖추고 있다고 주장한다. 매슬로의 자아실현 접근은 자아실현 욕구를 인간행동의 근본적 원동력으로 간주하고 더 높은 경지에 도달하기 위해 자신의 잠재력을 발달시키는 본능적 욕구를 강조한다. 이처럼 개개인의 경험과 잠재력에 관심을 두고 자유와 선택, 가치, 책임, 자율성, 목적, 의미 등을 강조하는 인본주의 심리학에 기초하여 기노트는 부모-자녀 간 의사소통을 증진하는 방법을 제시한다. 또한 기노트는 부모가 지식과 경험이 부족하고 바람직한 양육방식을 접할 기회가 없어서 자녀를 잘못 양육하므로 부모교육이 필요하다고 주장한다(유안진, 김연진, 2002).

1. 부모교육 원리

인본주의적 부모교육이론에 바탕을 둔 로저스의 인간중심 접근은 과거보다 현재를, 인지적 측면보다 정서적 측면을 강조한다(정옥분, 정순화, 2019). 로저스의 인간중심 접근은 누구나 스스로 자기를 이끌어갈 수 있다고 생각하므로 인간이 자신의 잠재력을 건설적인 방향으로 발전시키는 데 관심이 있다. 아울러 치료자는 내담자를 진단하거나 해석하지 않고 내담자를 가치 있는 인간으로 간주하고 내담자가 처한 상황이나 행동, 감정 등을 존중해야 한다고 주장한다. 즉, 내담자와 치료자는 인간 대 인간으로 만나야 한다. 로저스의 인간중심 접근은 인간의 잠재력과 개성을 존중하고 전인적 발달을 도모하는 것이다. 이러한 관점에 근거하여 인본주의적 부모교육이론은 충분히 기능하는 사람을 기르는 데 초점을 둔다. 충분히 기능하는 사람은 자신의 잠재력을 최대한 발휘하면서 사회에 이바지하는 사람으로, 조건 없는 수용과 감정이입, 진실성과 같은 요인을 필요로 한다. 그러므로 부모는 조건 없는 수용과 감정이입, 진실성 등을 통해 자녀를 충분히 기능하는 사람으로 길러야 한다. 결국 인본주의적 부모교육이론에서 부모역할의 궁극적 목표는 자녀를 충분히 기능하는 사람으로 기르는 것이다.

1) 부모-자녀 관계

인본주의적 부모교육이론은 아동 중심의 부모-자녀 관계를 강조한다. 기노트는 자녀를 자기 자신을 이해하고 자신의 행동을 조정하며 적절히 통제할 수 있는 능력의 소유자로 간주하였다(Ginott, 2003). 그러므로 부모는 자녀의 성격이나 능력과 상관없이 자녀의 처지에서 생각하고 자녀를 있는 그대로 받아들여야 한다(강인향, 조인상, 임진숙, 2018). 이를 위해 부모는 자녀의 이야기를 잘 들어주고 자녀가 부모에게 표현하고 싶은 마음이 생기도록 편안한 분위기를 조성해야 한다. 부모가 심리적으로 안정되고 시간적·공간적으로 여유가 있을 때 자녀는 자신의 속마음을 털어놓기 때문이다.

인본주의적 부모교육이론은 자녀가 부모를 닮으면서 성장하므로 부모역할이 매우 중요하다고 강조한다. 부모역할은 어머니 역할과 아버지 역할로 구분된다(강인향, 조인상, 임진숙, 2018). 어머니 역할은 내재적이고 가정적 측면이 강하고, 아버지 역할은 외재적이고 사회적 측면이 강하다. 즉, 어머니는 주로 가정에서 자녀를 돌보는 임무를 수행하고 아버지는 대체로 자녀의 사회적 지위를 공고히 하는 임무를 수행한다. 이러한 부모역할을 수행하면서 부모는 아동 중심적 사고와 객관적 태도로 냉정하게 문제를 해결하는 것이 필요하다. 아동 중심적이라는 것은 부모의 방관이나 방임을 의미하는 것이 아니라 자녀의 처지에서 자녀의 생각과 느낌을 존중하는 것을 말한다(이숙 외, 2009).

기노트는 부모가 극단적인 대화나 행동을 피하고 자녀와 원만한 관계를 유지하기 위한 기술을 습득해야 함을 강조하였다(Ginott, 2003). 기노트는 가정에서 일상적으로 발생하는 문제를 해결하는 데 중점을 두었다. 문제 상황에서 부모는 화를 내는 것이 아니라 감정이입을 통해 자녀의 감정과 생각을 이해하고 적절히 반응하는 것이 필요하다. 부모가 자녀를 인격체로 존중하고 이해하면서 적극적으로 대화할 때 부모-자녀 간 문제가 해결될 수 있다. 특히 이해심과 동정심이 많은 부모일수록 자녀가 상처받거나 어려움에 부닥칠 때 많은 도움을 제공할 수 있다. 부모가 조력자의 위치에서 자녀의 문제해결을 도와줌으로써 원만한 부모-자녀 관계가 유지되는 것이다(신용주, 김혜수, 2011).

2) 목적과 목표

인본주의적 부모교육이론은 자녀가 자신의 능력을 충분히 발휘할 수 있도록 상호 존중하는 부모-자녀 관계를 형성하는 데 그 목적이 있다. 인본주의적 부모교육이론은 자녀가 충분히 기능하는 사람으로 길러지기 위해 부모교육이 이루어져야 함을 강조한다. 충분히 기능하는 사람은 자신의 잠재력을 최대한 발휘하면서 사회에 이바지하는 사람으로, 개방적인 태도로 현재에 충실하며 자신과 타인을 신뢰하는 모습을 보인다(정옥분, 정순화, 2019). 인본주의적 부모교육이론은 자녀가 충분히 기능하는 사람으로 길러지려면 조건 없는 수용과 감정이입, 진실성과 같은 요인이 필요하다고 말한다.

인본주의적 부모교육이론은 자녀를 충분히 기능하는 사람으로 기르기 위한 구체적인 목표로 세 가지를 제안한다. 첫째, 자녀를 독립된 인격체로 존중하는 것이다. 자녀에게는 자신의 행동을 조절하는 능력이 있는 만큼 부모는 자녀의 결정과 판단을 존중해 주어야 한다. 부모가 자녀의 감정과 행동을 있는 그대로 수용할 때 올바른 자녀교육이 이루어질 수 있으므로 부모는 자녀의 존재 자체를 조건 없이 수용하는 것이 요구된다. 둘째, 자녀의 처지에서 부모-자녀 관계를 바라보는 것이다. 감정이입을 통해 부모가 자녀와 정서적으로 공감할 때 부모는 자녀의 행동을 더 잘 이해하고 자녀는 편안하게 자신을 탐색할 수 있다(정옥분, 정순화, 2019). 셋째, 부모-자녀 간 원만한 의사소통을 위해 의사소통기술을 습득하는 것이다. 자녀의 인성이나 성격이 아닌 잘못된 행동에 관해 이야기하는 등 부모역할을 보다 효율적으로 수행하기 위해 부모는 의사소통기술을 습득하는 것이 요구된다.

3) 기본원리

기노트가 주장하는 부모교육의 기본원리는 첫째, 부모는 자녀의 인격을 존중하는 태도로 대화하고 자녀의 잘못된 행동에 초점을 둔 대화기술을 습득하는 것이다(이숙 외, 2009). 부모가 자녀와 대화할 때는 기본적으로 존중과 기술이 요구된다. 부모에게 자존감이 소중한 만큼 부모는 자녀의 자존감을 존중해 주어야 한다. 더불어 부모는 자녀의 말을 이해하기 위한 기술이 필요하다. 예를 들어, 부모는 자녀의 이야기에 반응할 때 사건이나 상황보다 이면의 숨은 의미를 파악하고 사건과 연관된 자녀의 감정에 적절히 반응해야 한다. 자녀의 감정에 반응하면 자녀는 부모가 자신을 이해한다고 느끼므로 좀 더 많이 이야기하게 된다(신성철, 2018). 또한 부모는 자녀의 인성을 비난하지 않고 잘못된 행동에만 관심을 두어야 한다. 부모의 설교나 비난은 자녀와의 의사소통을 방해하므로 부모는 자녀의 잘못된 행동만 간략히 언급해야 한다. 그리고 부모는 자녀의 감정을 수용하고 자녀가 자신의 감정을 알도록 도와주어야 한다. 즉, 자녀가 자신의 감정을 솔직히 표현할 수 있도록 부모는 수용적인 태도를 보여야 한다.

둘째, 칭찬이나 격려와 같은 긍정적 강화를 적절하게 사용하는 것이다. 특히 자녀의 인성이 아니라 실제적인 성취나 노력에 대해 칭찬하는 것이 중요하다. 만약 부모가 자녀에게 착하다고 칭찬하면 자녀는 자신의 잘못이 드러나는 것이 두려워 행동이 부자연스럽고 위축될 수 있다. 그러므로 부모는 칭찬이나 긍정적 강화를 사용할 때 자녀가 실제로 노력하고 성취한 행동을 구체적으로 언급해야 한다(신성철, 2018). 아울러 자녀가 잘못된 행동을 할 때 부모는 거친 말을 사용해서는 안 되며 객관적이고 건설적으로 비판해야 한다. 건설적인 비판은 자녀의 행동에서 잘못된 부분을 지적하고 나아갈 방향을 제시하는 것을 말한다. 그리고 부모는 사소한 일과 중요한 일을 구분하고 자녀의 사소한 실수를 가볍게 취급함으로써 자녀가 사소한 일에 매달리지 않도록 주의해야 한다. 사소한 일에 매달리면 나무만 보고 숲을 보지 못하면서 자녀는 문제의 본질을 파악하지 못하기 때문이다. 더군다나 부모의 잔소리가 심해지면서 부모와 자녀 간 갈등의 골이 깊어질 수 있다.

셋째, 자녀와 상호작용하면서 발생하는 부정적 감정을 솔직히 표현하는 것이다. 부모도 화낼 권리가 있음을 보여줄 때 자녀가 부모를 더 잘 이해할 수 있기 때문이다. 자녀의 잘못된 행동을 보고 부모가 화를 내는 것은 당연하다. 부모가 화를 낼 일인데도 전혀 반응하지 않거나 지나쳐 버리면 자녀는 오히려 부모가 자신에게 관심이 없다고 생각할 수 있다. 따라서 자녀의 잘못된 행동에 화가 날 때 부모는 감정을 누르지 말고 느낀 대로 감정을 표현하는 것이 필요하다(신성철, 2018). 부모도 화낼 권리가 있음을 깨달을 때 자녀는 부모와 원만한 관계를 유지하기 위해 자신의 행동을 조심하고 잘못된 행동을 삼가게 된다. 부모만 일방적으로 자녀를 이해하고 참는 것이 아니라 자녀도 부모를 이해하고 부모의 감정을 헤아려야 한다. 그러므로 부모는 자녀의 인성을 공격하지 않으면서 부모 자신의 감정을 언어로 표현하는 모범을 보여주어야 한다(이숙 외, 2009).

넷째, 자녀를 복종시키기 위해 훈계나 위협, 억압, 설교, 뇌물 등의 방법을 사용하지 않는 것이다. 이러한 방법은 일시적 효과만 있을 뿐 궁극적으로 자녀의 행동을 개선하는 데 도움이 되지 않기 때문이다. 부모가 자녀를 위협하면 자녀의 잘못된 행동이 일시적으로 금지될 수 있으나 그 순간만 지나면 다시 반복된다(신성철, 2018). 자녀에게 뇌물을 주면 자녀는 자신이 원하는 것을 얻으려고 일부러 잘못된 행동을 하는 등 부모와의 거래를 조장할 수 있다. 부모가 자녀에게 설교하면 자녀는 일방적이고 강압적으로 느끼면서 마음의 문을 열지 않기 때문에 부모의 말에 귀 기울이지 않고 더욱더 부모와 멀어지게 된다. 결국 복종은 자녀의 잘못된 행동을 수정하는 데 효과적이지 않으므로 부모는 자녀를 복종시키기보다 효과적으로 대화할 수 있는 다양한 방법을 찾아서 시도하는 것이 요구된다.

다섯째, 효과적인 대화를 위해 자녀와 눈높이를 맞추는 등 신체적 거리감을 좁히는 것이다. 의사소통은 상대방과의 신체적 거리감이 적을수록 효과적으로 이루어진다. 신체적 차이가 크면 한쪽이 다른 쪽을 올려다보면서 이야기해야 하므로 대화가 오랫동안 지속하기 어렵다. 서로의 이야기가 잘 들리지 않을뿐더러 상대방에 의해 억눌리는 느낌을 받을 수 있기 때문이다. 그러므로 자녀와의 거리감을 좁히기 위해 부모는 허리를 굽히거나 무릎을 꿇어서 자녀와 눈높이를 맞추고, 자녀를 부모의 무릎에 앉히거나 같이 바닥에 앉아서 이야기하는 것이 요구된다(이숙 외, 2009).

여섯째, 자녀에게 선택권을 주고 자녀가 자신이 선택한 행동에 책임감을 느끼도록 도와주는 것이다. 기노트는 자녀를 스스로 자신의 행동을 책임지는 자율적인 존재로 간주하고, 자녀가 책임져야 할 문제에 분명히 한계를 짓고 일상적으로 자녀에게 선택할 기회를 제공해야 한다고 주장하였다(Ginott, 2003). 이를테면, 부모는 일상생활에서 자녀에게 '이걸 할래? 저걸 할래?'와 같이 선택권을 주고 스스로 선택한 것에 책임을 지도록 도와주어야 한다. 식사할 때도 자녀가 여러 가지 음식 중에서 선택하고 옷을 입을 때도 자신에게 필요한 옷을 스스로 고를 수 있도록 자녀에게 선택의 기회를 제공해야 한다. 무조건 '~해야 한다', '~하지 마라'는 식으로 명령하면 자녀는 자신의 이해와 요구가 반영되지 않아서 분노를 느끼고 부모에게 반항하게 된다. 따라서 부모는 자녀에게 자신이 이해하는 범위에서 합리적으로 한계를 설정할 기회를 제공하고 자녀의 선택을 존중함으로써 자녀가 책임감을 기를 수 있도록 도와주어야 한다.

일곱째, 자녀의 자존심을 건드리지 않으면서 간결하고 분명한 언어로 자녀를 훈육하는 것이다. 특히 체벌은 힘으로 타인을 다룰 수 있다는 생각을 심어주는 등 부정적 효과가 크므로 사용되어서는 안 된다. 훈육할 때는 부모가 수용할 수 있는 행동과 수용할 수 없는 행동을 자녀에게 분명히 말하는 것이 중요하다(이숙 외, 2009). 때리거나 훔치는 것, 거짓말 등과 같은 행동의 한계를 인식할 때 자녀는 자신의 잘못을 순순히 받아들일 수 있다. 한계를 설정할 때 부모는 자녀가 원하는 것을 먼저 인정하고 해서는 안 되는 행동에 대해 분명히 그 이유를 설명해 주어야 한다. 자녀의 감정을 고려하여 자녀가 충분히 이해할 수 있도록 쉽고 명확하게 설명해야 한다. 특히 훈육은 자녀의 성장과 발달을 위한 것이므로 부모는 임의로 행동의 한계를 바꾸거나 기분에 따라 변덕을 부려서는 안 된다(신성철, 2018).

2. 부모교육 형태

기노트의 인본주의적 부모교육이론은 부모지도모임(guidance group for parents) 형태로 이루어진다(이숙 외, 2009). 부모지도모임은 부모가 자녀를 이해하고 양육기술을 습득하기 위한 것으로, 자녀의 발달단계에 따라 영유아기, 아동기, 사춘기, 청년기 등으로 나뉘어 진행된다. 부모지도모임은 원탁으로 이루어지며, 보통 10~15명 정도의 부모가 15주 동안 매주 1회 90분간 참여하는 식으로 구체화한다(신용주, 김혜수, 2011). 아동 중심 부모교육임을 강조하기 위해 부모들은 자녀의 이름 카드가 놓여 있는 자리에 앉아서 이야기한다. 모임을 끌어가는 지도자는 자신의 권위를 최소화하고 부모들이 자신의 문제를 허심탄회하게 이야기할 수 있도록 분위기를 조성한다. 부모들은 자녀 양육에서 나타나는 여러 가지 문제를 공유하고 자신의 습관이나 태도를 분석하면서 부모로서의 바람직한 양육기술을 습득한다. 따라서 부모지도모임은 부모로서 자신의 능력을 개발하고 향상할 수 있는 다양한 방법을 습득하는 데 효과적인 부모교육 형태다. 이는 자유롭게 말하기(recitation phase), 감수성 향상하기(sensitization phase), 개념 형성하기(concept formation phase), 기술 배우기(skill learning phase) 등의 네 단계로 구성된다.

1) 자유롭게 말하기

자유롭게 말하기(recitation phase)는 자녀와 부딪혔던 문제와 기존에 자신이 사용했던 문제해결방법을 이야기하면서 공감대를 형성하고 서로의 공통점과 차이점을 발견하는 단계다(Lee & Brage, 1989). 자유롭게 말하기 단계에서 부모는 자신이 경험한 문제를 이야기함으로써 서로 공감대를 형성하고 위안을 받는다(이숙 외, 2009). 이 단계에서 부모는 자녀와 생활하면서 겪었던 여러 가지 문제에 관해 이야기하고 문제해결을 위해 지금까지 사용하였던 방법을 솔직히 이야기한다. 부모는 자녀에 대한 불만이나 죄책감, 분노 등의 감정을 표현하고 자신과 타인의 공통점과 차이점을 발견하면서 문제를 해결하려는 마음이 생기게 된다. 모임을 이끄는 지도자는 부모의 이야기에 관심을 보이고, 더 많은 이야기가 오갈 수 있도록 모두에게 이야기할 기회를 주며, 수용적인 태도로 안정된 분위기를 조성하는 것이 필요하다. 자유롭게 자신의 고민과 골칫거리를 말하면서 부모는 타인의 고통에 감정이입하고 서로를 동정하게 된다.

2) 감수성 향상하기

감수성 향상하기(sensitization phase)는 자녀의 처지에서 문제를 바라보면서 감수성을 향상하는 단계다. 자녀가 느끼는 감정과 행동 사이의 인과관계에 초점을 두고 자녀의 관점을 고려하면서 부모의 감수성이 향상하는 것이다. 부모는 자신을 괴롭히는 문제에만 관심을 두고 괴로워하며 불평하기가 쉬운데, 이러한 태도를 자녀의 처지에서 바라보면서 바꾸는 단계가 감수성 향상하기다. 감수성을 향상함으로써 부모는 부모-자녀 관계에서 느끼는 자녀의 감정을 파악하고 통찰력을 기르게 된다(이숙 외, 2009). 지도자는 부모가 이야기하는 문제에 대한 자녀의 감정과 자녀의 행동과 감정 사이의 인과관계에 초점을 두도록 모임을 끌어간다. 특히 부모가 자녀의 관점에서 문제를 바라볼 수 있도록 역할극이 많이 활용된다. 서로 다른 배역을 수행하면서 부모는 자녀가 느끼는 바와 일상생활에서 겪는 다양한 감정을 경험하고 각각의 상황에서 느끼는 여러 사람의 감정을 파악함으로써 감수성이 향상하게 된다. 감수성이 향상함에 따라 부모는 자신의 문제점을 발견하고 변화하려는 욕구가 생기게 된다.

3) 개념 형성하기

개념 형성하기(concept formation phase)는 자녀 양육에 대한 자신의 행동을 분석함으로써 새로운 개념을 형성하는 단계로, 부모는 자녀의 감정과 행동을 수용하는 방법을 습득하게 된다. 부모가 자녀에 대한 새로운 개념을 형성하고 자녀의 행동을 이해하는 능력이 향상하는 단계가 개념 형성하기다. 이전 단계에서 부모는 부모-자녀 관계에서 느끼는 감정에 대한 통찰력이 길러진 상태이므로 이전에 문제가 해결되지 않은 원인을 파악하고 분석함으로써 자녀 양육에 대한 새로운 지식과 개념을 형성하게 된다. 이 단계에서 부모는 감정과 행동의 차이를 인식하고 자녀가 자신의 감정을 표현하는 것이 중요함을 깨닫게 된다. 부모는 자녀의 다양한 감정을 이해하고 분노나 좌절과 같은 부정적 감정을 건설적으로 표현하는 것의 중요성을 깨닫게 된다. 더불어 부모는 자신의 행동을 되돌아보면서 여러 가지 문제점을 파악하고 분석함으로써 부모로서 자신의 역할을 향상할 수 있는 개념을 형성하게 된다.

4) 기술 배우기

기술 배우기(skill learning phase)는 문제해결에 적합한 양육기술을 실제 상황에 직접 적용하면서 합리적인 양육기술을 익히는 단계다. 지도자는 부모 개개인이 겪고 있는 문제를 해결하는 데 적절한 기술을 제시함으로써 부모 스스로 문제를 대처할 수 있도록 도와준다. 먼저 부모는 자신의 문제에 대한 여러 가지 해결방안을 마련하고 다른 부모와 함께 토의한 후 가정으로 돌아가 자녀에게 해결방안을 적용한다. 다음으로 부모는 적용한 결과에 대해 다시 토의하고 문제점을 파악하며 새로운 해결방안을 모색한다. 이 과정에서 부모는 다른 부모와 서로의 경험을 공유하면서 합리적인 양육기술을 습득하게 된다. 어떤 경우에 어떤 방법이 효과적이었는지, 어떤 방법이 부적절하였는지 등을 공유하면서 부모는 새로운 해결방안을 마련하고 문제를 해결하게 된다. 부모는 자녀의 감정에 대해 정확하고 세련된 표현으로 적절하게 반응하고 자신의 감정을 솔직하고 자연스럽게 표현하는 등 합리적인 양육기술을 익히는 것이다.

3. 부모교육 프로그램

로저스의 인간중심 접근에 근거한 부모교육 프로그램으로 고든(Thomas Gordon)이 개발한 부모 효율성 훈련(parent effectiveness training: PET)이 있다. 고든은 자녀의 정서적 문제가 부모-자녀 관계에서 발생하므로 부모에게 부모-자녀 관계를 개선하는 방법을 교육하는 것이 필요하다는 생각으로 PET를 개발하였다(Gordon, 1980). 다시 말해 부모-자녀 관계를 개선하지 않으면 자녀의 정서적 문제가 해결되지 않으므로 부모-자녀 관계를 개선하기 위해 고든은 인간관계에 관한 지식이나 기술을 적용하여 부모교육 프로그램을 개발하였다. PET는 처음에 자녀와의 관계가 악화한 부모가 주로 참여하는 프로그램이었으나, 점차 자녀와의 문제를 예방하기 위한 기술을 교육하는 프로그램으로 변하게 되었다. PET는 1962년에 미국 캘리포니아에서 17명의 부모를 대상으로 처음 시행된 이후 미국 내에서 빠르게 확산하여 1980년대에는 거의 60만 명의 부모가 프로그램에 참여할 정도로 발전하였다. 프로그램을 담당하는 강사도 증가하여 1994년에는 42개국에서 수백만 명의 부모가 PET에 참여하였다(문향화, 2013). PET는 체계적으로 보급되어 많은 부모가 참여하는 등 그 파급효과가 다른 부모교육 프로그램보다 큰 것으로 나타난다.

1) 목적

부모 효율성 훈련(parent effectiveness training: PET)은 부모-자녀 관계 향상에 주안점을 둔 부모교육 프로그램이다. 부모-자녀 관계가 개선되면 자녀의 문제행동이 감소하거나 전혀 일어나지 않을 수 있기 때문이다. 고든은 부모-자녀 관계가 의사소통의 수준에 따라 원만할 수도 있고 그렇지 않을 수도 있다고 판단하였다. 부모-자녀 간 의사소통이 원활할수록 부모와 자녀 사이의 갈등이 쉽게 해결되기 때문이다. 따라서 PET는 부모가 바람직한 의사소통기술을 습득하는 데 중점을 둔다. PET에서 다루는 의사소통기술로 반영적 경청(reflective listening), 나-메시지(I-message), 무승부법(no-lose method) 등이 있다. 또한 PET는 부모역할을 이해하는 수준을 넘어서서 부모가 실제로 체험함으로써 부모역할을 수행하는 능력을 향상하는 데 초점을 둔다(문향화, 2013).

PET의 목적은 부모가 효과적인 부모역할을 위한 바람직한 의사소통기술을 획득함으로써 부모-자녀 관계를 개선하는 것이다. PET에 참여함으로써 부모는 자녀를 올바르게 이해하고 바람직한 의사소통기술을 획득하여 자녀와 긍정적으로 상호작용하면서 부모-자녀 관계를 개선할 수 있다. PET를 통해 부모는 부모-자녀 간 의사소통을 방해하는 요인을 제거하고 자신의 감정을 개방적이고 솔직하게 표현하며 자녀의 감정을 수용하는 의사소통기술을 습득할 수 있다. 부모는 자녀 행동의 의미를 파악하고 자신의 감정을 솔직하게 표현하는 기술을 습득하는 것이다. 그러므로 PET는 인본주의적 가치, 효과적인 의사소통기술, 상호 존중하는 인간관계 등의 증진에 이바지하는 부모교육 프로그램이다.

2) 내용

(1) 자녀 행동의 수용

수용(acceptance)은 자녀를 있는 그대로 받아들이는 것으로, 부모가 자녀의 생각이나 느낌을 평가하거나 판단하지 않고 자녀를 조건 없이 받아들이는 긍정적 존중을 의미한다(정옥분, 정순화, 2019). 긍정적 존중은 부모의 자아존중감이 중요하듯이 자녀의 자아존중감이 중요함을 깨닫고 존중하는 것이다. 예를 들어, 부모는 자녀가 부모를 사랑하기도 하고 미워하기도 한다는 사실을 인정하고 받아들여야 한다. 즉, 자녀의 긍정적인 생각이나 느낌뿐만 아니라 부정적인 생각이나 느낌도 모두 받아들이는 것이 수용이다. 이를 통해 자녀는 안정적으로 자기 생각과 느낌을 자유롭게 탐색하면서 어려움을 극복하고 충분히 기능하는 사람으로 성장할 수 있다.

그러나 부모가 자녀의 행동을 이해하고 수용하는 수준은 여러 가지 요인 때문에 다양하게 나타난다. 첫 번째 요인은 부모 자신의 기분이나 행동, 욕구 등이다. 예를 들면, 평소 크게 웃고 떠드는 자녀의 행동을 수용하던 부모도 기분이 나쁘거나 주의집중을 요구하는 상황에서는 자녀의 행동을 수용하지 못할 수 있다(이숙 외, 2009). 두 번째 요인은 자녀의 행동이 일어나는 시간과 공간이다. 가령 공을 차는 행동은 운동장에서는 수용되지만, 집에서는 수용되기가 어려울 수 있다. 세 번째 요인은 자녀의 연령이나 특성 등이다. 2세 자녀가 음식을 흘리는 것은 수용되지만, 12세 자녀가 음식을 흘리는 것은 수용되기가 어려운 것이 그 예다.

이처럼 자녀의 행동을 수용하는 수준이 달라질 수 있으므로 부모는 자녀의 행동을 수용하는 자신의 수준을 파악하는 것이 필요하다. 같은 자녀의 행동이어도 부모에 따라 문제행동으로 판단될 수도 그렇지 않을 수도 있기 때문이다. 부모가 자녀의 행동을 수용하는 수준이 높을수록 자녀를 문제아로 보는 경향이 낮다(강인향, 조인상, 임진숙, 2018). 부모가 자녀의 행동을 수용하는 수준에 따라 부모-자녀 간 상호작용의 질이 달라지므로 부모는 자녀의 행동을 수용하는 수준을 높이는 것이 필요하다. 아울러 부모가 수용하지 못하는 자녀의 행동에 대해서는 자녀에게 솔직하게 표현함으로써 자녀에게 부모를 이해할 기회를 제공하는 것이 요구된다.

더불어 부모는 수용할 수 있는 자녀의 행동에 대한 한계를 설정하는 것이 중요하다(정옥분, 정순화, 2019). 해도 되는 행동과 해서는 안 되는 행동을 명확히 제시할 때 자녀는 안정감을 느끼고 자기 생각과 느낌을 자유롭게 탐색하기 때문이다. 부모가 자녀의 행동을 통제하고 한계를 설정할 때는 먼저 자녀가 원하는 것을 인정한 후 해서는 안 되는 행동에 대한 제재를 분명히 설명해야 한다(Ginott, 2003). 또한 부모는 자녀가 마음의 상처를 받지 않도록 자녀가 행동할 때 지켜야 할 규칙이나 제한을 분명히 설명하는 것이 필요하다. 부모는 자녀를 인격적으로 존중함으로써 자녀 스스로 행동의 한계를 설정하고 지킬 수 있도록 도와주어야 한다.

(2) 문제의 소유자

문제의 소유자는 문제 때문에 고통받는 사람으로, 문제의 소유자를 파악하는 것은 문제해결을 위해서 매우 중요하다. 문제의 소유자가 누구냐에 따라 문제를 해결하기 위해 사용하는 기술이 다르기 때문이다(신성철, 2018). 가령 자녀가 문제의 소유자면 도움을 주는 기술이 사용되고, 부모가 문제의 소유자면 도움을 받는 기술이 사용된다. 문제의 소유자는 어떤 행동이나 상황 때문에 좌절하며 갈등을 겪는 사람으로, 문제의 소유자가 자녀인 경우와 부모인 경우, 부모와 자녀 누구도 문제의 소유자가 아닌 경우 등으로 구분된다. 문제의 소유자가 명확하지 않을 때는 누가 더 마음이 불편한가에 따라 문제의 소유자가 결정될 수도 있다(최미경, 2009).

자녀가 문제의 소유자인 경우, 부모에게는 전혀 문제가 되지 않고 자녀에게만 문제가 되므로 부모가 자녀 스스로 문제를 해결할 수 있도록 도와주어야 한다(강인향, 조인상, 임진숙, 2018). 이 경우에 부모가 문제를 해결하려는 시도는 무의미하므로 부모는 자녀를 돕는 기술을 습득하는 것이 필요하다. 예를 들어, 부모는 '엄마가 뭘 도와줄까?'라고 자녀에게 물어보면서 자녀가 문제를 해결하도록 적극적으로 개입할 수 있다. 부모는 자녀의 문제해결을 도와주는 조력자임을 분명히 보여주어야 한다. 조력자는 문제를 해결하려는 주체가 다양한 선택을 할 수 있도록 돕는 역할에 충실해야 한다. 또한 부모는 자녀 스스로 문제를 해결하도록 믿고 기다리는 것이 필요하다. 부모는 자녀의 행동을 비난하지 않고 자녀가 내린 결정에 대해 진지하게 서로 이야기하면서 문제해결을 도와주어야 한다.

문제의 소유자가 부모인 경우, 자녀의 행동으로 부모가 불쾌감과 분노를 느끼므로 부모는 자녀의 행동을 수용하는 기술을 습득해야 한다. 부모는 자기감정을 적절히 표현하고 도움을 청하면서 자녀와 원만한 관계를 유지하는 기술을 배워야 한다. 달리 말하면 자녀가 부모를 돕게 하는 방법을 사용하는 것이 문제해결에 효과적이다. 가령 바쁜데 늑장을 부리는 자녀 때문에 화가 난다면 부모는 '엄마가 지금 빨리 가야 하는데, 조금만 서둘러 줄 수 없을까? 엄마를 도와주면 좋겠어.'라고 말하면서 자녀에게 도움을 요청할 수 있다. 부모의 요청을 매몰차게 거절할 자녀는 거의 없으므로 소리를 지르거나 협박하는 것보다 자녀에게 도움을 요청하는 것이 문제해결에 훨씬 더 효과적이다(신성철, 2018).

부모와 자녀 누구도 문제의 소유자가 아닌 경우에는 자녀와 원만한 관계를 유지하는 기술을 지속하는 것이 필요하다. 부모와 자녀 어느 쪽에도 문제가 없다는 것은 자녀가 어떤 방해도 없이 자신의 욕구를 충족하고 부모는 자녀의 행동 때문에 권리를 침해받거나 마음의 상처를 받지 않음을 가리킨다. 이처럼 부모와 자녀 누구에게도 문제가 없기 위해서 부모는 다양한 기술을 습득하고 훈련하는 것이 필요하다. 결론적으로 부모는 자녀와 원만한 관계를 유지하기 위해 문제의 소유자를 파악하고 문제해결에 필요한 기술을 습득하고 적용하는 것이 요구된다.

(3) 반영적 경청

문제의 소유자가 자녀일 때 부모가 도움을 주는 기술로 반영적 경청(reflective listening)이 있다. **반영적 경청**은 자녀의 언어적·비언어적 표현에 대한 부모의 언어적 반응으로, 자녀의 말을 비롯하여 말 속에 내포된 생각이나 감정을 확인하는 것이다. 거울이 어떤 모습을 있는 그대로 보여주듯이 부모가 거울이 되어 자녀의 언어적·비언어적 표현을 되돌려주는 것이 반영적 경청이다(최미경, 2009). 반영적 경청은 상대방의 처지에서 상대방의 생각이나 감정을 정확하게 이해함으로써 사고의 유연성을 기를 수 있는 기술이다. 반영적 경청을 통해 자녀는 자신이 가치 있는 존재로 존중받고 있음을 느끼므로 마음을 열고 부모와의 관계를 개선할 수 있다. 반영적 경청을 사용하려면 우선 부모는 자녀의 말을 듣고 싶어 해야 한다. 즉, 자녀의 문제해결을 진정으로 도와주기를 원해야 한다. 또한 부모는 자신의 감정과 자녀의 감정이 다르더라도 자녀의 감정을 수용하고, 자녀가 자기감정을 조절하면서 스스로 문제를 해결할 능력이 있음을 믿어야 한다(강인향, 조인상, 임진숙, 2018).

반영적 경청은 세 단계로 이루어진다. 첫 번째 단계는 부모가 자녀의 이야기를 조용히 들어주는 것이다. 부모는 자녀가 마음의 문을 열고 자신의 문제를 말하도록 도와주어야 한다. 자녀는 말이나 몸짓, 표정 등을 통해 자신에게 문제가 있음을 말하는데, 이러한 자녀의 말에 귀를 기울이는 것이 부모가 할 일이다. 두 번째 단계는 부모가 자녀의 말을 해독하여 자녀의 생각이나 느낌을 피드백하는 것이다. 단지 듣기만 하면 자녀는 부모가 자신의 말에 관심이 없거나 수용하지 않는 것으로 판단할 수 있다(정옥분, 정순화, 2019). 따라서 부모는 고개를 끄덕이거나 미소를 보내는 등 언어적·비언어적 신호를 보냄으로써 자신이 진정으로 자녀의 말에 주목하고 있음을 보여주어야 한다(이숙 외, 2009). 세 번째 단계는 자녀가 마음의 문을 여는 데 효과적인 질문을 사용하여 계속 말하도록 격려하는 것이다. '그것에 대해 좀 더 말해 볼래?', '그것에 대한 네 생각은 어떠니?'와 같은 질문을 던짐으로써 부모는 자녀가 속마음을 드러낼 수 있도록 유도해야 한다. 이러한 격려는 자녀가 자신의 문제를 좀 더 분명하게 인식하는 거울과 같은 역할을 한다.

반영적 경청을 효과적으로 사용하기 위해 부모는 몇 가지 사실을 고려해야 한다(Gordon, 2008). 첫째, 자녀의 감정을 진정으로 수용하는 태도로 자녀의 말에 귀를 기울이는 것이다. 다시 말해 부모는 자녀가 말로 표현하려는 감정을 파악하고 적절히 반응하는 것이 필요하다. 둘째, 충분한 시간적 여유를 가지는 것이다. 시간에 쫓기면 자녀가 마음의 문을 열기도 전에 대화가 끝날 수 있기 때문이다. 더군다나 반영적 경청의 효과가 즉각적으로 나타나지 않으므로 부모는 기다리는 여유를 가지는 것이 요구된다. 셋째, 자녀가 자신의 문제를 해결하려고 노력할 때만 도와주는 것이다. 종종 자녀는 문제를 해결하려는 의지가 없이 관심을 끌기 위해 같은 문제를 지속해서 제기할 수 있다. 이때 부모는 '그 문제는 네가 해결할 수 있는 것이야'라고 말함으로써 자녀가 문제해결의 의지가 있을 때만 부모가 도와준다는 것을 깨닫게 해야 한다. 넷째, 특정한 의도를 가지지 않는 것이다. 부모가 어떤 의도를 가지고 반영적 경청을 사용하면 자녀는 그 의도를 알아채고 더는 부모와 대화하기를 거부할 수 있다. 따라서 부모는 반영적 경청을 사용하는 목적이 자녀를 도와주기 위한 것임을 명심하고 순수하게 자녀의 감정에 공감해야 한다.

(4) 나-메시지

문제의 소유자가 부모일 때 부모가 도움을 받는 기술로 나-메시지(I-message)가 있다. 부모는 자녀의 행동을 수용하기 힘들거나 자녀의 행동이 마음에 들지 않을 때, 즉 자녀의 행동에 불쾌감을 느끼거나 마음속에 욕구불만, 반발심, 거절 등의 감정이 생길 때 자신이 문제를 가진 것으로 판단한다(이숙 외, 2009). 자녀의 행동 때문에 부모가 불쾌감을 느끼면 부모가 문제를 소유하는 것이다. 이때 부모는 자녀의 행동을 비난하거나 질책하지 않고 나-메시지를 사용하여 도움을 받을 수 있다.

나-메시지는 '나'를 주어로 말하는 의사소통기술이다. '네가 ~했을 때 나는 ~했다. 너의 행동이 내 감정을 ~하게 했기 때문이다'처럼 말하는 것이 그 예다.

이는 상대방의 행동을 비난하지 않으면서 자기 생각이나 감정을 솔직히 드러내는 것으로, 상대방에게 자신을 잘 보여줌으로써 결과적으로 상대방이 마음의 문을 열도록 도와준다. 따라서 나-메시지를 사용할 때는 상대방의 행동이 자신에게 미치는 영향과 그 영향으로 인한 자신의 감정을 구체적이고 솔직하게 표현하는 것이 중요하다.

PET에서 강조하는 나-메시지는 자녀의 행동에 대한 부모의 느낌을 객관적으로 전달하는 것으로(이숙 외, 2009), 부모는 자녀를 탓하지 않고 단지 자녀의 행동에 대한 자신의 느낌을 표현한다. 나-메시지를 사용하면 자녀의 행동에 대한 부모의 진실한 마음이 드러나므로 자녀는 방어적이지 않고 책임감을 느끼면서 문제를 해결하게 된다. 또한 자녀는 부모에게 문제가 되는 자신의 행동을 스스로 고치기 때문에 부모-자녀 관계가 악화하지 않고 문제가 해결될 수 있다.

나-메시지를 사용하면 문제를 유발하는 자녀의 행동이 무엇인지, 그 행동이 부모에게 어떤 영향을 미치는지, 그 결과에 대해 부모는 어떻게 느끼는지 등이 자녀에게 효과적으로 전달된다(최미경, 2009). 대부분 부모는 자녀의 행동이 마음에 들지 않으면 분노나 좌절감을 느끼고 자녀의 행동을 탓하며 비난하므로 부모의 감정이 전달되지 않는다. 가령 '형이 동생한테 잘해야지 때리면 되겠어?'라고 말하면 자녀에게 잘못이 있다고 비난하는 꼴이 되므로 부모의 감정이 전달되지 않고 의사소통이 원활히 이루어지지 않는다. 그러나 부모가 나-메시지를 사용하여 자기감정을 솔직하게 표현하면 자녀와 효과적으로 의사소통할 수 있다.

나-메시지는 자녀의 행동 진술, 부모의 감정 기술, 자녀의 행동이 부모에게 미치는 영향 서술 등의 세 가지 요소로 이루어진다. 이 세 가지 요소를 단계별로 진행할 때 나-메시지가 효과적으로 사용될 수 있다(강인향, 조인상, 임진숙, 2018). 자녀의 행동은 '네가 ~하면'으로 표현되는 것으로, 부모는 자녀의 문제행동을 간략하게 진술한다. 부모의 감정은 '나는 ~한다'라고 표현되는 것으로, 부모는 자녀의 행동 때문에 경험하는 부모 자신의 감정을 기술한다. 자녀의 행동이 부모에게 미치는 영향은 '왜냐하면 ~때문이다'로 표현되는 것으로, 부모는 자녀의 행동으로 인한 영향을 구체적이고 간결하게 서술한다. '네가 동생을 때리면 엄마는 슬프단다. 왜냐하면 엄마는 네가 동생을 잘 돌볼 것으로 믿기 때문이다.'라고 표현하는 것이 나-메시지의 예다.

나-메시지가 성공적으로 사용되기 위해 고려할 사항은 첫째, 자신의 감정을 솔직히 표현하는 것이다(Gordon, 2008). 만약 부모가 자신의 감정을 솔직하게 표현하지 않거나 자녀에게 부정적 감정을 전달하면 나-메시지의 효과는 나타나지 않는다. 둘째, 자녀와 자녀의 행동을 분리하고 행동의 결과와 연관된 부모의 느낌을 이야기하는 것이다. 부모가 불쾌감을 느끼는 이유는 자녀가 아니라 자녀의 행동이기 때문이다. 셋째, 반영적 경청이 전제되는 것이다. 부모가 자녀의 처지에서 자녀의 생각이나 감정을 정확하게 이해할 때 자녀는 부모를 믿고 부모의 감정을 받아들일 수 있기 때문이다.

(5) 무승부법

부모가 도움을 받는 또 다른 기술로 무승부법(no-lose method)이 있다. **무승부법**은 어느 한쪽이 이기고 지는 것 없이 부모와 자녀가 함께 문제해결과정에 참여하여 양쪽 모두가 충족하는 해결방안을 찾는 것이다(최미경, 2009). 무승부법은 부모와 자녀의 욕구가 동시에 충족될 수 있는 문제해결방법으로, 반영적 경청과 나-메시지 등을 모두 활용해야 효과적으로 사용될 수 있다. 무승부법에서 부모는 자녀가 표출하는 감정을 수용하려고 노력하며 자녀와 계속 대화하면서 반영적 경청과 나-메시지 등을 사용하여 자녀의 인지능력과 문제해결능력 향상을 도와준다.

부모와 자녀 간 갈등상황에서 보통 부모는 부모가 이기고 자녀가 지는 방식인 **제1의 방법**으로 갈등을 해결한다. 즉, 부모가 해결방안을 결정하고 이를 자녀가 따르게 하는 방식으로 부모는 갈등을 해결한다(강인향, 조인상, 임진숙, 2018). 부모가 자녀를 설득하거나 힘을 행사하여 자녀를 복종시킴으로써 갈등을 해결하는 것이다. 반면에 부모는 자녀가 하고 싶은 대로 허용하거나 포기하는 방식인 **제2의 방법**으로 갈등을 해결하기도 한다. 이는 부모가 지고 자녀가 이기는 방식으로, 자녀가 힘을 가지고 있어서 해결방안을 결정하고 이를 부모가 따르는 것이다. 그러나 처음부터 자녀가 힘을 가지는 경우는 드물며, 자녀가 성장하면서 점차 힘을 가지거나 부모의 지시에 자녀가 강하게 반발하면서 부모가 자녀의 반항에 굴복하여 자녀가 힘을 가지게 된다.

제1의 방법과 제2의 방법 모두 자신의 방식으로 상대방을 이해시킨다는 점에서 유사하다(정옥분, 정순화, 2019). 또한 두 사람 중 한 사람은 패배감이나 무력감을 느끼며 자녀의 의지와 다르게 문제가 해결된다는 유사점을 보인다. 반영적 경청이나 나-메시지를 통해 유지되던 관계의 질을 악화시킬뿐더러 이후에도 반영적 경청이나 나-메시지의 효과를 기대하기 어렵다는 문제점도 보인다. 이처럼 어느 한쪽이 패배감을 느끼고 부정적 감정을 고조시키며 반영적 경청과 나-메시지의 효과를 경감시킨다는 점에서 제1의 방법과 제2의 방법은 문제해결에 적절하지 않은 방법이다(강인향, 조인상, 임진숙, 2018).

무승부법은 기존의 문제해결과정에서 주로 사용하던 권위주의적인 제1의 방법과 허용적인 제2의 방법과 다르게 민주적으로 문제를 해결하는 제3의 방법이다(최미경, 2009). 제1의 방법과 제2의 방법은 갈등상황에서 양쪽 모두의 욕구를 충족시키지 못하지만, 제3의 방법인 무승부법은 부모와 자녀 모두가 함께 문제해결과정에 참여하면서 양쪽 모두의 욕구를 충족시킨다. 부모와 자녀가 협력하여 문제해결방안을 모색하므로 양쪽 모두에게 손해를 입히지 않으며, 부모와 자녀가 합의한 결정이므로 누구도 저항하지 않고 결정을 받아들이는 것이다(이숙 외, 2009). 그러므로 문제해결과정이 양쪽 모두의 욕구 충족을 위한 것임을 자녀가 분명히 인식하는 것이 중요하다. 즉, 서로의 욕구를 충족시키면서 부모와 자녀 양쪽 모두 승자가 되는 방법이 무승부법이다.

무승부법은 6단계로 이루어진다. 1단계는 문제를 정의하는 단계로, 부모와 자녀가 함께 부모와 자녀 간 갈등을 일으키는 문제를 확인하고 정의한다. 부모는 자녀에게 자신이 원하는 바를 나-메시지로 전달하고 반영적 경청을 통해 자녀의 문제를 이해하려고 노력한다. 2단계는 가능한 해결방안을 모색하는 단계로, 문제를 여러모로 검토하고 문제를 해결할 수 있는 다양한 방법을 수집한다. 3단계는 해결방안을 평가하는 단계로, 수집한 문제해결방안이 합리적이고 적절한지를 평가한다. 부모와 자녀 모두의 욕구를 충족할 수 있는지를 논의하고 부모와 자녀는 실행할 수 있는 몇 가지 해결방안을 선택한다. 4단계는 최선의 해결방안을 결정하는 단계로, 실행 가능한 해결방안 중 최선의 해결방안을 부모와 자녀가 합의하여 결정한다. 5단계는 결정된 해결방안을 실행하는 단계로, 부모와 자녀는 합의된 해결방안을 수행하기 위한 구체적인 방법을 논의하고 직접 실행에 옮긴다. 6단계는 실행과정을 평가하는 단계로, 문제해결 여부를 점검하고 해결방안에 대해 평가한다. 이를 통해 문제점이 발견되면 부모와 자녀는 다시 합의하여 새로운 해결방안을 결정하는 과정을 반복한다.

이러한 과정은 강제적이 아니라 자발적으로 이루어지므로 자녀는 문제해결에 적극성을 보이게 된다. 부모와 자녀가 합의한 결정이기 때문에 자발적으로 실행에 옮기는 것이다. 또한 부모와 자녀가 협력하여 해결방안을 모색하므로 창의적이고 고차원적인 문제해결방안이 마련된다. 양쪽 모두의 욕구를 충족시키면서 실행하기 쉽고 질적으로 높은 해결방안이 마련되는 것이다. 동시에 자녀의 인지능력과 문제해결능력이 향상되는데, 왜냐하면 자녀는 최선의 해결방안을 마련하기 위해 깊이 생각하고 끊임없이 고민하기 때문이다. 생각하고 고민하는 동안 자녀는 부모에 대한 애정이 생기고 부정적 감정이 해소되면서 심리적으로 가까워지게 된다. 부모는 자녀 행동의 근본적인 원인을 발견하면서 문제의 본질을 정확히 파악하게 된다(이숙 외, 2009). 결국 무승부법은 민주적으로 문제를 해결하면서 부모와 자녀 모두에게 도움이 되는 방법이다. 그러나 문제를 해결하는 데 많은 시간이 걸리므로 부모는 자녀가 충분한 시간적 여유가 있을 때 무승부법을 시도하는 것이 바람직하다.

Chapter

10

교류분석이론

교류분석이론(transactional analysis: TA)은 번(Eric Berne)이 창시한 이론으로, 성격이론이면서 개인의 성장과 변화를 위한 체계적인 심리치료이론이다(박지수, 2013). 번은 인간에 대한 긍정적 견해를 가지고 인간을 스스로 자신을 변화시키는 존재로 간주하였다(이숙 외, 2009). 인간은 자신의 경험을 바탕으로 형성된 가치관과 신념을 벗어나 새로운 목표와 행동을 선택할 능력이 있는 존재다. 번은 인간이 타인과의 교류를 통해 욕구를 충족하고 성장하므로 인간의 성격이 사회적 상호작용과 깊이 연관된다고 주장하였다. 또한 번은 인간이 자기 자신을 발달시키고 행복할 능력을 갖추고 태어나며 살아가는 동안 타인과 교류하면서 타고난 긍정적 태도를 계속 수정한다고 주장하였다. 인간은 의사소통을 통해 타인과 교류하면서 성장하고 자신을 변화시키며 발달하는 것이다. 이러한 관점에 근거한 교류분석이론은 인간이 자신의 한계를 넘어서서 삶의 많은 부분을 향상하는 데 이바지하였다. 또한 교류분석이론은 인간관계를 깊이 이해하는 데 크게 이바지하였으며, 특히 부모-자녀 관계 개선에 지대한 영향을 미쳤다. 교류분석이론에 기초한 부모교육은 개인의 잠재력 개발과 가족구성원 간의 의사소통에 초점을 두고 집단 중심의 부모-자녀 관계 치료에 주로 이용된다.

1. 부모교육 원리

교류분석이론에서 교류(transaction)는 한 사람의 자극에 대해 다른 사람이 반응하는 것으로, 자극과 반응으로 구성된 의사소통의 기본 단위다. 다시 말해 한 사람의 자아상태와 다른 사람의 자아상태가 서로 자극과 반응을 주고받는 것이 교류다(Berne, 1972). 교류는 교류자극(transactional stimulus)과 그에 대한 교류반응(transactional response)으로 구성된다. 가령 두 사람이 만나면 한 사람이 다른 사람의 존재를 인정한다는 의사표시를 하는데, 이러한 의사표시가 교류자극이 되고 이에 대응하는 것이 교류반응이 된다(정옥분, 정순화, 2019). 한 사람이 보내는 교류자극에 다른 사람이 반응하는 양상에 따라 대인관계나 의사소통의 질이 결정된다. 따라서 대인관계나 의사소통의 질을 파악하려면 서로 주고받는 의사소통을 이해하고 분석하는 것이 필요하다. 즉, 원만한 대인관계와 바람직한 의사소통을 위해서는 교류를 분석해야 한다. 교류분석을 통해 자신에 대한 이해를 증진하고 서로의 관계를 파악함으로써 바람직한 의사소통이 가능해지는 것이다. 결국 교류분석이론에 기초한 부모교육은 부모와 자녀 사이에 주고받는 의사소통을 분석함으로써 부모-자녀 관계를 향상하는 데 그 목적이 있다.

1) 부모-자녀 관계

교류분석이론은 부모-자녀 관계의 특성을 결정짓는 내재적 요인을 성격구조(personality structure)로 간주하고, 인간의 성격을 형성하는 사고와 감정, 행동 등이 분명히 구분된다고 주장한다. **성격구조**는 인간의 성격을 부모 자아상태(parent ego state), 성인 자아상태(adult ego state), 아동 자아상태(child ego state)로 구분한 것으로, 인간은 모두 자신의 내부에 부모 자아상태(P), 성인 자아상태(A), 아동 자아상태(C)를 가지고 있다. **자아상태**(ego state)는 개인이 눈으로 확인할 수 있는 행동과 사고, 감정 등을 총합한 하나의 시스템으로(이숙 외, 2009), 관찰할 수 있고 역동적이어서 의사소통하는 내용이나 태도 등으로 파악된다. 자아상태는 행동양상에 따라 부모(parent), 성인(adult), 아동(child) 등으로 구분되며 개인의 사회적 상호작용을 이해하는 데 중요하게 작용한다.

부모 자아상태는 부모처럼 권위 있는 타인의 행동이나 가치관 등이 내면화한 것으로, 주로 부모의 말이나 몸짓 등으로 나타난다. 부모 자아상태는 인간이 사회화하면서 의미 있는 영향을 주고받던 타인의 행동과 느낌이 기억된 채로 있다가 어느 순간 선택되어 발현되는 것이다(이숙 외, 2009). 부모가 사용하는 말이나 몸짓 등으로 자신의 의사를 표현하는 것이 그 예다. 해야 할 것과 하지 말아야 할 것에 대한 규칙이나 예의, 전통, 가치 등에 관한 말이나 행동은 자기 내부의 부모 자아상태가 표현되는 것이다. 부모 자아상태는 양육적 부모 자아상태(nurturing parent ego state: NP)와 비판적 부모 자아상태(critical parent ego state: CP)의 두 가지 기능을 수행한다. **양육적 부모 자아상태**는 다른 사람을 돌보고 보호하는 것으로, 건전한 성격을 형성하고 유지하는 데 필수적이다(강인향, 조인상, 임진숙, 2018). **비판적 부모 자아상태**는 자신의 원칙이나 가치관 등에 따라 다른 사람을 비난하고 질책하는 것으로, 통제하고 간섭하며 지배하는 행동으로 나타난다. 양육적 부모 자아상태는 원만한 대인관계의 초석이 되지만, 비판적 부모 자아상태는 창의성 발달을 저해하게 된다.

성인 자아상태는 사실에 기초하여 사물을 판단하고 논리적으로 사고하는 것으로, 항상 감정에 지배되지 않고 합리적인 태도를 보인다(이숙 외, 2009). 성인 자아상태는 부모 자아상태나 아동 자아상태가 하는 일은 하지 않으며 냉정하고 논리적인 영역이다. 이는 여러모로 사물을 관찰하고 공평하게 평가하며 목표 달성을 위해 자기감정이나 욕구를 통제하는 태도로 나타난다. 성인 자아상태는 부모 자아상태와 아동 자아상태로부터 얻은 정보에 근거하여 어떤 일을 혼자 할 수 있는 능력을 갖춤으로써 형성된다(정옥분, 정순화, 2019).

또한 부모 자아상태와 아동 자아상태를 중재하면서 수집한 정보를 정리하고 결정하는 임무를 수행한다. 성인 자아상태는 사실에 근거하여 정보를 분석하고 적절한 해결방안을 모색하는 등 합리성과 생산성, 적응성을 발휘한다. 하지만 성인 자아상태가 지나치게 우세하면 감정이 없고 냉정하며 타산적인 사람으로 보일 수 있다.

아동 자아상태는 어린 시절의 감정이나 행동이 똑같이 나타나는 것으로, 인간의 기본적인 욕구와 감정, 충동 등의 저장고라 할 수 있다(신용주, 김혜수,

2011). 어린 시절에 보고 듣고 느끼고 이해한 것에 대한 언어적·비언어적 반응이 기억되어 형성된 상태가 아동 자아상태다. 아동 자아상태는 생리적 욕구나 기본적 정서와 같이 주로 감정이나 충동으로 형성되며 자신이 누구인가를 느끼게 한다. 아동 자아상태는 자유로운 아동자아(free child ego: FC)와 순응하는 아동자아(adapted child ego: AC)로 구분될 수 있다. **자유로운 아동자아**는 누구에게도 구속받지 않고 자유롭게 행동하는 부분으로, 호기심이나 창조성의 원천이 된다. 자유로운 아동자아는 현실과 상관없이 즉흥적인 즐거움을 추구하고 고통을 회피하는 등 감정적이고 본능적이며 자기중심적이다(이숙 외, 2009). **순응하는 아동자아**는 부모의 기대나 욕구를 중요시하며 부모로부터 애정과 관심을 받기 위해 자신을 통제하는 부분이다. 순응하는 아동자아는 순종적이고 참을성이 있어서 문제가 없어 보이지만, 정서적 장애나 심리적 문제를 초래하는 경우가 많다.

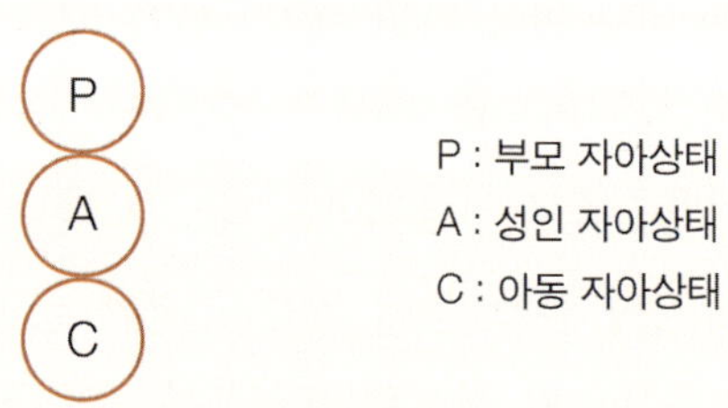

성격구조

모든 사람은 세 가지 자아상태를 가지고 있으며, 건강한 사람은 자유롭게 자아상태를 선택할 수 있다. 그러나 특정한 자아상태가 지배적이거나 경계가 파손되면 선택에 문제가 발생한다. 자아상태의 경계에서 생기는 문제로 오염(contamination)과 배제(exclusion)가 있다. **오염**은 하나의 자아상태가 다른 자아상태를 침범하여 경계가 파손된 것으로, 부모 자아상태가 성인 자아상태를 침범하여 논리적으로 판단하지 못하고 편견이나 선입견을 품는 것이 그 예다. 만약 아동 자아상태가 성인 자아상태를 침범하면 지나치게 감정적이거나 환상에 사로잡히게 된다. **배제**는 자아상태의 경계가 지나치게 경직되어 자아상태 사이에 교류가 차단된 것이다. 부모 자아상태에 고착되어 비판적·지시적·권위주의적 태도를 보이는 것이 그 예다. 아동 자아상태에 고착된 사람은 놀기를 좋아하고 하고 싶은 대로 행동하는 경향을 보이며, 성인 자아상태에 고착된 사람은 지나치게 논리적이고 객관적이며 감정표현이 없다(정옥분, 정순화, 2019). 반면에 한 가지 자아상태가 제외된 채 두 가지 자아상태가 기능해도 배제에 속한다. 만약 아동 자아상태가 제외되고 부모 자아상태와 성인 자아상태만 기능하면 자신의 삶을 즐기는 것에 죄책감을 느끼게 된다(이숙 외, 2009).

결국 교류분석이론에서 부모-자녀 관계는 서로의 자아상태에 따라 달라진다. 부모와 자녀가 어떤 자아상태로 상호작용하느냐에 따라 부모-자녀 관계의 특성이 결정되는 것이다. 예를 들어, 부모 자아상태와 부모 자아상태가 상호작용할 때와 성인 자아상태와 아동 자아상태가 상호작용할 때 그 관계의 양상과 질은 다르다. 사람은 모두 부모, 성인, 아동 자아상태를 가지고 있으며, 건강한 사람은 상황에 따라 자아상태를 자유롭게 선택할 수 있다. 따라서 부모-자녀 관계가 원만하게 유지되려면 부모와 자녀가 서로의 자아상태를 파악하는 것이 우선이다. 자아상태를 파악함으로써 자신의 전형적인 행동이나 감정, 사고 등의 유형을 점검하고 의사소통에서 제기되는 문제점을 해결할 수 있기 때문이다. 결론적으로 자아상태를 파악하여 좀 더 효율적으로 의사소통함으로써 원만한 부모-자녀 관계가 유지될 수 있다(김윤주, 문기라, 최외선, 2012).

2) 목적과 목표

교류분석이론은 세 가지 철학적 가정에 기초한다(Stewart & Joines, 2016).

첫 번째 철학적 가정은 인간이 누구나 가치 있고 존엄한 존재라는 것이다. 그래서 인간은 있는 그대로의 자신과 있는 그대로의 상대방을 수용해야 한다. 두 번째 철학적 가정은 모든 인간은 사고할 능력이 있다는 것이다. 인간은 누구나 자기 스스로 사고할 능력이 있으므로 자신의 판단으로 결정하고 선택하며 자신이 선택한 것을 책임져야 한다. 세 번째 철학적 가정은 모든 인간은 자신이 내린 결정을 바꿀 수 있다는 것이다. 인간의 삶은 부모와 같은 중요한 타인의 영향을 받지만, 변화하려는 본인의 적극적 의지로 자신의 결정을 얼마든지 바꿀 수 있다. 이전에 세운 전략과 결정이 부적절하거나 비효율적이라고 판단하는 순간 인간은 더 새롭고 적절한 결정을 내리면서 얼마든지 변화할 수 있다. 따라서 교류분석이론은 인간이 스스로 자신의 사고와 감정, 행동 등을 변화시킬 수 있다고 가정한다.

이러한 가정에 기초한 교류분석이론의 목적은 자기 자신에 대한 이해를 증진하고 서로의 관계를 분석하여 바람직하게 의사소통하는 것이다. 건강한 개인은 자신이 원하는 자아상태를 자유롭게 선택할 수 있다. 예를 들면, 타인을 보호하거나 가르칠 때는 부모 자아상태를, 합리적으로 문제를 해결할 때는 성인 자아상태를, 타인과 친밀한 관계를 유지하거나 삶을 즐길 때는 아동 자아상태를 선택할 수 있다. 교류분석을 통해 개인은 자신의 자아상태를 깊이 이해하고 상황에 맞는 적절한 자아상태를 선택함으로써 타인과 원만한 관계를 유지할 수 있다. 교류를 분석함으로써 자신이 타인에게 어떻게 대화하는지, 서로 어떤 자아상태로 관계를 맺는지 등을 파악하여 타인과 원만한 관계를 유지하는 것이다. 따라서 교류분석이론은 자아상태를 파악하여 자신에 대한 이해뿐만 아니라 타인과의 관계를 증진하는 데 그 목적이 있다(박지수, 2013).

교류분석이론의 구체적 목표는 개인의 자아상태를 파악함으로써 개인을 변화시키는 것이다. 부모 자아상태와 성인 자아상태, 아동 자아상태의 세 가지 자아상태가 균형을 이룰 때 개인은 가장 적응적인 행동을 보인다. 그러므로 자신의 자아상태를 파악하고 세 가지 자아상태가 균형을 이루도록 개인을 변화시키는 것이 교류분석이론의 첫 번째 목표다(정옥분, 정순화, 2019). 교류분석이론의 두 번째 목표는 자아상태에 대한 이해를 바탕으로 의사소통을 분석하여 원만한 교류가 이루어지는 것이다. 의사소통하면서 개인은 하나의 자아상태에서 또 다른 자아상태로 변화하는데, 이러한 변화를 분석하여 원만한 교류가 이루어지는 것이 교류분석이론의 목표다. 교류분석이론의 세 번째 목표는 교류를 통해 형성된 삶의 전략을 분석하고 재결정하는 것이다. 사람은 어린 시절에 부모와의 교류를 통해 형성된 삶의 전략을 그대로 따르며 살아간다. 이러한 전략은 어릴 때 세상에 적응하거나 자신이 원하는 것을 얻기 위한 최상의 전략으로 학습된 것이어서 많은 사람은 전략의 결과가 비생산적이고 고통스럽더라도 쉽게 버리지 못한다(박지수, 2013). 그러나 잘못된 전략을 수정하고 새로운 전략을 재결정함으로써 개인은 자신의 잠재력을 충분히 발휘하고 자율적인 인간으로 살아갈 수 있다. 결국 개인이 삶의 전략을 분석하고 수정하여 재결정하는 것이 교류분석이론의 궁극적 목표가 된다.

3) 기본원리

(1) 의사소통방식

부모-자녀 간의 교류과정에서 이루어지는 의사소통방식은 상보적 교류(complementary transaction), 교차적 교류(crossed transaction), 이면적 교류(ulterior transaction) 등으로 구분된다.

상보적 교류는 어떤 자아상태에서 보내는 메시지에 대해 기대한 반응이 주어짐으로써 자극과 반응이 평행선을 이루는 것이다(이숙 외, 2009). 부모 자아상태와 부모 자아상태, 성인 자아상태와 성인 자아상태, 아동 자아상태와 아동 자아상태처럼 같은 자아상태가 개입되어 주고받는 자극과 반응이 평행을 이루는 것이 상보적 교류다. 이러한 교류에서는 보내는 메시지에 대해 기대한 반응이 되돌아오므로 서로 간에 충돌이 최소화하고 원만한 상호작용이 이루어지게 된다. 상보적 교류가 이루어지면 서로 공감하는 부분이 크기 때문에 보통 상대방에게 친밀감을 느끼고 기분이 좋아지게 된다. 상보적 교류는 자연스럽고 솔직하며 이치에 맞아서 교류를 통해 만족감이나 친밀감, 안정감 등을 느끼는 것이다.

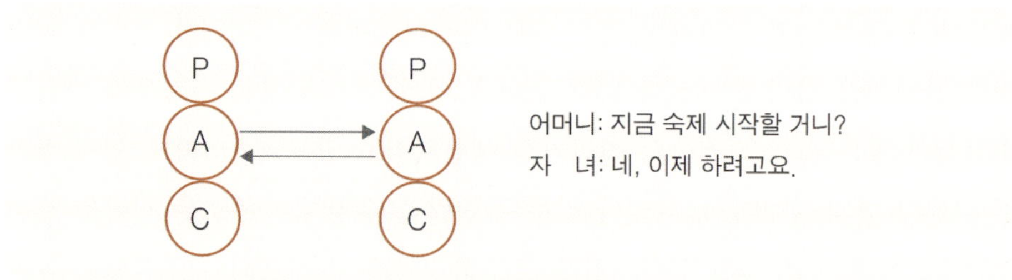

상보적 교류

교차적 교류는 의사소통하면서 기대하지 않은 자아상태가 개입되어 자극과 반응이 교차하는 것이다. 즉, 기대한 반응과 다른 예상외의 반응이 주어짐으로써 자극과 반응이 교차하고 의사소통이 중단되는 것이 교차적 교류다. 성인 자아상태의 반응을 기대하고 자극을 보낸 사람에게 부모 자아상태나 아동 자아상태의 반응이 주어지는 것이 그 예다. 이때 자극을 보낸 사람은 무시당한 느낌을 받고 침묵하거나 화제를 바꾸면서 의사소통이 중단된다. 가령 어머니는 성인 자아상태의 합리적인 반응을 기대하고 자녀에게 자극을 보내지만, 자녀는 어머니의 기대와 다르게 부모 자아상태에서 쏘아붙이는 반응을 보내면 더는 의사소통이 이루어지지 않는다.

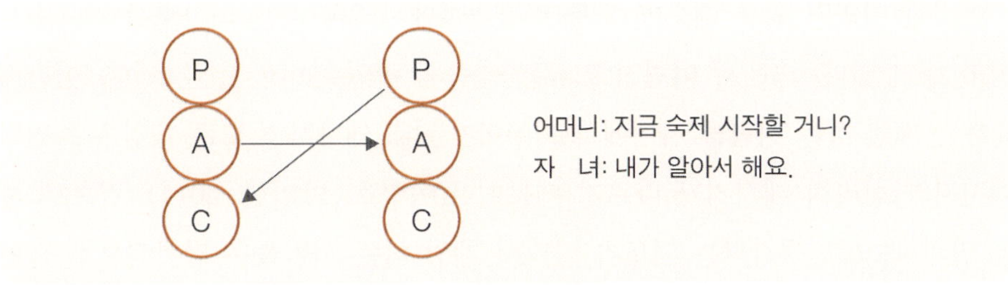

교차적 교류

이면적 교류는 표면적 메시지와 다르게 숨겨진 심리적 메시지가 상대방의 반응을 불러일으키는 것이다(이숙 외, 2009). 다시 말해 겉으로 드러난 사회적 메시지와 숨겨진 심리적 메시지가 동시에 보내지는 것이 이면적 교류다. 일반적으로 드러난 사회적 메시지는 언어로 전달되지만, 숨겨진 심리적 메시지는 억양이나 몸짓, 손짓 등으로 나타나거나 단어에 함축되어 있다. 표면적으로는 성인 자아상태와 성인 자아상태가 교류하지만, 심리적으로는 성인 자아상태와 아동 자아상태가 교류하는 것이 그 예다. '이 일을 하는 것은 보람되지만, 시간이 오래 걸려서 네가 완수하기는 어려울 거야'라는 어머니의 말에 자녀가 '아니에요, 나는 그 일을 할 수 있어요'라고 반응하면 어머니의 성인 자아상태는 표면적으로는 객관적 정보를 제공하면서 성인 자아상태와 교류하지만, 심리적으로는 아동 자아상태와 교류하는 것이다.

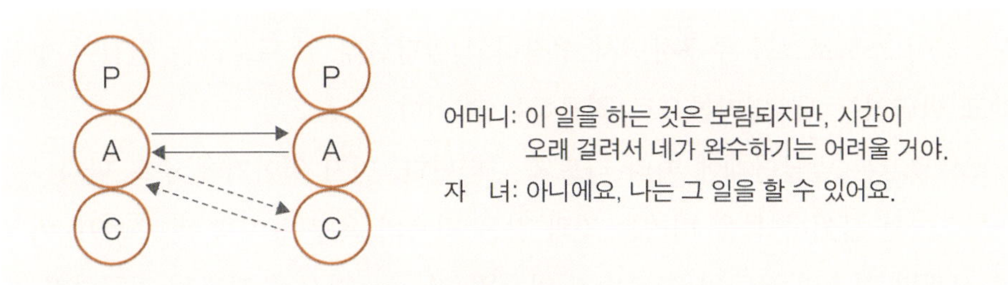

이면적 교류

이러한 이면적 교류 때문에 모든 인간관계에서 일어나는 의사소통에는 숨겨진 함정이 있다. 그래서 이면적 교류는 일종의 속임수라고 할 수 있다. 이면적 교류는 게임 하는 사람들 사이에서 이루어지는데, 왜냐하면 모든 게임은 표면적 메시지와 심리적 메시지가 다르기 때문이다(이영호, 박미현, 2011). 겉으로 하는 말과 속으로 생각하는 의도가 달라서 게임 하는 사람들은 결과적으로 불쾌감을 느끼게 된다. 모든 게임은 속임수가 있고 마지막에는 극적이고 흥분된 감정으로 끝나기 때문에 원만한 인간관계를 방해한다. 마찬가지로 부모-자녀 관계에서도 이면적 교류가 반복되면 부모-자녀 관계가 악화할 수 있다. 하지만 종종 이면적 교류가 필요할 때도 있으므로 원만한 부모-자녀 관계가 유지되려면 이면적 교류가 적절히 사용되는 것이 필요하다.

(2) 스트로크

스트로크(stroke)는 자극에 대한 욕구로, 인간행동의 동기로 작용하는 욕구 중 가장 기본적인 욕구를 말한다(이숙 외, 2009). 스트로크는 가볍게 어깨를 토닥이거나 고개를 끄덕이면서 수긍하는 것처럼 인간이 성장하고 발달하는 데 필요한 신체적·심리적 접촉으로 나타난다. 스트로크는 타인과의 관계를 통해 충족되는데, 예컨대 영유아기에는 주로 부모와의 신체적 접촉을 통해 충족되며 이후에는 사회적 관계 속에서 심리적 접촉을 통해 충족된다. 모든 인간에게는 교류를 통해 자극을 받고 싶은 기본적인 욕구가 있으므로 인간은 관계 속에서 끊임없이 스트로크를 추구하면서 성장하고 발달한다. 스트로크는 인간이 성장하고 발달하는 데 밑거름으로 작용하는 것이다.

스트로크는 발달단계에 따라 다르게 나타난다. 먼저 영아기에 주로 나타나는 스트로크는 볼이나 몸을 비비는 것과 같은 접촉의 욕구다(이숙 외, 2009). 이러한 신체적 접촉의 욕구가 충족되지 않으면 영아는 정서적 결핍을 경험하기 때문에 원만하게 성장하고 발달하기가 어렵다. 다음으로 유아기에는 언어발달이 급속히 이루어지면서 주로 나타나는 스트로크가 칭찬이나 인정의 욕구다. 이러한 욕구가 충족되지 않으면 유아는 자신의 존재를 무의미하게 여기면서 열등감이나 패배감을 느끼고 자아존중감이 낮아지게 된다. 마지막에 주로 나타나는 스트로크는 시간을 관리하는 욕구로, 성인은 자신에게 주어진 시간을 의미 있게 보낼 방법을 찾고 실천한다. 이는 시간 구조화(time structuring)라고 일컫는 것으로, 성인은 타인과의 관계를 통해 스트로크를 최대한 충족하기 위해 시간을 관리한다.

스트로크는 언어적 스트로크와 신체적 스트로크, 긍정적 스트로크와 부정적 스트로크, 조건적 스트로크와 무조건적 스트로크 등으로 구분될 수 있다(박지수, 2013). **언어적 스트로크**는 언어를 주고받는 경우이며, **신체적 스트로크**는 미소나 악수, 포옹 등이 오가는 경우다. 가령 이웃 사람에게 인사할 때 서로 말하면서 미소를 지으면 언어적 스트로크와 신체적 스트로크가 동시에 충족되는 셈이다. 영유아기에는 특히 신체적 스트로크가 충분히 충족되어야 하는데, 그렇지 않으면 성인기에 성격상 문제가 생길 가능성이 크기 때문이다(유현주, 2019). 성장하면서 인간은 신체적 스트로크보다 언어적 스트로크를 더 많이 추구하게 된다(황경연, 2000).

긍정적 스트로크는 칭찬이나 인정과 같이 수용적 표현이나 신체적 접촉 등을 가리키는 것으로, 상대방을 기분 좋게 만들고 자신의 존재 가치를 높이는 기능을 수행한다. 긍정적 스트로크를 받으면 기분이 좋아지고 정서적 안정감을 느끼며 자신뿐만 아니라 타인의 존재를 인정하게 된다(석민아, 2016). 반면에 **부정적 스트로크**는 말이나 행동으로 상대방을 무시하거나 경멸하는 것으로, 상대방이 지닌 문제를 뭉개버리거나 문제의 의미를 왜곡하는 결과를 초래한다(박지수, 2013). 인간은 보통 긍정적 스트로크를 추구하고 부정적 스트로크를 피하지만, 긍정적 스트로크가 충족되지 못하면 부정적 스트로크를 추구하게 된다(유현주, 2019). 인간의 성장과 발달에는 긍정적 스트로크뿐만 아니라 부정적 스트로크도 중요한 역할을 담당하는 것이다.

조건적 스트로크는 어떤 특정 행위를 요구하는 조건이 따르는 스트로크를 일컫는 것으로, 일상생활에서 빈번히 나타나는 스트로크 유형이다(우재현, 2004). 방을 치우면 스티커를 주거나 심부름을 하면 칭찬하는 것, 말썽을 피우면 벌을 주는 것 등이 조건적 스트로크의 예다. 조건적 스트로크를 지나치게 추구하면 타인의 눈치를 보거나 순종적인 태도를 보이면서 자율성이 저하하게 된다(석민아, 2016). 반대로 **무조건적 스트로크**는 아무런 조건 없이 존재 자체를 수용하거나 부정하는 스트로크를 일컫는 것으로, 최고 또는 최악의 상태를 유발하는 스트로크 유형이다(유현주, 2019). 최고의 상태는 '네가 있는 것만으로도 행복해'처럼 상대방의 존재 자체를 수용할 때 나타나며, 최악의 상태는 '더는 말해도 소용없어'처럼 상대방에게 어떠한 기대도 하지 않을 때 나타난다(조선자, 2002).

결론적으로 스트로크는 인간이 성장하고 발달하는 데 필수적이다. 따라서 인간이 원만하게 성장하고 발달하려면 언어적 스트로크, 신체적 스트로크, 긍정적 스트로크, 부정적 스트로크, 조건적 스트로크, 무조건적 스트로크 등이 모두 충족되는 것이 필요하다. 어느 한 가지 스트로크만 집중적으로 충족되면 인간은 정상적으로 발달하기 어렵다. 예를 들어, 긍정적·무조건적 스트로크만 충족된 유아는 부모에게 의존적이고 무능감을 느낄 수 있다(석민아, 2016). 긍정적·조건적 스트로크가 지나치게 충족된 유아는 어떤 일을 잘 수행할 때만 자신의 존재가 인정받는다고 생각하므로 자신의 본 모습을 인식하지 못하고 부정적으로 바라보는 경향이 있다. 그러므로 부모는 발달단계에 따라 자녀가 다양한 스트로크를 적절히 충족할 수 있도록 세심하게 주의를 기울여야 한다.

(3) 시간 구조화

시간 구조화(time structuring)는 외부 세계를 정돈하고 구조화하려는 인간의 기본적인 욕구로, 시간의 사용방법을 정하고 프로그램화하는 것이다. 인간은 욕구를 충족하기 위해 서로 관계를 맺으며 살아가고 있으며 더 많은 욕구를 충족하기 위해 주어진 시간을 구조화한다. 시간을 구조화함으로써 인간은 자신의 시간을 되돌아보고 반성하면서 더욱더 충실한 하루를 보낼 수 있다. 인간은 시간을 알차게 보내기 위해 자기 자신을 통제하면서 욕구를 충족한다. 시간을 구조화하는 방법으로 폐쇄(withdrawal), 의식(ritual), 활동(activity), 잡담(pastime), 게임(game), 친교(intimacy) 등이 있다(우재현, 2004).

폐쇄(withdrawal)는 자신을 타인으로부터 격리하고 혼자서 상상하거나 공상하면서 대부분 시간을 보내는 것이다. 폐쇄는 자기애 속에 갇혀서 타인과 주고받는 스트로크를 포기하는 것으로(유현주, 2019), 유아기에 부모로부터 필요한 욕구가 충족되지 않은 사람에게 나타난다. 폐쇄는 타인과 주고받는 스트로크 없이 자기만의 세계에 빠져서 위안을 얻으려고 하므로 상처받는 일이나 보상이 거의 없다. 몸은 타인과 함께 있어도 마음은 딴 곳에 있으므로 타인으로부터 받는 스트레스가 없는 것이다(문호영, 2017). 이처럼 상처받는 일이 거의 없으므로 폐쇄는 가장 안전한 시간 구조화 방법이라고 말할 수 있다(정옥분, 정순화, 2019).

의식(ritual)은 정형화되고 고정된 방식으로 서로 스트로크를 주고받으면서 시간을 보내는 것이다(이성태, 2017). 일상적으로 인사하거나 결혼식과 같은 경조사에 참여하는 것이 그 예다. 의식은 정해진 절차를 따르는 것이므로 타인과 친밀한 관계가 형성되기 어렵다. 게다가 타인과 깊이 연관되지 않으므로 상처받는 일도 거의 없다. 의식은 전통이나 관습을 따르면서 최소한의 스트로크를 주고받으므로 비교적 안전한 시간 구조화 방법이다. 그러나 서로의 존재를 인정하면서도 누구와도 친하게 지내지 않으므로 의례적인 시간 구조화 방법이라고 할 수 있다(문호영, 2017).

활동(activity)은 외부 세계를 다루는 시간 구조화 방법으로, 보통 일(work)이라고 불린다. 활동은 어떤 목적을 달성하기 위해 스트로크를 주고받으면서 시간을 보내는 것으로, 요리나 공부와 같이 도구를 매개로 창조적 · 생산적으로 시간을 구조화하는 방법이다. 이처럼 도구를 매개로 관계를 맺기 때문에 활동은 친밀하고 풍부한 인간관계를 의미하지 않는다(이숙 외, 2009). 예를 들어, 사무실에서 밤을 새워 일하는 사람은 활동만으로 자신의 시간을 구조화하기 때문에 가족을 비롯한 타인과의 교류를 회피하게 된다. 활동을 통해 주고받는 스트로크는 조건적이므로 활동이 끝날 때 어떤 사람은 결과에 만족감을 느끼지만, 어떤 사람은 결과에 만족하지 못하고 허탈감을 느낀다(문호영, 2017).

잡담(pastime)은 정보를 교환하거나 가벼운 이야기를 하면서 시간을 보내는 것이다. 취미나 스포츠와 같이 무난한 주제를 중심으로 즐겁게 스트로크를 주고받는 것이 잡담이다. 즉, 잡담은 속 깊은 대화가 아니라 관계를 유지하기 위해 순간순간을 즐기는 대화를 말한다. 잡담은 서로 예의를 갖추고 사회적 관계를 유지하는 데 도움이 되는 시간 구조화 방법이다. 잡담은 스트로크를 주고받으면서 서로 만족감을 느끼고 존재가 인정되며 역할이 명확해진다는 장점이 있다(우재현, 2004). 그러나 잡담은 감정이 개입되지 않고 단순한 정보교환이 주로 이루어짐으로써 대화가 피상적이고 절망감이나 권태감을 느끼게 한다는 단점이 있다(이성태, 2017).

게임(game)은 애정적이고 친밀한 교류가 이루어지지 않을 때 부정적 스트로크를 교환하면서 시간을 보내는 것으로, 일종의 속임수라고 할 수 있다. 게임하는 사람은 자신의 마음과 다른 행동을 한다. 마음으로는 부모에게 응석을 부리고 싶지만, 실제로는 매몰차게 대하면서 대화하지 않는 것이 그 예다. 게임은 어린 시절에 부모의 인정을 받기 위해 드러내야 하는 감정이 학습되고 그 감정이 자신의 욕구를 충족하는 수단이 되어 진실한 감정을 계속 숨기기 때문에 나타나는 것이다. 게임은 몇 가지 전형적인 특징을 보이는데, 예컨대 반복적으로 일어나며 자기 자신도 의식하지 못한 채 진행된다. 또한 게임은 항상 불쾌한 감정을 동반하며 게임을 하는 두 사람 사이에는 이면적 교류가 이루어져 언제나 예상하지 못한 당혹감을 느끼고 혼란에 빠지게 된다(문호영, 2017).

친교(intimacy)는 서로 신뢰하고 사랑하며 순수하게 배려하면서 시간을 보내는 것으로, 가장 이상적인 시간 구조화 방법이다. 친교는 속임수를 사용하지 않으므로 표면적 메시지와 심리적 메시지가 일치한다. 친교는 서로를 이용하려는 의도가 전혀 없는 솔직한 관계이므로 조언이나 충고를 기꺼이 수용하며 서로 안심하고 믿을 수 있다(장성오, 2012). 친교는 자신의 감정을 솔직히 드러내면서 진정한 교류가 가능한 만큼 상대방으로부터 상처를 받을 가능성이 매우 낮다(Stewart & Joines, 2016). 친교의 결과는 언제나 건설적이며 발전지향적이다.

(4) 인생태도

인생태도(lifetime attitude)는 어린 시절에 부모와의 교류를 바탕으로 형성된 인생에 대한 태도로, 자기 자신과 타인에 대해 어떻게 느끼고 결론을 내리는지를 의미한다(송희자, 2010). 인생태도는 긍정적·부정적 스트로크에 반응하는 심리적 태도가 반복하고 강화됨으로써 형성된 자기 자신과 타인에 대한 태도다. 부모와의 교류를 통해 긍정적 스트로크가 충족되면 긍정적 인생태도가 형성되지만, 그렇지 않으면 부정적 인생태도가 형성된다. 긍정성은 자신감, 안정감, 유용성, 자아실현, 즐거움 등과 연관된다(김종호, 2009). 반면에 부정성은 무력감, 불안정성, 패배감, 괴로움 등과 연관된다. 자신이 소중하고 사랑받는 존재라고 느끼면 유아는 긍정성을 경험하면서 주변 세계를 신뢰하지만, 그렇지 않으면 유아는 부정성을 경험하면서 자신뿐만 아니라 타인을 신뢰할 수 없게 된다. 사람마다 다른 성장 과정을 경험하므로 자기 자신과 타인에 대한 결론도 다르게 나타나는 것이다. 인생태도는 자기부정-타인긍정, 자기부정-타인부정, 자기긍정-타인부정, 자기긍정-타인긍정 등으로 구분되며, 이중 자신이 선택한 인생태도에 따라 사람은 행동한다(Harris, 2004).

자기부정-타인긍정(I'm not OK-You're OK)은 자신은 무능하며 타인은 자신보다 유능하다는 인생태도로, 자신은 부족하고 열등하며 타인은 자신보다 낫다고 생각한다. 이러한 인생태도를 선택한 사람은 열등감이나 우울감에 젖어 있으며 자신을 비하하고 소극적이어서 타인과 친밀한 관계를 맺지 못하고 고립을 자처한다(유현주, 2019). 태어날 때 무력한 존재인 인간은 타인의 도움으로 자신의 욕구를 충족할 수 있으므로 자신이 무능하다고 생각한다. 이러한 생각은 다양한 능력을 획득하고 자신감을 느끼면서 극복된다. 그러나 무력감을 극복할 기회를 얻지 못한 사람은 계속 열등감을 느끼고 경쟁심이 없으며 부모의 지시에 순종하게 된다(정옥분, 정순화, 2019). 자기부정-타인긍정의 인생태도로 살아가는 것이다. 이 경우에 부모는 자녀가 자신을 긍정적으로 생각하도록 자녀를 지지하고 자녀의 자율적인 태도에 긍정적 강화를 제공하는 것이 필요하다.

자기부정-타인부정(I'm not OK-You're not OK)은 인생이 무가치하며 인생에 전혀 희망이 없다고 느끼는 절망적이고 허무적인 인생태도로, 자아존중감이 낮고 자포자기적이며 반사회적 행동을 보인다(송희자, 2010). 이는 부모와 기본적인 신뢰 관계를 형성하지 못하여 주변에 자신을 도와줄 사람이 아무도 없다고 느끼는 사람이 선택하는 인생태도다. 또한 영아기에 부모로부터 주변 환경을 탐색할 기회를 얻지 못하여 자율성을 획득하지 못한 사람이 선택하는 인생태도다. 가령 부모가 과도하게 통제하고 지시하면서 배변훈련을 시행하면 영아는 부모에게 부정적 태도를 보이고 자신을 비롯한 타인이 무가치하다고 생각한다. 타인이 나쁘다는 생각이 들면 타인의 도움이 아무리 순수하더라도 영아는 거부하게 되고, 이러한 상태가 지속하면 영아는 어디에도 좋은 것이 없다는 절망적인 태도를 보이게 된다(이숙 외, 2009). 이 경우에 부모는 자녀에게 지속적인 관심을 보이고 긍정적 강화와 격려를 제공하는 등 지속해서 긍정적 스트로크를 주고받는 것이 중요하다.

자기긍정-타인부정(I'm OK-You're not OK)은 성장하면서 외부의 도움 없이도 생존할 수 있다는 인생태도로, 자신감을 보이면서 부모의 간섭이나 통제를 거부한다. 이러한 인생태도를 선택한 사람은 자신이 다른 사람보다 뛰어나고 다른 사람은 자신보다 아래에 있다고 생각하므로 상대방을 무시하고 지배하려는 경향을 보인다. 또한 자기 관점과 맞지 않는 것을 배제하고 타인과 잘 공감하지 못하며 자기애가 강하여 항상 특별한 대우를 받는 것을 당연하게 여긴다(유현주, 2019). 더군다나 언제나 잘못은 상대방에게 있으며 자신은 아무런 문제가 없다고 생각하므로 상대방을 함부로 대하는 등 반사회적 행동을 일삼는 경우가 많다. 이는 부모로부터 애정을 못 받거나 심한 학대를 당해서 나타나는 것으로, 고통을 참고 자신을 보호하면서 갖게 되는 자기애적인 인생태도다. 이 경우에 부모는 인내하고 관찰하는 것이 중요한데, 왜냐하면 부모와 자녀가 함께 노력할 때 자녀의 인생태도가 바뀔 수 있기 때문이다.

자기긍정-타인긍정(I'm OK-You're OK)은 긍정적 스트로크를 충분히 충족하면서 성장한 개인이 갖는 인생태도로, 자신과 타인의 가치를 모두 인정하고 존중한다(이숙 외, 2009). 이는 타인을 무시하거나 이용하지 않고 순수하게 배려하며, 자신을 비하하거나 미워하지 않고 있는 그대로의 모습을 타인에게 보여주는 인생태도다. 이러한 인생태도를 선택한 사람은 어린 시절에 부모와의 관계에서 형성된 기본적인 신뢰를 바탕으로 타인과 관계를 맺기 때문에 타인을 좋은 사람으로 간주하고 신뢰한다. 부모로부터 소중하고 귀한 존재임을 인정받은 자녀는 자기긍정의 태도를 보일 뿐만 아니라 타인도 소중하고 귀하다는 타인긍정의 태도를 형성한다. 자기긍정-타인긍정은 바람직한 인생태도이므로 부모는 자녀가 스스로 문제를 해결할 수 있도록 동기를 부여하는 것이 중요하다.

자기긍정-타인긍정은 다른 세 가지 인생태도와 질적으로 차이가 있는데, 왜냐하면 세 가지 인생태도는 무의식적이고 감정적이지만, 자기긍정-타인긍정은 의식적인 사고나 활동에 기초하기 때문이다(정옥분, 정순화, 2019). 논리적으로 사고하고 합리적으로 판단할 수 있는 성인 자아상태가 형성되면서부터 세 가지 인생태도는 자기긍정-타인긍정의 인생태도로 변화할 수 있다. 세 가지 인생태도는 어린 시절에 형성되며, 한 번 형성된 인생태도는 의식적으로 노력하지 않는 한 지속하는 경향이 있다. 그러나 인생태도가 바람직하지 않다고 판단하면 다른 인생태도로 의식적으로 바꾸는 것이 필요하다. 결국 교류분석이론은 자기 자신의 인생태도에 대한 자각과 반성을 통해 의식적으로 자기긍정-타인긍정의 인생태도로 변화시켜야 함을 강조한다(우재현, 2004).

(5) 인생각본

인생각본(life script)은 어린 시절에 만들어지고 부모에 의해 강화되어 현재 진행되는 프로그램으로, 인생의 가장 중요한 국면에서 행동지침으로 작용하는 것이다(Berne, 1972). 교류분석이론은 인생을 한 편의 드라마로 간주하고, 연기자가 각본에 따라 행동하는 것처럼 개인은 자신의 인생각본에 따라 살아간다고 주장한다. 개인은 각본을 스스로 만들지만, 각본은 부모의 영향을 많이 받는다. 특히 부모와 주고받는 스트로크의 양과 유형이 각본에 지대한 영향을 미친다(이숙 외, 2009). 예를 들어, 어린 시절에 부모로부터 부정적인 스트로크를 지속해서 받은 사람은 파괴적인 각본을 만들고 각본대로 살아간다. 선택된 각본에 따라 행동하고 그 각본을 확인하고 실현하려는 방향으로 움직이는 것이다. 따라서 교류분석이론은 각본을 분석함으로써 개인이 자신의 각본을 인식하고 이를 긍정적으로 바꾸어 미래의 삶을 재설계하는 것이 필요함을 강조한다(박지수, 2013).

인생각본의 특징은 다음과 같다. 첫째, 각본은 무의식적으로 만들어진다. 각본은 주변 환경의 영향으로 어린 시절에 무의식적으로 만들어지며 이러한 각본에 따라 개인은 살아간다(Stewart & Joines, 2016). 둘째, 각본은 결말이 있다. 모든 드라마에 결말이 있듯이 인생각본에도 결말이 있으며 이러한 결말을 향해 각본이 전개된다. 셋째, 각본은 어린 시절의 결단으로 만들어진다. 이를테면, 부모에게 사랑받기 위해 부모에게 순응하기로 내린 결단은 객관적으로 잘못되어도 자신에게는 충분히 그럴만한 이유가 있으므로 평생을 좌우하는 근거가 된다(박지수, 2013). 넷째, 각본은 부모에 의해 강화된다. 각본은 자신이 만들지만, 부모가 전하는 언어적 · 비언어적 메시지에 의해 강화된다. 다섯째, 각본은 현실을 재정의함으로써 정당화된다. 각본에 맞추기 위해 현실을 있는 그대로 바라보지 않고 왜곡하기 때문이다.

인생각본은 파괴적 각본, 평범한 각본, 성공적 각본 등으로 나눌 수 있다(이숙 외, 2009). **파괴적 각본**을 가진 사람은 자신의 힘으로 목표를 달성할 수 없으며 마음먹은 대로 되는 일이 없다고 생각한다. 그래서 일을 불명예스럽게 마무리하거나 실패하게 된다. 또한 실패의 책임을 타인에게 전가하고 과거의 실패에 연연하여 자기부정의 태도로 살아간다. **평범한 각본**을 가진 사람은 비교적 성실하고 근면한 태도로 삶을 꾸려나간다. 그러나 목표의식이 강하지 못하고 자신이 설정한 목표를 달성하지 못해도 애석해하지 않으며 자신의 능력을 충분히 발휘하지 못한다(정옥분, 정순화, 2019). 특별한 문제를 일으키지도 않지만, 사회적으로 공헌하는 삶을 살지도 못하는 것이다. **성공적 각본**을 가진 사람은 인생의 목표를 스스로 정하고 목표 달성을 위해 최선을 다한다. 설령 실패하더라도 낙담하지 않고 꿋꿋이 헤쳐나가며 마침내 성공적인 삶을 살아간다. 자아실현을 위한 각본에 따라 노력하는 만큼 자신과 타인에 대해 긍정적이고 자아존중감이 높은 것으로 나타난다(Berne, 1972).

결론적으로 부모는 자녀가 성공적 각본에 따라 살아갈 수 있도록 도와주어야 한다. 자녀가 성공적 각본에 따라 살아가려면 자기긍정–타인긍정의 인생태도를 선택해야 한다. 각본은 네 가지 인생태도 중 하나에 기초하며 인생태도는 어린 시절 부모와의 교류를 바탕으로 형성되기 때문이다(Berne, 1972). 각본은 어린 시절 부모에 의해 형성된 자아개념에 근거하여 만들어지며 한 번 형성된 각본은 바뀌기 어렵다. 따라서 부모는 자녀가 소중하고 귀한 존재임을 인식할 수 있도록 자녀와 긍정적 스트로크를 충분히 주고받는 것이 필요하다. 이러한 교류가 지속하면 자기긍정-타인긍정의 인생태도가 자리잡히고 성격이 되어 자녀의 일생을 좌우하게 된다. 즉, 자기긍정-타인긍정의 인생태도에 기초하여 성공적 각본이 만들어지는 것이다. 그러므로 부모는 자녀가 부정적 각본에서 벗어나 성공적 각본에 따라 미래의 삶을 재설계할 수 있도록 도와주어야 한다.

2. 부모교육 프로그램

교류분석이론에 기초한 부모교육은 부모-자녀 간 원만한 의사소통에 초점을 둔다. 특히 부모는 신체적 접촉을 통해 자녀와 의사소통하는 것이 필요한데, 왜냐하면 신체적 접촉이 존재나 가치의 인정을 의미하기 때문이다. 가볍게 어깨를 어루만지는 것, 등을 두드리는 것 등의 행동을 통해 자녀는 자신이 인정받고 있음을 느끼고 부모와 의사소통하게 된다. 교류분석이론에 기초한 부모교육 프로그램은 표준화된 교육과정이 아니라 자아상태와 그에 따른 의사소통방식, 인생태도, 인생각본 등을 분석하는 내용으로 이루어진다(최혜순, 이미현, 2019). 이러한 분석을 통해 부모가 자기긍정-타인긍정의 인생태도를 선택하고 바람직한 방향으로 부모-자녀 관계를 개선하는 것이 교류분석이론에 기초한 부모교육 프로그램의 목적이다. 실제로 프로그램에 참여함으로써 부모는 부모역할을 올바르게 수행할 필요성을 느끼고 객관적이고 합리적이며 분석적으로 사고하고 행동하게 된다. 아울러 자아개념이 긍정적으로 변화함으로써 부모는 자녀의 긍정적 자아개념 형성에 이바지한다. 성인 자아상태가 활성화하고 양육태도가 변화함으로써 부모는 자녀의 전인적 발달을 도모하는 것이다(김경화, 2004).

1) 목적

교류분석이론에 기초한 부모교육 프로그램의 목적은 부모가 자기긍정-타인긍정의 인생태도를 선택하고 바람직한 방향으로 부모-자녀 관계를 개선하는 것이다. 즉, 부모가 긍정적 자아개념을 형성하고 의사소통능력을 향상하여 부모-자녀 관계를 실질적으로 개선하는 것이 교류분석이론에 기초한 부모교육 프로그램의 목적이다(김미숙, 2010). 교류분석이 자기 이해를 중시하는 만큼 교류분석이론에 기초한 부모교육 프로그램에 참여함으로써 부모는 자신의 자아상태를 이해하고 의사소통방식을 파악하여 자녀와의 관계를 긍정적으로 변화시킬 수 있다. 더 나아가 프로그램을 통해 개선된 부모-자녀 관계를 통해 부모는 인터넷이나 대중매체 등이 자녀에게 미치는 부정적 영향을 줄일 수 있다(Clarke, 2004). 폭력이나 욕설로부터 무방비한 자녀와 적극적으로 의사소통함으로써 부모는 자녀가 올바르게 성장하고 발달할 수 있도록 도와주는 것이다.

교류분석이론에 기초한 부모교육 프로그램의 장점은 첫째, 부모의 인생태도에 따라 양육방식이 다르다는 점을 중시하여 부모가 자기긍정-타인긍정의 인생태도를 선택할 수 있도록 도와준다. 둘째, 부모와 자녀 모두가 긍정적 자아개념을 형성할 수 있도록 도와준다. 셋째, 인간 삶의 모든 발달단계에 도움을 제공하며, 특히 유아의 합리적 행동과 자기인식 증진에 효과적이다(Pardeck & Pardeck, 1981). 넷째, 자아상태에 근거한 서로의 의사소통방식을 분석함으로써 부모-자녀 관계를 실질적으로 개선하는 데 도움을 준다(정옥분, 정순화, 2019). 다섯째, 부모의 인생각본뿐만 아니라 인생각본이 양육태도에 미치는 영향을 분석함으로써 자녀가 성공적 인생각본에 따라 삶을 재설계할 수 있도록 도와준다. 결국 교류분석이론에 기초한 부모교육 프로그램은 부모가 자신과 타인에 대한 긍정적 인생태도를 선택함으로써 자녀 양육에 대한 책임감과 자율성을 향상하고 자녀의 성장과 발달을 도모한다는 장점이 있다(장성오, 2012).

교류분석이론에 기초한 부모교육 프로그램은 훈련을 받은 지도자가 부모집단을 대상으로 부모교육을 계획하고 진행한다. 구체적으로 지도자는 부모교육에 참여한 부모들을 집단화하고 이들에게 알맞은 프로그램을 설계한다(김미숙, 2010). 지도자는 교류분석이론을 바탕으로 체계적인 절차에 따라 부모의 자아상태와 의사소통방식, 인생태도 등을 분석한다(공근순, 2010). 특히 지도자는 부모들이 이해하기 쉽도록 교류분석이론에서 사용된 용어를 창의적이고 매력적으로 바꾸어 일상용어로 표현한다. 이를테면, 부모나 성인, 아동, 각본, 게임, 인생태도 등과 같이 단순하고 직접적이며 구체적인 용어가 사용된다(James & Jongeward, 1996). 아울러 지도자는 모든 부모가 성공적인 삶을 꾸려나갈 능력이 있으므로 부모의 긍정적 자아개념 형성에 초점을 둔다. 다시 말해 지도자는 부모가 긍정적이고 수용적인 자세로 자신을 변화시키도록 도와준다.

2) 내용

교류분석이론에 기초한 부모교육 프로그램의 첫 번째 단계는 부모가 자신을 이해할 수 있도록 부모의 현재 자아상태를 진단하는 것이다. 부모의 내적 변화의 동기를 유발하기 위해 프로그램은 부모의 자기 이해로부터 출발한다. 이는 교류분석이론에서 가장 중요하면서도 기초가 되는 부분으로, 개개인의 자아상태를 부모 자아상태, 성인 자아상태, 아동 자아상태 등으로 나타내고 이러한 자아상태가 실제로 어떻게 표출되는지를 보여준다.

프로그램의 두 번째 단계는 부모 자아상태, 성인 자아상태, 아동 자아상태 등의 자아상태에 대한 이해를 바탕으로 일상생활에서 주고받는 말이나 태도, 행동 등을 분석하는 것이다. 부모와 자녀 사이의 대화방식을 분석함으로써 부모는 자신과 자녀의 자아상태를 이해하게 된다. 또한 부모는 자신의 대화방식에서 나타나는 문제점을 발견하고 해결방안을 모색하게 된다. 이를 통해 부모는 부모-

자녀 관계의 질을 향상할 수 있다(박지수, 2013).

프로그램의 세 번째 단계는 모든 인간이 가지고 있는 욕구인 스트로크를 이해하고 삶의 원동력으로서 긍정적 스트로크를 주고받는 것이 중요함을 강조하는 것이다(이성태, 2017). 부모는 평소 자녀와 주고받는 스트로크를 파악하고 긍정적 스트로크의 중요성을 깨닫게 된다. 더불어 부모는 자녀의 발달단계에 따라 필요한 스트로크의 종류를 이해하고 스트로크를 적절하게 주고받는 방법을 습득하게 된다.

프로그램의 네 번째 단계는 인생태도를 이해하고 사람마다 다르게 나타나는 인생태도를 구분하는 것이다. 인생태도는 어린 시절에 부모와의 교류를 바탕으로 형성되며, 사람은 네 가지 인생태도 중 자신이 선택한 인생태도에 따라 행동한다. 한 번 형성된 인생태도는 의식적으로 노력하지 않는 한 지속하는 경향이 있지만, 인생태도가 바람직하지 않다고 판단되면 자기긍정-타인긍정의 인생태도로 변화시키는 것이 가능하다. 따라서 프로그램은 부모가 자신의 인생태도를 점검하고 자기긍정-타인긍정의 인생태도를 선택할 수 있도록 도와준다.

프로그램의 다섯 번째 단계는 부모가 원만한 부모-자녀 관계를 맺기 위해 충실하게 시간을 구조화하는 것이다. 부모는 시간을 구조화하는 방법인 폐쇄, 의식, 활동, 잡담, 게임, 친교 등을 이해하고 자녀와 친밀한 시간을 보낼 수 있도록 시간을 구조화하게 된다. 프로그램에 참여함으로써 부모는 자신의 시간을 알차게 보내면서 활기차게 살아갈 뿐만 아니라 자녀와 친밀한 관계를 유지할 수 있다.

프로그램의 여섯 번째 단계는 자녀와의 관계에서 일어나는 게임을 인식하는 것이다. 게임은 부모-자녀 관계에서 반복적으로 일어나며 항상 불쾌한 감정을 동반하므로 부모와 자녀 모두에게 짜증을 유발한다. 그런데도 부모는 무의식적으로 게임을 반복한다. 그러므로 프로그램을 통해 부모는 자신과 자녀 사이에서 반복적으로 일어나는 게임을 인식하고 게임에서 벗어나 자녀에게 일관적이고 긍정적인 태도를 보일 수 있다.

프로그램의 일곱 번째 단계는 자신의 인생각본을 분석하는 것이다. 부모는 자신의 인생각본을 분석함으로써 어린 시절에 만들어진 부정적 각본에서 벗어나 새로운 삶을 설계할 수 있다. 어린 시절에 잘못된 결정으로 경험한 감정을 재경험함으로써 부모는 자신을 더 분명히 파악하고 자신이 변화시키려는 것을 변화시키고 강화하려는 것을 강화할 수 있다(James & Jongeward, 1996). 결국 부모는 현재의 행동과 삶의 방향에 대해 새로운 결정을 내리고 새로운 삶을 설계하기 위해 자기 계발을 도모하게 된다.

Chapter

11

행동수정이론

행동수정이론(behavior modification theory)은 왓슨(John B. Watson)과 스키너(Burrhus Frederic Skinner)의 행동주의 심리학에 기초한 이론으로, 인간의 모든 행동이 학습된 결과라고 주장한다(신용주, 김혜수, 2011). 행동주의 심리학에서 인간행동은 개인과 환경 간의 상호작용을 통해 형성되는 만큼 행동수정이론에서 인간의 바람직하지 못한 행동은 환경과의 상호작용을 통해 학습된 결과다. 따라서 자녀의 바람직하지 못한 행동을 수정하거나 변화시키려면 양육환경이 변화해야 한다. 부모는 자녀에게 모범을 보이며 바람직한 행동은 더욱 잘할 수 있도록 강화하고 바람직하지 못한 행동은 의도적·계획적으로 변화시켜야 한다. 이처럼 보상이나 처벌, 모델링 등을 통해 자녀의 행동을 변화시키는 것이 행동수정이론에서 주장하는 부모역할이다. 특히 행동수정이론에서 강조하는 부모역할은 모델이다. 좋은 모델이 제시될 때 자녀는 부모의 행동을 모방하면서 바람직한 방향으로 변화하기 때문이다. 행동수정이론에 기초한 부모교육은 자녀의 문제행동 때문에 자녀 양육에 어려움을 겪는 부모가 실제로 이용할 수 있는 구체적인 방법을 제시한다(조성연 외, 2019). 자녀의 문제행동을 의도적이고 계획적으로 수정할 방법이 제시되는 것이다.

1. 부모교육 원리

행동수정이론은 인간의 내부보다 외부로 드러나는 행동에 관심을 두고 학습된 행동을 수정하여 바람직하게 행동하는 데 주안점을 둔다. 행동수정이론에서 인간의 모든 행동은 환경과의 상호작용으로 학습되는 만큼 부모가 어떤 자극을 주느냐에 따라 자녀는 무한하게 변화할 수 있다(조성연 외, 2019). 다시 말해 학습된 행동이더라도 바람직하지 못한 행동을 감소시키고 바람직한 행동을 증가시킬 수 있다. 따라서 부모는 자녀의 행동을 정확히 진단하고 평가하는 기술을 습득해야 한다. 이러한 기술을 이용하여 부모는 자녀에게 일관성 있는 태도를 유지함으로써 자녀의 문제행동을 효과적으로 수정할 수 있다. 행동수정이론은 객관적이고 과학적인 방법을 중시하여 자녀의 행동과 환경 간의 조작적 조건형성에 관심을 둔다(최혜순, 이미현, 2019). 행동이 발생한 장소나 시간, 사건과 사건 사이의 간격처럼 자녀에게 영향을 미치는 조건을 조작적으로 형성함으로써 자녀의 행동을 변화시키는 것이다. 행동을 수정하는 방법은 크게 바람직하지 못한 행동을 감소시키는 방법과 바람직한 행동을 증가시키는 방법으로 구분된다. 바람직하지 못한 행동을 감소시키는 방법으로 처벌, 소거, 고립 등이, 바람직한 행동을 증가시키는 방법으로 정적 강화, 부적 강화 등이 있다.

1) 부모-자녀 관계

행동수정이론에서 부모는 사회화의 대행자이자 환경의 결정인자로서 자녀의 성장과 발달에 매우 중요한 역할을 담당한다(최혜순, 이미현, 2019). 왓슨은 자녀가 전적으로 부모에 의해 만들어진다는 점을 강조하면서 부모역할의 중요성을 역설하였다(Watson, 1928). 자녀의 바람직하지 못한 행동은 자아개념이나 자신감이 부족해서가 아니라 학습되거나 교육이 부족해서 나타난 것이기 때문이다. 따라서 부모는 자녀가 바람직하게 성장하고 발달할 수 있도록 교육해야 하며 자녀가 모방할 수 있는 좋은 모델이 되어야 한다. 자녀는 부모의 행동을 보고 모델링을 통해 자극과 반응을 반복하면서 바람직한 행동을 학습하게 된다. 결국 행동수정이론에서 부모-자녀 관계는 부모가 자녀에게 모범을 보이고 자녀는 부모의 행동을 모방하며 학습하는 관계다.

행동수정이론은 모든 행동이 변화 가능하므로 부모는 자녀의 문제행동을 변화시키기 위해 다양한 기술을 습득해야 함을 강조한다. 우선 부모는 문제행동을 명확히 파악하는 것이 중요하다. 문제행동은 과잉(excess), 결핍(deficit), 유지(maintenance) 등으로 구분된다. 과잉은 행동을 지나치게 많이 하는 것을, 결핍은 행동을 지나치게 적게 하거나 하지 않는 것을, 유지는 자신의 판단에 따라 일관성 있는 행동을 지속하지 못하는 것을 말한다(이숙 외, 2009). 이러한 문제행동을 파악하기 위해 부모는 자녀의 행동을 관찰하고 기록한 후 분석해야 한다(신용주, 김혜수, 2011). 부모는 자녀의 행동을 자세히 관찰하고 발견된 문제행동의 빈도와 강도, 지속기간 등을 파악하여 자녀의 행동이 바람직한 방향으로 변화하도록 도와주어야 한다. 그러므로 부모는 자녀의 문제행동을 진단하고 평가할 수 있는 기술을 습득하는 것이 필요하다.

2) 목적과 목표

행동수정이론은 부모가 행동을 관찰하고 평가하는 기술을 습득함으로써 자녀의 행동을 변화시키는 데 그 목적이 있다(이숙 외, 2009). 다시 말해 행동을 수정할 수 있는 다양한 방법을 습득하여 자녀의 바람직하지 못한 행동을 의도적·계획적으로 수정하고 바람직한 행동을 증가시키는 것이 행동수정이론의 목적이다. 먼저 부모는 자녀의 행동을 평가하고 진단하는데, 예컨대 자녀가 어떤 행동을 지나치게 많이 하는지 적게 하는지, 바람직한 행동을 지속하는지 지속하지 못하는지 등을 평가하고 진단한다. 또한 강화가 행동의 변화에 미치는 영향을 파악한 후 부모는 강화를 체계적으로 중지하거나 재투입함으로써 자녀의 문제행동을 변화시킨다. 이러한 과정을 통해 부모는 자녀의 문제행동을 변화시킬 책임이 자신에게 있다는 것을 깨닫게 된다. 즉, 행동수정이론은 자녀의 행동을 변화시키면서 부모 자신도 변화할 것이라는 가정을 포함한다.

행동수정이론은 부모-자녀 간 의사소통이나 부모의 감정수용 등에 중점을 둔 다른 부모교육 이론과 다르게 자녀의 행동변화에 관심이 있다. 그래서 자녀의 문제행동 때문에 어려움을 겪는 부모에게 실질적인 도움을 제공한다. 이러한 행동수정이론의 구체적 목표는 첫째, 관찰 가능한 외현적 행동을 수정하는 것이다(정옥분, 정순화, 2019). 행동수정이론은 눈에 보이지 않는 심리적 문제에는 관심을 두지 않고 겉으로 드러나는 구체적 행동을 수정하는 데 관심을 둔다. 예를 들어, 불안과 같은 심리적인 문제가 아니라 불안으로 인해 드러나는 구체적 행동의 수정에 관심을 둔다. 둘째, 상벌을 이용하여 바람직하지 못한 행동을 감소시키고 바람직한 행동을 증가시키는 것이다. 이러한 목표를 달성하기 위해 행동수정이론은 행동을 관찰이 가능한 작은 단위로 세분화하고 구체적인 목표행동과 강화 방법을 고려한다.

행동수정이론은 자녀의 행동을 변화시키는 데 그 목적이 있으므로 행동수정의 절차를 중시한다(이숙 외, 2009). 행동수정 절차는 부모가 자녀의 바람직한 목표행동을 설정한 후 행동을 관찰, 기록, 분석하고, 강화와 벌을 통해 행동을 수정하는 등의 단계로 구성된다. 먼저 부모는 '식사시간에 돌아다니지 않는다'와 같은 구체적인 목표행동을 설정하고, 행동이 발생하는 원인과 환경의 조절 여부를 파악한다. 목표행동이 설정되면 부모는 행동의 우선순위를 정하고 관찰한 후 목표행동의 빈도와 지속성, 특성 등을 정확히 기록한다. 기록에 근거하여 부모는 행동 자체와 행동을 유발하는 선행자극, 행동 뒤에 오는 후속자극 등을 파악하고 자녀의 행동을 변화시키는 전략을 세운다. 마지막으로 부모는 강화와 벌을 사용하여 바람직한 행동을 증진하고 바람직하지 못한 행동을 감소시킨다. 칭찬할 때는 눈을 맞추거나 쓰다듬는 등의 신체적 접촉을 병행하고, 자녀의 행동 자체를 구체적으로 언급하면서 적은 노력에도 민감하게 반응하는 것이 필요하다.

3) 기본원리

(1) 새로운 행동의 강화 원리

새로운 행동의 강화 원리는 새로운 행동을 강화할 때 강화물은 새로운 행동을 한 직후에 바로 제공되고 일관성이 있어야 하며 매력적이어야 한다는 것이다. 먼저 강화물은 새로운 행동을 한 직후에 제공되어야 한다. 자녀가 새로운 행동을 시도했을 때 부모가 눈치채지 못하거나 반응하지 않으면 자녀는 새로운 행동을 지속할 동기가 사라지기 때문이다. 따라서 부모는 자녀가 새로운 행동을 시도할 때 즉각적으로 관심과 보상을 제공하는 것이 필요하다. 다음으로 강화물은 일관성 있게 제공되어야 한다. 같은 행동에 대해 어떤 경우에는 강화물이 제공되고 어떤 경우에는 강화물이 제공되지 않으면 자녀의 새로운 행동은 지속하기 어렵다. 또한 개인차를 고려하여 자녀에게 가장 효과적이고 매력적인 강화물이 제공되어야 한다. 자녀에 따라 매력을 느끼는 강화물이 다르기 때문이다. 그러므로 부모는 자녀가 가장 원하는 것을 우선으로 파악한 후 강화물을 선택하는 것이 필요하다. 더불어 부모는 강화물의 양도 고려해서 제공하는 것이 요구된다. 강화물의 양이 너무 많거나 적으면 강화물의 효과를 기대하기가 어렵기 때문이다. 처음에는 충분한 양의 강화물이 제공되다가 점차 감소하는 것이 새로운 행동의 지속성을 담보하는 데 효과적이다.

강화(reinforcement)는 특정한 보상을 제공함으로써 행동의 발생 빈도를 높이는 것으로, 정적 강화(positive reinforcement)와 부적 강화(negative reinforcement)로 구분될 수 있다. 정적 강화는 바람직한 행동을 했을 때 칭찬이나 보상을 제공함으로써 바람직한 행동의 강도와 빈도를 증가시키는 방법이다. 자녀에게 유쾌한 자극을 제공하여 바람직한 행동의 발생률을 증가시키는 것이 정적 강화다. 가령 자녀가 장난감을 가지고 논 후 장난감을 정리했을 때 자녀에게 좋아하는 사탕을 준다면 다음에도 장난감을 정리할 가능성이 커진다. 정적 강화가 성립하려면 두 가지 조건이 충족되어야 하는데, 첫째는 행동에 뒤따라 어떤 자극이 제공되어야 하고, 둘째는 자극으로 인해 행동의 발생 빈도나 강도, 지속시간 등이 증가해야 한다. **부적 강화**는 바람직한 행동을 했을 때 화장실 청소와 같이 불쾌한 자극을 제거함으로써 바람직한 행동의 강도와 빈도를 증가시키는 방법이다. 정적 강화와 부적 강화 모두 행동의 발생 빈도를 높인다는 점은 같지만, 정적 강화는 바람직한 행동을 함으로써 원하는 것을 얻고, 부적 강화는 바람직한 행동을 함으로써 원하지 않는 것을 피한다는 점에서 차이가 있다.

(2) 새로운 행동의 발달 원리

새로운 행동의 발달 원리는 이전에 하지 못했던 행동이 숙달될 때까지 새로운 행동을 발달시키는 것으로, 모방이나 점진적 접근, 신호 제시, 변별 등의 방법이 사용된다(최혜순, 이미현, 2019). **모방**은 바람직한 행동을 하는 영향력 있는 사람을 관찰하고 모방하면서 새로운 행동을 습득하는 방법이고, **점진적 접근**은 이전에 하지 못했던 행동을 가르칠 때 점진적으로 접근하는 방법이다. **신호 제시**는 바람직하지 못한 행동이 나타나기 직전에 바람직한 행동을 하도록 신호를 주는 방법이고, **변별**은 특정 상황을 구별하는 신호를 발견하고 그 신호에 맞는 바람직한 행동을 할 때만 강화하는 방법이다. 기대하는 행동을 했을 때 토큰(token)이나 스티커 등을 제공하여 새로운 행동을 발달시키기도 한다.

점진적 접근은 새로운 행동을 습득할 때까지 계속 강화하면서 점진적으로 접근하는 방법으로, 행동형성(shaping)과 행동연쇄(chaining)로 구분된다. **행동형성**은 한 번에 도달하기 어려운 행동을 가르칠 때 목표행동에 점진적으로 접근하도록 강화물을 제시하는 것이다. 바람직한 목표행동이 형성될 때까지 처음에는 투박한 행동부터 단계적으로 차근차근 학습하여 정교한 행동을 습득하는 것이 행동형성이다. 100cm 높이의 뜀틀을 넘는 것이 목표행동이면 50cm부터 시작하여 10cm씩 높여서 마지막에 100cm의 목표행동에 도달하도록 하는 것이 행동형성이다. 행동형성은 식사지도나 언어지도와 같은 일상생활 지도에 많이 사용되며 자기표현이나 자기주장이 힘든 자녀를 지도할 때 효과적이다(이숙 외, 2009). 행동형성은 성공의 경험을 극대화하고 실패의 경험을 극소화할 수 있다는 장점이 있다.

행동연쇄는 큰 행동을 구성하는 작은 행동을 엮어서 하나의 큰 행동을 수행하는 것으로, 이미 존재하는 단순하고 작은 행동을 적절한 방법으로 연결하여 복잡한 행동을 학습하기 위해 사용된다. 행동연쇄를 위해서는 먼저 큰 행동을 작은 행동으로 세분화한다. 각 단위행동은 자녀가 큰 어려움 없이 습득할 수 있도록 간단해야 하며 만족할 만한 행동의 수준이 명확해야 한다. 칫솔질의 경우, 자기 칫솔을 고르고 치약을 짜고 칫솔에 치약을 바르고 양치질을 하고 컵에 물을 받고 물로 입안을 헹구고 칫솔을 씻은 후 제자리에 두는 등의 단위행동으로 나뉜다. 하나의 단위행동은 다음 단위행동에 대한 단서가 되므로 단위행동은 충분히 숙달되어야 한다. 만약 어떤 단위행동이 숙달되지 않으면 그다음에 이어질 모든 행동이 약화할 수 있다.

특히 단위행동을 수행할 때 정적 강화가 무분별하게 주어지지 않아야 하는데, 왜냐하면 강화하려는 행동이 아닌 엉뚱한 행동이 강화되어 부적절한 행동이 학습될 수 있기 때문이다. 칫솔질의 1단계에서 자기 칫솔을 제대로 고를 때만 보상을 주고, 1단계가 연속해서 성공하면 2단계로 넘어가고, 2단계에서 치약을 성공적으로 짤 때만 보상을 주고, 2단계가 연속해서 성공하면 3단계로 넘어가야 한다. 그러나 한 단계에 너무 오래 머무르면 다음 단계로 나아가기가 어려울 수 있으므로 단위 행동이 연속해서 4~5회 정도 성공하거나 80% 정도의 성공률을 보이면 다음 단계로 넘어가는 것이 바람직하다(정옥분, 정순화, 2019). 행동연쇄는 생활습관뿐만 아니라 새로운 운동이나 악기를 가르칠 때, 소근육 운동발달이 더딘 자녀를 지도할 때 유용하게 사용된다.

토큰 강화는 돈이나 물건 같은 실제적인 강화물 대신에 토큰(token)이나 스티커 등을 사용하여 기대하는 행동을 증가시키는 방법이다. 부모가 기대하는 목표 행동을 했을 때 자녀는 토큰을 받고 일정한 양을 모아서 자신이 원하는 물건이나 활동 등과 교환하는 것이 토큰 강화다. 자녀는 부모가 기대하는 행동을 했을 때 강화물로 토큰을 받고, 모인 토큰은 나중에 자신이 원하는 후속 강화물로 대체한다(조성연 외, 2019). 후속 강화물로 게임이나 텔레비전 시청, 장난감 등이 포함되는데, 가령 토큰 20개가 모이면 텔레비전을 한 시간 더 볼 수 있는 것이 그 예다. 토큰의 종류와 수는 자녀의 발달수준을 고려하여 선정되어야 하며, 가볍고 휴대하기 편리하며 다루기가 쉬워야 한다. 아울러 토큰을 보관할 수 있는 상자나 가방, 주머니 등이 필요하다. 토큰은 수량의 한계가 없어서 얼마든지 받을 수 있고 토큰을 모으면서 행동의 변화가 지속할 수 있다는 장점이 있다.

토큰 강화를 시행할 때 고려할 점은 첫째, 어떤 행동을 할 때 토큰을 받을지 얼마나 받을지 등을 부모와 자녀가 함께 논의하여 결정해야 한다. 토큰과 교환할 후속 강화물도 부모와 자녀가 상의하여 결정하는 것이 중요하다. 둘째, 목표 행동이 나타난 직후에 토큰이 제공되어야 한다. 자녀의 바람직한 행동에 대한 즉각적이고 긍정적인 피드백은 행동을 형성하는 데 매우 중요하기 때문이다(Apter & Conoley 1984). 셋째, 자녀와 약속한 것은 반드시 지켜야 한다. 그러므로 부모는 자신이 감당할 수 있는 범위 안에서 강화물을 선정하고 지키기 어려운 보상을 제시하지 않아야 한다(정옥분, 정순화, 2019). 후속 강화물은 되도록 비싸지 않은 것으로 선정하는 것이 경제적 부담을 줄이고 약속을 지킬 수 있다는 점에서 바람직하다. 넷째, 바람직하지 않은 행동을 할 때는 토큰을 뺏길 수 있음을 명시하는 것도 필요한데, 왜냐하면 토큰을 뺏길 수 있다는 생각에 자녀가 바람직한 행동을 지속하기 때문이다.

(3) 부적절한 행동의 중단 원리

부적절한 행동의 중단 원리는 소거(extinction), 타임아웃(time out), 처벌

(punishment), 포화(saturation), 반응대가(response cost) 등의 방법으로 자녀의 부적절한 행동을 수정하는 것이다.

소거는 부적절한 행동에 관심을 보이지 않고 무시함으로써 문제행동을 감소시키는 방법이다. 이미 학습된 문제행동이라도 행동에 대한 강화가 지속해서 주어지지 않으면 점차 사라지기 때문이다. 부모의 관심을 끌기 위해 자녀가 징징거릴 때 부모가 자녀의 행동을 무시하고 오히려 징징거리지 않는 행동에 관심을 보이는 것이 그 예다. 즉, 자녀의 부적절한 행동에 대한 훈계나 꾸중 등의 관심이 주어지지 않는 것이 소거다. 소거로 부적절한 행동이 감소하다가 갑자기 증가해도 부모는 관심을 보이지 않아야 하는데, 왜냐하면 다시 감소하는 상태로 돌아오기 때문이다(이숙 외, 2009). 또한 소거는 가족구성원 모두가 일관되게 자녀의 부적절한 행동을 무시할 때 효과적이다. 누구는 관심을 보이고 누구는 관심을 보이지 않으면 소거의 효과가 지속하지 않는다.

타임아웃은 문제행동을 유발하는 상황으로부터 자녀를 잠시 격리하는 방법이다. 자녀가 처한 상황이 문제행동을 유발한다고 판단될 때 부모가 그 상황으로부터 자녀를 일시적으로 격리하는 것이 타임아웃이다. 타임아웃은 단호하면서도 중립적인 목소리로 지시하고, 지시한 다음에 마음속으로 10초를 세면서 자녀가 순응하기를 기다린다. 타임아웃을 사용할 때 고려할 사항은 첫째, 자녀가 처한 상황이 고립되는 것을 싫어할 만큼 즐거워야 한다. 둘째, 고립되는 곳에는 자녀가 좋아할 만한 물건이 없어야 한다. 셋째, 고립되는 동안 자녀의 행동이 엄중히 통제되어야 한다. 넷째, 고립되는 시간은 짧게는 30초부터 길게는 10분 정도로 자녀의 연령에 따라 달라야 한다. 다섯째, 고립 외에 부모의 관심을 보여주는 체벌과 같은 행동은 나타나지 않아야 한다. 부모는 하던 일을 계속하고 자녀에게 말을 걸거나 주의를 기울여서는 안 된다(조성연 외, 2019).

처벌은 육체적·심리적 고통을 가함으로써 부적절한 행동이 일어날 가능성을 줄이는 방법이다. 자녀 스스로 바람직한 행동을 하도록 유도하기보다 고통을 피하고자 문제행동을 하지 않도록 지도하는 방법이 처벌이다. 처벌은 부적절한 행동을 줄이는 데 효과적이지만, 처벌로 인한 부작용이 크기 때문에 불가피한 경우에만 사용되어야 한다. 처벌이 자녀의 공격성을 증가시키거나 처벌받는 상황을 피하려고 자녀가 부적절한 행동을 더 많이 할 수 있기 때문이다. 더군다나 자녀가 처벌을 준 대상이나 장소를 싫어하거나 처벌만으로는 바람직한 행동을 유도하지 못한다는 한계가 있다(조성연 외, 2019). 따라서 자녀의 바람직한 행동을 유도하기 위해 어떤 행동이 처벌을 받는지를 자녀에게 분명히 알려준 후 처벌해야 한다. 또한 자녀의 문제행동이 일어나는 즉시 한 번에 한 가지 문제행동에만 처벌이 주어져야 한다.

포화는 부적절한 행동이 물릴 때까지 계속하도록 허용함으로써 문제행동을 감소시키는 방법이다. 자녀가 문제행동을 마음껏 할 수 있도록 환경을 제공하여 그 행동에 대한 흥미를 잃어버리게 하는 방법이 포화다. 아무리 좋은 것도 지나치면 싫증이 나고 더는 하고 싶은 동기가 사라지기 때문이다. 책을 자꾸 물어뜯는 자녀에게 여러 권의 책을 한꺼번에 주고 마음껏 물어뜯으라고 하는 것이 그 예다. 포화를 사용할 때는 자녀의 문제행동이 위험하지 않아야 하며, 포화시키려는 행동이 수정하려는 행동과 일치해야 한다. 포화를 사용하는 과정에서 부모가 먼저 포화가 되어서는 안 된다.

반응대가는 권리를 미리 준 후 약속을 어기면 주어진 권리를 박탈함으로써 문제행동을 감소시키는 방법이다. 자녀에게 숙제를 다 하면 텔레비전을 30분간 볼 수 있다는 권리를 준 후 약속을 어기면 일주일 동안 텔레비전 시청을 금지하는 것이 그 예다. 반응대가를 사용할 때 고려할 사항은 첫째, 자녀가 타당하다고 인정할 수 있도록 자녀와 대가를 미리 합의해야 한다. 둘째, 대가가 자녀에게 적정한 수준이어야 한다. 대가의 수준이 지나치게 높거나 낮으면 자녀는 부적절한 행동을 수정하려는 의욕을 잃기 때문이다(이숙 외, 2009). 정적 강화가 주어지지 않는 것이 소거라면, 반응대가는 이미 가지고 있던 정적 강화를 박탈하는 것이다. 타임아웃은 정적 강화가 적은 곳에 일정 시간 격리하는 것이지만, 반응 대가는 시간의 요소와 관련이 없다는 점에서 차이가 있다.

(4) 정서적 반응의 수정 원리

정서적 반응의 수정 원리는 체계적 둔감법(systematic desensitization)이나 이완법(relaxation) 등으로 불안이나 공포와 같은 반응을 억제하는 것이다.

체계적 둔감법은 불안이나 공포를 일으키는 특정 상황을 위계적으로 제시함으로써 특정 상황에서의 불안이나 공포에서 벗어나게 하는 방법이다. 자녀가 불안감을 주는 자극에 갑작스럽게 직면하면 심리적 부담감을 느낄 수 있으므로 편안하거나 유쾌한 상황에서 자녀가 점진적으로 자극을 직면하게 하는 방법이 체계적 둔감법이다. 자녀는 가장 약한 자극부터 가장 강한 자극까지 불안이나 공포를 일으키는 상황에 점진적으로 노출됨으로써 불안이나 공포를 극복할 수 있다.

체계적 둔감법의 첫 번째 단계는 자녀의 불안이나 회피 반응의 원인을 정확히 규명하고 이를 예방하거나 차단하는 것이 가능한지를 분석하는 것이다(조성연 외, 2019). 두 번째 단계는 불안을 유발하는 자극을 약한 것부터 강한 것까지 목록을 작성하는 것이다. 세 번째 단계는 작성한 목록에서 가장 낮은 단계부터 높은 단계까지 불안을 유발하는 자극에 노출하면서 불안을 극복하는 것이다. 자녀가 개를 무서워하면 먼저 길에서 개를 만나는 상황을 상상하고, 다음으로 10m, 5m, 1m 앞에서 개를 만나고, 마지막으로 개를 만지고 함께 시간을 보냄으로써 개에 대한 공포를 극복할 수 있다.

이완법은 편안한 상태를 유지하여 이완된 분위기를 조성함으로써 불안을 감소시키는 방법이다. 이완법은 편안하게 느낄 수 있는 감미로운 장면이나 즐거운 상황을 상상하는 방법과 생리적으로 근육의 긴장과 이완을 반복하는 방법이 있다(정옥분, 정순화, 2019). 예를 들어, 편안한 음악을 들으면서 행복한 일을 상상하거나 간단한 체조를 하면서 근육의 긴장을 완화할 수 있다. 자녀는 불안하거나 긴장할 때 심장이 뛰고 호흡이 가빠지며 안절부절못하는데, 이러한 상태가 이완법을 통해 완화되어 심장박동과 호흡이 느려지면서 차분해지는 것이다. 긴장 상태가 지속하면 신체가 과도하게 활성화되어 부적절한 행동이 나타날 수 있으므로 부모는 이완법을 통해 자녀가 편안한 상태를 유지하도록 도와주어야 한다.

2. 부모교육 프로그램

행동수정이론에 기초한 부모교육 프로그램은 부모가 자녀의 행동을 지도하고 발달시키는 방법을 습득하고 향상하는 데 중점을 둔다. 행동수정이론에 기초한 부모교육 프로그램은 강의 중심의 집단 형태로 진행되며 많은 자료가 활용된다(강인향, 조인상, 임진숙, 2018). 프로그램을 통해 부모들은 먼저 행동수정의 기본원리와 방법 등을 습득하고 이를 가정에서 적용하는 과제를 수행한다. 다음 모임에서 부모들은 서로의 경험을 이야기하고 공유하는 시간을 가진다. 행동수정이론에 기초한 부모교육 프로그램은 강화물 선택, 강화 계획, 성공적인 적용 기술 등에 주의를 기울이고 부모가 행동을 명확히 개념화하고 측정하는 방법을 습득하도록 도와준다. 프로그램을 통해 부모는 행동수정의 다양한 방법을 습득하여 실제 자녀 양육에 적용하고 자녀에게 모범을 보임으로써 자녀의 바람직하지 못한 행동을 의도적·계획적으로 수정하고 바람직한 행동을 강화할 수 있다(조성연 외, 2019). 행동수정의 효과는 행동수정의 원리를 적용하는 개인의 능력에 따라 매우 다르게 나타나고 지속해서 주의를 기울이지 않으면 그 효과가 유지되지 않는다. 그러므로 부모는 여러 번의 시도를 통해 자녀에게 가장 효과적인 방법을 터득하고 끊임없이 자녀의 행동을 점검하는 것이 요구된다.

1) 행동수정 절차

(1) 목표행동 설정

부모가 자녀의 행동을 수정하기 위한 첫 번째 절차는 수정하려는 목표행동(target behavior)을 설정하는 것이다. 목표행동은 관찰할 수 있는 구체적인 행동으로 설정하고 행동에 대한 조작적 정의를 내려야 한다(이숙 외, 2009). 예를 들어, '초조한 행동'이 아니라 '손톱을 깨무는 행동'이 초조함을 드러내면서 관찰할 수 있어서 초조한 행동으로 정의될 수 있다. 또한 '교사의 말을 잘 듣지 않는 행동'과 같이 목표행동의 범위가 포괄적이면 행동수정을 기대하기 어려우므로 목표행동은 구체적으로 설정되어야 한다. 교사의 말을 잘 듣지 않는 행동에는 정리정돈을 잘하지 않는 것, 줄을 서지 않는 것, 수업 중에 돌아다니는 것 등이 포함되는데, 이러한 구체적인 행동이 목표행동이 될 수 있다.

목표행동의 설정은 목표행동의 우선순위를 정하고 하나씩 수정하도록 계획하는 것이다. 부모는 자녀의 모든 행동을 한꺼번에 수정할 수 없으므로 여러 가지 목표행동 중 시급한 것부터 차례로 수정하도록 계획해야 한다. 목표행동이 설정된 후에는 그 행동이 왜 일어나는지, 자녀가 얼마나 노력할 수 있는지, 자녀의 주변 환경을 어떻게 조성해야 하는지 등을 파악하는 것이 필요하다(이숙 외, 2009). 목표행동에 영향을 미치는 주변 환경을 고려하지 않으면 목표행동이 효과적으로 수정되지 않기 때문이다. 가령 텔레비전을 틀어놓은 채 식사하면 자녀가 식사에 집중하지 못하는데, 이러한 문제행동은 텔레비전을 꺼서 먼저 주변 환경을 조성한 다음에 수정될 수 있다. 따라서 부모가 자녀의 문제행동을 수정할 때는 자녀의 행동뿐만 아니라 주변 환경까지 관찰하고 분석하여 목표행동을 설정해야 한다.

(2) 행동 측정

부모가 자녀의 행동을 수정하기 위한 두 번째 절차는 목표행동의 정확한 수준을 파악하는 것이다. 목표행동을 정확히 파악하지 않은 채 행동수정을 시행하면 실제로 행동수정의 효과가 없음에도 효과가 있는 것으로 받아들일 수 있다(정옥분, 정순화, 2019). 이러한 오류를 범하지 않으려면 사전에 목표행동에 대한 분석이 정확히 이루어져야 한다. 먼저 목표행동에 관한 자료를 수집해야 한다. 자료수집은 자녀의 행동에서 가장 과잉된 것, 결핍된 것, 유지되어야 하는 것 등을 파악하기 위한 것으로, 행동관찰기록이라고 할 수 있다(최혜순, 이미현, 2019). 자녀의 행동을 평가하여 계획을 세워야 하므로 목표행동의 빈도와 강도, 지속성 등을 객관적으로 기록하는 것이 필요하다. 자녀의 행동이 언제 어디서 발생하는지를 살펴보고 문제행동을 촉진하는 자극이나 감소하는 자극을 기록하고, 바람직한 행동과 바람직하지 못한 행동도 자세히 기록해야 한다.

행동을 기록할 때 전문가는 비디오나 카메라 등의 시청각 매체를 사용하지만, 가정에서 부모는 관찰기록(observational recording)을 사용하는 것이 바람직하다. 관찰기록의 방법으로 일화기록법(anecdotal records), 빈도기록법(frequency recording), 지속성 기록(duration recording), 등간기록법(interval recording), 시간표집법(time sampling) 등이 있다. **일화기록법**은 정해진 시간 동안 목표행동이 나타날 때마다 상세히 종단적으로 기록하는 방법이다. 목표행동이 나타난 후 즉시 기록하고, 언제 어떤 상황에서 발생하는지를 사실적으로 기술해야 한다. **빈도기록법**은 정해진 시간 동안 행동이 발생한 횟수를 기록하는 방법으로, 사건횟수기록법이라고 한다. 빈도기록법은 목표행동이 비교적 짧은 시간 안에 얼마나 자주 발생하는지를 양적으로 측정할 때 주로 사용된다. 시간은 일 분, 한 시간, 하루, 일주일 등으로 정할 수 있다. **지속성 기록**은 관찰시간을 정해놓고 그 시간 동안 목표행동이 어느 정도 지속하는지를 기록하는 방법이다. **등간 기록법**은 관찰시간을 같은 간격으로 구간을 나누어 구간마다 목표행동이 나타나는지를 기록하여 행동의 발생 빈도와 지속시간을 동시에 측정하는 방법이다. 예를 들어, 30분을 1분 간격으로 나누어 30개의 구간이 되면 기록지에는 30개의 칸을 미리 만들어 놓고 각 칸에 목표행동의 발생 여부를 ○ 또는 ×로 표시한다. **시간표집법**은 관찰시간을 짧은 간격으로 구분한다는 점에서 등간기록법과 같지만, 정해진 시간 동안 지속해서 행동을 관찰하는 것이 아니라 정해진 시점에서만 행동을 관찰하고 기록한다는 점에서 차이가 있다. 부모가 편리한 관찰시간을 미리 정해놓고 그 시간 동안 목표행동이 나타나는지를 기록하는 것이다(최혜순, 이미현, 2019).

(3) 행동 분석

부모가 자녀의 행동을 수정하기 위한 세 번째 절차는 수집된 자료를 통해 자녀의 행동을 분석하는 것이다. 행동 분석은 행동을 유발하는 선행자극(antecedent), 행동(behavior), 행동 뒤에 오는 후속자극(consequence)을 발견하는 과정이다. 자녀가 목표행동을 주로 언제 어디서 하는지, 그 행동을 할 때 주변에서 어떤 일이 일어나는지, 그 행동이 발생한 다음에 주어지는 후속자극은 무엇인지 등을 분석하는 것이다(강인향, 조인상, 임진숙, 2018). 즉, 부모는 자녀의 행동에 영향을 미칠 수 있고 행동을 일어나게 하는 단서가 되는 선행자극, 계속 유지해야 할 행동 목록, 행동을 증감시키는 역할을 하는 후속자극 등을 파악한다. 이러한 분석을 통해 어떤 후속자극이 효과적인지를 파악함으로써 자녀의 행동을 변화시킬 전략을 짤 수 있다.

(4) 강화

부모가 자녀의 행동을 수정하기 위한 네 번째 절차는 행동수정 원리에 따라 자녀의 행동을 수정하는 것이다. 부모는 지속하고 싶은 행동은 더 자주 일어나도록 강화하고, 소멸하고 싶은 행동은 벌을 사용하여 감소시키도록 한다. 강화는 행동이 발생한 다음 즉시 주어져야 하고, 목표행동에 도달할 때까지 반복해야 하며, 바람직한 행동은 강화하고 바람직하지 못한 행동은 강화하지 않아야 한다(최혜순, 이미현, 2019). 강화는 음식물이나 장난감과 같은 **물질적 강화**, 칭찬이나 미소와 같은 **사회적 강화**, 스티커나 동전과 같은 **간접적 강화** 등으로 구분될 수 있다.

강화를 제공할 때는 자녀와 눈을 마주치면서 긴밀하고 개별적인 관계를 형성하며, 미소와 언어적 메시지를 함께 사용함으로써 부모의 감정을 자녀가 느낄 수 있어야 한다. 부모는 음성의 높낮이를 조절하거나 빈번한 신체접촉을 통해 칭찬의 효과를 극대화해야 한다. 자녀의 행동 그 자체를 구체적으로 언급하면서 행동이 나타난 즉시 강화를 제공하는 것이 효과적이다(정계숙 외, 2018). 그리고 물질적 강화보다는 사회적 강화를 제공하고 개별적이고 비공식적으로 강화를 제공하는 것이 필요하다(유안진, 김연진, 2002).

강화를 제공해도 행동이 수정되지 않거나 효과가 없으면 벌을 사용한다. 강화는 행동을 증진하기 위한 후속자극이지만, 벌은 행동을 감소시키기 위한 후속자극이다(이숙 외, 2009). 벌의 효과는 최대화하고 벌의 부작용은 최소화해야 하므로 바람직하지 못한 행동을 감소시키려면 그 행동에 상반되는 바람직한 행동을 증가시키는 것이 효과적이다. 이때 바람직한 행동의 발생 가능성을 높이기 위해 벌을 받게 하는 행동을 관찰하고 그 행동의 원인을 미리 제거하는 등 행동의 선행자극을 소멸하는 것이 필요하다.

벌을 사용할 때 고려할 사항은 첫째, 벌을 가해도 반드시 바람직한 행동이 습득되는 것은 아니며 벌을 주는 부모에게 부정적 정서가 생길 수 있다는 점이다. 둘째, 자녀가 지니고 있던 바람직한 행동까지 감소시킬 우려가 있고 바람직하지 않은 새로운 행동이 습득될 가능성이 있다는 점이다. 셋째, 벌을 주는 사람이나 벌을 받는 장소 등이 조건화할 수 있다는 점이다. 따라서 부모는 어떤 경우에 벌을 가할지를 분명히 정하고 자녀에게 벌을 받는 이유를 정확히 설명한 후 벌을 주어야 한다(최혜순, 이미현, 2019).

2) 프로그램 종류

(1) 부모는 교사다

부모는 교사다(Parents are teachers)는 부모가 교사로서 자녀의 행동 변화를 계획하고 체계적으로 수행하도록 도와주는 프로그램이다. '부모는 교사다'는 부모가 단계마다 연습을 통해 기술을 습득할 수 있도록 즉각적인 피드백이 주어지는 것이 특징이다(Becker, 1971). 프로그램은 일상생활에서 부모가 직면하는 자녀의 행동을 강화나 벌을 사용하여 어떻게 변화시킬 수 있는지를 체계적으로 보여준다. 더 나아가 프로그램은 부모에게 영유아발달과 자녀의 성공적인 학교생활에 관한 정보를 제공한다. 그래서 부모는 부담 없이 프로그램에 관심을 두고 가정에서 적용할 수 있다(안영진, 김창숙, 2019).

(2) 반응적 부모훈련 프로그램

반응적 부모훈련 프로그램(Responsive parenting program)은 부모의 요구에 부응하여 부족한 전문인력을 충당하고 정신건강을 예방하며 원만한 부모-자녀 관계를 형성하는 데 그 목적이 있다(강인향, 조인상, 임진숙, 2018). 프로그램은 12주 동안 매주 2시간씩 이루어지며, 처음 10주 동안은 행동수정과 행동관리에 대한 훈련이 시행되고, 행동수정 방법의 효과를 강화하기 위한 훈련이 마지막

2주 동안 시행된다. 프로그램에 참여함으로써 부모들은 반응과 조작적 행동의 개념, 행동을 조작적으로 정의하고 측정하는 절차, 행동적 접근 기술 계획, 행동연구 고안, 전략 강화, 소거, 벌에 대한 절차 등을 습득한다. 프로그램에는 강의나 역할놀이 등의 방법이 사용되고, 부모들은 모의 수업을 통해 실제 상황을 훈련하는 기회를 얻는다.

(3) 자녀를 사랑하기 위해

자녀를 사랑하기 위해(For love of children)는 유아부터 청소년까지의 자녀를 둔 부모를 대상으로 행동수정이론의 기본원리와 적용방법을 교육하는 프로그램이다. '자녀를 사랑하기 위해'의 첫 번째 부분은 부모역할을 계획하는 것으로, 정상적인 영유아발달과 관련된 행동원칙을 다룬다. 두 번째 부분은 다양한 문제행동의 특성과 청소년의 행동문제를 다루기 위한 행동수정의 원칙과 적용과정 등에 대해 언급한다. 세 번째 부분은 성공적인 가정생활을 위해 강화를 효과적으로 사용하는 방법을 강조한다(McIntire, 1970).

(4) 자녀와 함께 살기

자녀와 함께 살기(Living with children)는 인간의 모든 행동이 학습된 결과라는 행동수정이론에 기초한 프로그램으로, 부모와 자녀의 행동이 학습되는 것이며 자녀의 행동이 부모의 영향으로 학습된다고 말한다. 특히 '자녀와 함께 살기'는 자녀가 부모의 적응적인 반응뿐만 아니라 부적응적인 반응도 학습할 수 있음을 강조한다. 이처럼 자녀가 부모와의 상호작용을 통해 학습하므로 '자녀와 함께 살기'는 사회학습(social learning)의 개념을 사용하여 사회적 상호작용을 통한 학습을 강조한다(Patterson, 1977).

사회학습은 타인과의 상호작용을 통해 이루어지는 학습으로, 타인과 접촉할 때 타인의 의도와 상관없이 타인의 행동을 모방하여 자기 행동을 수정하는 것이다. 타인과의 상호작용 없이 이루어지는 학습은 사회학습의 개념에서 제외된다. 사회학습은 모델이나 시연을 통해 타인의 행동을 따라 하는 모방 학습과 개인의 지위에 수반되는 기대와 역할에 따른 행동을 배우는 역할 학습으로 나뉠 수 있다. 언어나 도덕성은 모방 학습에 크게 의존하며, 모방하는 대상은 모방하는 개인에게 모델이 된다.

(5) 자녀 관리

자녀 관리(Child management)는 부모가 건전한 학습환경을 조성하는 데 초점을 둔 프로그램이다. 프로그램에 참여함으로써 부모는 자녀의 행동관리를 위한 기술을 훈련받고 자녀의 행동 변화에 대한 평가능력을 향상할 수 있다(Smith, 1976). 즉, 자녀를 양육하면서 나타나는 부모의 반응과 자녀의 행동 변화를 평가하는 능력을 향상함으로써 부모는 자녀의 행동을 효과적으로 관리할 수 있다. 부모는 좋은 모델이 되어 자녀의 바람직하지 못한 행동을 바람직한 행동으로 수정하는 것이다.

Chapter

12

부모교육 실제

부모교육의 형태는 시대적·사회적 상황이 변화함에 따라 다양해지고 있으며, 특히 매체의 발달로 부모교육의 방법과 양상이 매우 다양하게 나타나고 있다. 유아교육기관에서 이루어지는 부모교육은 부모와의 교류, 부모참여, 부모상담 등으로 크게 구분된다(이원영 외, 2019). 부모와의 교류는 유아의 안정적 생활을 위해 교사와 부모 사이에 정보를 주고받는 것으로, 알림장이나 가정통신문 등의 형태로 나타난다. 부모참여는 강연회나 워크숍, 가족참여행사, 수업참관, 자원봉사, 운영위원회 등과 같이 부모가 유아교육기관의 다양한 활동에 참여하는 것을 말한다. 부모상담은 유아의 상태와 요구를 깊이 이해하기 위한 것으로, 개별면담과 집단면담, 전화상담 등으로 이루어진다. 이처럼 다양한 형태의 부모교육을 통해 부모와 교사는 수평적 관계에서 상호신뢰를 구축하고 일관된 교육을 실현함으로써 유아의 발달을 극대화하게 된다. 최근에는 자녀 양육과 교육에 대한 전문적 지식이나 정보뿐만 아니라 부모 자신의 여가생활과 삶의 질 향상에 관한 부모교육을 요구하는 목소리가 커지고 있다(김순화, 2012). 따라서 유아교육기관에서는 부모의 이해와 요구를 적극적으로 반영하여 다양한 내용과 형식의 부모교육을 끊임없이 개발하고 시행하는 것이 필요하다.

1. 부모와의 교류

유아의 원만한 성장과 발달을 위해 교사는 부모와 수시로 정보를 주고받아야 한다. 유아의 상태가 자주 변하고 다양한 사건이나 사고가 유아교육기관에서 끊이질 않기 때문이다. 아무리 사소해 보이는 사건이라도 유아에게는 매우 크게 다가갈 수 있으므로 유아에게 나타나는 미세한 변화 하나하나에 교사는 주의를 기울여야 한다. 더 나아가 유아에게 나타난 변화를 부모에게 알리고 부모와 함께 문제를 해결하는 것이 중요하다. 교사의 의도와 상관없이 잘못된 방향으로 사건이 진행되어 돌이킬 수 없는 상태로 번질 수 있기 때문이다. 따라서 교사는 유아의 성장과 발달을 책임지는 동반자로서 부모와 정보를 주고받으며 신뢰 관계를 구축하는 것이 필요하다. 신뢰 관계가 형성되지 않으면 부모는 교사의 어떤 말도 진정으로 받아들이지 않기 때문에 효과적인 부모교육이 이루어지기 어렵다. 특히 사회가 급변하면서 가정환경이 매우 다양하게 나타나므로 교사는 개별 유아에 대한 편견이나 선입견을 품지 않고 부모와 교류하는 것이 필요하다. 같은 사건이라도 부모마다 다르게 반응하므로 부모와 교류할 때 교사는 객관적이고 중립적인 자세를 취하는 것이 중요하다. 부모와의 교류는 소극적인 부모교육이지만, 적극적인 부모교육을 위해 가장 기본적이고 필수적이다.

1) 알림장

알림장은 유아의 활동 사항을 기록한 것으로, 부모와 유아교육기관이 양육과 교육에 필요한 정보를 주고받는 문서다. 알림장에는 하루 동안 유아의 식사와 배변, 놀이 등에 관한 정보와 가정에 보내는 공지사항이 기록된다. 교사가 알림장을 가정으로 보내면 부모는 자녀가 가정에서 보인 특별한 반응이나 교사에게 부탁하고 싶은 내용을 간단히 기록한다. 즉, 알림장은 부모교육의 형태로서 부모와 교사가 교류하는 수단이다. 알림장은 유아교육기관에서 보편적으로 이용되며, 특히 맞벌이가족은 교사와 면담할 시간이 부족하므로 주로 알림장을 통해 교사와 교류한다. 맞벌이가족은 알림장으로 자녀가 기관에서 무엇을 어떻게 하는지를 파악하고 교사에게 도움을 요청한다.

알림장은 교사와 부모가 함께 작성하고 주고받을 때 부모교육의 형태로서 의미가 있다. 알림장이 오가는 과정에서 부모는 교사에 대한 신뢰를 쌓아가고 이러한 신뢰가 효율적인 부모교육으로 이어지기 때문이다. 교사는 부모가 궁금해하는 자녀의 일상을 상세히 알려주는 사람으로, 교사와 교류하면서 부모는 유아교육기관에 관심을 두게 된다(배지희, 조미영, 봉진영, 김은혜, 2011). 교사는 하원 후 다음날 등원 전까지 가정에서 나타난 유아의 특별한 반응이나 질병 등에 관한 정보를 꼼꼼히 기록하도록 부모에게 요청해야 한다. 가정과 기관이 연계하여 유아의 성장과 발달이 원만히 이루어지려면 부모가 가정에서 유아를 관찰하고 유아의 모습을 기록해야 함을 교사는 강조해야 한다.

알림장은 기관에서 가정으로 보내는 공적 문서인 만큼 교사는 알림장을 작성할 때 맞춤법이나 띄어쓰기 등에 유의해야 한다(이원영 외, 2019). 교사는 문장을 일목요연하게 작성하여 부모가 상황을 명확하게 이해하고 자신이 할 바를 결정하도록 도와주어야 한다. 게다가 매일 모든 유아의 알림장을 기록하면서 교사는 피상적으로 알림장을 기록하지 않도록 주의해야 한다. 알림장은 문자로만 소통하므로 사소한 실수가 심각한 오해를 일으킬 수 있다. 교사의 의도와 전혀 다르게 부모가 이해함으로써 상황을 다시 설명하는 데 쓸데없는 시간을 낭비할 수 있다. 따라서 교사는 상황을 설명하거나 동의를 구할 때는 직접 통화하거나 만나서 대화하는 것이 바람직하다.

2) 가정통신문

가정통신문은 유아교육기관에서 이루어지는 교수-학습 활동에 관한 정보를 부모에게 알리기 위한 것으로, 기관에서 가장 많이 사용하는 부모교육 형태다(김순화, 2012). 가정통신문은 보통 일주일이나 한 달에 한 번, 특별한 행사나 가정에 알려야 할 사항이 있을 때 가정으로 보내진다(김수향, 이경하, 이용주, 임영심, 2015). 가정통신문에는 기관의 교육내용이나 자녀 양육과 교육에 관한 정보, 행사와 같은 공지사항 등이 포함된다. 연간이나 월간, 주간, 일일 교육계획안, 현장학습이나 행사 안내문 등이 가정통신문의 예다.

가정통신문은 많은 시간과 노력을 들이지 않고 다양한 내용을 전달할 수 있으며 쉽게 이용할 수 있다는 장점이 있다. 그러나 대부분 가정통신문은 내용만 전달하고 피드백을 요청하지 않아서 부모의 반응이나 이해 정도를 파악하기 어렵다는 단점이 있다(조성연 외, 2019). 더군다나 중간에 분실될 수 있고 부모가 바빠서 확인하지 못하면 내용이 부모에게 전달되지 못하는 등 전달 여부를 확인하기 힘들다는 문제점도 제기된다. 따라서 중요한 내용을 전달할 때는 전화로 전달 여부를 확인하는 것이 요구된다.

실제로 유아교육기관에서 가정통신문을 통한 부모교육이 가장 많이 이루어지고 있으나 가정통신문의 효과는 크지 않은 것으로 나타난다(배지희 외, 2011). 가정통신문이 일방적으로 내용을 전달함으로써 부모와의 소통이 이루어지지 않기 때문이다. 충분한 설명 없이 주제나 제목만 나열하거나 교육내용과의 연관성 없이 자녀의 사진을 싣는 등 부모교육의 형태로서 가정통신문이 자기 역할을 다하지 못하는 것이다. 따라서 교사는 가정통신문이 시간과 공간의 제약 없이 효과적으로 부모와 교류하는 수단임을 명심하고 효과적으로 이용해야 한다.

가정통신문은 교육프로그램이나 행사와 같은 정보를 부모에게 제공하고 협조를 요청하기 위해 사용되는 만큼 부모가 정보의 내용을 쉽게 이해할 수 있도록 작성되어야 한다. 특히 협조를 요청하는 내용에는 협조의 목적과 이유, 교육적 의의 등이 설득력 있게 제시되어야 한다. 이러한 가정통신문을 통해 부모는 유아와 기관에 대한 정보를 얻음으로써 유아교육기관에 대한 신뢰감을 높일 수 있다. 유아의 일과에 대한 정보를 제공함으로써 부모와 교사가 수시로 교류하는 수단으로서 가정통신문은 적극적으로 활용되어야 한다.

가 정 통 신 문

안녕하십니까?

우리 유치원에서는 문화 다양성을 존중하는 태도를 기르기 위해 유아에게 세계 여러 나라의 전통춤을 경험할 기회를 제공하고자 합니다. 11월 한 달 동안 ○○○ 아트홀에서 진행되는 '걸어서 지구 끝까지: 세계 여러 나라의 전통춤을 찾아서' 축제에 모든 유아가 참가하여 즐거운 시간을 가질 수 있도록 허락해 주시기 바랍니다. 11월 16일까지 참가 여부를 표시하여 보내주시면 감사하겠습니다.

행사: '걸어서 지구 끝까지: 세계 여러 나라의 전통춤을 찾아서'

일시: 2020년 11월 25일 오전 11시

장소: ○○○ 아트홀

--- 절 취 선 ---

자녀 이름:

참가	불참

현장학습에 관한 가정통신문의 예

2. 부모참여

부모참여(parent involvement)는 부모가 유아교육기관의 다양한 활동에 참여하는 것으로, 부모와 유아교육기관이 동반자로서 유아의 성장과 발달을 위해 노력하는 모든 과정을 의미한다. 부모는 유아교육기관의 활동을 계획하고 실천하고 평가하는 등의 모든 과정에 참여함으로써 유아교육기관의 운영에 대한 적극적인 권한을 행사하게 된다. 부모참여는 유아교육기관에 대한 부모의 의사결정 권한을 강조하는 것이다. 특히 현대사회에서 가족구조가 다양화하면서 부모참여의 중요성은 더욱더 커지고 있는데, 왜냐하면 가족 유형에 따라 유아교육기관에 대한 이해와 요구가 다르기 때문이다. 부모와 교사가 동등한 입장에서 자기 의견을 말하고 교육 활동을 준비하고 참여할 때 유아교육기관의 교육과정은 성공적으로 운영될 수 있다. 부모 역시 유아발달에 관한 전문적 지식과 정보를 습득함으로써 가정에서 효과적으로 자녀를 교육할 수 있다. 가정과 기관이 일관성 있는 교육을 시행함으로써 자녀교육의 효과가 극대화하는 것이다(조미영, 2008). 유아교육기관에서 부모참여는 급변하는 현대사회에서 다양한 가족의 특성과 부모의 교육적 요구를 즉각적으로 반영하여 유아의 성장과 발달을 극대화하는 데 필수적이다.

1) 강연회

강연회(lecture)는 부모에게 자녀 양육과 교육에 대한 전문적 지식과 정보를 습득할 기회를 제공하는 것으로, 특정 주제에 대한 지식이나 정보를 전달하는 데 효과적이다. 강연회는 오래전부터 많은 기관에서 활용하는 전통적인 부모교육 형태로, 많은 부모에게 전문적이고 정확한 지식과 정보를 동시에 제공한다는 장점이 있다(조성연 외, 2019). 그러나 다른 부모교육 형태보다 지식이나 정보를 일방적으로 제공하기 때문에 부모가 소극적으로 참여할 수 있다는 단점이 있다. 게다가 강연회의 질이나 만족도가 강사에 따라 좌우된다는 단점도 제기된다. 강연회의 주제가 부모에게 유익하고 필요한 것일지라도 강사의 전달방식에 따라 부모가 받아들이는 정도가 매우 다르기 때문이다. 따라서 강연회에 대한 부모의 만족도를 높이려면 강연회의 주제와 일시, 강사 등을 정할 때 부모의 의견을 최대한 반영하는 것이 필요하다.

강연회는 집단의 크기에 따라 다양하게 이루어진다. 유아교육기관의 부모 전체를 대상으로 하는 대집단 모임, 한 학급 정도의 부모를 대상으로 하는 중집단 모임, 8~10명 정도의 부모를 대상으로 하는 소집단 모임 등으로 구분된다(이원영 외, 2019). 강연회의 주제는 지역사회나 기관의 특성, 시기 등을 고려하여 선정되어야 한다. 이를테면, 상반기에는 유아발달의 연령별 특성이나 부모역할처럼 유아가 기관에 적응하는 데 중점을 둔 주제가, 하반기에는 유아의 습관이나 문제행동 지도와 같이 유아의 일상에서 나타나는 문제를 해결하는 데 중점을 둔 주제가 선정될 수 있다. 최근 인터넷의 확산으로 자녀 양육과 교육에 관한 정보가 넘쳐나면서 뻔한 주제는 부모의 관심을 일으키기 어려우므로 부모의 이해와 요구가 가장 잘 반영되는 주제를 선정하는 것이 중요하다. 더불어 집단의 크기를 다양하게 구성하여 관심사가 같은 부모를 대상으로 강연회를 계획하는 것도 필요하다.

일반적으로 유아교육기관에서는 전문가에 의한 다양한 주제의 강연회가 일정한 절차에 따라 정기적으로 시행된다. 먼저 유아교육기관은 강연회에 대한 부모의 요구를 파악하고 주제를 선정한다. 기관은 부모가 관심 있는 분야, 알고 싶은 지식이나 정보 등을 학기 초에 조사한 후 기관이 추구하는 교육철학과 교육목표, 교육내용 등을 고려하여 주제를 선정해야 한다. 다음으로 주제에 맞는 강사를 선정하고 강연회를 위한 시간과 장소를 정한 후 부모에게 초청장을 발송한다. 강사에게는 강연회에 참석하는 부모의 특성과 기대하는 수준 등을 전달하고 협의하는 것이 필요하다. 교사는 강연회 전에 지속해서 강연회를 안내하고 참석 인원을 파악해야 한다. 그리고 참석하는 부모의 이름표를 준비하고 부모가 동반하는 자녀를 돌볼 수 있는 공간을 마련해야 한다.

강연회 당일에는 간단한 다과를 준비하고 부모에게 평가지를 배부하여 작성하도록 안내한다. 강연회의 시간은 보통 1시간에서 1시간 30분 정도이며, 부모가 지루함을 느끼지 않고 강연에 호기심을 가지고 집중할 수 있도록 강연회 앞뒤로 다양한 프로그램이 마련되어야 한다(정계숙 외, 2018). 강연회의 장소는 부모가 편안하게 강연에 집중할 수 있고 집단의 크기에 맞아야 한다. 강연회가 끝난 후에는 부모들이 자녀 양육과 교육에 대한 여러 가지 정보를 공유할 수 있도록 충분한 질의응답 시간을 마련한다(김수향 외, 2015). 또한 부모들에게 이미 배부한 평가지를 작성하도록 안내하고, 다음 강연회의 주제와 시간, 장소, 강사 등을 결정할 때 평가지의 결과를 반영하는 것이 필요하다. 기관 차원의 자체평가(self-evaluation)를 시행하여 강연회에서 제기된 문제가 다시 반복하지 않도록 주의를 기울여야 한다.

오늘 시행한 강연회에 대한 의견을 반영하여 다음 강연회를 준비하고자 합니다. 문항을 읽고 솔직하게 응답하여 주시기 바랍니다.

	문항	매우 그렇다	그렇다	보통이다	그렇지 않다	전혀 그렇지 않다
1	강연회를 통해 해당 분야의 지식과 능력이 향상하였다.					
2	강연 내용이 이해하기 쉽게 설명되었다.					
3	강사는 부모의 참여를 독려하였다.					
4	강사는 적절한 방법으로 부모의 흥미를 유발하였다.					
5	강연 내용이 유익하였다.					
6	강연 장소와 시설이 적절하였다.					
7	다른 부모에게 강연을 듣도록 추천하겠다.					

강연회에 대한 건의사항이 있으면 간단히 적어 주시기 바랍니다.

____

____

강연회 평가지의 예

2) 워크숍

워크숍(workshop)은 전문적인 기술이나 아이디어를 시험적으로 시행하면서 검토하는 것으로, 부모가 적극적으로 참여하는 부모교육 형태다. 워크숍은 실제 현장에서 직면하는 주제를 선정하고 학습한 것을 현장에서 실천한다는 점에서 일반적인 연수나 세미나와 구별된다. 교육현장에서 워크숍은 집단으로 사고하고 작업하면서 교육자의 전문적 성장을 도모하고 교직을 수행하면서 나타나는 문제를 해결하는 등 두 가지 목적을 달성하기 위한 것이다. 마찬가지로 유아교육기관에서 부모교육의 형태로 이루어지는 워크숍은 부모의 전문적 성장을 도모하고 부모역할을 수행하면서 나타나는 문제를 해결하는 데 주안점을 둔다. 워크숍의 진행은 보통 개념이나 방법을 제시하고, 구체적인 주제에 대한 해결방안을 검토하고, 현장에서 실천한 다음에 다시 모여서 성과를 발표하고, 다음 주제를 검토하는 식으로 이루어진다. 그러나 실제로 단기성의 특정 교육을 워크숍으로 칭하는 경우가 대부분이다.

유아교육기관에서 워크숍은 부모들이 직접 교재나 교구를 만들고 그것을 가정에서 활용하거나, 기관의 교육내용과 교육방법을 학습하고 가정에서 적용한 후 경험을 공유하는 식으로 이루어진다. 워크숍은 소집단을 대상으로 부모들이 적극적으로 참여함으로써 전문적 성장을 꾀하기 때문에 호응도와 만족도가 높다는 장점이 있다. 반면에 자료를 준비하고 주기적으로 부모들에게 연락하는 등 교사가 많은 시간과 노력을 들여야 한다는 단점이 있다. 게다가 많은 부모는 참여하고 싶어도 시간이 없어서 참여하지 못하므로 소수의 부모에게만 워크숍에 참여할 기회가 주어진다는 문제점이 제기된다. 이러한 이유로 실제 유아교육현장에서는 워크숍이 가장 적게 이용되는 부모교육 형태로 나타난다(최형윤, 2007).

따라서 유아교육기관은 가능한 한 많은 부모가 워크숍에 참여할 수 있도록 시간과 주제 등을 다양하게 마련하는 것이 필요하다. 주제는 자녀 양육과 교육에서 제기되는 문제를 해결하는 데 직접적인 도움이 되는 것으로, 가정에서 바로 적용하고 그 효과를 경험할 수 있어야 한다. 예를 들면, 간식 만들기나 율동 익히기, 구연동화 배우기 등이 주제로 선정될 수 있다. 교구를 만드는 워크숍의 경우, 부모는 자녀의 연령과 발달에 적합한 장난감을 만들고 자녀와 함께 놀이하는 방법을 배울 수 있다(조성연 외, 2019). 또한 기관에서 필요한 교구를 만들어서 교사의 업무를 도와줄 수 있다. 인형극 워크숍은 부모가 직접 만든 인형으로 선택한 극본에 따라 공연하는 것으로, 부모에게 성취감과 자존감을 높일 기회를 제공한다.

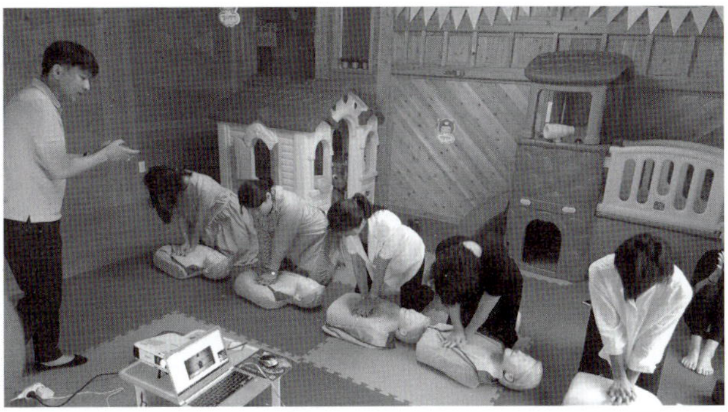

워크숍을 마친 후에는 워크숍의 주제 설정과 자료 준비, 부모참여 과정 등에 대해 평가하고 이를 다음 워크숍에 반영하는 것이 요구된다. 특히 강사의 성향이나 역량이 워크숍의 성패를 좌우하는 데 많은 영향을 미치므로 기관은 강사 선정에 주의를 기울여야 한다(배지희 외, 2011). 강사의 자질에 따라 워크숍은 효율적인 부모교육이 될 수도 있고 비효율적인 부모교육이 될 수도 있다. 더불어 부모참여 과정도 신중하게 고려해야 하는데, 왜냐하면 소수의 부모만 참여함으로써 부모 간 위화감이 조성될 수 있기 때문이다. 따라서 설문조사를 통해 가능한 한 많은 부모가 참여할 수 있는 시간과 주제로 워크숍을 계획하는 것이 요구된다.

3) 가족참여행사

가족참여행사(family participation event)는 가족구성원 모두가 친밀감을 느끼고 부모들 간의 유대관계를 증진할 수 있는 부모교육 형태다. 가족구성원 모두가 가족참여행사에 참여하면서 더욱 친숙해지고 다른 가족과 개별적으로 만나서 대화하고 소통하기 때문이다. 가족참여행사를 통해 부모와 교사가 함께 작업하면서 깊이 교류하고 유아에게 좋은 추억거리를 안겨주는 등 가족참여행사는 기관과 가정의 협력을 증진하는 데 매우 효과적이다. 가족참여행사의 예로 운동회, 학예회, 등산, 나들이, 갯벌체험, 기차여행, 졸업식, 입학식 등이 있다. 가족참여행사는 시기와 날씨, 환경 등을 고려하여 해마다 다르게 시행하는 것이 바람직하다. 가족참여행사는 준비와 진행에 많은 시간과 노력이 드는 만큼 부모와 교사의 협력이 필수적이다.

유아교육기관에서 가족참여행사를 준비할 때는 먼저 행사의 의미와 성격을 분명히 규명하고 부모와 유아가 함께 참여하도록 기획한다. 매년 반복되는 비슷

한 행사가 아니라 교사와 부모, 유아 모두가 준비하는 과정 그 자체를 즐길 수 있는 행사가 기획되어야 한다(이원영 외, 2019). 다음으로 행사의 경비와 일시, 장소 등을 정하고, 행사의 개막과 폐막, 볼거리와 즐길거리 등을 논의한 후 구체적 일정을 표로 작성하여 역할을 분담한다. 행사일 2주 전에는 초청장을 발송하고, 마지막으로 진행 점검표를 만들어 진행 상황을 점검한다. 행사일에는 안전사고가 발생하지 않도록 주의하고 사고가 발생하면 신속하게 처리할 수 있도록 비상체제를 가동한다. 기관을 벗어나 멀리 이동할 때는 안전에 대해 특별히 주의해야 하므로 세심하게 준비하는 것이 요구된다.

4) 수업참관

수업참관(class observation)은 특정 목적이나 의도를 가지고 교사의 수업장면을 관찰하는 것으로, 부모가 수업장면을 관찰함으로써 교사의 지도방법을 습득하는 부모교육 형태다. 수업참관은 궁극적으로 수업을 개선하기 위한 것인데, 왜냐하면 수업참관 후 수업장면을 분석하여 수업개선을 위한 정보를 제공하기 때문이다. 수업참관은 장학사나 교장이 교사를 지도하기 위해, 동료 교사의 전문성을 높이기 위해, 예비교사의 실습을 위해, 부모나 지역사회 전문가가 참고 자료를 얻기 위해 이용된다.

유아교육기관에서 이루어지는 부모의 수업참관은 소극적인 형태의 부모참여로(정계숙 외, 2018), 부모에게 자녀의 성장과 발달을 직접 확인하고 교사의 지도방법을 가정에서 일관되게 적용할 기회를 제공한다(조성연 외, 2019). 수업참관을 통해 부모는 유아교육기관에서 자녀의 행동과 발달을 객관적으로 관찰하고 평가할 기회를 얻는다. 평소와 같은 수업을 통해 자녀의 현재 상태와 발달 정도를 정확히 파악함으로써 부모는 자녀의 장점을 계발하고 단점을 보완할 방법을 모색하게 된다. 이런 이유로 부모들은 다른 부모교육 형태보다 수업참관을 가장 원하는 것으로 나타난다(김순화, 2012; 이은영, 2015).

그러나 수업참관 시 유아가 평소와 다른 행동을 보이거나 교실 분위기가 흐트러지는 등 수업참관이 수업을 방해할 수 있다는 단점이 제기된다. 부모가 수업을 지켜보기 때문에 유아는 긴장하여 지나치게 소심하거나 공격적인 행동을 보이면서 수업이 제대로 진행되지 않는 것이다. 따라서 교사는 가정통신문에 수업참관 시 유의할 사항을 제시하고 수업참관 전에 유의사항을 부모들에게 당부하는 것이 필요하다. 예를 들어, 자녀가 부모에게 다가가서 매달리거나 함께 하기를 원해도 도와주지 말고 유아가 수업에 집중하도록 도와달라고 당부해야 한다.

수업참관이 효과적으로 이루어지려면 먼저 많은 부모가 참여할 수 있도록 참관일에 관한 설문지를 나누어 주고 참관 날짜와 시간을 정하는 것이 필요하다(정계숙 외, 2018). 참관 날짜와 시간이 정해지면 교사는 참관 시간, 참관 방식, 참관 시 유의사항 등이 명시된 가정통신문을 참관일 2~3주 전에 발송해야 한다(이원영 외, 2019). 유의사항에는 수업 중 궁금하거나 서운한 점이 있어도 표현하지 않고 수업참관이 끝난 다음에 말할 것, 수업 중에 큰 소리로 이야기하거나 웃지 않는 것, 문제가 발생해도 유아 스스로 해결할 수 있도록 반응하지 않는 것 등이 포함된다.

참관일에 교사는 부모가 수업참관의 목적과 유의사항 등을 인식하도록 수업참관 전에 오리엔테이션을 시행하는 것이 필요하다. 부모가 자녀의 일상을 있는 그대로 보면서 자녀에 대한 객관적 정보를 얻을 수 있도록 교사는 수업참관을 전개해야 한다. 특히 교사는 수업참관 후에 부모와 의사소통하는 것이 필요하다. 수업에 대한 주관적 해석으로 불필요한 오해가 생길 수 있기 때문이다. 실제로 사소한 행동에 많은 의미를 부여하면서 감정이 상하는 경우가 생기기도 한다. 따라서 교사는 수업참관 후에 부모들과 수업참관을 평가하는 시간을 가짐으로써 수업에 대한 오해나 궁금증을 해소하는 것이 요구된다.

5) 자원봉사

자원봉사(volunteer work)는 어떤 일을 대가 없이 자발적으로 참여하면서 도와주는 것으로, 부모는 유아교육기관의 교육 활동 보조자로 참여하면서 자원봉사를 하게 된다. 자원봉사는 일반적으로 공공의 이익을 위해 자기 의지로 일하는 것으로, 외부의 강요 없이 타인을 위해 헌신하는 활동을 말한다. 자원봉사는 소외된 사람들을 방문하거나 재난으로 피해를 본 사람들을 도와주는 등 매우 다양하게 나타난다. 자원봉사자는 다양한 형태의 보상을 얻는데, 예컨대 보람이나 경험 등의 정신적 보상, 교통비나 식사비 등의 금전적 보상을 받는다. 그러나 무엇보다도 자원봉사를 통한 가장 큰 보상은 이타심을 구현함으로써 자아실현을 도모하고 삶의 질을 높일 수 있다는 점이다. 자원봉사에 참여하는 사람들과 어울리면서 삶의 다른 영역에서 느끼기 어려운 끈끈한 유대감을 느끼는 등 삶이 윤택해지는 것이다. 이는 자원봉사를 하는 가장 중요한 동기가 되기도 한다.

자원봉사자로서 부모는 교수-학습 자료 제작이나 환경구성, 행사지원, 간식지원, 귀가 지도 등을 보조할 수 있다. 이처럼 유아교육기관의 운영에 도움이

되는 활동에 참여함으로써 부모는 유아발달에 대한 지식과 기술을 습득하게 된다. 기관에서 일어나는 유아의 일상을 경험하면서 부모는 유아의 행동을 더 잘 이해하고 다른 각도에서 자녀의 행동을 바라볼 수 있다. 더 나아가 부모는 기관에 대한 소속감과 자존감을 느끼고, 자원봉사하는 부모를 보면서 자녀는 부모에 대한 자긍심을 갖게 된다(조성연 외, 2019). 자원봉사하는 부모의 도움으로 일과가 원활하게 진행함에 따라 교사는 더 많은 시간을 개별 유아와 상호작용하면서 수업의 교육적 효과를 높일 수 있다. 자원봉사는 기관과 교사, 부모, 유아 모두에게 유익한 활동인 셈이다.

자원봉사는 부모의 관심이나 시간적 여유, 능력 등에 따라 다양하므로 부모에게 참여하고 싶은 활동과 시간을 선택할 기회를 제공하는 것이 바람직하다. 또한 부모와 교사는 활동의 특성이나 참여 방법, 준비물, 구체적인 진행 상황 등에 대해 자주 논의하고 협력하는 것이 필요하다(이원영 외, 2019). 교사는 학급의 규칙이나 이용 가능한 자원, 일과 등에 관한 정보를 제공함으로써 부모가 학급의 전반적 상황을 이해하도록 도와주어야 한다. 특히 부모가 유아교육에 대한 전문적 지식이 없다는 점을 고려하여 교사는 효과적인 상호작용 방법이나 갈등 조정 방법 등을 미리 설명하는 것이 요구된다.

자원봉사를 통한 부모참여는 부모로부터 실질적인 도움을 받는다는 점에서 유아교육기관의 교육적 효과를 높이는 데 크게 이바지한다. 교사의 과중한 업무가 줄어들 뿐만 아니라 부모가 교사의 처지를 이해하고 존중할 수 있기 때문이다(이소정, 2008). 그러나 자원봉사는 부모의 갑작스러운 일정 변경으로 일과가 계획대로 진행되지 못하거나, 교사의 의도와 다르게 부모가 진행하는 경우에 수정을 요구하기가 어렵다는 단점이 제기된다. 그런데도 유아가 유아교육기관에서 보내는 시간이 점점 길어짐에 따라 자원봉사와 같은 적극적인 부모참여는 유아의 성장과 발달에 필수적이다.

6) 운영위원회

운영위원회(operating committee)는 부모의 적극적인 참여를 통해 유아교육기관 운영의 자율성을 높이기 위한 것으로, 유아에게 질 높은 교육서비스를 제공하는 데 그 목적이 있다. 교직원과 부모, 지역사회 등이 자발적으로 단위 학교를 운영함으로써 학교교육의 효과를 극대화하기 위한 것이 운영위원회다(안애경, 2014). 운영위원회를 통해 교직원과 부모, 지역사회 간에 다양한 의견이 교환됨으로써 단위 학교의 특성에 맞는 다양한 교육이 창의적으로 전개될 수 있다. 운영위원회는 교직원과 부모, 지역사회 등의 다양한 요구를 수렴하고 의견을 교환하는 공식적인 통로인 셈이다. 유아교육의 공공성 강화가 강조됨에 따라 운영위원회의 역할과 권한은 더욱더 커질 전망이다.

운영위원회는 심의기구와 자문기구의 성격을 갖는 만큼 유아교육기관 운영의 민주성과 합리성, 투명성을 높이는 데 이바지한다. 운영위원회가 심의하는 내용으로 운영 규정의 제정이나 개정, 예산과 결산 보고, 영유아의 건강, 영양, 안전과 학대 예방, 교육시간과 교육과정의 운영방법, 교직원의 근무 환경 개선, 영유아의 교육환경 개선, 기관과 지역사회의 협력, 교육비 외 필요경비의 수납

액 결정, 부모의 기관 운영에 대한 제안과 건의사항 등이 있다(이원영 외, 2019). 운영위원회는 교직원과 부모, 지역사회 인사 등으로 구성되며, 운영위원의 수는 유아의 수를 기준으로 유아교육기관의 규모에 따라 다르게 정해진다. 부모 위원의 경우, 각 학급에서 대표로 선출된 부모가 운영위원이 되며 선출된 위원은 다른 부모의 의견을 수렴하여 기관의 운영에 반영한다.

부모 위원의 역할은 첫째, 학급에서 부모들이 느끼는 불편사항이나 건의사항을 수렴하여 기관의 운영에 반영함으로써 기관이 바람직한 방향으로 나아가도록 제안하는 것이다. 둘째, 부모의 관점에서 의견을 개진함으로써 기관이 다른 시각에서 부모와 유아의 처지를 바라보고 이해하도록 도와주는 것이다. 셋째, 기관이 해결해야 할 문제를 함께 논의하고 해결방안을 도출함으로써 기관의 문제해결력을 높이는 데 이바지하는 것이다. 넷째, 기관과 부모 사이의 갈등을 중재하는 등 교량 역할을 담당하는 것이다. 부모 위원은 기관의 운영을 오해하는 부모에게 운영에 대한 정보를 상세히 제공함으로써 오해를 풀거나 설득하는 등의 임무를 수행하게 된다.

운영위원회가 부모의 적극적인 참여로 이루어지는 부모교육 형태임에도 실제로 유아교육현장에서는 운영위원회가 아직 정착하지 못하고 있다(강정원, 김승옥, 2017). 유아교육기관의 효과적 운영을 위한 운영위원회의 지위와 역할이 분명함에도 운영위원회에 대한 부모의 관심과 인식이 낮기 때문이다. 또한 부모 위원의 전문성이 떨어져 운영위원회의 체계와 절차, 운영위원의 역할 등에 대한 이해가 부족하기 때문이다. 따라서 부모교육의 형태로서 운영위원회가 자리매김하려면 유아교육기관은 운영위원회의 역할과 권한, 의무, 기능 등에 대해 더 적극적으로 홍보하는 것이 필요하다. 더불어 민주적인 절차로 운영위원을 선출하고 선출된 운영위원에 대한 교육을 지속하는 것이 요구된다.

3. 부모상담

유아교육기관에서 부모상담은 유아의 상태와 요구를 깊이 이해하고 가장 적합한 교육을 제공하기 위해 필수적이다. 상담은 유아에게 문제가 생길 때 하는 것이 아니라 유아를 더 잘 이해함으로써 최상의 교육을 제공하기 위해 하는 것이다. 상담을 통해 교사는 유아가 생활하는 가정환경과 가정에서의 행동이나 습관 등을 파악할 수 있으며, 부모는 기관에서 나타나는 유아의 행동과 그에 대한 교사의 생각을 판단할 수 있다(정계숙 외, 2018). 부모상담은 유아교육기관과 가정이 연계하여 유아에게 일관성 있는 교육을 제공함으로써 교육적 효과를 높이는 데 이바지하는 것이다. 유아교육기관에서 부모상담은 개별면담, 집단면담, 전화상담 등의 형태로 이루어진다. 면담(face-to-face talk)은 부모와 교사가 직접 만나서 얼굴을 보고 이야기하는 것으로, 부모와 교사 간의 가장 적극적인 의사소통방식이다(정계숙 외, 2018). 면담은 자세하고 정확하게 정보를 획득하는 방법으로, 질의와 응답을 통해 궁금한 점을 쉽고 빠르게 알 수 있다는 장점이 있다. 면담은 일상적인 대화와 다르게 공식적이므로 반드시 면담의 목적이 분명히 설정되어야 한다. 면담하는 사람은 예의 바르게 행동하고 주제에 어긋나지 않게 질문하며 면담 시간과 장소를 미리 약속해야 한다.

1) 개별면담

개별면담은 부모와 교사 간 개인적 접촉으로 이루어지는 쌍방향적 의사소통방식으로, 자녀의 발달과 교육에 대한 구체적인 정보를 얻을 수 있는 부모교육 형태다. 예를 들면, 부모는 자녀가 특별히 관심을 보이는 놀이나 활동, 또래나 교사와의 관계, 주의집중이나 호기심의 정도 등에 관한 정보를 얻을 수 있다.

개별면담을 시행하기 2~3주 전에 교사는 면담 시간과 장소, 면담내용, 면담 참석확인서, 부모 준비사항 등을 가정통신문에 제시하여 발송해야 한다. 교사는 상담실과 같이 부모가 편안함을 느낄 수 있는 독립적인 공간에서 개별면담을 진행하며, 면담내용이 바깥으로 새 나가지 않도록 조심해야 한다. 면담 중에는 다른 유아에 대해 언급하지 않는 등 면담내용이 다른 부모에게 알려지지 않도록 주의를 기울여야 한다(정계숙 외, 2018).

교사는 부모의 이야기에 귀 기울이고 부모의 처지에서 느끼고 생각하려는 적극적 경청의 자세를 취해야 한다(조성연 외, 2019). 부모에게 말할 기회를 많이 제공함으로써 교사는 부모 스스로 문제를 파악하고 해결할 수 있도록 도와주어야 한다. 가정과 기관이 협력할 때 자녀의 문제를 해결할 수 있다는 신뢰 구축이 필요하기 때문이다. 교사는 긍정적 표현과 쉬운 용어로 객관적 사실에 근거하여 설명식으로 이야기해야 한다. 또한 면담 중에 면담내용을 틈틈이 메모하고, 면담이 끝난 후에는 면담 기록지에 메모를 정리하고 스스로 면담의 준비과정과 결과 등을 평가하는 것이 요구된다. 부모가 편하게 이야기하였는지, 유아에 대한 정보를 충분히 수집하였는지, 부모와 원활한 의사소통이 이루어졌는지 등을 평가하고 다음 면담에 반영하는 것이 필요하다.

개별면담은 보통 학기 초와 학기 말에 이루어지는데, 각각은 중점을 두는 내용에서 차이가 있다. 학기 초에 시행하는 개별면담은 부모로부터 유아에 대한 정보를 얻는 데 중점을 두고, 개별면담을 통해 부모와 긍정적 관계를 형성하는 데 그 목적이 있다(이원영 외, 2019). 학기 말에 시행하는 개별면담은 유아에 대한 정보를 부모에게 알리는 데 중점을 두고, 유아의 성장과 발달에 관해 이야기하는 데 그 목적이 있다. 교사는 그동안 시행한 여러 가지 검사결과나 관찰일지, 포트폴리오 등을 토대로 유아의 변화과정을 전반적으로 설명함으로써 부모가 자녀를 정확히 파악하도록 도와준다. 특히 유아에게 문제행동이 있을 때 교사는 유아의 문제행동을 수정할 수 있는 가장 효과적인 방법을 부모와 함께 논의하고 해결방안을 마련할 수 있다. 부모와 교사가 가정과 기관에서 할 일을 논의하면서 유아에게 가장 적합한 훈육방식을 공유하고 실천할 수 있다.

<table>
<tr><th colspan="2">유아 이름</th><td></td><th colspan="2">생년월일</th><td></td></tr>
<tr><th colspan="2">면담 교사</th><td></td><th colspan="2">면담 대상</th><td></td></tr>
<tr><th colspan="2">면담 일시</th><td></td><th colspan="2">면담 장소</th><td></td></tr>
<tr><th colspan="2">구분</th><th colspan="2">부모 의견</th><th colspan="2">교사 의견</th></tr>
<tr><td rowspan="5">현재 상태</td><td>생활습관</td><td colspan="2"></td><td colspan="2"></td></tr>
<tr><td>대인관계</td><td colspan="2"></td><td colspan="2"></td></tr>
<tr><td>발달정도</td><td colspan="2"></td><td colspan="2"></td></tr>
<tr><td>행동특성</td><td colspan="2"></td><td colspan="2"></td></tr>
<tr><td>기타</td><td colspan="2"></td><td colspan="2"></td></tr>
<tr><td colspan="2">건의사항</td><td colspan="2"></td><td colspan="2"></td></tr>
<tr><td colspan="2">종합의견</td><td colspan="4"></td></tr>
<tr><td colspan="2">추후일정</td><td colspan="4"></td></tr>
</table>

개별면담 기록지의 예

2) 집단면담

집단면담은 교사와 다수의 부모가 함께 모여서 학급의 전반적 정보와 자녀교육에 대한 공통의 관심사를 이야기하는 부모교육 형태다. 집단면담을 통해 학급 운영이나 환경구성의 원칙, 학급구성원의 특성 등에 관해 이야기하면서 부모는 학급의 상황과 교사의 교육철학 등을 파악하게 된다. 부모는 자녀에 관해 이야기하면서 유아의 행동특성에 관한 정보를 공유하고 유아교육기관에 대한 요구사항이나 불만 등을 토로하기도 한다. 부모는 자녀 양육으로 자신만이 힘들다고 생각하다가 다른 부모의 고민과 문제점을 공유하면서 마음의 위안을 얻게 된다. 서로서로 다독이고 격려하면서 부모는 자녀 양육으로 지친 심신을 달래고 심리적 안정감을 느끼는 것이다(강인향, 조인상, 임진숙, 2018).

효과적인 집단면담을 위해 교사는 집단면담 시행 2~3주 전에 면담 시간과 장소, 면담내용, 면담 참석확인서, 부모 준비사항 등이 제시된 가정통신문을 발송해야 한다. 집단면담은 편안한 분위기에서 자유롭게 이야기를 주고받는 것이 중요하므로 교사는 다과와 이름표를 준비하고 공지사항이나 집단면담의 순서를 미리 나누어 주는 것이 요구된다. 교사는 모든 사람에게 발언할 기회를 제공하고 한 사람이 지나치게 오랫동안 발언하지 않도록 주의를 기울여야 한다. 특정 부모의 의견이 두드러져 의사소통이 원활히 일어나지 않을 수 있기 때문이다. 따라서 교사는 활발한 의사소통을 위해 원형으로 자리를 배치하고 모든 부모를 예의주시하는 것이 필요하다.

집단면담은 먼저 교사가 부모에게 인사하면서 반갑게 맞이하고 면담의 취지를 설명하는 것으로 시작한다. 다음으로 부모들끼리 서로 인사하고, 교사는 자신을 간단히 소개한다. 부모들은 차례로 자녀의 건강문제, 성격의 장단점, 가정에서의 습관, 교사와 기관에 기대하거나 우려하는 부분 등을 이야기한다. 부모들은 서로의 경험을 공유하면서 자신과 같은 것을 고민하는 부모들에게 동질감을 느끼고 문제해결방안을 마련할 수 있다. 교사는 부모들의 이야기를 경청하면서 기록하고, 부모들이 허심탄회하게 자신의 의견을 말할 수 있도록 격려해야 한다. 마지막으로 교사는 기관과 교사의 관점에서 부모들에게 당부하는 말을 하면서 면담을 마무리한다. 특별한 도움이 필요한 부모는 개별면담을 신청하거나 이후에 면담 일정을 잡을 수 있다(정계숙 외, 2018).

3) 전화상담

전화상담은 전화로 교사와 부모가 의사소통하는 것으로, 맞벌이가족과 같이 유아교육기관을 방문하기 어려운 부모가 자주 이용하는 부모교육 형태다. 맞벌이가족은 퇴근 시간 때문에 정해진 면담 시간을 맞추기 힘든 경우가 많아서 전화상담을 자주 이용하게 된다. 최근에는 많은 사람이 사회관계망 서비스(social network service: SNS)에 익숙해짐에 따라 직접 방문하여 면담하는 것보다 SNS나 전화로 소통하는 것을 선호하는 경향이 있다(강인향, 조인상, 임진숙, 2018). 따라서 교사는 부모의 형편에 따라 다양한 상담 방식으로 융통성 있게 부모와 의사소통하는 것이 필요하다.

전화상담은 원래 전화로 신뢰 관계를 구축하면서 신속하게 위기에 개입하기 위한 것으로, 시간적·공간적 한계를 벗어날 수 있다는 장점이 있다. 자신에게 익숙하고 편안한 장소에서 상담을 받으므로 심리적 안정감을 느끼면서 솔직하게 자기 생각을 말할 수 있다는 것도 전화상담의 장점이다. 그러나 서로 얼굴을 볼 수 없어서 상대방의 감정을 정확히 파악하기 어렵고 언어적 의사소통에만 의존하므로 상대방의 말을 오해할 수 있다는 단점이 있다. 몸짓이나 손짓, 표정 등으로 상호작용하지 못하기 때문에 충분한 의사소통이 이루어지지 않는 것이다.

그러므로 전화상담은 부모의 이해와 동의가 필수적인 사안을 논의할 때는 적절하지 않다. 유아의 문제행동과 같이 껄끄러운 사안에 대해 논의할 때는 전화보다 부모와 직접 만나서 대화하는 것이 바람직하다. 전화상담은 유아가 어떤 새로운 것을 시도하거나 문제를 해결했을 때, 친구를 도와주거나 양보하는 등의 바람직한 행동을 했을 때와 같이 좋은 소식을 전할 때 효과적이다(강인향, 조인상, 임진숙, 2018). 개별면담이나 집단면담과 마찬가지로 교사는 전화상담을 시행하기 전 전화상담의 시간과 상담내용 등을 제시한 가정통신문을 발송하고 부모동의서를 받는 것이 필요하다.

Chapter

13

부모교육 과제

가족은 개인에게 생존에 필요한 의식주를 제공하고 애정과 친밀한 관계를 통한 정서적 지원과 보호의 기능을 수행한다. 사회에 대해서 가족은 자녀를 출산하고 양육함으로써 사회구성원을 충원하고 문화를 보존하는 등의 기능을 수행한다. 즉, 가족은 사회에 대해 자율적이고 능동적으로 적응하면서 양육과 보호, 가사, 부양 등의 기능을 수행한다. 가족기능은 시대적 상황과 사회적 요구에 따라 변화하는데, 예컨대 학교와 대중매체 등을 통한 교육이 활발해지면서 가족의 교육적 기능이 약화하고 있다. 또한 과거에는 가족이 생산과 소비를 담당하였지만, 현재에는 대부분 가족이 소비의 기능만 수행하고 있다. 최근 고령사회로의 이행과 출생률 저하로 교육인구가 감소하면서 자녀 양육과 교육이 더는 사적 영역이 아니라 공적 영역에서 책임질 문제가 되고 있다. 이는 국가의 정책적 개입으로 모든 부모가 동등하게 자녀 양육과 교육에 대한 지식과 기술을 습득하고 다양한 혜택을 받을 수 있음을 의미한다. 달리 말하면 공적 개입으로 사회구성원 전체가 부모역할에 대한 교육과 지원을 받을 수 있어야 한다. 개별 유아교육기관을 넘어서서 지역사회와 국가 차원에서 적극적으로 부모교육이 이루어질 때 효율적으로 부모역할이 수행됨으로써 자녀의 성장과 발달이 극대화할 수 있다.

1. 아동권리 존중

권리(rights)는 어떤 일을 하거나 이익을 누릴 수 있도록 법으로 부여된 힘이다. 권리는 개인의 존엄과 가치를 표현하는 것으로, 법적 개념뿐만 아니라 윤리적 개념으로 사용된다. 권리는 법의 중심 개념으로, 헌법은 모든 사람이 인간으로서 마땅히 누려야 할 기본적 권리인 기본권을 보장한다. 기본권에는 국가로부터 간섭받지 않고 행동하며 생각할 수 있는 자유권, 차별받지 않는 평등권, 교육받을 수 있는 사회권, 국가에 어떤 일을 해 달라고 요구하는 청구권, 정치에 참여할 수 있는 참정권 등이 있다. 이러한 기본권이 헌법에 명시되어 있지만, 아동은 성장과 발달을 위해 특별한 보호와 지원이 필요하므로 아동권리(Children's rights)가 별도로 주장된다. 1989년 유엔총회에서 채택된 『유엔아동권리협약(United Nations Convention on the Rights of the Child)』은 아동을 권리의 주체로 인정하고, 아동의 인권과 관련된 모든 권리인 아동권리에 관해 규정한다. 유엔아동권리협약은 18세 미만의 모든 사람을 아동으로 정하고, 아동이 성별이나 종교, 인종 등으로 차별받지 않으며, 모든 정책과 활동에서 아동의 이익이 우선되어야 한다는 원칙을 내세운다. 이러한 원칙에 따라 유엔아동권리협약은 생존권, 보호권, 발달권, 참여권 등의 네 가지 기본 권리를 규정한다.

1) 아동의 기본 권리

(1) 생존권

생존권(survival right)은 아동이 생명을 유지하기 위해 적절한 생활 수준을 누리는 권리로, 아동의 생명을 연장하기 위해 긍정적 조치를 하는 권리를 말한다. 생존권은 안전한 주거지에서 살아가고 깨끗한 물과 충분한 영양을 섭취하며 건강을 지키기 위해 의료서비스를 받는 등 기본적인 삶을 꾸려나가는 데 필요한 권리다. 생존권을 위협하는 요인으로 굶주림과 영양실조, 성인에 의한 학대, 빈곤, 위험한 노동환경, 범죄에의 개입, 각종 질병 등이 있다. 이러한 위협 요인에 의해 피해를 보는 아동으로 학대를 당하는 아동, 성적 착취를 당하는 아동, 부모에게 버려지는 아동, 장애 아동, 난민 아동, 가출 아동 등이 있다.

유엔아동권리협약에 명시된 관련 조항으로 '당사국은 모든 아동이 생명에 관한 고유의 권리를 가지고 있음을 인정한다', '당사국은 아동의 생존과 발달을 최대한 보장해야 한다', '아동은 출생 후 즉시 등록되어야 하고, 이름과 국적을 가져야 하며, 가능한 한 부모가 누구인지 알고 부모에 의해 양육 받아야 한다', '당사국은 아동이 부모나 법정후견인, 다른 보호자로부터 양육되는 동안 모든 형태의 신체적·정신적 폭력, 상해나 학대, 유기, 부당한 대우, 성적인 학대를 비롯한 착취로부터 아동을 보호하기 위해 모든 적절한 입법적·사회적·교육적 조처를 해야 한다' 등이 있다.

(2) 보호권

보호권(protection right)은 모든 형태의 학대와 방임, 차별, 착취, 폭력, 고문, 징집, 약물, 성폭력 등으로부터 아동이 보호받을 권리를 말한다. 가족과 인위적으로 떨어지거나 부당한 형사처분으로부터 보호받는 권리도 포함된다. 보호권을 위협하는 요인으로 경제적 착취, 신체적·정서적 학대, 방임과 유기, 전쟁, 혹사, 차별적 대우 등이 있다. 이러한 위협 요인에 의한 피해 아동으로 돌봐주는 사람이 없는 아동, 학대를 당하는 아동, 거리의 아동, 전쟁이나 자연재해 등으로 인한 난민 아동, 성적 착취를 당하는 아동 등이 있다.

관련 조항으로 '당사국은 아동이나 그 부모, 후견인의 인종, 피부색, 성별, 언어, 종교, 정치적 의견, 민족적·인종적·사회적 출신, 재산, 장애 여부, 태생, 신분 등의 차별 없이 이 협약에 규정된 권리를 존중하고, 모든 아동에게 이를 보장해야 한다', '당사국은 아동이 불법으로 해외 이송되거나 본국으로 돌아오지 못하게 되는 상황을 막기 위해 적절한 조처를 해야 한다', '아동은 사생활과 가족, 가정, 통신에 대해 자의적이거나 불법적인 간섭을 받지 않으며 또한 명예나 명성에 대해 불법적인 공격을 받지 않는다' 등이 있다.

(3) 발달권

발달권(development right)은 아동이 신체적 · 정서적 · 도덕적 · 사회적 발달을 위해 필요한 모든 종류의 교육을 받고 여가와 문화생활을 누리는 등 아동이 자신의 잠재력을 최대한 발휘하는 데 필요한 권리다. 발달권은 아동이 정규 · 비정규 교육을 포함한 모든 종류의 교육을 받고, 놀이나 여가를 즐기며, 문화생활을 하면서 사상과 종교, 양심의 자유를 누릴 수 있는 권리를 말한다.

관련 조항으로 '당사국은 아동이 이 협약이 명시한 권리를 행사하면서 부모나 현지 관습에 의한 확대가족, 공동체 구성원, 후견인 등 법적 보호자들이 아동의 능력과 발달 정도에 맞게 지도하고 감독할 책임과 권리가 있음을 존중해야 한다', '당사국은 휴식과 여가를 즐기고, 자신의 나이에 맞는 놀이와 오락 활동에 참여하며, 문화생활과 예술 활동에 자유롭게 참여할 수 있는 아동의 권리를 인정한다' 등이 있다.

(4) 참여권

참여권(participation right)은 아동이 자신의 의사를 표현하고 국가와 지역사회 활동에 적극적으로 참여하는 권리를 말한다. 참여권은 아동이 책임감 있는 성인이 되는 데 필요한 권리로서, 아동의 의견이 신중하게 수용되고 아동이 단체에 가입하거나 평화적인 집회에 참여할 수 있는 권리다. 참여권이 보장되려면 우선으로 아동에 대한 성인의 인식개선이 필요하다. 즉, 성인은 아동이 자신의 감정과 의견을 가지고 자신의 요구를 주장하며 스스로 책임지는 존재임을 인정해야 한다.

관련 조항으로 '당사국은 자신의 의견을 형성할 능력을 갖춘 아동에게는 본인에게 영향을 미치는 모든 문제에 대해 자유롭게 의견을 표현할 권리를 보장하고, 아동의 나이와 성숙도에 따라 그 의견에 적절한 비중을 부여해야 한다',

'아동은 표현할 권리를 가진다. 이 권리는 말이나 글, 예술형태 또는 아동이 선택하는 다양한 매체를 통해 국경과 관계없이 모든 정보와 사상을 요청하며 주고받을 수 있는 자유를 포함한다', '당사국은 결사의 자유와 평화적 집회의 자유에 대한 아동의 권리를 인정한다' 등이 있다.

2) 부모교육

2009년 보건복지가족부에서 실시한 한국 아동·청소년 종합실태조사에 따르면, 양육자의 24.8%~39.1% 정도가 유엔아동권리협약에 대해 들어본 적이 있으며 소득 수준이 높을수록 들어본 적이 많은 것으로 나타났다(이봉주 외, 2009). 아동권리에 대해 소득 수준이 높고 도시지역에 사는 양육자의 인식이 전반적으로 높았으며, 아동의 네 가지 기본 권리 중 보호권에 대한 인식이 상대적으로 높게 나타났다. 네 가지 기본 권리가 어느 정도 보장받고 있느냐는 질문에 대해서는 4점 척도에 2점 정도의 점수를 보여 제대로 보장받지 않는다고 생각하였다. 최근 발표된 김윤희(2017)의 연구에서는 아동권리에 대한 부모의 인식이 5점 만점에 평균 4.72점으로 대체로 높게 나타났으며, 2009년 조사와 마찬가지로 보호권에 대한 인식이 4.81점으로 가장 높게 나타났다. 또한 아동권리에 대한 인식이 높은 부모는 아동학대에 대한 인식도 전반적으로 높게 나타나는 등 정적 상관관계를 보였다.

이처럼 아동권리에 대한 부모의 인식이 점차 개선되고 있지만, 실제로 아동은 기본 권리조차 제대로 보장받지 못하고 있다. 아동권리가 보장되기에는 부모의 인식이 충분하지 않은 것이다. 한국사회에는 여전히 훈육을 위해 체벌이 필요하다거나 아동학대는 심각한 문제가 아니라는 생각, 양육은 부모의 권한이므로 간섭할 수 없다거나 자녀는 부모의 소유물이라는 생각 등이 남아있어서 아동권리가 보장되지 못하고 있다(김윤희, 2017). 수직적인 부모-자녀 관계에서 수평적인 부모-자녀 관계로 변하고 있지만, 아직 동등하게 부모와 자녀 사이에 의사소통이 이루어지지 않고 있다. 따라서 온전한 인격체로서 자녀의 권리를 존중하고 보장하기 위해 부모교육이 이루어져야 한다. 자녀의 관점에서 문제를 바라보고 해결할 수 있도록 부모의 인식을 개선하고 실천할 수 있는 부모교육이 지속적이고 장기적으로 이루어져야 한다. 부모교육의 내용에는 아동권리에 대한 이해와 올바른 훈육, 자녀의 나이에 따른 바람직한 부모역할, 양육 스트레스 해소방안, 양육기술 등이 포함될 수 있다.

특히 부모가 아동권리를 이해하고 실천하려면 부모교육이 필수적인데, 왜냐하면 아동권리는 부모가 자녀를 양육하면서 자연스럽게 습득되는 개념이 아니기 때문이다(장혜진, 이현진, 2018). 부모교육을 통해 아동권리의 개념을 이해하고 가정에서 적용하는 과정을 수없이 반복하면서 부모는 비로소 아동권리를 존중하고 실천할 수 있다. 아동권리는 단순히 이론적으로 이해하는 차원을 넘어서서 자녀와 상호작용하면서 실천할 때 의미가 있는 만큼 이해와 실천의 괴리가 크게 나타나는 것이다. 그러나 현재 진행되는 아동권리에 관한 부모교육은 대부분 강의식이어서 부모에게 직접적인 도움을 제공하지 못하고 있다. 그러므로 아동권리에 관한 부모교육은 부모가 자신의 일상적인 언행을 되돌아보고 수정할 수 있도록 반성적 사고에 초점을 두어야 한다. 자신의 문제점을 뼈저리게 느끼고 반성하지 않으면 부모는 변화하지 않는다. 자기반성에 중점을 둔 부모교육을 통해 평등한 부모-자녀 관계가 형성될 때 아동권리는 존중될 수 있다.

2. 아동학대 예방

아동학대(child abuse)는 아동에게 실제적 또는 잠재적 피해를 주는 행위로, 신체적·정서적·성적 학대나 방임의 형태로 나타난다. 아동학대는 매우 오래전부터 여러 가지 형태로 자행되고 있으며, 아동의 가정이나 학교, 기관, 지역사회 등 아동과 연관된 모든 곳에서 일어나고 있다. 아동학대는 아동에게 고통을 주고 생명을 위협할 정도로 심각한 문제임에도 오랫동안 가정사로 치부되어 사회적 관심을 받지 못하였다. 아직도 훈육을 목적으로 가정이나 학교에서 체벌이 널리 사용되고 있어서 아동학대와 훈육 사이의 경계가 여전히 모호한 상태다. 그러나 최근에 아동이 죽음에 이르는 아동학대 사건이 발생하면서 아동학대가 사회적 문제로 인식되고 있다. 2017년 전국아동학대 현황보고서에 따르면 학대 행위자의 73.3%가 친부나 친모로 나타나는 등 아동학대 대부분이 아동의 가정에서 일어나고 있다. 이는 아동학대를 예방하기 위한 부모교육이 매우 시급함을 보여준다. 자신의 행위가 학대가 아니라고 생각하는 한 아동학대는 계속 일어나기 때문이다. 아동학대를 근절하고 자녀를 온전한 인격체로 존중하며 가정에서 자녀의 인권이 충분히 보장될 때 평등한 부모-자녀 관계가 형성될 수 있다.

1) 아동학대 유형

(1) 신체적 학대

신체적 학대(physical abuse)는 성인이 아동에게 신체적 손상과 고통을 주는 것으로, 손이나 발, 도구 등으로 아동에게 직접적·물리적 공격을 가하는 행위를 말한다. 신체적 학대는 보통 보호자나 양육자에 의해 체벌이라는 명목으로 가해지는 경우가 많으며, 구타나 발길질, 흔들기, 물어뜯기 등으로 나타난다. 신체적 학대로 아동은 심각한 타박상이나 골절상, 열상, 화상 등을 입거나 심하면 뇌 손상이나 내장손상을 입어 사망할 수도 있다(World Health Organization, 2006). 신체적 학대는 종종 단독으로 발생하기보다 부모의 권위주의적인 양육태도나 불안 조장, 애정 부족 등 일련의 행위와 함께 나타난다(Darity, 2008).

신체적 학대는 가장 눈에 띄기 쉬운 손상이어서 아동학대의 다른 유형보다 쉽게 발견된다. 예를 들어, 성기(sexual organs)처럼 범상치 않은 곳에 있는 멍이나 긁힌 자국, 화상 등은 신체적 학대로 생겼을 가능성이 크다. 신체적 학대를 당한 아동은 상처에 대해 잘 설명하지 못하거나 얼버무리며 자주 결석하고, 주말이나 휴가 이후에 번번이 상처가 나타나는 등 상처가 반복되는 특징을 보인다. 또한 공포나 위축, 우울, 불안 등의 증세를 보이고 또래에게 공격적이며 극단적으로 행동하거나 자기 파괴적인 행동을 한다. 폭력적인 그림을 그리거나 상처를 가리기 위해 여름에도 긴 옷을 입고 다니는 등의 특징을 보인다.

아동에게 신체적 학대를 가하는 보호자는 아동의 상처에 대해 질문을 받으면 명확하게 설명하지 못하거나 앞뒤가 맞지 않게 말한다. 타인이 있어도 아동을 심하게 꾸짖거나 아동이 거짓말을 잘하며 문제를 잘 일으켜서 믿을 수 없다는 식으로 타인에게 말한다. 또한 아동의 상처를 빨리 치료하지 않고 여러 가지 핑계를 대면서 병원을 가지 않거나 병원을 여기저기 옮겨 다니는 경향이 있다. 그러므로 아동의 신체적 학대를 방지하려면 주변 사람들이 아동과 보호자에게서 나타나는 여러 가지 징후를 잘 포착하고, 이상 징후가 발견될 때 적극적으로 신고하는 것이 무엇보다 중요하다.

(2) 정서적 학대

정서적 학대(emotional abuse)는 성인이 아동을 부정적인 태도로 대하거나 언어적·정서적으로 공격하는 것이다. 정서적 학대에는 아동이 감당할 수 없는 언어적 모욕이나 공포를 느낄 정도의 정서적 위협, 아동의 나이에 맞지 않는 비현실적인 행동의 요구, 형제자매나 또래와의 비교나 차별 등이 포함된다(고성혜, 1992). 정서적 학대는 아동의 원만한 사회정서발달을 방해하며 이후의 인간관계 형성에도 부정적 영향을 미친다. 특히 정서적 학대는 당장 결과가 나타나지 않고 시간이 오래 지난 후에 발견된다는 데 문제의 심각성이 있다. 정서적 학대가 발견될 때는 이미 돌이킬 수 없는 상태여서 문제해결이 거의 불가능하기 때문이다.

정서적 학대로 인해 아동은 적절한 보호를 받지 못하거나 위험한 환경에 처하며, 정상적으로 성장하지 못하거나 발달이 지연된다. 또한 협박이나 경멸과 같은 언어적 폭력에 의해 모욕감이나 수치심을 느끼면서 극단적으로 위축되거나 순종적인 모습을 보인다(박언하, 백현옥, 조미숙, 2009). 정서조절이 어려우므로 파괴적이고 폭력적인 모습을 보이며, 불안이나 공포 등으로 야뇨증이나 수면장애가 나타나기도 한다. 손가락을 빨거나 손톱을 물어뜯는 습관이 있으며, 지나치게 어른스럽거나 어린애 같은 행동을 하는 등 나이에 맞지 않는 행동을 보인다.

정서적 학대를 일삼는 보호자는 아동을 비난하고 무시하며, 아동에게 사랑하지 않는다는 말을 자주 내뱉는다. 아동의 말에 귀 기울이지 않고, 약속을 지키지 않으며, 대화 도중에 아동의 말을 자르면서 아동의 자존감을 무너뜨린다. 여러 명의 자녀 중 한 명을 노골적으로 좋아하면서 다른 자녀들을 차별하거나, 아동에게 집을 나가라고 말하면서 짐을 싸서 쫓아내기도 한다. 또한 정서조절능력 부족으로 자신의 분노를 조절하지 못하기 때문에 일상적으로 아동에게 욕설을 퍼붓고 소리를 지른다. 결국 정서적 학대는 한 번의 사건이 아니라 비슷한 사건이 장기간 반복되어 지속해서 일어나는 것이다.

(3) 성적 학대

성적 학대(sexual abuse)는 성인이 자신의 성적 욕구를 충족시키기 위해 아동을 이용하거나 아동을 성행위에 개입시키는 것으로, 성추행이나 성매매를 강요하는 행위 등이 포함된다. 아동의 음부를 만지는 것, 강간, 성기 노출, 근친상간, 성적 착취 등이 그 예다(이순형 외, 2011). 성적 학대는 그 피해가 겉으로 잘 드러나지 않고, 특히 성을 금기시하는 한국의 사회 분위기 때문에 학대를 당한 아동과 그 가족은 피해 사실을 숨기려는 경향이 있다. 그래서 성적 학대의 대부분이 은폐되고 있으며 성적 학대를 조기발견하고 해결하는 것이 어려운 실정이다. 성적 학대는 학령기 아동뿐만 아니라 영유아에게도 빈번하게 일어나고 있다.

성적 학대를 당한 아동은 앉거나 걷는 것이 어려우며, 속옷이 찢겨 있거나 혈흔이 묻어있고, 음부에 피가 나거나 멍이 발견되기도 한다. 또한 옷을 갈아입지 않으려고 하며, 불안하고 의기소침한 모습을 보인다. 자존감이 낮고 자신감이 부족하며 또래 관계를 맺는 데 어려움을 겪는다. 갑작스럽게 결석하거나 학업이 현저하게 부진해지는 경우도 발생한다. 나이에 맞지 않는 성적 행동을 하거나 성에 대해 아는 것이 많으며, 성행위를 묘사한 그림을 그리거나 장난감으로 성행위를 흉내 내기도 한다.

아동에게 성적 학대를 가하는 성인은 주로 아버지나 의붓아버지, 친척 등으로, 아동이 잘 알거나 신뢰하는 사람이다. 성적 학대를 가하는 성인은 아동을 성적 욕구를 충족시키기 위한 대상으로 보고, 금품을 주거나 협박, 폭력 등의 방법으로 아동을 무력화시킨 후 성적 학대를 가한다(Berk, 2004). 종종 자신을 방어하지 못하는 아동, 즉 신체적 허약이나 정서적 결핍, 사회적 고립 등을 보이는 아동을 선택하여 성적 학대를 가한다(Bolen, 2001). 또한 아동에게 성적 학대를 가하는 성인은 알코올 중독이나 약물 중독과 같은 심각한 심리적 장애가 있는 경우가 많으며 어린 시절에 성적 학대를 당한 경험을 가진 예도 있다.

(4) 방임

방임(neglect)은 보호자가 아동에게 기본적인 의식주, 의무교육, 의료서비스 등을 제공하지 않거나 아동을 보호하지 않고 버리는 것을 말한다. 아동을 불결한 환경이나 위험한 상태에 놓이게 하는 것, 아동을 시설이나 친척 집 근처에 버리는 것, 아동을 학교에 보내지 않거나 아동의 무단결석을 내버려 두는 것 등이 방임에 해당한다. 아동에게 말을 걸지 않거나 쓰다듬는 등의 신체적 접촉이 없는 것, 아동을 음란물에 노출하거나 성교육을 시행하지 않는 것도 방임의 예다. 즉, 방임은 아동에게 주의나 애정을 기울이지 않고 생존을 위한 필수품을 적절하게 제공하지 않는 것이다.

방임을 당한 아동은 몸이 더럽고 악취가 나며 겉모습이 단정하지 못하다. 계절에 맞지 않는 옷을 입고 자주 어지럽다고 말하며 또래에 비교해 지나치게 왜소하다. 매사에 무관심하고 멍하게 앉아 있는 경우가 많으며 깜짝깜짝 놀라는 모습을 자주 보인다. 결석을 자주 하고, 일찍 등교하고 늦게 하교하며, 음식이나 돈을 구걸하거나 훔치기도 한다. 결과적으로 방임을 당한 아동은 언어능력과 기억능력, 사회적 기술 등의 발달이 지연되고 신체적·사회적·심리적으로 손상을 입는다(Loughan & Perna, 2012). 특히 애착의 경험이 없어서 애정을 표현하는 데 서툴고, 타인과 관계를 형성하고 유지하는 데 많은 어려움을 겪는다.

아동을 방임하는 성인은 양육에 대한 지식 부족으로 아동을 어떻게 키워야 하는지, 아동이 무엇을 원하는지, 건전한 가족관계가 무엇인지 등을 잘 모르는 경향이 있다(이재연 외, 2011). 대부분 경제적 어려움이나 실직, 가정불화 등으로 힘들어하며, 우울증이 있거나 자존감이 낮은 경우가 많다. 특히 주변에 양육 부담감을 덜어 줄 친척이나 이웃 등이 없어서 사회적으로 고립된 경우가 많다. 결국 방임으로 아동은 적절한 자극을 받지 못하고, 의사소통능력이나 사회성발달이 제대로 이루어지지 않음으로써 학교생활을 비롯한 사회생활에 적응하지 못하는 것으로 나타난다.

2) 아동학대 발생 요인

(1) 개인적 요인

아동학대는 다양한 원인에 의해 발생하는 복잡한 현상이다(Fontana, 1984). 학대를 유발하는 원인이 또 다른 원인에 영향을 미치는 등 원인 간의 관계가 상호적이어서 아동학대의 원인을 규명하기는 쉽지 않다(오정수, 정익중, 2011). 그런데도 학대에 의한 부정적 영향이 오랫동안 지속하므로 아동학대의 원인을 밝히고 해결책을 마련하는 것은 매우 중요하다. 학대받은 아동에게 보편적으로 나타나는 증상은 자아개념의 왜곡과 낮은 자아존중감이다(연진영, 1992). 아동은 반복적으로 학대를 당하면서 자신이 학대받아 마땅하고 자신에 의해 학대가 일어난다고 믿는 등 자신을 부정적으로 바라본다. 더군다나 과거의 피해자가 새로운 가해자가 되어 아동학대를 저지르는 등 학대가 되풀이되기도 한다(정익중, 박현선, 구인회, 2006). 그러므로 아동학대의 원인을 규명하고 해결책을 마련하는 것은 학대의 부정적 영향을 최소화하고 또 다른 학대를 예방하기 위해 반드시 이루어져야 한다.

아동학대를 발생시키는 요인은 크게 개인적 요인과 사회적 요인으로 나뉘며, 개인적 요인은 학대를 가하는 성인과 학대를 당하는 아동으로 구분된다. 먼저 학대를 가하는 성인은 대부분 어린 시절 학대받은 경험이 있으며 우울증이나 충동성과 같은 정신적 결함을 보이는 경우가 많다. 또한 알코올 중독이나 약물 중독 등의 증세를 보이고 낮은 자존감이나 의존성, 좌절, 고독감 등으로 힘들어 한다. 나이 어린 부모는 자녀 양육에 대한 지식이 부족하고 자녀의 행동이나 욕구를 이해하지 못하여 쉽게 학대하는 경향이 있다(Wolfner & Gelles, 1993). 수유나 수면, 배변훈련 등에 대한 지식 부족으로 스트레스를 심하게 받으면서 학대를 일삼는 것이다(이순형 외, 2011). 종종 자녀가 어른처럼 행동하기를 바라면서 자녀에 대한 비현실적인 기대를 할 때도 아동학대가 발생한다(Twentyman

& Plotkin, 1982). 자신을 스스로 돌보거나 부모 부양과 같이 유아의 나이에 맞지 않는 기대를 하고, 이러한 기대가 충족되지 못하면 화를 내면서 학대가 일어나는 것이다. 이 외에도 아동에게 가하는 체벌을 훈육으로 간주하기 때문에 학대가 빈번하게 일어나고 있다.

아동은 어떤 경우에도 학대를 당할 이유가 없지만, 아동의 특성에 의해 학대가 유발되기도 한다. 가령 장애가 있거나 기질적으로 까다로운 아동은 부모의 양육 스트레스를 증폭시키면서 학대를 유발하기 쉽다(Steele, 1987). 아동이 잠을 잘 자지 않고 보채거나 밥을 잘 먹지 않으면 부모의 양육 스트레스가 커지고, 이를 극복하지 못한 양육자가 아동을 학대하게 된다. 장애 아동은 부모의 손길을 끊임없이 요구하는데, 이러한 상황이 부모의 양육 스트레스를 증가시키면서 학대로 이어지기도 한다(정은자, 2008). 자주 아픈 아동도 학대를 많이 당하는데, 왜냐하면 아픈 아동은 더 많이 흐느끼고 짜증을 내기 때문이다. 더군다나 시간이 지날수록 병원비에 대한 부담감이 커지므로 아픈 아동은 가족구성원 모두의 스트레스 지수를 증가시키면서 학대를 당하기가 쉽다(Sherrod, O'Connor, Vietze & Altemeier Ⅲ, 1984). 입양된 아동이나 원하지 않은 임신으로 태어난 아동 역시 학대를 당하기가 쉽다(Bethea, 1999; Daly & Wilson, 1996). 원하지 않은 임신을 하면 어머니의 정신건강이 취약해질 가능성이 크고, 그 결과 자녀와 애착 형성이 어려우므로 자녀를 학대할 확률이 높아진다.

(2) 사회적 요인

아동학대를 유발하는 사회적 요인으로 가족의 열악한 사회경제적 상황과 사회적 고립, 부실한 사회안전망, 문화적 차이 등이 언급된다. 아동학대를 발생시키는 가족의 사회경제적 상황은 빈곤이나 실직, 파산과 같은 경제적 어려움이다. 경제적 어려움에 부닥친 부모는 매 끼니를 걱정하는 상황에서 스트레스를 많이 받으므로 대화보다는 체벌을 사용하여 훈육하는 경향이 높다. 그래서 빈곤

가족에서는 학대가 일상적으로 나타난다(Duncan & Brooks-Gunn, 2000).

또한 아동학대를 일삼는 부모는 사회적 지원체계로부터 고립된 경우가 많은데, 이러한 사회적 고립이 아동학대를 유발하는 요인이 된다(Berk, 2012). 부모는 사회적 고립으로 대인관계를 통해 다양한 사회적 기술을 습득하지 못하므로 점점 더 타인을 불신하고 회피하게 된다. 사회적으로 고립되면 공공기관이나 주변 사람들로부터 받을 수 있는 지원이 점점 더 줄어들고, 결과적으로 양육스트레스가 점점 더 커지기 때문에 학대가 발생하게 된다.

부실한 사회안전망 역시 아동학대를 유발하는 요인으로 작용하는데, 왜냐하면 실업이나 빈곤과 같은 사회문제를 해결하는 제도적 장치의 미비로 가족의 사회경제적 상황이 점점 더 나빠지기 때문이다. 사회안전망 부실은 사회로부터 적절한 보호를 받지 못하여 최소한의 인간다운 생활이 보장되지 않음을 의미한다. 사회복지서비스의 질적·양적 저하로 가족의 정상적 생활이 불가능하게 되면서 방임과 같은 아동학대가 나타나는 것이다.

문화마다 아동학대를 바라보는 시각이 다른 것도 아동학대를 유발하는 요인이 된다. 예를 들어, 체벌을 금기시하는 국가에서는 아동을 살짝 때리는 것도 법으로 금지되어 아동학대가 거의 일어나지 않는다. 그러나 훈육을 목적으로 아동을 때리는 것이 허용되는 국가에서는 아동학대가 빈번하게 일어난다(United States Department of State, 2002). 전쟁이나 테러가 일어나는 지역에서도 폭력이 일상화되면서 아동이 유괴를 당하거나 불구가 되는 등의 학대가 빈번하게 일어난다(Stichick, 2001). 폭력이 만연한 사회 분위기에서 아동은 만성적 위험에 노출된 채 학대를 당하거나 폭력에 무감각해지면서 점점 더 공격적으로 변하게 된다(Garbarino, Andreas & Vorrasi, 2003).

3) 부모교육

아동학대의 가장 큰 문제점은 학대에 의한 부정적 영향이 매우 오랫동안 지속한다는 것이다. 그 영향이 아동뿐만 아니라 아동을 둘러싼 주변 사람들에게까지 미치고 사회 전체로 확산한다는 데 문제의 심각성이 있다. 특히 아동학대를 유발하는 요인이 근본적으로 제거되지 않는 한 학대는 계속 반복되며 학대받은 아동은 또 다른 학대를 저지르는 경향이 있다. 예를 들어, 잘못할 때마다 부모에게 맞는 아동은 누군가 잘못을 저지르면 맞는 게 당연하니까 얼마든지 때려도 된다고 생각하면서 폭력을 저지르게 된다. 학대받은 아동은 학업성취도가 낮고 알코올 중독이나 약물 중독을 경험하며 심각한 비행을 저지르거나 범죄에 빠질 가능성이 크다(English, 1998). 학대받은 아동을 치료하는 데 드는 비용과 시간을 줄이고 아동학대로 인한 여러 가지 사회문제를 감소시키기 위해 아동학대 예방의 필요성은 아무리 강조해도 지나치지 않는다.

아동학대는 여러 가지 요인으로 발생하기 때문에 학대를 예방하려면 가족과 지역사회, 국가 차원의 대대적인 노력이 필요하다. 하지만 아동학대 예방은 가정에서 우선으로 이루어져야 한다. 아동학대 대부분이 가정에서 부모에 의해 일어나기 때문이다. 먼저 부모는 폭력의 충동을 느낄 때 마음을 가라앉힐 수 있도록 부단히 연습하는 것이 필요하다(김이영 외, 2014). 부모는 아동의 나이에 맞는 현실적인 기대를 하고 양육 부담감으로 힘들 때는 주변 사람들에게 도움을 요청하는 것이 필요하다. 특히 부모는 다양한 대인관계를 유지함으로써 자주 대화하는 것이 매우 중요하다. 이는 자신에게 조언과 도움을 주는 누군가가 있음을 스스로 확신시킴으로써 양육 스트레스를 줄이고 알코올 중독이나 약물 중독에 빠지는 것을 방지할 수 있다.

다음으로 부모는 자녀 양육과 교육에 관한 지식과 기술을 제공하는 부모교육에 적극적으로 참여하는 것이 필요하다. 부모교육을 통해 부모는 발달단계에 따른 자녀의 특성과 바람직한 양육태도 등을 배우고 정서조절능력을 발달시키며 체벌에 대한 생각을 바꿀 수 있다. 이는 부모의 양육 부담감을 감소시킴으로써 결과적으로 부모가 자녀에게 헌신하도록 도와주는 만큼 지속적이고 장기적으로 이루어지는 것이 필요하다(Reynolds & Robertson, 2003). 학대 행위자인 부모를 대상으로 한 가정방문 부모교육은 부모의 양육 스트레스를 감소시키고 양육기술을 향상하는 데 초점을 둔다. 가정방문 부모교육은 방문상담사가 개별 가정을 주기적으로 방문하여 교육하고 상담하는 것으로, 부모와 가족의 특성에 맞게 문제해결을 도와준다는 장점이 있다(김희진, 2005).

현재 아동학대를 예방하기 위해 공공기관과 지역사회는 다양한 서비스를 제공하고 있다. 학대를 가하는 성인에 대한 교육과 상담프로그램 지원, 실직으로 경제적 어려움을 겪는 부모에게 취업 알선, 알코올 중독이나 정신적 결함이 있는 부모에게 치료 제공, 가사와 육아를 도와주는 자원봉사자 파견 등이 그 예다. 아동학대는 다양한 요인이 복합적으로 작용하여 발생하므로 관련 기관들이 긴밀하게 협조하여 동시다발적으로 움직일 때 문제가 해결될 수 있다. 그런데도 폭력이나 체벌을 허용하는 사회 분위기가 사라지지 않는 한 아동학대는 계속 발생할 것이다. 훈육을 목적으로 체벌이 사용되는 한 아동학대와 훈육 사이의 경계는 계속 모호하고 폭력은 계속 정당화되기 때문이다.

따라서 아동학대를 예방하려면 아동학대에 대한 인식개선이 우선으로 이루어져야 한다. 아동은 존중받아 마땅한 존재라는 인식과 어떤 형태의 아동학대도 허용하지 않는 사회 분위기가 형성될 때 아동학대는 예방될 수 있다. 무엇보다도 누구든지 아동학대가 의심되는 사례를 발견하면 즉각적으로 신고하는 것이 중요하다. 이는 아동학대를 예방할 수 있는 가장 효과적인 방법으로, 국번 없이 112로 전화하면 가장 가까운 지역의 아동학대예방센터로 연결되어 신속하게 신고가 접수된다. 접수된 사례는 현장조사가 시행되며, 경찰에서 조사한 결과에 따라 학대가 아니라고 판정되더라도 신고자가 불이익을 받지 않는다. 결국 아동학대는 학대 행위자인 부모를 대상으로 한 부모교육만으로 예방되지 않으며 사회구성원 모두가 아동학대의 심각성을 깨닫고 아동의 인권을 존중할 때 예방될 수 있다.

3. 부모-교사 관계 증진

부모교육이 효과적으로 이루어지려면 부모와 교사 사이에 서로 신뢰하는 관계가 형성되어야 한다. 부모와 교사 사이의 신뢰 관계가 형성되어야 부모는 가정에서의 생활을 솔직하게 이야기하고 교사는 기관에서의 경험을 객관적으로 이야기하면서 자녀의 문제를 해결할 수 있다. 또한 교사는 자녀 양육과 교육에 관한 지식과 정보를 최대한 부모에게 전달하고 이러한 지식과 정보를 가감 없이 수용하면서 부모는 자녀의 성장과 발달을 도모할 수 있다. 그러므로 교사는 부모가 자녀를 가장 잘 알고 누구보다 자녀가 잘되기를 바라는 사람임을 인정해야 한다(조성연 외, 2019). 부모는 교사가 전문직업인으로서 자녀의 교육을 책임지는 사람임을 인정해야 한다. 이처럼 서로의 역할을 인정하고 현실적으로 기대할 때 부모-교사 관계가 성공적으로 형성되고 유지할 수 있다. 자녀에게 가장 적합한 교육이 이루어지려면 성공적인 부모-교사 관계가 필수적이다. 공통의 교육철학으로 일관되게 자녀를 교육할 때 자녀의 성장과 발달이 원만히 이루어지기 때문이다. 따라서 기관에서 시행하는 다양한 부모교육은 부모-교사 관계를 증진하는 데 이바지해야 한다. 부모와 교사가 상호 이해하고 협력하는 관계를 형성하는 것이 부모교육의 과제인 셈이다.

1) 교사의 자질

교사(teacher)는 일정한 자격을 갖추고 학교에서 가르치는 사람으로, 학습자가 지식, 기술, 가치, 태도 등을 습득하도록 도와준다. 과거에 교사는 학교에서 일하는 노동자로 간주하였는데, 왜냐하면 가르치는 일은 노동이기 때문이다. 그러나 전문직으로 교직을 바라보는 시각이 등장한 이후에는 교사를 전문직업인으로서 간주하는 경향이 지배적이다. 전문직업인으로서 교사에게 가장 요구되는 것은 교육권의 보장이다(전일균, 2015). **교육권**은 교육 활동에 대한 교사의 자유와 책임으로, 교육의 독립성 유지와 수업의 내용, 방법, 평가 등 교육 활동에서의 자유를 의미한다. 이를테면, 교재 교구 선정, 교과서 선택, 교육과정 개발과 운영 등에서 교사의 교육권이 보장되어야 한다.

이러한 교육권의 보장은 교사의 전문성에 의해 담보되는데, 왜냐하면 비판적이고 객관적인 선택과 결정은 전문적 지식과 기술, 태도 등에 기초하기 때문이다. **전문성**(professionalism)은 특정 집단에서 보통 사람이 수행할 수 있는 능력 이상의 수준을 갖추는 것으로, 훈련을 통해 얻을 수 있는 특별한 지식이나 기술, 태도 등이다. 교사의 전문성은 전문직의 기본 특성인 지식, 기술, 태도 등에 따라 규정될 수 있다(조정기, 1999). **전문적 지식**은 해당 분야에 정통한 지식을, **전문적 기술**은 생산된 지식을 실제로 이용하여 현실화하는 방법과 도구를 말한다. **전문적 태도**는 전문직에서 요구하는 가치판단의 기준으로, 국가나 사회에 헌신하고 봉사하는 자세 등을 포함한다. 즉, 교사 전문성은 교육 활동에서 요구되는 특별한 지식과 기술, 태도 등을 모두 포괄하는 것으로, 학습자가 자신의 잠재력을 개발할 수 있도록 내·외적 조건을 마련하는 능력이다.

유아교사의 전문성은 유아교육의 질을 좌우하는 핵심적 요소다(Saracho & Spodek, 1993). 전문성이 높은 유아교사는 전문적 지식과 기술, 태도 등을 갖추고 있으므로 다양한 교수-학습 방법을 사용하여 효과적으로 수업을 전개할 수 있다. 또한 교직에 대한 신념과 철학이 명확하므로 책임감 있게 유아를 지도할 수 있다. 교육과정과 유아에 대한 지식과 기술을 지속해서 개선하여 효율적으로 학급을 운영할 수 있다. 따라서 유아교육의 질을 높이기 위해서는 유아교사의 전문성 제고가 필수적이다. 교직에 대한 확고한 신념으로 새로운 지식과 기술을 지속해서 습득할 때 유아교사의 전문성 제고와 유아교육의 질적 향상이 가능하다.

또한 유아교사는 책무성을 높이기 위해 노력해야 한다. **책무성**(accountability)은 개인이나 조직이 수행한 활동의 결과를 책임지는 것으로, 결과에 대한 보고나 설명, 해명 등의 행위로 나타난다(김규태, 2001). 교육에서 책무성은 학교가 자신의 행위와 교육적 성과에 대해 책임지는 것으로(조석훈, 2010), 학교교육의 상태나 효과를 교육청이나 학부모와 같은 관련자에게 투명하게 알리는 것을 의미한다. 교사의 책무성은 과업을 수행하는 당사자로서 교사가 자신의 직무를 수행하고 그 과정과 결과를 책임지는 것으로(송옥란, 2006), 국민의 교육받을 권리를 실질적으로 보장하기 위해 교사가 감당해야 할 몫이다(조석훈, 2004). 교사의 책무성은 학습자의 전인적 성장과 발달을 위한 과업을 교사가 제대로 수행하는지를 평가하고 그 결과에 대해 책임지는 것이다.

책무성은 수업의 질을 높이는 중요한 수단으로 간주한다(박균열, 2008). 교사가 책무성을 높게 인지할수록 자신의 업무에 대해 애착을 더 많이 느끼고 수업에 몰입하는 정도가 커지면서 수업의 질이 향상하기 때문이다. 교사의 책무성이 높을수록 학습자의 전인적 성장과 발달을 위한 과업 수행의 의지가 높아서 수업의 질이 향상하게 된다. 따라서 책무성은 전문성과 불가분의 관계에 있다(김현자, 2008). 교사가 자신의 업무를 충실히 수행하려면 전문적 지식과 기술, 태도 등이 뒷받침되어야 하며, 역으로 자신의 업무를 수행하면서 교사의 전문적 지식과 기술, 태도 등이 향상하기 때문이다. 책무성 제고의 필요성을 느낄 때 교사는 자신의 업무를 효과적으로 수행하기 위해 전문성 향상에 더 매진하게 된다(송옥란, 2006). 책무성을 높게 지각한 교사일수록 수업 전문성과 교직에 헌신하려는 의지가 높으며(박균열, 2008), 자신의 전문성을 창조적으로 발휘함으로써 교육적 성과를 낼 수 있다.

유아교사의 책무성은 공급자 중심 교육에서 수요자 중심 교육으로 변화하면서 본격적으로 논의되고 있다. 교육의 공급자인 교사는 수요자인 유아와 부모의 판단과 가치를 인정하고 권리를 존중하며 교육적 성과를 투명하게 보고하고 설명해야 한다. 교육의 공급자로서 유아교사가 유아와 부모의 선택권과 참여권, 요구권 등을 신중히 고려하여 교육의 질을 책임져야 한다(Unger, 2007). 최근에 누리과정을 비롯하여 유아교육에 대한 정부의 재정지원이 확대하면서 유아교사의 책무성에 대한 요구가 커지는 추세다. 유아교육에 세금이 투입된 만큼 유아교사는 투입된 세금보다 더 큰 가치를 만들어야 한다는 공공의 압력이 거세지는 것이다. 유아교육의 공교육화가 가속하면서 유아교육이 더는 사적 영역이 아니라 공적 영역에서 다루어짐에 따라 유아교사의 책무성에 대한 요구는 점점 더 커질 전망이다(손순복, 권경숙, 2012).

2) 역할갈등

유아교사의 역할은 시대와 사회, 학자 등에 따라 다르게 규정된다. 시대가 변화함에 따라 사회가 교사에게 요구하는 행동양식이 바뀌기 때문이다. 게다가 사회마다 특정한 사회적 지위나 직책에 기대하는 행동양식이 달라서 같은 시대라도 교사의 역할은 사회에 따라 다르게 규정된다. 카츠(Lilian G. Katz)는 처음으로 유아교사의 역할을 직무와 연관된 교사의 행동양식으로 정의하고, 모친 유형과 치료 유형, 교수 유형 등으로 구분하였다(Katz, 1970). 모친 유형은 유아의 안전과 평안, 행복 등에, 치료 유형은 유아의 감정표현과 내적 갈등 해결에, 교수 유형은 지식과 정보 전달에 초점을 둔다. 쉬크단즈(Judith A. Schickedanz)와 동료들은 교육과정 설계자, 계획자, 조직자, 평가자, 훈육자, 의사결정자 등으로(Schickedanz, York, Stewart & Whiteet, 1990), 조(Boo Kyung Cho)와 사라초(Olivia N. Saracho)는 상담자, 조언자, 연구자, 관리자 등으로 유아교사의 역할을 구분하였다(Cho & Saracho, 1997). 과거에는 주로 보호자 역할이 언급되었지만, 현재에는 의사결정자와 연구자, 교수자 역할이 강조된다(고현정, 2004). 유아와 상호작용하면서 유아의 학습태도를 길러주는 공동 학습자 역할도 주목받는다(박은혜, 2017).

결과적으로 유아교사의 역할은 교육과정 설계자, 일과 계획 및 운영자, 상담자, 연구자, 관리자 등으로 구분된다. 이러한 역할은 유아교사의 전문성과 책무성에 대한 요구가 커짐에 따라 더욱더 세분화·다양화하고 있다. 교사에게 요구되는 역할이 더 다양해짐에 따라 유아교사는 역할갈등을 더 자주 경험한다(Jalongo & Isenberg, 2004). **역할갈등**(role conflict)은 개인이 동시에 충족할 수 없는 여러 가지 기대 사이에 놓여 있는 상황을 말한다(Katz & Kahn, 1978). 유아교사는 초·중등교사보다 교육내용 선정이나 조직, 환경구성 등에서 교사의 자율성이 많이 보장되는 만큼 역할갈등을 더 자주 경험한다. 유아교사 혼자서 감당해야 하는 일의 종류가 다양해서 동시에 여러 가지 기대를 충족할 수 없는 상황이 자주 발생하는 것이다. 초·중등학교와 다르게 유아교육기관의 조직체계가 허술하여 업무 분담이 잘 이루어지지 않는 상황도 유아교사의 역할갈등을 가중하는 원인으로 작용한다(권수현, 이승연, 2011).

유아교사의 역할갈등에 영향을 미치는 요인으로 교사 개인, 유아, 조직구성원, 부모, 행정 및 업무지원, 장학, 사회적 인식 등이 언급된다(송연숙, 유수경, 2008). 교사 개인은 교사 자신의 가치관과 신념, 적성, 건강 등이, 유아 요인은 교사-유아 관계가 유아교사의 역할갈등에 영향을 미친다. 조직구성원은 유아교육기관의 조직체계 속에서 나타나는 것으로, 원장이나 원감, 동료 교사 등과의 관계가 역할갈등에 영향을 미친다. 부모 요인은 부모-교사 관계에 관한 것으로, 교사와 부모 간 의견 차이가 그 예다. 행정 및 업무지원은 공문서와 같은 행정업무 처리 등을, 장학 요인은 장학에 대한 두려움이나 거부감 등을 가리킨다. 사회적 인식은 유아교사에 대한 잘못된 사회적 인식으로, 유아교사를 단순히 아이를 돌보는 존재로 간주하는 것이 그 예다(김희태, 2004). 역할갈등은 역할수행에 영향을 미칠 수 있다는 점에서 유아교사가 반드시 해결해야 할 문제다(권수현, 이승연, 2011). 특히 유아교사는 유아와 동료 교사 등과 거의 온종일 함께하면서 업무뿐만 아니라 관계에서 어려움을 겪기 때문에 역할갈등이 역할수행에 큰 영향을 미친다.

3) 교권

유아교사는 교육과정 설계자, 일과 계획 및 운영자, 상담자, 연구자, 관리자 등의 다양한 역할을 수행하면서 매 순간 역할갈등을 경험하고 해결방안을 모색한다. 이때 유아교사는 윤리적 딜레마에 빠지기도 하는데, 왜냐하면 여러 사람의 이해관계가 복잡하게 얽히면서 모든 사람의 요구를 충족하지 못하기 때문이다. 낮잠을 원하는 부모와 그렇지 않은 부모, 실외놀이를 원하는 유아와 그렇지 않은 부모 등 각기 다른 이해와 요구 때문에 유아교사는 어려움을 겪는다. 더군다나 여러 사람의 요구를 충족하는 데만 급급하다 보면 유아교사로서 자신의 권리를 행사하지 못하는 경우가 발생한다. 외부의 간섭 때문에 주체적으로 교육할 권리를 행사하지 못하는 것이다. 이는 유아교사가 자율적인 교육 활동을 전개하지 못함을 의미하는 것으로, 결과적으로 유아교육의 질적 저하로 연결될 수 있다. 교권의 확립은 유아교사에게 교육할 권리를 보장함과 동시에 유아의 교육받을 권리를 보장하는 것이다.

교권(teachers' rights)은 전문직업인으로서 교사의 권리를 말하는 것으로, 교사의 교육권이라는 제한된 의미로 사용된다. 넓은 의미의 교권은 학습자와 학부모, 교사, 학교 설립자, 국가 등의 교육받을 권리와 교육할 권리를 모두 포함하는 교육권을 의미한다(최인화, 2011). 교권은 법학적 개념이 아니라 사회학적 개념으로서 교사가 자신의 신념에 따라 정치적 중립성을 지키면서 자주적으로 교육할 권리를 의미한다(최인화, 2011). 교권은 교사의 권리이면서 동시에 교사의 권위를 의미하기도 한다(황준성, 2014). 권위(authority)는 사회생활의 특정 영역에서 개인이나 조직이 행사하는 영향력으로, 사회구성원으로부터 인정된 능력이나 힘을 말한다. 권위는 자발적으로 믿고 따르게 하는 힘으로, 자발적 동의가 없으면 성립하지 않는다(이동순, 송도선, 2015). 권위는 사회의 모든 분야에서 요구되는데, 예컨대 의사의 권위가 있어야 환자가 의사의 처방을 신뢰하고, 교사의 권위가 있어야 학습자는 교사를 진정으로 존경하고 따르면서 자연스럽게 감화될 수 있다. 교사의 권위는 교육의 효율성을 높이는 데 필수적이다.

교사의 권위는 교사 자신이 내세운다고 형성되는 것이 아니라 교사가 다양한 경험과 풍부한 지식으로 학습자의 공감과 존중을 자연스럽게 끌어낼 때 형성된다(이동순, 송도선, 2015). 교사가 자신의 신분을 내세워 학습자에게 무조건적인 복종을 강요한다면 오히려 학습자의 불만과 반발을 불러일으킬 뿐이다. 교사의 권위는 독단적으로 결정하고 행사하는 권위가 아니라 사회적·제도적으로 부여되고 인정되는 권위다. 따라서 교사의 권위는 권위주의와 구별된다. 권위주의(authoritarianism)는 독단적 지배력이나 권위를 내세워 자신의 신념이나 지식, 행위 등에 대한 도전을 허용하지 않는 사고방식이나 행동양식이다. 권위가 자발적·내재적인 데 반해, 권위주의는 타율적·외재적·비합리적이다. 교사가 자신의 권위를 지나치게 사용하여 위협과 처벌로 학습자를 통제하고 지배하는 것이 권위주의다.

교사의 권위는 형식적 권위와 실질적 권위로 구분될 수 있다(이병승, 2011). 형식적 권위는 제도나 법이 부여한 것으로, 직위상의 권위나 권리상의 권위를 가리킨다. 실질적 권위는 전문지식에 관한 것으로, 주로 교육내용과 교육방법에 대한 사실상의 권위다. 교사를 교사답게 만드는 권위는 사실상의 권위인 실질적 권위다. 교사의 전문적 지식과 기술, 태도 등의 수준이 수업을 통해 온전히 드러나기 때문이다. 교육목표와 교육내용, 교육방법 등에 대해 확신하고 열정적으로 수업을 전개할 때 교사는 실질적 권위를 가지게 된다. 수업에서 나타나는 교사의 능력과 품성에 따라 학습자는 교사를 믿고 따를 수도 있고 그렇지 않을 수도 있다. 따라서 교사가 실질적 권위를 가지려면 좋은 수업을 전개하는 것이 필수적이다.

유아교사의 실질적 권위는 지적, 기술적, 인성적, 헌신적 측면에서 논의될 수 있다. 지적 측면에서 권위는 교육내용과 교육과정 등에 관한 전문지식과 연관된 것으로, 유아교사는 연구자로서 자신의 역할을 수행할 때 지적 권위를 가질 수 있다(김치영, 임상도, 2014). 기술적 측면에서 권위는 교육 활동을 얼마나 효과적으로 운영하느냐와 연관된 것으로, 교수-학습 방법이나 학급경영 능력 등이 포함된다(이병승, 2011). 인성적 측면에서 권위는 유아교사가 얼마나 도덕적으로 사고하고 행동하느냐에 관한 것으로, 유아가 민주시민의 자질을 함양하는 데 결정적 영향을 미친다. 헌신적 측면에서 권위는 교육에 대한 유아교사의 신념과 헌신, 열정 등에 관한 것으로, 유아교사의 소명의식과 연관된다. 유아를 위해 헌신하고 봉사하는 자세를 가질 때 유아교사는 진정한 권위를 지닐 수 있다.

4) 부모교육

유아의 전인적 발달을 위해 부모와 교사의 협력적 관계는 필수적이다. 그러나 유아교사가 겪는 직무 스트레스의 가장 큰 요인이 부모로 언급될 정도로(김보영, 김현주, 2013; 최서영, 이대균, 2011) 교사는 부모와 다양한 갈등을 경험한다. 공급자 중심 교육에서 수요자 중심 교육으로 변화하면서 교육과정 운영에 대한 부모의 요구와 참여가 확대함에 따라 부모와 교사의 갈등은 더 커지는 추세다. 부모의 요구사항이 많아질수록 부모의 욕구를 충족해야 하는 교사의 부담이 증가하면서 갈등이 커지는 것이다. 게다가 교사는 부모와의 갈등으로 인한 부정적 감정을 겉으로 표현하지 못하고 언제나 밝고 따뜻하며 미소 띤 얼굴로 긍정적 감정을 드러내야 하므로 직무 스트레스를 많이 받는다(김미향, 이현진, 2016). 이러한 교사의 직무 스트레스는 고스란히 유아에게 전달되어 유아의 성장과 발달에 부정적 영향을 미칠 수 있다는 점에서 심각한 문제다. 과중한 업무 부담과 감정노동에 시달리면서 교사가 유아와 활발하게 상호작용하기가 어렵기 때문이다. 따라서 부모와 교사의 협력적 관계를 위해서는 부모와 교사가 서로의 역할을 인식하고 적절한 기대를 하는 것이 필요하다.

특히 부모는 교사의 역할을 이해하고 협조하는 것이 필요한데, 왜냐하면 많은 부모가 교사에게 부모의 역할까지 요구하기 때문이다(권미랑, 하연희, 2014). 유아교사는 전문직업인으로서 교육과정 설계자, 일과 계획 및 운영자, 상담자, 연구자, 관리자 등의 역할을 수행한다. 하지만 많은 부모는 교사가 부모처럼 절대적 사랑과 헌신으로 자녀를 돌봐주기를 기대한다. 교사는 모든 유아를 동등하게 사랑하고 똑같이 대우해야 함에도 부모는 자신의 자녀만 바라보고 완전한 사랑과 헌신을 요구하는 것이다. 자신의 자녀만 바라보기 때문에 부모는 교사에게 항상 많은 것을 기대하고 요구사항이 채워지지 않으면 불만을 품게 된다. 이러한 불만이 쌓이면 부모는 교사를 불신하면서 교사와 원만한 관계를 형성하기 어렵다. 교사의 역할과 부모의 역할을 구분하지 못함으로써 부모와 교사가 원만한 관계를 형성하지 못하는 것이다. 그러므로 유아교육기관은 다양한 부모교육을 통해 기관이 할 일과 교사가 할 일, 부모가 할 일을 부모가 명확히 구분하도록 도와주어야 한다. 이를 통해 부모는 부모로서 원하는 것을 적절히 요구함으로써 교사와 원만한 관계를 유지할 수 있다.

아울러 부모와 교사는 상호존중하는 태도를 보여야 한다. 부모와 교사는 상대방의 지식과 기술을 존중하고 각자의 어려움을 이해하고 배려하는 자세를 가져야 한다(조성연 외, 2019). 대부분 부모는 교사가 자녀의 문제행동을 지적하면

인정하지 않고 도리어 교사에게 화를 내는 경향이 있다. 그래서 많은 교사는 유아의 문제행동을 발견해도 말하지 못하거나 빙빙 돌려서 이야기하게 된다. 이는 유아의 문제행동을 수정할 기회를 놓치는 결과를 초래하는 등 유아의 성장과 발달에 부정적 영향을 미치게 된다. 또한 몇몇 부모는 교사에게 반말하거나 과도하게 긴 통화를 하는 등 무례하게 행동하기도 한다. 심지어 주말에 전화하는 등 상하관계로 교사를 대하는 부모도 있다(권미랑, 하연희, 2014). 이러한 부모의 태도에 교사는 심한 불쾌감을 느끼기 때문에 부모와 교사 간에 형식적이고 피상적인 대화만 오가게 된다. 일방적인 의사소통이 원만한 부모-교사 관계를 형성하는 데 방해 요인으로 작용하는 것이다. 따라서 부모교육에서 부모-교사 관계가 공적인 관계이며 서로에게 예의를 갖추어야 한다는 사실이 강조되어야 한다.

부모와 교사 간의 상호존중은 부모-교사 관계의 특수성 때문에 더욱 강조되어야 한다. 첫째, 부모-교사 관계는 간접적이다(조성연 외, 2019). 부모는 교사와 직접 관계를 맺는 것이 아니라 자녀를 사이에 두고 간접적으로 관계를 맺는다. 부모는 자녀를 통해 기관과 교사에 관한 정보를 얻고, 교사는 유아의 언행을 통해 부모에 관한 정보를 얻는다. 둘째, 부모-교사 관계는 비자발적이다. 부모와 교사는 서로를 자발적으로 선택해서 관계를 맺는 것이 아니라 자녀를 기관에 보내면서 비자발적으로 관계를 맺는다. 셋째, 부모-교사 관계는 한시적이다. 자녀를 기관에 보내는 동안에만 유지되기 때문이다. 넷째, 부모-교사 관계는 공식적이다. 부모-교사 관계는 사적 관계가 아니라 수요자와 공급자로 맺어지는 공적 관계다. 그러므로 부모가 교사에게 무례하게 행동하거나 과도하게 요구하지 않도록 기관은 교육철학이나 운영방침 등을 부모에게 분명히 전달하고 교사의 전문성과 책무성을 최대한 강조해야 한다. 부모와 교사가 공적 관계를 유지하면서 서로에게 예의를 갖추도록 부모교육이 이루어져야 한다.

동반자적 부모-교사 관계를 통해 부모는 자녀 양육과 교육에 관한 정보를 얻고 부모역할을 명확히 이해하고 실천함으로써 효과적으로 자녀를 교육할 수 있다. 이는 자녀 양육과 교육에 대한 자신감과 자존감을 높이는 데 이바지함으로써 자녀교육을 위한 최적의 가정환경을 조성하는 것으로 나타난다. 교사 역시 동반자적 부모-교사 관계를 통해 유아에 대한 실제적인 지식과 정보를 얻음으로써 개별 유아의 특성에 맞는 교육을 전개할 수 있다(정계숙 외, 2018). 유아의 잠재력이 최대한 발현되는 교육환경을 조성함으로써 교사는 유아의 발달을 극대화할 수 있다. 그러므로 알림장이나 가정통신문, 강연회, 워크숍, 가족참여행사, 수업참관, 개별면담, 집단면담 등 유아교육기관에서 이루어지는 다양한 부모교육은 부모-교사 관계를 증진하는 데 이바지해야 한다. 역으로 부모-교사 관계를 증진하기 위해 다양한 부모교육이 이루어져야 한다. 기관에서 이루어지는 부모와의 모든 만남이 부모교육의 장(場)이 되는 것이다. 그러므로 자녀의 성장과 발달에 필수적인 동반자적 부모-교사 관계를 형성하고 유지하기 위해 부모와 교사 모두 적극적으로 노력해야 한다.

참고문헌

강경아, 김신정, 장은영 (2003). 임부 배우자의 쿠베이드 증상. **여성건강간호학회지**, 9(3), 256-269.

강병모 (2005). 현대 한국의 가정 문제와 그 해결 방안으로써의 가정 기도. 부산가톨릭대학교 대학원 석사학위논문.

강인향, 조인상, 임진숙 (2018). **부모교육**. 경기: 양서원.

강정원, 김승옥 (2017). 어린이집 운영위원회의 운영현황 및 인식 조사: 어린이집 운영위원들을 중심으로. **유아교육학논집**, 21(6), 183-203.

강정화 (2005). 가정방문을 통한 시각장애유아의 개별지도 사례연구. **시각장애연구**, 21(1), 87-102.

강학중, 유계숙 (2005). 맞벌이 부부의 가사 및 자녀양육 분담에 관한 연구: 억제 및 촉진 요인을 중심으로. **가족과 문화**, 17(3), 187-219.

계영희 (2011). 유아교육의 철학적 기초: 고대 그리스와 로마의 유아교육. **한국수학사학회지**, 24(1), 45-61.

고경화 (2000). 로크의 아동교육에 대하여. **한국영유아보육학**, 20, 177-191.

고성혜 (1992). 아동학대 개념규정 및 아동학대에 대한 모·자녀의 지각성향. 서울대학교 대학원 박사학위논문.

고현정 (2004). 공·사립 유치원 초임교사가 지각한 교사의 역할. 이화여자대학교 교육대학원 석사학위논문.

공강수 (2014). 아버지 양육참여도와 유아 사회성이 유아 창의성에 미치는 영향: 유아 연령과 성별을 중심으로. 경남과학기술대학교 사회복지대학원 석사학위논문.

공근순 (2010). 상호교류분석이론에 기초한 부모교육이 어머니의 양육태도 및 의사소통 변화에 미치는 영향. 삼육대학교 대학원 석사학위논문.

곽노의 (2015). **유아교육사조: 유아교육의 역사와 철학**. 서울: 문음사.

구경선 (2002). 페스탈로치의 인간관과 유아교육. **신학과 선교**, 27, 5-31.

권미경 (2006). 다문화사회의 교육문화 과제 탐색: 여성결혼이민자의 체험에 관한 질적 연구.

동아대학교 대학원 박사학위논문.

권미랑, 하연희 (2014). 유아교육기관의 부모와 교사의 관계성 탐색. **유아교육연구**, 34(4), 261-302.

권수현, 이승연 (2011). 유치원 교사가 인식하는 역할갈등 및 역할갈등이 역할수행에 미치는 영향 분석: 회복탄력성 상·하 집단을 중심으로. **유아교육연구**, 31(2), 311-331.

권순만, 성현주 (2016). 분리불안 5세 어린이의 어머니 상담사례 연구. **유아교육 · 보육복지연구**, 20(4), 347-373.

권순희, 박상준, 이경한, 정윤경, 천호성 (2010). **다문화사회와 다문화교육**. 경기: 교육과학사.

권정윤, 정미라, 이방실 (2015). 아버지의 놀이상호작용이 유아의 인지, 동작, 언어 발달에 미치는 영향. **유아교육연구**, 35(1), 333-350.

김경화 (2004). 상호교류분석이론에 기초한 부모교육이 어머니의 심리적 자세, 자아개념 및 유아의 자아개념에 미치는 영향. **유아교육연구**, 24(2), 181-198.

김규민 (2000). 청소년의 섭식태도 영향요인에 관한 연구: 대전·충남지역 여고생의 신경성 섭식성향을 중심으로. 목원대학교 산업정보대학원 석사학위논문.

김규태 (2001). 교육적 책무성의 개념적 구조. **교육행정학연구**, 19(2), 287-308.

김나연 (2011). 북한이탈주민의 지각된 스트레스 및 자존감이 우울에 미치는 영향: 차별감과 억제형 대처양식의 조절효과를 중심으로. 서울대학교 대학원 석사학위논문.

김남석 (2016). 첫 신생아 아버지의 양육 지식과 양육 자신감에 관한 연구. **디지털융복합연구**, 14(8), 537-545.

김덕수 (2016). 팍스 로마나 시대 수사학과 아동교육론. **서양고대사연구**, 45, 113-147.

김동렬 (2001). 서양 고전고대와 아우구스티누스의 교육사상에 관한 연구. 한남대학교 교육대학원 석사학위논문.

김명소, 한영석 (2006). 한국인의 행복지수 공식 개발. **조사연구**, 7(2), 1-38.

김미숙 (2010). 상호교류분석이론에 기초한 부모교육이 어머니의 자아개념과 대인관계 능력에 미치는 영향. 삼육대학교 일반대학원 석사학위논문.

김미향, 이현진 (2016). 사립유치원 교사들이 경험하는 부모와의 관계 탐색: 감정노동의 관점에서. **열린부모교육연구**, 8(1), 79-104.

김미혜, 김혜선 (2004). 저소득층 조손가족 조부모의 생활만족도에 영향을 미치는 요인 연구. **한국노년학**, 24(3), 153-170.

김민정, 김종훈, 변혜원 (2018). 영아 아버지의 상호작용이 영아발달에 미치는 영향. **어린이문학교육연구**, 19(2), 171-189.

김병희 (2008). 플라톤의 인식론에 비추어 본 유아교육의 성격. **한국유아교육연구**, 5(1), 131-143.

김보영, 김현주 (2013). 교사-부모 관계에서 경험하는 유치원 교사의 어려움. 한국보육지원학회지, 9(6), 73-106.

김부용 (2006). 무용전공 여대생의 섭식장애에 영향을 미치는 식이행동 분석. 계명대학교 교육대학원 석사학위논문.

김선미 (2018). 코메니우스 유아교육사상을 기반으로 한 어린이집 교육방법에 관한 연구. 총신대학교 교육대학원 석사학위논문.

김선미, 장상옥 (2005). 맞벌이 부부의 가사노동에 관한 질적 연구: 초등학생 자녀를 둔 맞벌이 부부를 중심으로. 한국가족자원경영학회지, 9(3), 17-29.

김선아 (2011). 이혼가정아동의 외현적 공격성과 내면문제 발달궤적과 초기 보호요인과의 관계: 결혼가정과의 비교. 한국가족복지학, 16(3), 5-34.

김선영 (2012). 종교개혁사적 관점에서 본 루터의 교육사상과 교육개혁에 관한 연구. 연세대학교 대학원 박사학위논문.

김선일 (2007). 어머니 참여 치료놀이가 자폐성 장애 아동 어머니의 부모 효능감, 부모-자녀 상호작용에 미치는 영향. 충남대학교 대학원 석사학위논문.

김선현, 전세일 (2009). 특수아동을 위한 임상미술치료. 서울: 바로세움.

김성훈 (2015). 에라스무스의 『아동교육론』에서 찾아지는 퀸틸리아누스의 흔적. 인문학논총, 38, 231-258.

김성희, 허혜경 (2002). 유아발달. 서울: 교육과학사.

김수향, 이경하, 이용주, 임영심 (2015). 유아교육개론. 경기: 공동체.

김순화 (2012). 유치원 부모교육 프로그램 운영 실태와 활성화 방안에 관한 연구: 경산시 공립유치원 중심으로. 대구대학교 교육대학원 석사학위논문.

김승희 (2011a). 다문화가족의 자녀교육 문제에 관한 질적 연구. 한국가정관리학회지, 29(4), 17-33.

김승희 (2011b). 다문화가족 자녀의 정체성 문제에 관한 질적 연구. 가족과 문화, 23(3), 26-61.

김승희 (2012). 여성결혼이민자가 체험한 교육문화와 문화적응에 관한 질적 사례연구. 한국가족자원경영학회지, 16(4), 153-170.

김승희 (2015). 교수-학습 모형과 방법을 활용한 유아과학교육. 서울: 학지사.

김승희 (2016a). 영유아발달. 경기: 정민사.

김승희 (2016b). 사회적 자본의 관점에서 본 조손가족 조부모의 양육문제 해결방안. 육아정책연구, 10(1), 1-30.

김승희 (2017a). 유아사회과교육. 서울: 학지사.

김승희 (2017b). 유아 다문화교육. 경기: 정민사.

김승희 (2018). 유아교육과정. 경기: 공동체.

김승희 (2019). 유아교육개론. 경기: 공동체

김승희, 김선미 (2013). 맞벌이가족의 일-가정 양립에 관한 현상학적 연구. 대한가정학회지, 51(3), 355-370.

김연수 (2008). 다문화가족을 대상으로 한『탄력적 부모되기 프로그램』적용 연구. 한국가족복지학, 24, 189-222.

김연옥 (2007). 해체된 재혼의 특성에 관한 연구: 재혼모를 대상으로. 한국사회복지학, 59(2), 171-196.

김영주, 김연희 (2011). 여성 결혼이민자의 부모교육을 위한 요구조사. 한국교육, 38(1), 55-81.

김영휼, 김민호, 이영호 (2010). 어머니의 스트로크 유형이 아동의 자아존중감에 미치는 영향. 교류분석과 심리사회치료 연구, 7(1), 7-25.

김용석, 박명숙 (2000). 청소년 문제행동의 공통요인으로서 부모의 양육태도에 관한 연구. 한국사회복지학, 42, 83-106.

김유숙 (2018). 가족상담. 서울: 학지사.

김윤주, 문기라, 최외선 (2012). 교류분석을 활용한 집단미술치료 프로그램이 청소년기 부모-자녀 관계에 미치는 효과. 미술치료연구, 19(6), 1589-1607.

김윤희 (2017). 아동학대와 아동권리 및 아동학대 예방교육 필요성에 대한 부모의 인식. 인천대학교 교육대학원 석사학위논문.

김은실, 유해미, 최은영, 최효미, 배윤진, 양미선, 김정민 (2016). 2015년 전국보육실태조사: 가구조사 보고. 세종: 보건복지부 보육정책과.

김이선 (2009). 다문화가족 자녀 지원 정책의 과제. 젠더리뷰, 가을호, 11-18.

김이선, 김민정, 한건수 (2006). 여성 결혼이민자의 문화적 갈등 경험과 소통 증진을 위한 정책과제. 서울: 한국여성개발원.

김이선, 황정미, 이진영 (2007). 다민족 · 다문화사회로의 이행을 위한 정책 패러다임 구축(Ⅰ): 한국사회의 수용 현실과 정책과제. 서울: 한국여성정책연구원.

김이영, 오성숙, 이시진, 이우언, 이은미, 채혜선 (2014). 유아발달. 경기: 양서원.

김재엽, 최선아, 전지수 (2016). 청소년의 가족구조, 우울, 학교적응의 관계: 부모-자녀 간 TSL 의사소통에 따른 다집단 분석. 청소년학연구, 23(9), 207-231.

김재은 (1984). 유아의 발달심리. 서울: 창지사.

김정욱 (2000). 섭식장애: 날씬한 몸매를 위한 처절한 투쟁. 서울: 학지사.

김종호 (2009). 교류분석(TA)이론의 이고그램(egogram) 척도개발 연구. 대구대학교 대학원 박사학위논문.

김지은 (2018). 그리스 로마, 르네상스 학자들을 통해 본 아동중심교육사상(플라톤, 퀸틸리아누스, 에라스무스, 몽테뉴 중심). 아동연구, 30(1), 1-23.

김진경 (2002). 시설거주여부, 성별, 및 연령에 따른 초기 청소년의 의사소통 기술과 또래관계의 질. 서울대학교 대학원 석사학위논문.

김진우 (2008). 지적장애인 관점에서의 장애인차별금지법에 대한 비판적 고찰. **사회복지정책, 35(12)**, 169-195.

김천기, 노상우, 박휴용, 이정애, 임은미 (2013). **다문화교육의 이해와 실천**. 경기: 교육과학사.

김치영, 임상도 (2014). 유아교사의 권위 상실에 대한 원인 분석과 권위 정당화 방안 탐색. **아동교육, 23(4)**, 25-44.

김태련, 강우선, 김경은, 김도연, 김문주, 박랑규, 서수정, 양혜영, 이경숙, 장은진, 정은정, 조현섭, 허묘연 (2004). **발달장애 심리학**. 서울: 학지사.

김하영, 박기환 (2009). 완벽주의, 충동성, 섭식절제와 폭식행동의 연관성. **한국심리학회지: 건강, 14(1)**, 73-88.

김현숙 (2016). 한부모가족의 경제적 수준이 자녀의 학교적응에 미치는 영향: 방임적 양육태도와 정신건강의 매개효과 및 양부모가족과의 다집단 분석. **한국가족복지학, 54**, 297-331.

김현자 (2008). 유아교사 전문성 관련 논의의 접근방법과 내용 분석. **열린유아교육연구, 13(5)**, 197-221.

김현정 (2015). 맞벌이 가족 손자녀 양육에 대한 조부모와 성인자녀의 인식유형과 상호작용. **사회복지연구, 46(3)**, 215-241.

김현주, 손은경, 신혜영 (2007). **현장중심 부모교육: 이론과 실제**. 경기: 양서원.

김형자 (2010). 맞벌이가정 자녀의 자아개념, 애착, 진로성숙에 관한 연구. 광운대학교 교육대학원 석사학위논문.

김혜은, 박경 (2003). 여성의 우울과 스트레스 대처방식이 폭식행동에 미치는 영향. **한국심리학회지: 건강, 8(3)**, 511-524.

김호연 (2009). 시각장애아동의 부모 상담 내용 분석을 통한 가족 지원 방안 모색. **시각장애연구, 25(1)**, 27-47.

김효순, 엄명용 (2007). 청소년자녀가 있는 재혼부부의 결혼만족도에 영향을 미치는 요인에 관한 연구. **한국가족복지학, 21**, 75-102.

김효순, 하춘광 (2011). 청소년자녀가 있는 재혼가족의 새부모역할 경험에 관한 연구. **가족과 문화, 23(1)**, 137-168.

김희영 (1998). 다이어트를 하는 여고생 집단에서 완벽주의적 성향과 다이어트 실패경험이 폭식행동에 미치는 영향: 인지적 몰락을 매개로 하여. 가톨릭대학교 대학원 석사학위논문.

김희주, 권종희, 최형숙 (2012). 양육미혼모들의 차별경험에 관한 질적사례연구. **한국가족복지학, 17(2)**, 121-155.

김희진 (2005). **현대 부모 및 가족 지원 프로그램: 포괄적 관점**. 서울: 창지사.

김희태 (2004). 유아교사의 갈등에 대한 질적 연구. 유아교육학논집, 8(2), 5-34.

나임순 (2008). 외국인 결혼 이주여성들의 스트레스에 영향을 미치는 요인. 한국비영리연구, 7(1), 97-136.

나현정, 최미숙 (2017). 아버지 양육참여도 수준에 따른 유아의 성역할 개념 및 창의성 차이 분석. 열린부모교육연구, 9(2), 1-21.

남영옥 (2010). 이혼가정의 자녀와 양부모가정의 학교적응 비교연구. 한국청소년연구, 21(3), 219-243.

남현주, 윤형식, 이태영, 신채영, 이동훈 (2013). 한부모 가정 청소년 자녀의 발달과 적응에 관한 최근 연구동향 고찰. 한국심리학회지: 여성, 18(1), 129-168.

노희연 (2008). 1세 영아의 분리과정과 양육자의 역할 탐색. 중앙대학교 대학원 박사학위논문.

문병환 (2008). 아버지의 양육참여 정도에 따른 유아의 놀이유형과 다중지능의 차이. 전남대학교 대학원 석사학위논문.

문장원 (2001). 품행장애의 예방을 위한 조기중재 전략 탐색. 정서 · 행동장애연구, 17(1), 283-305.

문주형 (2015). 교류분석에 기초한 집단상담식 유아부모교육 운영과정과 경험탐색. 중앙대학교 대학원 박사학위논문.

문향화 (2013). PET 부모교육프로그램이 영아기 어머니의 자아존중감과 양육효능감에 미치는 효과. 동아대학교 교육대학원 석사학위논문.

문호영 (2017). 교류분석 이론에 근거한 드라이버 척도와 시간의 구조화 척도 개발. 대구가톨릭대학교 대학원 박사학위논문.

박경애 (2007). 사회적 지지가 조손가족 조부모의 손자녀 돌봄보상감에 미치는 영향. 한국가족복지학, 12(3), 25-45.

박균열 (2008). 교사의 교육책무성, 몰입 및 수업활동 간의 인과관계 분석. 초등교육연구, 21(2), 21-48.

박미경, 엄정애 (2007). 결혼이민자 가정의 유아를 담당하는 교사가 느끼는 어려움. 한국교원교육연구, 24(1), 5-29.

박순희, 조원탁, 이주희 (2006). 다문화가족 자녀의 사회적응과 관련변인 연구. 한국지역사회복지학, 27, 53-76.

박언하, 백현옥, 조미숙 (2009). 아동복지론. 경기: 광문각.

박영희 (2011). 키케로의 『웅변가론』에 나타난 교육이론. 교육철학연구, 33(4), 107-127.

박영희 (2014). 종교개혁시기에 제시된 루터(M. Luther)의 교육사상. 서양 역사와 문화 연구, 31, 73-98.

박은주 (2013). 건강가정지원센터의 조손가족을 위한 통합지원서비스 효과성 연구: 손자녀 자아존중감과 조부모 양육 스트레스를 중심으로. 목원대학교 대학원 석사학위논문.

박은혜 (2017). **유아교사론**. 서울: 창지사.

박정임 (2017). 맞벌이 가정의 부모교육 요구에 영향을 미치는 요인에 관한 연구. 경기대학교 교육대학원 석사학위논문.

박지수 (2013). 교류분석 이론에 기초한 부모교육 활동이 어머니의 양육태도에 미치는 영향. 한국교원대학교 대학원 석사학위논문.

박창기 (2002). 농촌지역 조부모-손자녀가족의 가족기능에 관한 연구. 대구가톨릭대학교 대학원 석사학위논문.

박해도 (2001). 어머니와 영유아의 분리불안과의 관계. 연세대학교 연합신학대학원 석사학위논문.

배이득 (2006). 신체놀이 활동을 통한 자폐아동과 어머니의 상호작용에 관한 사례연구. 대구대학교 재활과학대학원 석사학위논문.

배종필 (2012). 손자녀의 발달단계에 따른 조손가족 조부모의 양육스트레스와 우울감에 관한 연구. 명지대학교 사회복지대학원 석사학위논문.

배지희, 조미영, 봉진영, 김은혜 (2011). 유아교육기관에서의 부모교육 및 참여에 대한 부모들의 경험과 기대. **유아교육연구**, 31(3), 277-302.

백주현 (2007). 여자 청소년의 수치심과 사회비교가 사회불안 및 섭식태도에 미치는 영향. 명지대학교 일반대학원 석사학위논문.

서상아 (2017). 민주적 부모교육을 병행한 아동의 개인미술치료가 분노감정 및 공격적 행동에 미치는 효과. 동의대학교 산업문화대학원 석사학위논문.

서석진 (2011). 품행장애 아동과 청소년의 특성 및 중재 프로그램 분석 연구: 1990년 이후 국내 연구를 중심으로. **정서 · 행동장애연구**, 27(3), 315-335.

석민아 (2016). 부모의 스트로크 유형 및 유아의 자기표현력이 또래유능성에 미치는 영향. 삼육대학교 대학원 석사학위논문.

손순복, 권경숙 (2012). 유치원 교사의 책무성과 교수효능감 간의 관계. **열린유아교육연구**, 17(5), 485-504.

송다영 (2003). 사회적 배제 집단으로서의 저소득 모자가족과 통합적 복지대책 수립을 위한 연구. **한국사회복지학**, 54, 295-319.

송연숙, 유수경 (2008). 유아교사용 역할갈등 척도의 개발과 타당화. **유아교육연구**, 28(4), 189-213.

송옥란 (2006). 유아교사의 관심사와 교사의 교육적 책무성 수준의 관계. 경희대학교 교육대학원 석사학위논문.

송진숙, 송진영 (2009). 만 3세-5세 유아를 둔 아버지의 양육스트레스에 대한 연구. **열린유아교육**

연구, 14(6), 185-205.

송희자 (2010). 교류분석개론. 서울: 시그마프레스.

신성철 (2018). 행복한 부모교육 프로그램을 적용한 부모교육. 경기: 정민사.

신애란 (2002). 저소득 편부모가족의 실태와 지원방안에 관한 연구. 한남대학교 지역개발대학원 석사학위논문.

신용주, 김혜수 (2011). 대학생을 위한 부모교육. 서울: 학지사.

신현균, 김진숙 (2002). 주의력결핍 및 과잉행동 장애: 주의산만하고 유별난 아이. 서울: 학지사.

심응철, 전우병, 양돈규 (2008). 심리학과 생활. 서울: 서현사.

안경식, 김동광, 김향은, 김회용, 박천응, 이철호, 장인실 (2009). 다문화 교육의 현황과 과제. 서울: 학지사.

안애경 (2014). 공립 유치원운영위원회의 운영실태 및 운영방안에 대한 운영위원의 인식. 경인교육대학교 교육전문대학원 석사학위논문.

안영진, 김창숙 (2019). 부모교육. 서울: 동문사.

안희돈 (2005). 퀸틸리아누스의 교육사상의 정치적 함의: 이상적 연설가像을 중심으로. 역사교육, 95, 217-242.

양계민, 조혜영, 이수정 (2009). 미래한국사회 다문화역량강화를 위한 아동 · 청소년 중장기 정책방안 연구 Ⅰ: 다문화가정 청소년의 역량개발을 중심으로. 서울: 한국청소년정책연구원.

양문봉, 신석호 (2016). 자폐스펙트럼장애 A to Z. 서울: 시그마프레스.

양소정, 정경미 (2007). 부모교육을 통한 섭식장애 아동의 행동치료. 정서 · 행동장애연구, 23(4), 99-117.

양진희 (2012). 유아기 자녀를 둔 재혼가정 어머니의 재혼가족생활 경험에 대한 연구. 유아교육연구, 32(4), 5-34.

엄명용 (2000). 비행 예방프로그램의 개발을 위한 청소년비행 예측 요인의 발굴. 한국사회복지학, 42, 254-289.

여성가족부 (2010). 2010년 전국 조손가족 실태조사 보고서. 서울: 여성가족부.

연진영 (1992). 아동학대의 실태 및 영향. 서울: 한국형사정책연구원.

오성배 (2005). 코시안(Kosian) 아동의 성장과 환경에 관한 사례 연구. 한국교육, 32(3), 62-83.

오정수, 정익중 (2011). 아동복지론. 서울: 학지사.

우수경, 정원주, 박숙희, 신혜경, 이정미, 김호, 서윤희, 김기예 (2013). 영아발달. 경기: 공동체.

우영효 (2003). 루소의 유아교육사상 연구. 아동교육, 12(1), 67-76.

우재현 (2004). 임상 교류분석(TA) 프로그램. 대구: 정암서원.

우현경, 정현심, 최나야, 이순형, 이강이 (2009). 다문화가정 어머니의 한국어능력과 유아기 자녀의 언어발달. 아동학회지, 30(3), 23-36.

원강희 (2013). STEP 부모교육 프로그램이 부모와 자녀에게 미치는 영향. 경남대학교 교육대학원 석사학위논문.

원지현 (2008). STEP 부모교육 프로그램이 어머니의 양육태도와 자아개념에 미치는 영향. 동국대학교 교육대학원 석사학위논문.

유안진, 김연진 (2002). **부모교육**. 서울: 동문사.

유진희, 김진숙 (2018). 부모효율성훈련이 어머니의 양육태도와 행복감에 미치는 영향. **열린부모교육연구**, 10(1), 51-66.

유현주 (2019). 영유아기 자녀를 둔 어머니의 교류분석 기반 부모교육 경험 탐색: 어머니의 자아상태를 중심으로. 중앙대학교 교육대학원 석사학위논문.

유효순, 원혜경, 김정희 (2013). **영아발달**. 서울: 창지사.

윤경자, 김정옥, 현은민, 전영자, 유계숙, 김은경 (2019). **건강가정론**. 경기: 공동체.

윤형옥 (2006). 유치원에 적용되는 P.E.T 프로그램이 어머니의 정서표현 수용태도와 부모효능감에 미치는 영향. 숭실대학교 교육대학원 석사학위논문.

이경재 (2011). '가르침'의 의미를 중심으로 본 토마스 아퀴나스의 교육관. **가톨릭철학**, 17, 55-82.

이경희, 배성우 (2006). 북한이탈주민의 남한사회 정착에 영향을 미치는 요인. **통일정책연구**, 15(2), 1-28.

이동순, 송도선 (2015). 교사 권위의 형성 요인. **교사교육연구**, 54(4), 726-739.

이명신 (2008). **이혼해도 좋은 부모로 남기: 이혼 후 자녀양육계획을 위한 이혼조정**. 경기: 서현사.

이명용, 김승희 (2014). 조손가정 조부모의 손자녀 양육유형에 따른 사회적 지원방안 모색. **한국가족복지학**, 19(3), 549-572.

이미영 (2008). 조손가정 조부모의 양육스트레스에 대한 사회적 관계망의 매개효과. 대구대학교 대학원 박사학위논문.

이병승 (2011). 교사의 실질적 권위와 그 정당화 논의. **교육연구**, 25, 1-18.

이봉주, 곽금주, 구인회, 김민화, 김선숙, 김지현, 김혜란, 박혜준, 신혜은, 윤명희, 이강이, 이광호, 이순형, 정익중, 진미정 (2009). **한국 아동청소년 종합실태조사**. 서울: 보건복지가족부, 서울대학교 산학협력단.

이상욱 (2008). **21C 유아교육 원천 지식 이해와 유아교육 철학 정립을 위한 유아교육 사상사의 두 지평: 유아교육 사상가 저서(text)와 유아교육 상황(context)과의 만남**. 경기: 교육과학사.

이선미 (2016). 어린이집 원장이 인식하는 부모교육 실태 및 필요성 연구. 국제신학대학원대학교 석사학위논문.

이성태 (2017). **인간관계론**. 경기: 양성원.

이소정 (2008). 유치원에서의 부모 자원봉사 현황 및 교사의 인식. 성신여자대학교 교육대학원 석사학위논문.

이송은 (2012). 영아기 자녀를 둔 어머니의 양육지식, 양육수행귀인 및 부모역할 인식과 그에 따른 양육행동. 이화여자대학교 대학원 석사학위논문.

이숙, 우희정, 최진아, 이춘아 (2009). **훈련중심 부모교육**. 서울: 학지사.

이숙현 (2009). 자폐성 발달지체아의 모-자 미술치료가 모-아 애착과 어머니 양육스트레스에 미치는 효과. 영남대학교 환경보건대학원 석사학위논문.

이순형, 민하영, 이소은, 이완정, 황혜신, 이강이, 이영미, 이혜승, 한유진, 이옥경, 권혜진, 성미영 (2011). **아동복지 이론과 실천**. 서울: 학지사.

이영, 김온기, 조성연, 이혜경, 이선원, 이정림, 나유미, 김상림, 나종혜 (2015). **유아발달**. 서울: 학지사.

이영자 (1997). **유아언어교육**. 경기: 양서원.

이영호, 박미현 (2011). **관계의 미학, TA: 생활 속의 교류분석**. 서울: 학지사.

이옥임, 노희연 (2010). 영아기 자녀양육에 대한 부모의 기대감 연구. **육아정책연구, 4**(1), 96-118.

이용승, 이정희 (2002). **자폐증: 엄마, 아빠에게 무관심한 아이**. 서울: 학지사.

이원영, 이태영, 전우경, 강정원 (2019). **영유아교사를 위한 부모교육: 따뜻한 양육공동체로 가는 길**. 서울: 학지사.

이은미, 백은령 (2010). 지적장애자녀의 생애주기에 따른 가족경험 및 지원 욕구에 관한 연구. **한국사회복지질적연구, 4**(2), 63-90.

이은영 (2010). 성인 지적장애 자녀를 둔 어머니의 양육경험에 관한 생애사 연구. 숭실대학교 대학원 박사학위논문.

이은영 (2015). 위탁운영 직장어린이집 부모교육 프로그램의 현황과 부모의 요구. **특수 · 영재교육저널, 2**(2), 99-117.

이은화, 김영옥 (2000). **유아를 위한 부모교육**. 서울: 동문사.

이은희, 하주영, 이정란, 황은희 (2009). 맞벌이 자녀를 둔 조모의 손자(녀) 돌봄 경험. **질적연구, 10**(1), 1-13.

이인정 (2014). 유아기 자녀를 둔 기혼여성의 우울에 대한 영향 요인: 저소득층과 중산층 비교를 중심으로. **보건교육건강증진학회지, 31**(1), 27-43.

이인정 (2015). 남편의 양육참여가 유아기 자녀를 둔 맞벌이 부부의 결혼만족에 미치는 영향. **사회복지연구, 46**(1), 343-370.

이인정, 김미영 (2014). 미취학 자녀를 둔 맞벌이 부부의 양육스트레스가 부부갈등에 미치는 영향: 자기효과와 상대방효과를 중심으로. **사회복지연구, 45**(3), 127-149.

이재연, 박은미, 황옥경, 김형모, 이은주, 강현아 (2011). **아동복지론**. 서울: 학지사.

이주연 (2002). 소조활동 중심의 미술치료가 아동의 분리불안과 애착관계에 미치는 효과. 대구대학교 재활과학대학원 석사학위논문.

이지하 (2018). 체계적 부모교육 훈련(STEP)과 긍정적 부모교육 프로그램(Triple-P)의 교육원리 및 프로그램 비교 연구. 인문사회 21, 9(1), 203-216.

이혜균, 이희진 (2002). 시각장애아 부모의 양육 스트레스 정도 및 스트레스 대처 방식 연구. 특수교육저널: 이론과 실천, 3(3), 1-30.

이혜림 (2016). 교육용 앱을 활용한 어머니와의 놀이 활동이 자폐 범주성 장애 유아의 사회적 상호작용에 미치는 영향. 이화여자대학교 대학원 석사학위논문.

이효신, 신윤희, 정은지 (2018). 자폐스펙트럼장애 유·아동과 부모가 함께하는 국내·외 사회성 증진 프로그램 탐색. 정서행동장애연구, 34(4), 523-557.

이희정, 위영희, 이유진, 윤갑정, 홍희영 (2014). 유아발달. 경기: 양서원.

이희주 (2001). 완벽주의 성향과 신경성 폭식증의 관계에서 자아존중감과 자아통제감의 매개효과. 강원대학교 대학원 석사학위논문.

임은실, 김현수 (2019). 학령 후기 아동의 놀이성과 또래관계와의 관계: 또래관계 질과 또래갈등 해결전략을 중심으로. 한국아동심리치료학회지, 14(1), 71-92.

임현주, 최항준, 이대균 (2012). 영아 자녀를 둔 어머니의 임신·출산 정서와 부모됨의 태도, 양육스트레스가 양육방식에 미치는 영향: 어머니의 취업 여부에 따라. 유아교육연구, 32(3), 225-244.

임형백, 이성우, 강동우, 김미영 (2009). 한국농촌의 다문화사회의 특징. 농촌지도와 개발, 16(4), 743-773.

장미나, 한경혜 (2011). 어린자녀를 둔 맞벌이부부들의 일상생활경험: 경험표집법(ESM)으로 살펴본 남녀의 일상시간 구성과 정서경험 비교. 가족과 문화, 23(1), 1-39.

장성오 (2012). 교류분석 이론에 기초한 부모교육 프로그램의 적용 효과. 경기대학교 대학원 박사학위논문.

장연진 (2016). 부자가족과 모자가족 자녀의 사회적 자본 특성 비교. 가족과 문화, 28(2), 111-151.

장인숙, 최은영, 공마리아 (2006). 분리불안장애아동의 자기표현중심 모자미술치료 사례연구. 정서·행동장애연구, 22(1), 255-283.

장혜진, 이현진 (2018). 아동권리 부모교육에 대한 부모 변인별 참여 양상. 열린부모교육연구, 10(4), 165-182.

전경숙, 임양미, 양정선, 이의정 (2010). 경기도 다문화가정 청소년 생활실태와 지원방안 연구. 경기도: 경기도가족여성연구원.

전경숙, 정기선, 이지혜 (2007). 다문화 교육 정책방안 연구. 경기: 경기도교육청.

전복희 (2006). 공립유치원 경력교사의 어려움에 대한 연구. 한국교원대학교 교육대학원 석사학위논문.

전일균 (2015). 전문직으로서의 교사의 지위에 관한 연구: 교사의 지위에 관한 UNESCO/ILO의 '권고문'을 중심으로. 한국교육학연구, 21(4), 255-274.

정계숙, 문혁준, 김명애, 김혜금, 신희이, 심희옥, 안효진, 양성은, 이희선, 정태회, 제경숙, 한세영 (2018). 부모교육. 서울: 창지사.

정미라, 강수경, 최지현 (2014). 임신기 부부의 원가족 양육경험이 자녀가치 및 부모역할기대에 미치는 영향. 미래유아교육학회지, 21(4), 245-268.

정순연 (2008). 다문화가정 어머니의 한국어 능력과 유아 언어 능력과의 관계. 한국교원대학교 대학원 석사학위논문.

정순임 (2014). 한부모가족 청소년이 인식한 부모의 양육태도가 학교적응에 미치는 영향: 자기효능감의 매개효과를 중심으로. 건국대학교 행정대학원 석사학위논문.

정옥분 (2012). 영아발달. 서울: 학지사.

정옥분 (2013). 아동발달의 이해. 서울: 학지사.

정옥분, 정순화 (2009). 부모교육. 서울: 학지사.

정옥분, 정순화 (2019). 부모교육. 서울: 학지사.

정은주, 장사형 (2015). 에라스무스의『아동교육론』연구. 교육철학, 57, 77-102.

정은자 (2008). 발달장애아동 어머니의 양육스트레스가 학대에 미치는 영향; 성남시를 중심으로. 경원대학교 사회정책대학원 석사학위논문.

정은지 (2012). 조손가정에 대한 생애사 연구: 도시거주 저소득층 가정을 중심으로. 중앙대학교 대학원 석사학위논문.

정익중, 박현선, 구인회 (2006). 피학대아동이 비행에 이르는 발달경로. 한국사회복지학, 58(3), 223-244.

정해숙, 김이선, 이택면, 마경희, 최윤정, 박건표, 동제연, 황정미, 이은아 (2016). 2015년 전국다문화가족실태조사 분석. 서울: 여성가족부 다문화가족정책과.

정혜정, 엄윤호, 김정윤 (2008). 부모의 경제수준에 따른 자녀의 식습관과 식품기호도에 관한 연구 (1): 서울 · 경기(인천)지역을 중심으로. 한국영양학회지, 41(1), 77-88.

조명한 (2003). 언어심리학. 서울: 학지사.

조미영 (2008). 유아교육기관에서의 부모참여 활동 현황 및 교사의 인식. 성신여자대학교 대학원 석사학위논문.

조미진 (2007). 저소득 조손가정 조부모의 양육스트레스와 사회적 지지가 아동학대에 미치는 영향: 지역사회복지관 서비스 이용대상자를 중심으로. 중앙대학교 사회개발대학원 석사학위논문.

조복희 (2015). 영아발달. 경기: 교육과학사.

조석훈 (2004). 사립학교의 책무성 : 자주성과 공공성의 조화. 교육법학연구, 16(2), 257-281.

조석훈 (2010). 유아교육의 공교육체제 강화와 유치원의 책무성. 유아교육연구, 30(4), 5-25.

조선자 (2002). TA 스트로크 상담 프로그램이 초등학생의 자아존중감과 사회성에 미치는 영향. 울산대학교 교육대학원 석사학위논문.

조성연, 이미란, 최혜영, 박진재, 송혜린, 권연희, 박진아 (2019). 부모교육. 서울: 신정.

조성자 (2012). 훌륭한 몬테소리 부모되기. 서울: 파란마음.

조수철, 김다정, 김봉년, 김수진, 김은영, 김재원, 김지은, 김효진, 남보라, 박규리, 박혜연, 반건호, 변민수, 손지훈, 신민섭, 신서연, 양영희, 유한익, 유희정, 이상돈, 이정현, 임미향, 장준환, 전유진, 정경미, 정동청, 정위훈, 조맹제, 채종희, 홍순범 (2011). 자폐장애. 서울: 학지사.

조영달 (2006). 다문화가정의 자녀 교육 실태 조사. 서울: 교육인적자원부.

조정기 (1999). 교사의 전문성과 교직과정 개선안 연구. 신라대학교 논문집, 47, 283-302.

조혜영, 이창호, 권순희, 서덕희, 이은하 (2007). 다문화가족 자녀의 학교생활실태와 교사 · 학생의 수용성 연구. 서울: 한국여성정책연구원.

중앙아동보호전문기관 (2018). 2017년 전국아동학대 현황보고서. 세종: 보건복지부.

천인애, 한미아, 박종, 최성우, 류소연 (2013). 유아기 아동의 식습관과 부모 특성과의 관련성. 한국모자보건학회지, 17(1), 150-161.

최경숙, 박영아 (2005). 아동발달. 서울: 창지사.

최미경 (2009). 효과적인 부모역할훈련(P.E.T)이 가족의 의사소통과 유연성(flexibility)에 미치는 영향: 부부집단을 대상으로. 서강대학교 신학대학원 석사학위논문.

최서영, 이대균 (2011). 사립유치원 교사들이 경험하는 인간관계의 어려움. 유아교육학논집, 15(5), 77-102.

최승희 (2009). 발레 무용수의 다차원적 완벽주의 성향, 신체불만족, 섭식태도의 관계 분석. 세종대학교 대학원 석사학위논문.

최외선, 박충선, 김갑숙, 도미향, 최선남, 김영희 (2008). 부모교육. 경기: 양서원.

최인화 (2011). 교원의 교육권 보장과 그 한계. 미국헌법연구, 22(3), 433-462.

최인희, 홍승아, 김주현, 정다은 (2014). 중장년 및 노년기 남성의 가족생활 현황과 지원방안 연구. 서울: 한국여성정책연구원.

최형윤 (2007). 유아교육기관의 부모교육 · 부모 참여에 대한 맞벌이 부모의 인식 및 요구. 이화여자대학교 대학원 석사학위논문.

최혜순, 남효순 (2011). 손자녀 양육에 참여하는 조모의 이미지에 관한 연구: TV 드라마를 중심으로. 유아교육연구, 31(3), 121-147.

최혜순, 이미현 (2019). 현대사회의 변화와 함께하는 영유아교육기관 부모교육. 경기: 어가.

팽영일 (2017). 유아교육사상사. 경기: 교육과학사.

한건수 (2006). 농촌 지역 결혼 이민자 여성의 가족생활과 갈등 및 적응. 한국문화인류학, 39(1), 195-219.

한영숙 (2004). 초임부의 부모역할 기대감에 관한 연구. 열린유아교육연구, 8(4), 259-274.

허미영 (2006). 빈곤의 여성화: 빈곤의 계기와 가족의 역할. 한국여성학, 22(4), 235-262.

홍순혜 (2004). 부모의 이혼이 청소년 자녀의 심리사회적 적응에 미치는 영향: 양육부모의 경제수준 및 양육행동의 매개효과를 중심으로. 한국아동복지학, 17, 151-177.

황경연 (2000). 교류분석 집단 상담이 아동의 자아개념과 성취동기에 미치는 효과. 충남대학교 교육대학원 석사학위논문.

황준성 (2014). 법제적 차원에서 본 교권의 의미. 교육철학, 52, 55-79.

황용일 (2008). 초등학교 1학년 아동의 기본생활습관에 대한 부모와 교사의 인식. 서울교육대학교 교육대학원 석사학위논문.

황정임, 이호택, 김유나 (2016). 한부모가족 지원을 위한 네트워크 강화 방안에 관한 탐색적 연구: 건강가정지원센터 한부모가족 역량강화 사업을 중심으로. 여성연구, 91(2), 191-223.

Ainsworth, M. D. S., Blehar, M. C., Waters, E., & Wall, S. N. (1978). *Patterns of attachment: A psychological study on the strange situation.* Hillsdale, NJ: Eribaum.

Akimoto, S. A., & Sanbonmatsu, D. M. (1999). Differences in self-effacing behavior between European and Japanese Americans: Effect on competence evaluations. *Journal of Cross-Cultural Psychology, 30*(2), 159-177.

Alessandri, S. M., Sullivan, M. W., & Lewis, M. (1990). Violation of expectancy and frustration in early infancy. *Developmental Psychology, 26*(5), 738-744.

Altman, C., Sommer, J. L., & McGoey, K. E. (2009). Anxiety in early childhood what do we know? *Journal of Early Childhood and Infant Psychology, 5.* 157-176.

Amato, P. R. (2001). Children of divorce in the 1990s: An update of the Amato and Keith (1991) meta-analysis. *Journal of Family Psychology, 15*(3), 355-370.

Amato, P. R., & Booth, A. (1996). A prospective study of divorce and parent-child relationships. *Journal of Marriage & Family, 58*(2), 356-365.

American Psychiatric Association (2013). *Diagnostic and statistical manual of mental disorders* (5th ed.). Arlington, VA: American Psychiatric Publishing.

Anderson, C. A., Berkowitz, L., Donnerstein, E., Huessman, R., Johnson, J. D., Linz, D., Malamuth, N. M., & Wartella, E. (2003). The influence of media violence on youth.

Psychological Science in the Public Interest, 4(3), 81-110.

Anglin, J. M. (1993). Vocabulary development: A morphological analysis. *Monographic of the Society for Research in Child Development, 58*(10), 1-186.

Apter, S. J., & Conoley, J. C. (1984). *Childhood behavior disorders and emotional disturbance: An introduction to teaching troubled children.* Englewood Cliffs, NJ: Prentice-Hall.

Arsenio, W., & Fleiss, K. (1996). Typical and behaviorally disruptive children's understanding of the emotional consequences of socio-moral events. *British Journal of Developmental Psychology, 14*, 173-186.

Axia, G., Bonichini, S., & Benini, F. (1999). Attention and reaction to distress in infancy: A longitudinal study. *Developmental Psychology, 35*(2), 500-504.

Bagwell, C. L. (2004). Friendships, peer networks and antisocial behaviors. In J. B. Kupersmidt & K. A. Dodge (Eds.), *Children's peer relations: From development to intervention* (pp. 37-57). Washington, DC: American Psychological Association.

Bailey, S. J., Letiecq, B. L., & Porterfield, F. (2009). Family coping and adaptation among grandparents rearing grandchildren. *Journal of Intergenerational Relationships, 7*(2-3), 144-158.

Bandura, A. (1971). *Social learning theory.* New York, NY: General Learning Corporation.

Bandura, A. (1972). Modeling theory: Some traditions, trends, and disputes. In R. D. Parke (ed.), *Recent trends in social learning theory* (pp. 35-62). New York, NY: Academic Press, Inc.

Bandura, A. (1973). *Aggression: A social learning analysis.* Englewood Cliffs, NJ: Prentice-Hall.

Bandura, A. (1977). *Social learning theory.* Englewood Cliffs, NJ: Prentice Hall.

Bandura, A. (1981). Self-referent thought: A developmental analysis of self-efficacy. In J. H. Flavell & L. Ross (Eds.), *Social cognitive development: Frontiers and possible futures* (pp. 200-239). New York, NY: Cambridge University Press.

Bandura, A. (1986). *Social foundations of thought and action: A social cognitive theory.* Englewood Cliffs, NJ: Prentice-Hall.

Barkley, R. A. (2014). *Attention-deficit hyperactivity disorder: A handbook for diagnosis and treatment* (4th ed.). New York, NY: The Guilford Press.

Barnett, D., Ganiban, J. & Cicchetti, D. (1999). Maltreatment, negative expressivity, and the development of type D attachments from 12 to 24 months of age. *Monographs of the Society for Research in Child Development, 64*(3), 97-118.

Barr, R. G., & Gunnnar, M. (2000). Colic: The 'transient responsivity' hypothesis. In R. G. Barr, B. Hopkins, & J. A. Green (Eds.), *Crying as a sign, a symptom, and a signal* (pp. 41-66). London, UK: Mac Keith Press.

Barrett, L. F. (2005). Feeling is perceiving: Core affect and conceptualization in the experience of emotion. In L. F. Barrett, P. M. Niedenthal, & P. Winkielman (Eds.), *Emotion and consciousness* (pp. 255-284). New York, NY: Guilford Press.

Barrow, R. (1976). *Plato and education.* London, UK: Routledge and Kegan Paul.

Batson, C. D. (1998). Altruism and prosocial behavior. In D. T. Gilbert, S. T. Fiske, & G. Lindzey (Eds.), *The handbook of social psychology* (4th ed.) (pp. 282-316). New York, NY: McGraw-Hill.

Bauer, P. J. (2004). Getting explicit memory off the ground: Steps toward construction of a neuro-developmental account of changes in the first two years of life. *Developmental Review, 24*(4), 347-373.

Baumrind, D. (1978). Parental disciplinary patterns and social competence in children. *Youth and Society, 9*(3), 238-276.

Becker, W. C. (1971). *Parents are teachers: A child management program.* Champaign, IL: Research Press.

Berk, L. E. (2004). *Infants and children: Prenatal through middle childhood* (5th ed.). Boston, MA: Allyn & Bacon.

Berk, L. E. (2008). *Child development* (8th ed.). New York, NY: Pearson Education, Inc.

Berk, L. E. (2012). 아동발달 (이종숙, 이옥, 신은수, 안선희, 이경옥 공역). 서울: 시그마프레스.

Berk, L. E. (2013). *Child development* (9th ed.). New York, NY: Pearson Education, Inc.

Berndt, T. J. (1979). Developmental changes in conformity to peers and parents. *Developmental Psychology, 15*(6), 608-616.

Berne, E. (1972). *What do you say after you say hello? The psychology of human destiny.* New York, NY: Grove Press.

Bertenthal, B. I., & Clifton, R. K. (1998). Perception and action. In W. Damon (Ed.), *Handbook of child psychology Volume 2: Cognition, perception, and language* (pp. 51-102). Hoboken, NJ: John Wiley & Sons, Inc.

Bethea, L. (1999). Primary prevention of child abuse. *American Family Physician, 59*(6), 1577-1585, 1591-1592.

Betz, C. (1994). Beyond time-out: Tips from a teacher. *Young Children, 49*(3), 10-14.

Bigler, R. S., & Liben, L. S. (1992). Cognitive mechanisms in children's gender stereotyping: Theoretical and educational implications of a cognitive-based intervention. *Child Development, 63*(6), 1351-1363.

Billingsley, A., & Giovannoni, J. M. (1971). *Family, one-parent. Encyclopedia of Social Work, 16*(1), 362-373.

Bloom, L. (1998). Language acquisition in its developmental context. In D. Kuhn & R. S. Siegler (Eds.), *Handbook of child psychology Volume 2: Cognition, perception, and language* (5th ed.) (pp. 309-370). New York, NY: Wiley.

Bolen, R. M. (2001). *Child sexual abuse: Its scope and our failure.* New York, NY: Kluwer Academic Publishers.

Boller, K,, Grabelle, M., & Rovee-Collier, C. (1995). Effects of postevent information on infants' memory for a central target. *Journal of Experimental Child Psychology, 59*(3), 372-398.

Bolton, D., Eley, T. C., O'Connor, T. G., Perrin, S., Rabe-Hesketh, S., Rijsdijk, F., & Smith, P. (2006). Prevalence and genetic and environmental influences on anxiety disorders in 6-year-old twins. *Psychological Medicine, 36*(3), 335-344.

Boukydis, C. F. Z., & Lester, B. M. (1998). Infant crying, risk status and social support in families of preterm and term infants. *Early Development and Parenting, 7*(1), 31-39.

Bowlby, J. (1988). *A secure base: Parent-child attachment and healthy human development.* New York, NY: Basic Books.

Bradburn, N. M. (1969). *The structure of psychological well-being.* Chicago, IL: Aldine Publishing Company.

Brian, G., & Taylor, H. (2001). Cataract blindness: Challenges for the 21st century. *Bulletin of the World Health Organization, 79*(3), 249-256.

Brown, R. (1973). *A first language: The early stages.* Cambridge, MA: Harvard University Press.

Buchanan, C. M., Maccoby, E. E., & Dornbusch, S. M. (1996). *Adolescents after divorce.* Cambridge, MA: Harvard University Press.

Buchanan-Barrow, E., & Barrett, M. (1998). Individual differences in children's understanding of the school. *Social Development, 7*(2), 250-268.

Burden, M. J., Jacobson, S. W., & Jacobson, J. L. (2005). Relation of prenatal alcohol exposure to cognitive processing speed and efficiency in childhood. *Alcoholism: Clinical and Experimental Research, 29*(8), 1473-1483.

Burke, J. D. (2011). The relationship between conduct disorder and oppositional defiant disorder and their continuity with antisocial behaviors: Evidence from longitudinal clinical studies. In D. Shaffer, E. Leibenluft, & R. A. Rhode (Eds.), *Externalizing disorders of childhood: Refining the research agenda for DSM-V.* Arlington, VA: American Psychiatric Association.

Bussey, K. (1992), Lying and truthfulness: Children's definitions, standards, and evaluative reactions. *Child Development, 63*(1), 129-137.

Bybee, J., Merisca, R., & Velasco, R. (1998). The development of reactions to guilt-producing events. In J. Bybee (Ed.), *Guilt and children* (pp. 185-213). San Diego, CA: Academic Press.

Campbell, S. B. (1990). *Behavior problems in preschool children: Clinical and developmental issues.* New York, NY: The Guilford Press.

Carpenter, M., Nagel, K., & Tomasello, M. (1998). Social cognition, joint attention, and communicative competence from 9 to 15 months of age. *Monographs of the Society for Research in Child Development, 63*(4), 1-174.

Caspi, A. (2000). The child is father of the man: Personality continuities from childhood to adulthood. *Journal of Personality and Social Psychology, 78*(1), 158-172.

Caspi, A., Henry, B., McGee, R. O., Moffitt, T. E., & Silva, P. A. (1995). Temperament origins of child and adolescent behavior problems: From age three to age fifteen. *Child Development, 66*(1), 55-68.

Chapman, R. S. (2000). Children's language learning: An interactionist perspective. *Journal of Child Psychology and Psychiatry, 41*(1), 33-54.

Chen, X., Hastings, P. D., Rubin, K. H., Chen, H., Cen, G., & Stewart, S. L. (1998). Child rearing attitudes and behavioral inhibition in Chinese and Canadian toddlers: A cross-cultural study. *Developmental Psychology, 34*(4), 677-686.

Chess, S., & Thomas, A. (1984). *Origins and evolution of behavior disorders: From infancy to early adult life.* New York, NY: Brunner/Mazel, Inc.

Cho, B. K., & Saracho, O. N. (1997). The development of the early childhood teacher's role rating scale in Korea. *International Journal of Early Childhood Education, 2,* 19-36.

Clark, E. V. (1995). *The lexicon in acquisition.* Cambridge, UK: Cambridge University Press.

Clarke, J. I. (2004). Transactional analysis and parent education in the United States. *Transactional Analysis Journal, 34*(3), 277-282.

Clarke-Stewart, K. A., & Bretano, B. L. (2005). *Divorce lessons: Real-life stories and what you can learn from them.* Charleston, SC: BookSurge Publishing.

Coan, R. W. (1977). *Hero, artist, sage, or saint?* New Yo가, NY: Columbia University Press.

Cohen, H., & Lefebvre, C. (2005). *Handbook of categorization in cognitive science.* Philadelphia, PA: Elsevier Science.

Colby, A., Kohlberg, L., Gibbs, J., & Lieberman, M. (1983). A longitudinal study of moral development. *Monographs of the Society for Research in Child Development, 48,* 1-124.

Cook, J. L., & Cook, G. (2004). *Child development: Principles and perspectives* (SOS ed.). Boston, MA: Allyn & Bacon.

Courage, M. L., & Howe, M. L. (2004). Advances in early memory development research: Insights about the dark side of the moon. *Developmental Review, 24,* 6-32.

Cratty, B. J. (1986). *Perceptual and motor development in infants and children.* Upper Saddle River, NJ: Prentice Hall College Division.

Crick, N. R., Ostrov, J. M., Appleyard, K., Jansen, E. A., & Casas, J. F. (2004). Relational aggression in early childhood: "You can't come to my birthday party unless..." In M. Putallaz & K. L. Bierman (Eds.), *Aggression, antisocial behavior, and violence among girls: A developmental perspective Duke series in child development and public policy* (pp. 71-89). New York, NY: Guilford Press.

Cunningham, M. R., Shaffer, D. R., Barbee, A. P., Wolff, P. L. & Kelley, D. J. (1990). Separate processes in the relation of elation and depression to helping: Social versus personal concerns. *Journal of Experimental Social Psychology, 26*(1), 13-33.

Daily, D. K., Ardinger, H. H., & Holmes, G. E. (2000). Identification and evaluation of mental retardation. *American Family Physician, 61*(4), 1059-1067.

Daly, M., & Wilson, M. I. (1996). Violence against stepchildren. *Current Directions in Psychological Science, 5*(3), 77-81.

Damon, W. (1988). *The moral child: Nurturing children's natural moral growth.* New York, NY: Free Press.

Damon, W., & Hart, D. (1988). *Self-understanding in childhood and adolescence.* New York, NY: Cambridge University Press.

Daniels, D. H. (1998). Age differences in concepts of self-esteem. *Merrill-Palmer Quarterly, 44*(2), 234-258.

Dapretto, M., & Bjork, E. L. (2000). The development of word retrieval abilities in the second year and its relation to early vocabulary growth. *Child Development, 71*(3), 635-648.

Darity, W. A. (2008). *International encyclopedia of the social sciences* (2nd ed.). Detroit, MI: Macmillan Reference.

DeAngelis, T. (2002). A genetic link to anorexia. *American Psychological Association, 33*(3), 34.

Deutsch, W., & Pechmann, T. (1982). Social interaction and the development of definite descriptions. *Cognition, 11*(2), 159-184.

Dewey, J. (1916). *Democracy and education: An introduction to the philosophy of education.* New York, NY: Macmillan.

Dickson, K. L., Fogel, A., & Messinger, D. (1998). The development of emotion from a social process view. In M. F. Mascolo & S. Griffin (Eds.), *What develops in emotional development?* (pp. 253-271). New York, NY: Plenum Press.

Dinkmeyer, D., & McKay, G. D. (1989). *The parent's handbook: Systematic training for effective parenting* (3rd ed.). Circle Pines, MN: American Guidance Service.

Dinkmeyer, D., & McKay, G. D. (1996). *Raising a responsible child: How to prepare your child for today's complex world.* New York, NY: Fireside.

Dodge, K. A., Bates, J. E., & Pettit, G. S. (1990). Mechanisms in the cycle of violence. *Science, 250*(4988), 1678-1683.

Dodge, K. A., Coie, J. D., & Lynam, D. (2006). Aggression and antisocial behavior in youth. In W. Damon, R. M. Lerner, & N. Eisenberg (Eds.), *Handbook of child psychology Volume 3: Social, emotional, and personality development* (6th ed.) (pp. 719-788). New York, NY: Wiley.

D'Onofrio, B. M., Van Hulle, C. A., Waldman, I. D., Rodgers, J. L. Rathous, P. J., & Lahey, B. B. (2007). Causal inferences regarding prenatal alcohol exposure and childhood externalizing problems. *Archives of General Psychiatry, 64*(11), 1296-1304.

Doobay, A. F. (2008). School refusal behavior associated with separation anxiety disorder: A cognitive-behavioral approach to treatment. *Psychology in the Schools, 45*(4), 261-272.

Dreikurs, R. (1967). *Psychodynamics, psychotherapy, and counseling: Collected papers.* Chicago, IL: Alfred Adler Institute.

Duncan, G. J., & Brooks-Gunn, J. (2000). Family poverty, welfare reform, and child development. *Child Development, 71*(1), 188-196.

Dunkley, D. M., Masheb, R. M., & Grilo, C. M. (2010). Childhood maltreatment, depressive symptoms, and body dissatisfaction in patients with binge eating disorder: The mediating role of self-criticism. *International Journal of Eating Disorders, 43*(3), 274-281.

Dunn, J., Bretherton, I., & Munn, P. (1987). Conversations about feeling states between mothers and their young children. *Developmental Psychology, 23*(1), 132-139.

Dunn, J., & Davies, L. (2001). Sibling relationships and interpersonal conflict. In J. H. Grych & F. D. Fincham (Eds.), *Interparental conflict and child development* (pp. 273-290). New York, NY: Cambridge University Press.

Early Child Care Research Network (2003). Does amount of time spent in child care predict socioemotional adjustment during the transition to kindergarten? *Child Development, 74*(4), 976-1005.

Eder, R. A., & Mangelsdorf, S. C. (1997). The emotional basis of early personality development: Implications for the emergent self-concept. In R. Hogan, J. A. Johnson, & S. R. Briggs (Eds.), *Handbook of personality psychology* (pp. 209-240). San Diego, CA: Academic Press.

Ehrenreich, J. T., Santucci, L. C., & Weiner, C. L. (2008). Separation anxiety disorder in youth: Phenomenology, assessment, and treatment. *Psicologia Conductual, 16*(3), 389-412.

Eimas, P. D., Siqueland, E. R., Jusczyk, P., & Vigorito, J. (1971). Speech perception in infants. *Science, 171*, 303-306.

Eisenberg, N., Fabes, R. A., & Spinrad, T. L. (2006). Prosocial development. In W. Damon, R. M. Lerner, & N. Eisenberg (Eds.), *Handbook of child psychology Volume 3: Social, emotional, and personality development* (6th ed.) (pp. 646-718). New York, NY: John Wiley & Sons, Inc.

Eisenberg, N., Gershoff, E. T., Fabes, R. A., Shepard, S. A., Cumberland, A. J., Losoya, S. H., Guthrie, I. K., & Murphy, B. C. (2001). Mothers' emotional expressivity and children's behavior problems and social competence: Mediation through children's regulation. *Developmental Psychology, 37*(4), 475-490.

Eisenberg, N., Liew, J., & Pidada, S. U. (2004). The longitudinal relations of regulation and emotionality to quality of Indonesian children's socioemotional functioning. *Developmental Psychology, 40*(5), 790-804.

Eisenberg, N., Shea, C. L., Carlo, G., & Knight, G. P. (1991). Empathy-related responding and cognition: A "chicken and egg" dilemma. In W. M. Kurtines & J. L. Gewirtz

(Eds.), *Handbook of moral behavior and development Volume 2: Research* (pp. 63-88). New York, NY: Psychology Press.

Eisenberg, N., Spinrad, T. L., & Morris, A. (2014). Empathy-related responding in children. In M. Killen & J. G. Smetana (Eds.), *Handbook of moral development* (2nd ed.) (pp. 184-207). New York, NY: Psychology Press.

Ellsworth, C. P., Muir, D. W., & Hains, S. M. (1993). Social competence and person-object differentiation: An analysis of the still-face effect. *Developmental Psychology, 29*(1), 63-73.

English, D. J. (1998). The extent and consequences of child maltreatment. *The Future of Children, 8*(1), 39-53.

Fabes, R. A., Eisenberg, N., McCormick, S. E., & Wilson, M. S. (1988). Preschoolers' attributions of the situational determinants of others' naturally occurring emotions. *Developmental Psychology, 24*(3), 376-385.

Fagan Ⅲ, J. F. (1973). Infants' delayed recognition memory and forgetting. *Journal of Experimental Child Psychology, 16*(3), 424-450.

Fagan Ⅲ, J. F. (1974). Infant recognition memory: The effects of length of familiarization and type of discrimination task. *Child Development, 45*(2), 351-356.

Falk, D., & Bornstein, M. H. (2005). Infant reflexes. In C. B. Fisher & R. M. Lerner (Eds.), *Encyclopedia of applied developmental science* (pp. 581-582). Thousand Oaks, CA: Sage Publications, Inc.

Fasig, L. G. (2000). Toddler's understanding of ownership: Implications for self-concept development. *Social Development, 9*(3), 370-382.

Fawcett, J., & York, R. (1986). Spouses' physical and psychological symptoms during pregnancy and the postpartum. *Nursing Research, 35*(3), 144-148.

Feinman, S., Roberts, D., Hsieh, K., Sawyer, D., & Swanson, D. (1992). A critical review of social referencing in infancy. In S. Feinman (Ed.), *Social referencing and the social construction of reality in infancy* (pp. 15-54). New York, NY: Plenum Press.

Feldkámper, M., & Schaeffel, F. (2003). Interactions of genes and environment in myopia. *Genetics in Ophthalmology, 37*, 34-49.

Fergusen, T. J., & Stegge, H. (1998). Measuring guilt in children: A rose by any other name still has thorns. In J. Bybee (Ed.), *Guilt and children* (pp. 19-74). San Diego, CA: Academic Press.

Fitzgerald, D. P., & White, K. J. (2003). Linking children's social worlds: Perspective-taking in parent-child and peer contexts. *Social Behavior and Personality: An International Journal, 31*(5), 509-522.

Flanders, J. L. (2010). Rough-and-tumble play and the development of physical aggression and emotion regulation: A Five-Year Follow-Up Study. *Journal of Family Violence, 25*(4), 357-367.

Flavell, J. H., Flavell, E. R., & Green, F. L. (2001). Development of children's understanding of connections between thinking and feeling. *Psychological Science, 12*(5), 430-432.

Fogel, A. (1993). *Developing through relationships: Origins of communication, self and culture*. Chicago, IL: University of Chicago Press.

Fogelman, K. (1980). Smoking in pregnancy and subsequent development of the child. *Child: Care, Health and Development, 6*(4), 233-249.

Fontana, V. J. (1984). The maltreatment syndrome of children. *Pediatric Annals, 13*(10), 736-744.

Francke, J., & Geist, E. A. (2003). The effects of teaching play strategies on social interaction for a child with autism: A case study. *Journal of Research in Childhood Education, 18*(2), 125-140.

Freud, S. (1923/2010). *The ego and id*. Seattle, WA: Pacific Publishing Studio.

Friend, M., & Davis, T. L. (1993). Appearance-reality distinction: Children's understanding of the physical and affective domains. *Developmental Psychology, 29*(5), 907-914.

Fröbel, F. W. A. (2015). 인간의 교육 (정영근 역). 서울: 지식을만드는지식.

Garbarino, J., Andreas, J. B., & Vorrasi, J. A. (2003). Beyond the body count: Moderating the effects of war on children's long-term adaptation. In R. M. Lerner, F. Jacobs, & D. Wertlieb (Eds.), *Handbook of applied developmental science Volume 2: Enhancing the life chances of youth and families: Contributions of programs, policies, and service systems* (pp. 137-158). Thousand Oaks, CA: Sage Publications.

Garber, K. B., Visootsak, J., & Warren, S. T. (2008). Fragile X syndrome. *European Journal of Human Genetics, 16*(5), 666-672.

Gelhorn, H. L., Stallings, M. C., Young, S. E., Corley, R. P., Rhee, S. H., & Hewitt, J. K. (2005). Genetic and environmental influences on conduct disorder: Symptom, domain and full-scale analyses. *Journal of Child Psychology and Psychiatry, 46*(6), 580-591.

Gelman, S. A., Taylor, M. G., & Nguyen, S. P. (2004). Mother-child conversations about gender: Understanding the acquisition of essentialist beliefs. *Monographs of the*

Society for Research in Child Development, 69(1), 1-142.

Ginott, H. G. (2003). *Between parent and child; The bestselling classic that revolutionized parent-child communication.* New York, NY: Three Rivers Press.

Ginsburg, H. P., & Opper, S (1988). *Piaget's theory of intellectual development* (3rd ed). Englewood Cliffs, NJ: Prentice-Hall, Inc.

Goldberg, S. (2000). *Attachment and development.* New York, NY: Routledge.

Goldstein, M. H., & Schwade, J. A. (2008). Social feedback to infants' babbling facilitates rapid phonological learning. *Psychological Science, 19*(5), 515-523.

Gonzales, J. (2009). Prefamily counseling: Working with blended families. *Journal of Divorce and Remarriage, 50*(2), 148-157.

Goodin-Jones, B. L., Burnham, M. M., & Anders, T. F. (2000). Sleep and sleep disturbances: Regulatory processes in infancy. In A. J. Sameroff, M. Lewis, & S. M. Miller (Eds.), *Handbook of developmental psychopathology* (2nd ed.) (pp. 309-325). New York, NY: Springer Publishing Company.

Gordon, T. (1980). Parent effectiveness training: A preventive program and its effects on families. In M. J. Fine (ed.), *Handbook on parent education* (pp. 101-121). New York, NY: Academic Press.

Gordon, T. (2008). *Parent effectiveness training: The proven program for raising responsible children.* New York, NY: Three Rivers Press.

Goss, D. A., & Rainey, B. B. (1998). Relation of childhood myopia progression rates to time of year. *Journal of the American Optometric Association, 69*(4), 262-266.

Goswami, U. (2010). 인지발달: 전통적 관점에서 신경과학적 관점까지 (이현진, 박영신, 정명숙, 김경미 공역). 서울: 시그마프레스.

Gould, J. L., & Keeton, W. T. (1996). *Biological science* (6th ed.). New York, NY: W. W. Norton & Company, Inc.

Gralinski, J. H., & Kopp, C. B. (1993). Everyday rules for behavior: Mothers' request to young children. *Developmental Psychology, 29*(3), 573-584.

Greene, J. D., Sommerville, R. B., Nystrom, L. E., Darley, J. M., & Cohen, J. D. (2001). An fMRI investigation of emotional engagement in moral judgment. *Science, 293*, 2105-2108.

Grundy, E. M., Albala, C., Allen, E., Dangour, A. D., Elbourne, D., & Uauy, R. (2012). Grandparenting and psychosocial health among older Chileans: A longitudinal analysis. *Aging & Mental Health, 16*(8), 1047-1057.

Gumora, G., & Arsenio, W. F. (2002). Emotionality, emotion regulation, and school performance in middle school children. *Journal of School Psychology, 40*(5), 395-413.

Gustafson, G. E., Green, J. A., & Cleland, J. W. (1994). Robustness of individual identity in the cries of human infants. *Developmental Psychobiology, 27*(1), 1-9.

Gustafson, G. E., Wood, R. M., & Green, J. A. (2000). Can we hear the causes of infants' crying? In R. G. Barr, B. Hopkins, & J. A. Green (Eds.), *Crying as a sign, a symptom, and a signal: Clinical, emotional, and developmental aspects of infant and toddler crying* (pp. 8-22). London, UK: Mac Keith Press.

Halmi, K. A. (2005). The multimodal treatment of eating disorders. *World Psychiatry, 4*(2), 69-73.

Halpern, D. F. (1997). Sex differences in intelligence: Implication for education. *American Psychologist, 52*(10), 1091-1102.

Hamilton, C. E. (2000). Continuity and discontinuity of attachment from infancy through adolescence. *Child Development, 71*(3), 690-694.

Hamlin, J. K., Wynn, K., & Bloom, P. (2010). 3-month-olds show a negatively bias in their social evaluations. *Developmental Science, 13*(6), 923-929.

Hammer, T. J., & Turner, P. H. (2000). *Parenting in contemporary society* (4th ed.). Boston, MA: Allyn & Bacon.

Hancock, T. B., & Kaiser, A. P. (2002). The effects of trainer-implemented enhanced milieu teaching on the social communication of children with autism. *Topics in Early Childhood Special Education, 22*(1), 39-54.

Hanke, W., Sobala, W., & Kalinka, J. (2004). Environmental tobacco smoke exposure among pregnant women: Impact on fetal biometry at 20-24 weeks of gestation and newborn child's birth weight. *International Archives of Occupational and Environmental Health, 77*(1), 47-52.

Harris, T. (2004). *I'm OK-You're OK*. New York, NY: Harper & Row.

Harter, S. (2003). The development of self-representations during childhood and adolescence. In M. R. Leary & J. P. Tangney (Eds.), *Handbook of self and identity* (pp. 610-642). New York, NY: The Guilford Press.

Hartup, W. W. (1999). Peer experience and its developmental significance. In M. Bennett (Ed.), *Developmental psychology: Achievements and prospects* (pp. 106-125). Philadelphia, PA: Psychology Press.

Hayne, H., Boniface, J., & Barr, R. (2000). The development of declarative memory in human infants: Age-related changes in deferred imitation. *Behavioral Neuroscience, 114*(1), 77-83.

Heck, S. F., & Williams, C. R. (1984). *The complex roles of the teacher: An ecological perspective.* New York, NY: Teachers College Press.

Helwig, C. C., & Jasiobedzka, U. (2001). The relation between law and morality: Children's reasoning about socially beneficial and unjust laws. *Child Development, 72*(5), 1382-1393.

Helwig, C. C., & Turiel, E. (2002). Civil liberties. autonomy, and democracy: Children's perspectives. *International Journal of Law and Psychiatry, 25*(3), 253-270.

Hinshaw, S. P., & Lee, S. S. (2003). Conduct and oppositional defiant disorders. In E. J. Mash & R. A. Barkley (Eds.), *Child Psychopathology* (2nd ed.) (pp. 144-198). New York, NY: The Guilford Press.

Hodapp, R. M., Griffin, M. M., Burke, M. M., & Fisher, M. H. (2011). Intellectual disabilities. In R. J. Sternberg & S. B. Kaufman (Eds.), *The Cambridge handbook of intelligence.* New York, NY: Cambridge University Press.

Howlin, P. (2002). 자폐증과 아스퍼거증후군 아동: 치료자와 부모를 위한 지침서 (김혜리, 정명숙, 박선미 공역). 서울: 시그마프레스.

Hsu, L. K. G. (1990). *Eating disorders.* New York, NY: The Guilford Press.

Hurewitz, F., Brown-Schmidt, S., Thorpe, K., Gleitman, L. R., & Trueswell, J. C. (2000). One frog, two frog, red frog, blue frog: Factors affecting children's syntactic choices in production and comprehension. *Journal of Psycholinguistic Research, 29*(6), 597-626.

Jacobs, J. E., Lanza, S., Osgood, D. W., Eccles, J. S., & Wigfield, A. (2002). Changes in children's competence and values: Gender and domain differences across grades one through twelve. *Child Development, 73*(2), 509-527.

Jacobs, J. E., & Weisz, V. (1994). Gender stereotypes: Implications for gifted education. *Roeper Review, 16*(3), 152-155.

Jalongo, M. R., & Isenberg, J. P. (2004). *Exploring your role: A practitioner's introduction to early childhood education* (2nd ed.). Upper Saddle River, NJ: Pearson/Merrill/Prentice Hall.

James, M., & Jongeward, D. (1996). *Born to win: Transactional analysis with gestalt experiments.* Cambridge, MA: Addison-Wesley Publishing Company, Inc.

Janowsky, J. S., & Finlay, B. L. (1986). The outcome of perinatal brain damage: The role of normal neuron loss and axon retraction. *Developmental Medicine & Child Neurology, 28*(3), 375-389.

Jusczyk, P. W. (2002). How infants adapt speech-processing capacities to native-language structure. *Current Directions in Psychological Science, 11*(1), 15-18.

Kagan, J. (1989). Temperamental contributions to social behavior. *American Psychologist, 44*(4), 668-674.

Kaijura, H., Cowart, B. J., & Beauchamp, G. K. (1992). Early developmental change in bitter taste: Responses in human infants. *Developmental Psychology, 25*(5), 373-386.

Kail, R. V. (2009). 아동과 발달 (권민균, 김정민, 최형성 공역). 서울: 시그마프레스.

Kamiol, R. (1989). The role of manual manipulative stages in the infant's acquisition of perceived control over objects. *Developmental Review, 9*(3), 205-233.

Katz, D., & Kahn, R. L. (1978). *The social psychology of organizations* (2nd ed.). New York, NY: John Wiley & Sons.

Katz, L. G. (1970). Teaching in the preschools: Roles and goals. *Children, 17*(3), 42-48.

Kearney, C. A. (2007). 정서 · 행동장애의 이해: 사례중심적 접근 (이승희 역). 서울: 박학사.

Kellman, P. J., & Spelke, E. S. (1983). Perception of partly occluded objects in infancy. *Cognitive Psychology, 15*(4), 483-524.

Kemp, C. L. (2005). Dimensions of grandparent-adult grandchild relationship: From family ties to intergenerational friendships. *Canadian Journal on Aging, 24*(2), 161-177.

Kenrick, D. T., Baumann, D. J., & Cialdini, R. B. (1979). A step in the socialization of altruism as hedonism: Effects of negative mood on children's generosity under public and private conditions. *Journal of Personality and Social Psychology, 37*(5), 747-755.

Kessler, R. C., Benglund, P., Demler, O., Jin, R., Merikangas, K. R., & Walters, E. E. (2005). Lifetime prevalence and age-of-onset distributions of DSM-Ⅳ disorders in the National Comorbidity Survey Replication. *Archives of General Psychiatry, 62*(6), 593-602.

Kiang, L., Moreno, A. J., & Robinson, J. L. (2004). Maternal perceptions about parenting predict child temperament, maternal sensitivity, and children's empathy. *Developmental Psychology, 40*(6), 1081-1092.

Killen, M., Crystal, D. S., & Watanabe, H. (2002). Japanese and American children's evaluations of peer exclusion, tolerance of differences, and prescriptions for conformity. *Child Development, 73*(6), 1788-1802.

Killen, M., & Nucci, L. P. (1995). Morality, autonomy, and social conflict. In M. Killen & D. Hart (Eds.), *Morality in everyday life: Developmental perspectives* (pp. 52-86).

Cambridge, UK: Cambridge University Press.

Kim, M., McGregor, K. K., & Thompson, C. K. (2000). Early lexical development in English- and Korean-speaking children: Language-general and language-specific patterns. *Journal of Child Language, 27*, 225-254.

Klump, K. L., Kaye, W. H., & Strober, M. (2001). The evolving genetic foundations of eating disorders. *The Psychiatric Clinics of North America, 24*(2), 215-225.

Kohlberg, L. (1976). Moral stages and moralization: The cognitive-developmental approach. In T. Lickona (Ed.), *Moral development and behavior: Theory, research, and social issues* (pp. 170-205). New York, NY: Holt, Rinehart and Winston.

Krebs, N. F., & Jacobson, M. S. (2003). Prevention of pediatric overweight and obesity. *Pediatrics, 112*(2), 424-430.

Kreey, H., van den Berg, P., & Thompson, J. K. (2004). An evaluation of the tripartite influence model of body dissatisfaction and eating disturbance with adolescent girls. *Body Image, 1*(3), 237-251.

Kubler-Ross, E., & Kessler, D. (2014). *Life lessons: Two experts on death and dying teach us about the mysteries of life and living*. New York, NY: Scribner.

Laird, R. D., Jordan, K. Y., Dodge, K. A., Pettit, G. S., & Bates, J. E.. (2001). Peer rejection in childhood, involvement with antisocial peers in early adolescence, and the development of externalizing behavior problems. *Development and Psychopathology, 13*(2), 337-354.

Larkby, C. A., Goldschmidt, L., Hanusa, B. H., & Day, N. L. (2011). Prenatal alcohol exposure is associated with conduct disorder in adolescence: Findings from a birth cohort. *Journal of American Academy of Child and Adolescent Psychiatry, 50*(3), 262-271.

Larzelere, R. E., Schneider, W. N., Larson, D. B., & Pike, P. L. (1996). The effects of discipline responses in delaying toddler misbehavior recurrences. *Child and Family Behavior Therapy, 18*(3), 35-57.

Leman, P. J., Ahmed, S., & Ozarow, L. (2005). Gender, gender relations, and the social dynamics of children's conversations. *Developmental Psychology, 41*(1), 64-74.

Lempert, H. (1989). Animacy constraints on preschool children's acquisition of syntax. *Child Development, 60*(1), 237-245.

Levine, L. E., & Munsch, J. (2014). *Child development: An active learning approach* (2nd ed). Thousand Oaks, CA: SAGE Publications, Inc.

Levy, G. D., Taylor, M. G., & Gelman, S. A. (1995). Traditional and evaluative aspects of flexibility in gender roles, social conventions, moral rules, and physical laws. *Child Development, 66*(2), 515-531.

Lewis, M. (1995). *Shame: The exposed self.* New York, NY: Free Press.

Lewis, M. (2008). The emergence of human emotions. In M. Lewis, J. M. Haviland-Jones, & L. F. Barrett (Eds.), *Handbook of emotions* (3rd Ed.) (pp. 304-319). New York, NY: Guilford Press.

Lewis, M., Alessandri, S. M., & Sullivan, M. W. (1992). Differences in shame and pride as a function of children's gender and task difficulty. *Child Development, 63*(3), 630-638.

Lewis, M., & Ramsey, D. (2004). Development of self-recognition, personal pronoun use, and pretend play during the 2nd year. *Child Development, 75*(6), 1821-1831.

Liben, L. S., & Bigler, R. S. (2002). The developmental course of gender differentiation: Conceptualizing, measuring, and evaluating constructs and pathways. *Monographs of the Society for Research in Child Development, 67*(2), 148-183.

Liben, L. S., Bigler, R. S., & Krogh, H. R. (2001). Pink and blue collar jobs: Children's judgments of job status and job aspirations in relation to sex of worker. *Journal of Experimental Child Psychology, 79*(4), 346-383.

Lillard, P. P. (1972). *Montessori: A modern approach.* New York, NY: Schocken Books.

Linda, S., & Duschinsky, R. (2013). Crittenden's dynamic-maturational model of attachment and adaptation. *Review of General Psychology, 17*(3), 326-338.

Lipscomb, T. J., Larrieu, J. A., McAllister, H. A., & Bregman, N. J. (1982). Modeling children's generosity: A developmental perspective. *Merrill-Palmer Quarterly, 28*(2), 275-282.

Locke, J. (1690/2009). *An essay concerning human understanding: Complete and unabridged.* Houston, TX: WLC Publishing.

Lord, C., Risi, S., DiLavorce, P. S., Shulman, C., Thurm, A., & Pickles, A. (2006). Autism from 2 to 9 years of age. *Archives of General Psychiatry, 63*(6), 694-701.

Loughan, A., & Perna, R. (2012). *Neurocognitive impacts for children of poverty and neglect.* Washington, DC: American Psychological Association.

Lytton, H., & Romney, D. M. (1991). Parents' differential socialization of boys and girls: A meta-analysis. *Psychological Bulletin, 109*(2), 267-296.

Maccoby, E. E. (1999). *The two sexes: Growing up apart, coming together.* Cambridge, MA:

Belknap Press.

Main, M., & Solomon, J. (1990). Procedures for identifying infants as disorganized/disoriented during the Ainsworth strange situation. In M. T. Greenberg, D. Cicchetti, & E. M. Cummings (Eds.), *Attachment in the preschool years: Theory, research, and intervention* (pp. 121-160). Chicago, IL: The University of Chicago Press.

Malt, E. A., Dahl, R. C., Haugsand, T. M., Ulvestad, I. H., Emilsen, N. M., Hansen, B., Cardenas, Y. E., Skøld, R. O., Thorsen, A. T., & Davidsen, E. M. (2013). Health and disease in adults with Down syndrome. *Tidsskrift for den Norske Laegeforening: Tidsskrift for Praktisk Medicin, ny Raekke, 133*(3), 290-294.

Malti, T., Gummerum, M., Keller, M., & Buchmann, M. (2009). Children's moral motivation, sympathy, and prosocial behavior. *Child Development, 80*(2), 442-460

Maratsos, M. (1998). The acquisition of grammar. In D. Kuhn & R. S. Siegler (Eds.), *Handbook of child psychology Volume 2: Cognition, perception, and language* (5th ed.) (pp. 421-466). New York, NY: Wiley.

Marcus, D. E., & Overton, W. F. (1978). The development of cognitive gender constancy and sex role preferences. *Child Development, 49*(2), 434-444.

Markman, E. M. (2014). Constrains on word learning: Speculations about their nature, origins, and domain specificity. In M. R. Gunnar & M. Maratsos (Eds.), *Modularity and constraints in language and cognition: Minnesota symposia on child psychology Volume 25* (pp. 59-101). New York, NY: Psychology Press.

Markovits, H., Benenson, J., & Dolensky, F. (2001). Evidence that children and adolescents have internal models of peer interactions that are gender differentiated. *Child Development, 72*(3), 879-886.

Marsh, H. W., Craven, R., & Debus, R. (1998). Structure, stability, and development of young children's self-concepts: A multicohort-multioccasion study. *Child Development, 69*(4), 1030-1053.

Marshall, N. L. (2004). The quality of early child care and children's development. *Current Directions in Psychological Science, 13*(4), 165-168.

Martin, C. L., & Fabes, R. A. (2001). The stability and consequences of young children's same-sex peer interactions. *Developmental Psychology, 37*(3), 431-446.

Martin, A., & Volkmar, F. R. (2007). *Lewis's child and adolescent psychiatry: A comprehensive textbook* (4th ed.). Philadelphia, PA: Uppincott Williams & Wilkins.

Mash, E. J., & Barkley, R. A. (2002). 아동정신병리 (이현진, 박영신, 김혜리, 정명숙, 정현희

공역). 서울: 시그마프레스.

Mattson, S. N., Calarco, K. E., & Lang, A. R. (2006). Focused and shifting attention in children with heavy prenatal alcohol exposure. *Neuropsychology, 20*(3), 361-369.

Mazzeo, S. E., & Bulik, C. M. (2009). Environmental and genetic risk factors for eating disorders: What the clinician needs to know. *Child and Adolescent Psychiatric Clinics of North America, 18*(1), 67-82.

McCabe, K. M., Rodgers, C., Yeh, M., & Hough, R. (2004). Gender differences in childhood onset conduct disorder. *Developmental and Psychopathology, 16*(!), 179-192.

McGillicuddy-De Lisi, A. V., Watkins, C., & Vinchur, A. J. (1994). The effect of relationship on children's distributive justice reasoning. *Child Development, 65*(6), 1694-1700.

McHale, S. M., Shanahan, L., Updegraff, K. A., Crouter, A. C., & Booth, A. (2004). Developmental and individual differences in girls' sex-typed activities in middle childhood and adolescence. *Child Development, 75*(5), 1575-1593.

McIntire, R. W. (1970). *For love of children: Behavioral psychology for parents.* Del Mar, CA: CRM Books.

Mead, M. (1935). Sex and temperament in three primitive societies. In M. Kimmel (Ed.), *The gendered reader* (pp. 279-288). New York, NY: William Morrow & Company, Inc.

Mennella, J., & Beauchamp, G. K. (1996). The human infants' response to vanilla flavors in mother's milk and formula. *Infant Behavior and Development, 19*, 13-19.

Mercer, J. (2011). 아동발달: 고정관념에 대한 새로운 접근 (이주현, 채경희 공역). 서울: 명인문화사.

Miceli, P. J., Whitman, T. L., Borkowski, J. G., Braungart-Rieker, J., & Mitchell, D. W. (1998). Individual differences in infant information processing: The role of temperamental and maternal factors. *Infant Behavior and Development, 21*(1), 119-136.

Mills, C. M., & Keil, F. C. (2005). The development of cynicism. *Psychological Science, 16*(5), 385-390.

Mills, R. S. L., & Grusec, J. E. (1989). Cognitive, affective, and behavioral consequences of praising altruism. *Merrill-Palmer Quarterly, 35*(3), 299-326.

Mischel, W. (1996). From good intentions to willpower. In P. M. Gollwitzer & J. A. Bargh (Eds.), *The psychology of action: Linking cognition and motivation to behavior* (pp. 197-218). New York, NY: Guilford Press.

Mischel, W., & Baker, N. (1975). Cognitive appraisals and transformations in delay behavior.

Journal of Personality and Social Psychology, 31(2), 254-261.

Mischel, W., & Leibert, R. M. (1966). Effects of discrepancies between observed and imposed reward criteria on their acquisition and transmission. *Journal of Personality and Social Psychology, 3*(1), 45-53.

Moffitt, T. E. (1993). Adolescence-limited and life-course-persistent antisocial behavior: A developmental taxonomy. *Psychological Review, 100*(4), 674-701.

Montague, D. P. F., & Walker-Andrews, A. S. (2001). Peekaboo: A new look at infants' perception of emotion expressions. *Developmental Psychology, 37*(6), 826-838.

Montessori, M. (1967). *The discovery of the child.* Notre Dame, IN: Fides Publishers, Inc.

Moore, B., S., Underwood, B., & Rosenhan, D. L. (1973). Affect and altruism. *Developmental Psychology, 8*(1), 99-104.

Moore, K. L., Persaud, T. V. N., & Torchia, M. G. (2012). *Before we are born: Essentials of embryology and birth defects* (8th ed.). Philadelphia, PA: Elsevier/Saunders.

Moses, I. J., Baldwin, D. A., Rosicky, J. G., & Tidball, G. (2001). Evidence for referential understanding in the emotions domain at twelve and eighteen months. *Child Development, 72*(3), 718-735.

Murray, A. D. (1985). Aversiveness is in the mind of the beholder: Perception of infant crying by adults. In B. M. Lester & C. F. Z. Boukydis (Eds.), *Infant crying: Theoretical and research perspectives* (pp. 217-239). New York, NY: Plenum Press.

Mutti, D. O., Mitchell, G. L., Moeschberger, M. L., Jones, L. A., & Zadnik, K. (2002). Parental myopia, near work, school achievement, and children's refractive error. *Investigative Ophthalmology & Visual Science, 43*, 3633-3640.

Nagy, W. E., & Scott, J. A. (2000). Vocabulary processes. In M. L. Kamil, P. B. Mosenthal, P. D. Pearson, & R. Barr (Eds.), *Handbook of reading research Volume Ⅲ* (pp. 269-284). New York, NY: Routledge.

Nathani, S., Ertmer, D. J., & Stark, R. E. (2006). Assessing vocal development in infants and toddlers. *Clinical Linguistics & Phonetics, 20*(5), 351-369.

Neave, G. (1985). Accountability in education. In T. Husen, & T. N. Postlethwaite (Eds.), *The international encyclopedia of education* (pp. 19-29). Oxford, UK: Pergamon.

Nelson, K. (1973). Structure and strategy in learning to talk. *Monographs of the Society for Research in Child Development, 38*(1/2), 1-135.

Neumaker, K. J. (2000). Mortality rates and causes of death. *European Eating Disorders Review, 8*(2), 181-187.

Newcomb, A. F., Bukowski, W. M., & Pattee, L. (1993). Children's peer relations: A meta-analytic review of popular, rejected, neglected, controversial, and average sociometric status. *Psychological Bulletin, 113*(1), 99-128.

Ni, Y. (1998). Cognitive structure, content knowledge, and classificatory reasoning. *The Journal of Genetic Psychology, 159*(3), 280-296.

Nicolopoulou, A. (1993). Play, cognitive development, and the social world: Piaget, Vygotsky, and beyond. *Human Development, 36*(1), 1-23.

Nippold, M. A., Taylor, C. L., & Baker, J. M. (1996). Idiom understanding in Australian youth: A cross-cultural comparison. *Journal of Speech, Language, and Hearing Research, 39*, 442-447.

Nock, S. L., & Kingston, P. W. (1988). Time with children: The impact of couples' worktime commitment. *Social Forces, 67*(1), 59-85.

Noll, M. A. (1980). The earliest protestants and the reformation of education. *Westminster Theological Journal, 43*(1), 97-131.

Nucci, L. P. (2001). *Education in the moral domain.* Cambridge, UK: Cambridge University Press.

Oller, D. K., & Eilers, R. E. (1988). The role of audition in infant babbling. *Child Development, 59*(2), 441-449.

Pancsofar, N., & Vernon-Feagans, L. (2006). Mother and father language input to young children: Contributions to later language development. *Journal of Applied Development Psychology, 27*(6), 571-587.

Pardeck, J. A., & Pardeck, J. T. (1981). Transactional analysis as an approach to increased rational behavior and self=awareness in children. *Family Therapy, 8*(2), 113-120.

Parten, M. B. (1932). Social participation among pre-school children. *The Journal of Abnormal and Social Psychology, 27*(3), 243-269.

Pascalis, O., de Haan, M., Nelson, C. A., & de Schonen, S. (1998). Long-term recognition memory for faces assessed by visual paired comparison in 3- and 6-month-old infants. *Journal of Experimental Psychology: Learning, Memory, and Cognition, 24*(1), 249-260.

Patel, P., Wheatcroft, R., Park, R. J., & Stein, A. (2002). The children of mothers with eating disorders. *Clinical Child and Family Psychology Review, 5*(1), 1-19.

Patterson, G. R. (1977). *Living with children: New methods for parents and teachers*. Champaign, IL: Research Press.

Pestalozzi, J. H. (1999). 페스탈로치가 어머니들에게 보내는 편지 (김정환 역). 서울: 양서원.

Piaget, J. (1959). *The language and thought of the child* (3rd ed.). New York, NY: Routledge & Kegan Paul.

Piaget, J. (1977). *The essential Piaget.* New York, NY: Basic Books.

Pike, K. M., Hoek, H. W., & Dunne, P. E. (2014). Cultural trends and eating disorders. *Current Opinion in Psychiatry, 27*(6), 436-442.

Poest, C. A., Williams, J. R., Witt, D. D., & Atwood, M. E. (1990). Challenge me to move: Large muscle development in young children. *Young Children, 45*(5), 4-10.

Pons, F., Lawson, J., Harris, P. L., & de Rosnay, M. (2003). Individual differences in children's emotion understanding: Effects of age and language. *Scandinavian Journal of Psychology, 44*(4), 347-353.

Porter, R. H., & Winburg, J. (1999). Unique silence of maternal breast odors for newborn infants. *Neuroscience & Biobehavioral Reviews, 23*(3), 439-449.

Poulin-Dubois, D., Serbin, L. A., Eichstedt, J. A., Sen, M. G., & Beissel, C. F. (2002). Men don't put on make-up: Toddlers' knowledge of the gender stereotyping of household activities. *Social Development, 11*(2), 166-181.

Pryor, J., & Rodgers, B. (2001). *Children in changing families: Life after parental separation.* Oxford, UK: Blackwell Publishers.

Quinn, P. C., Eimas, P. D., & Rosenkrantz, S. L. (1993). Evidence for representations of perceptually similar natural categories by 3-month-old and 4-month-old infants. *Perception, 22*(4), 463-475.

Radke-Yarrow, M., Zahn-Waxler, C., & Chapman, M. (1983). Children's prosocial dispositions and behaviors. In P. H. Mussen & E. M. Hetherington (Eds.), *Handbook of child psychology Volume 4: Socialization, personality, and social development* (pp. 469-545). New York, NY: John Wiley & Sons.

Reynolds, A. J., & Robertson, D. L. (2003). School-based early intervention and later child maltreatment in the Chicago Longitudinal Study. *Child Development, 74*(1), 3-26.

Robins, R. W., Tracy, J. L., Trzesniewski, K., Potter, J., & Gosling, S. D. (2001). Personality correlates of self-esteem. *Journal of Research in Personality, 35*, 463-482.

Rochat, P. (2001). Origins of self-concept. In G. Bremmer & A. Fogel (Eds.), *Blackwell handbook of infant development* (pp. 191-212). Malden, MA: Blackwell Publishing.

Rothbart, M. K. (2004). Temperament and the pursuit of an integrated developmental psychology. *Merrill-Palmer Quarterly, 50*(4), 492-505.

Rothbart, M. K., & Bates, J. E. (1998). Temperament. In W. Damon & N. Eisenberg (Eds.), *Handbook of child psychology Volume 3: Social, emotional, and personality development.* (5th ed.) (pp. 105-176). New York, NY: Wiley.

Rousseau, J. J. (2012). 에밀 (민화식 역). 경기: 육문사.

Ruble, D. N., & Martin, C. L. (2000). Gender development. In W. Damon & N. Eisenberg (Eds.), *Handbook of child psychology Volume 3: Social, emotional, and personality development* (5th ed.) (pp. 933-1016). Hoboken, NJ: Wiley.

Rutter, M., Bishop, D. V. M., Pine, D. S., Scott, S., & Stevenson, J. (2008). *Rutter's child and adolescent psychiatry* (5th ed.). Hoboken, NJ: Wiley-Blackwell.

Saarni, C. (1999). *The development of emotional competence.* New York, NY: The Guilford Press.

Saarni, C., Mumme, D. L., & Campos, J. J. (1997). Emotional development: Action, communication, and understanding. In W. Damon & N. Eisenberg (Eds.), *Handbook of Child Psychology Volume 3: Social, emotional, and personality development* (5th ed.) (pp. 237-309). New York, NY: Wiley.

Sadler, T. W. (2011). *Langman's medical embryology* (12th ed.). Baltimore, MD: Lippincott Williams & Wilkins.

Santrock, J. W. (1994). *Child development* (6th ed.). Dubuque, IA: Wm. C. Brown Communications, Inc.

Santrock, J. W. (2014). *Child development* (14th ed.). New York, NY: McGraw-Hill Education.

Saracho, O. N., & Spodek, B. (1993). Professionalism and the preparation of early childhood education practitioners. *Early Childhood Development and Care, 89*(1), 1-17.

Schickedanz, J. A., York, M. E., Stewart, I. S., & White, D. A. (1990). *Strategies for teaching young children* (3rd ed.). Englewood Cliffs, NJ: Prentice-Hall.

Schieber, R. A., & Sacks, J. J. (2001). Measuring community bicycle helmet use among children. *Public Health Reports, 116*, 113-121.

Schneider, W., & Pressley, M. (1997). *Memory development between two and twenty* (2nd ed.). Thames, UK: Psychology Press.

Schwartz, C. E., Wright, C. I., Shin, L. M., Kagan, J., & Rauch, S. L. (2003). Inhibited and uninhibited infants "grown up": Adult amygdalar response to novelty. *Science, 300*(5627), 1952-1953.

Seligman, M. E. P. (2000). *Positive psychology: An introduction.* American Psychologist,

55(1), 5-14.

Selman, R. L. (1980). *The growth of interpersonal understanding: Developmental and clinical analysis.* New York, NY: Academic Press.

Serbin, L. A., Powlishta, K. K., & Gulko, J. (1993). The development of sex typing in middle childhood. *Monographs of the Society for Research in Child Development, 58*(2), 1-99.

Shaffer, D. R. (1999). *Developmental psychology: Childhood & Adolescence* (5th ed.). Pacific Grove, CA: Brooks/Cole Publishing Company.

Sherrod, K. B., O'Connor, S., Vietze, P. M., & Altemeier Ⅲ, W. A. (1984). Child health and maltreatment. *Child Development, 55*(4), 1174-1183.

Siddiqui, A. (1995). Object size as a determinant of grasping in infancy. *The Journal of Genetic Psychology, 156*(3), 345-358.

Siegler, R. S. (2000). The rebirth of children's learning. *Child Development, 71*(1), 26-35.

Siegler, R., DeLoache, J. S., & Eisenberg, N. (2005). *How children develop* (2nd ed.). New York, NY: Worth Publishers.

Siegler, R., DeLoache, J. S., & Eisenberg, N. (2010). *How children develop* (3rd ed.). New York, NY: Worth Publishers.

Silverman, W. K., & Kurtines, W. M. (1996). *Anxiety and phobic disorders: A pragmatic approach.* New York, NY: Plenum Press.

Simcock, G., & Hayne, H. (2003). Age-related changes in verbal and nonverbal memory during early childhood. *Developmental Psychology, 39*(5), 805-814.

Skinner, B. F. (1991). *Verbal behavior.* Acton, MA: Copley Publishing Group, Inc.

Slater, A., & Lewis, M. (2002). *Introduction to infant development.* Oxford, UK: Oxford University Press.

Smilansky, S. (1968). *The effects of sociodramatic play on disadvantaged preschool children.* New York, NY: John Wiley & Sons.

Smith, J. M. (1976). *Child management: A program for parents and teachers.* Champaign, IL: Research Press.

Snow, M. E., Jacklin, C. N., & Maccoby, E. E. (1983). Sex-of-child differences in father-child interaction at one year of age. *Child Development, 54*(1), 227-232.

Sroufe, L. A., & Waters, E. (1976). The ontogenesis of smiling and laughter: A perspective on the organization of development in infancy. *Psychological Review, 83*(3), 173-189.

Steele (1987). Psychodynamic factors in child abuse. In R. E. Helfer & R. S. Kempe (Eds.), *The battered child* (4th ed.) (pp. 81-114). Chicago, IL: The University of Chicago

Press.

Steffenburg, S., Gillberg, C., Helgren L., Andersson, L., Gillberg, I. C., Jakobson, G., & Bohman, M. (1989). A twin study of autism in Denmark, Finland, Iceland, Norway and Sweden. *Journal of Child Psychology and Psychiatry, 30*(3), 405-416.

Steiner, J. E., Glaser, D., Hawilo, M. E., & Berridge, K. C. (2001). Comparative expression of hedonic impact: Affective reactions to taste by human infants and other primates. *Neuroscience & Biobehavioral Reviews, 25*(1), 53-74.

Stenberg, C. R., Campos, J. J., & Emde, R. N. (1983). The facial expression of anger in seven-month-old infants. *Child Development, 54*(1), 178-184.

Stetsenko, A., Little, T. D., Gondeeva, T., Grusshof, M., & Oettingen, G. (2000). Gender effects in children's beliefs about school performance: A cross-cultural study. *Child Development, 71*(2), 517-527.

Stevenson, R. J., & Pollitt, C. (1987). The acquisition of temporal terms. *Journal of Child Language, 14*(3), 533-545.

Stewart, I., & Joines, V. (2016). 현대의 교류분석 (제석봉, 최외선, 김갑숙 공역). 서울: 학지사.

Stewart, L., & Pascual-Leone, J. (1992). Mental capacity constrains and the development of moral reasoning. *Journal of Experimental Child Psychology, 54*(3), 251-287.

Stichick, T. (2001). The psychosocial impact of armed conflict on children: Rethinking traditional paradigms in research and intervention. *Child and Adolescent Psychiatric Clinics of North America, 10*(4), 797-814.

Striano, T., & Rochat, P. (2000). Emergence of selective social referencing in infancy. *Infancy, 1*(2), 253-264.

Sullivan, M. W., & Lewis, M. (2003). Emotional expressions of young infants and children: A practitioner's primer. *Infants and Young Children, 16*(2), 120-142.

Sweeney, T. J. (2009). *Adlerian counseling and psychotherapy: A practitioner's approach* (5th ed.). New York, NY: Taylor & Francis Group.

Tager-Flusberg, H. (2000). Putting words together: Morphology and syntax in the preschool years. In J. B. Gleason (Ed.), *The development of language* (5th ed.) (pp. 159-209). Boston, MA: Allyn & Bacon.

Tanner, J. M. (1990). *Fetus into man: Physical growth from conception to maturity* (revised ed.). Cambridge, MA: Harvard University Press.

Taylor, M. G. (1996). The development of children's beliefs about the social and biological aspects of gender differences. *Child Development, 67*, 1555-1571.

Thomas, A., & Chess, S. (1977). *Temperament and development.* Oxford, UK: Brunner/Mazel Publishers, Inc.

Thompson, R. A. (1990). Emotion and self-regulation. In R. A. Thompson (Ed.), *Socioemotional development: Nebraska symposium on motivation 1988 Volume 36* (pp. 383-483). Lincoln, NE: University of Nebraska Press.

Tolan, P. H., Gorman-Smith, D., & Henry, D. B. (2003). The developmental ecology of urban males'youth violence. *Developmental Psychology, 39*(2), 274-291.

Toomey, K. A., & Ross, E. S. (2011). SOS approach to feeding. *Perspectives on Swallowing and Swallowing Disorders (Dysphagia), 20*(3), 82-87.

Trzesniewski, K. H., Donnellan, M. B., & Robins, R. W. (2003). Stability of self-esteem across the life span. *Journal of Personality and Social Psychology, 84*(1), 205-220.

Tuchfarber, B. S., Zins, J. E., & Jason, L. A. (1997). Prevention and control of injuries. In R. P. Weissberg, T. P. Gullotta, R. L. Hampton, B. A. Ryan, & G. R. Adams (Eds.), *Enhancing children's wellness: Issues in children's and families' lives* (pp. 250-277). Thousand Oaks, CA: Sage Publications, Inc.

Twentyman, C. T., & Plotkin, R. C. (1982). Unrealistic expectations of parents who maltreat their children: An educational deficit that pertains to child development. *Journal of Clinical Psychology, 38*(3), 497-503.

Unger, H. G. (2007). *Encyclopedia of American education* (3rd ed.). New York, NY: Facts On File, Inc.

United States Department of State (2002, November 13). *2001 Country reports on human rights practices.* Retrieved from http://www.state.gov/j/drl/rls/hrrpt/2001/

van den Bloom, D. C., & Hoeksma, J. B. (1994). The effect of infant irritability on mother-infant interaction: A growth-curve analysis. *Developmental Psychology, 30*(4), 581-590.

Vaughn, B. E., Kopp, C. B., & Krakow, J. B. (1984). The emergence and consolidation of self-control from eighteen to thirty months of age: Normative trends and individual differences. *Child Development, 55*(3), 990-1004.

Visher, E. B., Visher, J. S., & Pasley, K. (2003). Remarriage families and stepparenting. In F. Walsh (Ed.), *Normal family processes: Growing diversity and complexity* (pp. 153-175). New York, NY: Guilford.

Vondra, J. I., Shaw, D. S., Swearingen, L., Cohen, M., & Owens, E. B. (2001). Attachment stability and emotional and behavioral regulation from infancy to preschool age.

Development and Psychopathology, 13(1), 13-33.

Wachs, T. D., & Bates, J. E. (2001). Temperament. In G. Bremner & A. Fogel (Eds.), *Blackwell handbook of infant development* (pp. 465-501). Oxford, UK: Blackwell Publishers.

Wachs, T. D., & Gandour, M. J. (1983). Temperament, environment, and six-month cognitive-intellectual development: A test of the organismic specificity hypothesis. *International Journal of Behavioral Development, 6*(2), 135-152.

Walker, L. J., & Taylor, J. H. (1991). Family interactions and the development of moral reasoning. *Child Development, 62*(2), 264-283.

Warneken, F., & Tomasello, M. (2006). Altruistic helping in human infants and young chimpanzees. *Science, 311*, 1301-1303.

Warren-Leubecker, A., & Bohannon, J. N. (1989). Pragmatics: Language in social contexts. In J. B. Gleason (Ed.), *The development of language* (2nd ed.) (pp. 327-368). Columbus, OH: Charles E. Merrill.

Waschbusch, D. A. (2002). A meta-analytic examination of comorbid hyperactive-impulsive-attention problems and conduct problems. *Psychological Bulletin, 128*(1), 118-150.

Watson, J. B. (1928). *Psychological care of infant and child.* New York, NY: Norton.

Watson, M. W. (1990). Aspects of self development as reflected in children's role playing. In D. Cicchetti & M. Beeghly (Eds.), *The self in transition: Infancy in childhood* (pp. 265-280). Chicago, IL: University of Chicago Press.

Weijerman, M. E., & de Winter, J. P. (2010). Clinical practice: The care of children with Down syndrome. *European Journal of Pediatrics, 169*(12), 1445-1452.

White, L., & Gilbreth, J. G. (2001). When children have two fathers: Effects of relationships with stepfathers and noncustodial fathers on adolescent outcomes. *Journal of Marriage and Family, 63*(1), 155-167.

Wilcox, A. J., Weinberg, C. R., & Baird, D. D. (1995). Timing of sexual intercourse in relation to ovulation: Effects on the probability of conception, survival of the pregnancy, and sex of the baby. *New England Journal of Medicine, 333*(23), 1517-1519.

Wilmshurst, L. (2012). *Clinical and educational child psychology: An ecological-transactional approach to understanding child problems and interventions.* Hoboken, NJ: Wiley-Blackwell.

Wolfinger, N. H. (2000). Beyond the intergenerational transmission of divorce: Do people replicate the patterns of marital instability they grew up with? *Journal of Family Issues, 21*(8), 1061-1086.

Wolfner, G. D., & Gelles, R. J. (1993). A profile of violence toward children: A national study. *Child Abuse & Neglect, 17*(2), 197-212.

World Health Organization (2006). *Preventing child maltreatment: A guide to taking action and generation evidence.* Geneva, Switzerland: WHO Press.

World Health Organization (2014). *Visual impairment and blindness.* Geneva, Switzerland: WHO Media centre.

Yarrow, M. R., Scott, P. M., & Waxler, C. Z. (1973). Learning concern for others. *Developmental Psychology, 8*(2), 240-260.

Yuill, N., & Perner, J. (1986). Intentionality and knowledge in children's judgments of actor's responsibility and recipient's emotional reaction. *Developmental Psychology, 24*(3), 358-365.

Zahn-Waxler, C., Radke-Yarrow, M., Wagner, E., & Chapman, M. (1992). Development of concern for others. *Developmental Psychology, 28*(1), 126-136.

Zahn-Waxler, C., & Robinson, J. (1995). Empathy and guilt: Early origins of feelings of responsibility. In J. P. Tangney & K. W. Fischer (Eds.), *Self-conscious emotions: The psychology of shame, guilt, embarrassment, and pride* (pp. 143-173). New York, NY: Guilford Press.

Zeman, J., & Garber, J. (1996). Display rules for anger, sadness, and pain: It depends on who is watching. *Child Development, 67*(3), 967-973.

Zeskind, P. S., & Barr, R. G. (1997). Acoustic characteristics of naturally occurring cries of infants with "colic."*Child Development, 68*(3), 394-403.

찾아보기

인 명

내 용

저자소개

■ **김승희**

김승희 교수는 광주대학교 유아교육과 교수로 재직 중이다. 서울대학교 지구과학교육과를 졸업한 후, 유아교육 전공으로 미국 Indiana University에서 교육학석사, University of Florida에서 철학박사 학위를 취득하였다. 김승희 교수는 다문화가족과 조손가족, 맞벌이가족 등 다양한 가족의 자녀교육 문제와 유아교육현장의 효과적인 교수-학습 활동에 관심을 가지고 다수의 논문을 발표하고 있다. 또한 과학교육과 다문화교육, 영재교육, 융합인재교육 등 여러 분야의 논문과 저서를 출간함으로써 유아교육의 지평을 확장하는 데 이바지하고 있다.

저서
교수－학습 방법과 모형을 활용한 유아과학교육. 서울: 학지사
내 아이가 공부 못하는 25가지 이유. 서울: 책피는봄
영유아발달. 경기: 정민사
유아사회과교육. 서울: 학지사
유아다문화교육. 경기: 정민사
논리와 논술. 서울: 창지사
유아교육과정. 경기: 공동체
유아교육개론. 경기: 공동체

부모교육

초판 1쇄 인쇄 / 2020년 2월 20일
초판 1쇄 발행 / 2020년 2월 25일

저 자 / 김 승 희
발행인 / 이 중 수
발행처 / **동 문 사**

서울특별시 서대문구 홍제원 1길 12
(홍제동 137-8)
Tel : 02)736-3718(대), 736-3710, 3720
Fax : 02)736-3719
등록번호 : 1974.04.27. 제9-17호
가격 : 21,000원

ISBN : 979-11-6328-166-5(93370)
E-mail : dong736@naver.com
www.dongmunsa.com